教育學
以中國為例

趙鵬程 著

財經錢線

▶▶ 前言

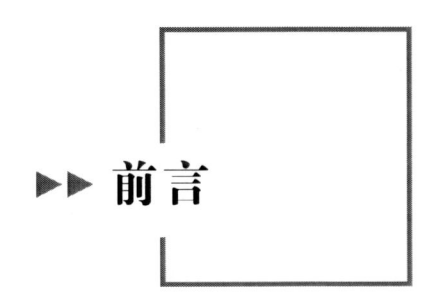

　　加拿大學者馬克斯・範梅南認為「教育學是迷戀他人成長的學問」。如何讓教育活動變得令人迷戀是每一位教師需要學習與思考的問題。這一思考從職前教師教育階段就開始，是職前教師培養的必備內容。職前教師通過教育知識的理論學習，樹立堅定的教育信念與遠大的教育理想，在實踐中鍛煉與提升教學能力。

　　為了便於讀者的學習與理解，我們在編寫體例與框架上做了嘗試性的創新。第一，在體例上，每章章首有「學習導航」「思維導圖」；每章以「教育瞭望」的形式導入，每節中含「名人名言」「案例分析」「知識考查」等模塊，以對知識內容進行拓展與說明；章後有「理解與反思」「拓展閱讀」。這種體例極大地提升了內容的豐富性、趣味性、可讀性，有助於職前教師以教材為鑰匙，在教師的引導和幫助下，構建合理的認知結構，開啓自主學習之門。第二，在內容上，本書注重理論與實踐的緊密結合，採用「教育瞭望」「名人名言」「案例分析」等形式，立足實際，靈活地呈現理論知識，將教育學理論知識與社會實踐緊密結合，使職前教師在理論學習中對照實踐，促進其實踐性知識的養成。

本書的編寫與出版得到了出版社的鼎力支持。在編寫與出版過程中，編寫組與西南財經大學出版社李鄧超編輯多次溝通，在此特意對李鄧超編輯的付出表示感謝！本書是站在前人的肩膀上編寫而成的，在編寫過程中，參考和吸收了同行專家的相關研究成果，在此向有關作者表示誠摯的謝意！

　　由於教師教育課程建設和改革始終處於不斷探索和完善的過程之中，本書未能全方位、全面地兼顧所有的知識內容，加之編寫團隊水準所限，還存在諸多不足，懇請同行專家與廣大讀者批評指正，我們將虛心聽取意見，以便不斷改進與完善。

編者

▶▶ 目錄

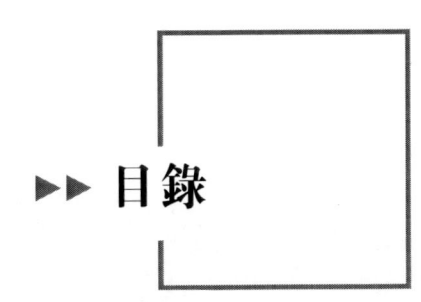

1 / 第一章　導論
　　第一節　教育學的研究對象和方法 …………………………………… (3)
　　第二節　教育學的產生和發展 ………………………………………… (12)
　　第三節　教育學在教師教育中的地位與作用 ………………………… (18)
　　第四節　教育學的學習方法 …………………………………………… (21)

24 / 第二章　教育的產生與發展
　　第一節　教育的起源與產生 …………………………………………… (25)
　　第二節　教育的發展 …………………………………………………… (32)
　　第三節　世界教育發展趨勢 …………………………………………… (40)

45 / 第三章　教育目的
　　第一節　教育目的概述 ………………………………………………… (46)
　　第二節　教育目的的選擇與確立 ……………………………………… (51)
　　第三節　中國的教育目的 ……………………………………………… (54)

68 / 第四章　教育功能
　　第一節　教育功能概述 ………………………………………………… (70)
　　第二節　教育的個體發展功能 ………………………………………… (73)
　　第三節　教育的社會發展功能 ………………………………………… (79)

87/ 第五章　教育制度

　　第一節　教育制度概述 ……………………………………………（88）
　　第二節　現代學校教育制度 ………………………………………（95）
　　第三節　義務教育 …………………………………………………（107）

111/ 第六章　教師

　　第一節　教師職業 …………………………………………………（113）
　　第二節　教師的權利與義務 ………………………………………（123）
　　第三節　教師的專業素質 …………………………………………（126）
　　第四節　教師專業發展 ……………………………………………（135）

143/ 第七章　學生

　　第一節　學生觀 ……………………………………………………（144）
　　第二節　學生的權利與義務 ………………………………………（153）
　　第三節　師生關係 …………………………………………………（160）

168/ 第八章　課程

　　第一節　課程的內涵及其類型 ……………………………………（170）
　　第二節　課程的組織 ………………………………………………（178）
　　第三節　課程改革發展 ……………………………………………（190）

198/ 第九章　課堂教學與課外活動

　　第一節　課堂教學概述 ……………………………………………（199）
　　第二節　教學過程 …………………………………………………（202）
　　第三節　教學設計 …………………………………………………（220）
　　第四節　課外活動 …………………………………………………（229）

234/ 第十章　學校德育

　　第一節　品德 ………………………………………………………（236）
　　第二節　德育的內容 ………………………………………………（237）
　　第三節　德育的原則 ………………………………………………（243）
　　第四節　德育途徑與方法 …………………………………………（250）

261/ 第十一章　班級管理與班主任工作

第一節　班級組織概述 …………………………………………（262）

第二節　班級管理班 ……………………………………………（268）

第三節　導師工作 ………………………………………………（274）

282/ 第十二章　教育評價

第一節　教育評價的內涵、類型與功能 ………………………（283）

第二節　教育評價的原則與方法 ………………………………（290）

第三節　教育評價的主要內容 …………………………………（296）

第一章

導論

■學習導航

(1) 瞭解教育內涵，理解教育活動的基本構成要素及其關係。(重點)

(2) 識記教育學史上的代表人物，瞭解他們的代表作及學術觀點，能夠結合實際做出評價。(重點)

(3) 正確認識教育學在教師教育中的地位和作用，初步形成教師教育專業必備的積極專業情感和態度。(難點)

(4) 掌握學習教育學的方法。

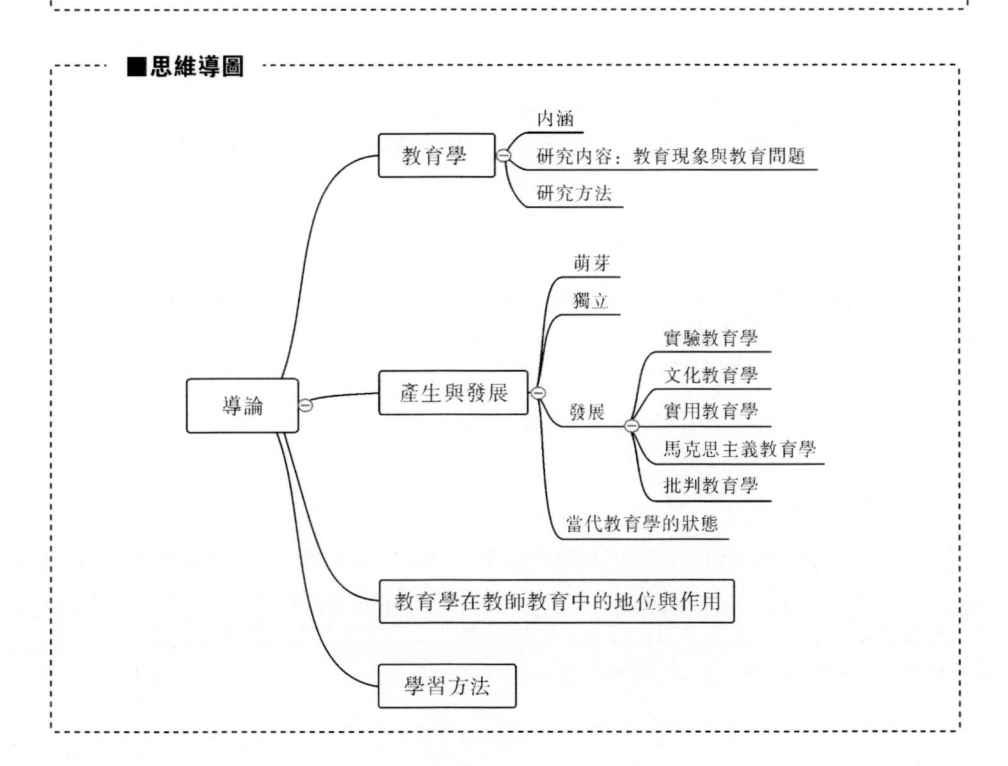

■思維導圖

```
                    ┌─ 內涵
          ┌─ 教育學 ─┼─ 研究內容：教育現象與教育問題
          │         └─ 研究方法
          │
          │                    ┌─ 萌芽
          │                    ├─ 獨立
          │                    │         ┌─ 實驗教育學
          │                    │         ├─ 文化教育學
導論 ─────┼─ 產生與發展 ───────┼─ 發展 ─┼─ 實用教育學
          │                    │         ├─ 馬克思主義教育學
          │                    │         └─ 批判教育學
          │                    └─ 當代教育學的狀態
          │
          ├─ 教育學在教師教育中的地位與作用
          │
          └─ 學習方法
```

■教育瞭望

淺談孔子的為師之道——《論語》對現代教師的啓迪

孔子被稱為「至聖先師」，他在學生的心目中是一位有威信的老師，這種威信更多地來源於他的德行。「顏淵喟然嘆曰：『仰之彌高，鑽之彌堅，瞻之在前，忽焉在後。夫子循循然善誘人，博我以文，約我以禮，欲罷不能，既竭吾才，如有所立卓爾，雖欲從之，末由也已。』」足見孔子在學生眼中的形象之高大。孔子能取得這樣高的評價，獲得世人的尊敬，與他注重修養、自我完善是分不開的。孔子對自己有很高的要求，除了要求自己「終身向學」外，還極重視自己的道德修養。「子曰：『德之不修，學之不講，聞義不能徙，不善不能改，是吾憂也。』」由此可以看出孔子非常重視自己的德行。他認為一個人只有自己品德高尚才能去影響他人。教育者更應該注重自己的操守，以身作則，只有這樣才能讓學生信服，才能更好地實行自己的教育觀。

現代教師也要時刻記住並踐行孔子的教育思想。蘇霍姆林斯基曾說過：「人的所有方面和特徵的和諧，都是由某種主導的、首要的東西決定的，在這個和諧裡起決定作用的、主導的成分就是道德。」「道德是照亮一切方面的光源。」這裡強調的就是道德的作用。而教師的思想道德和行為操守對學生的成長有巨大的影響。「在培養學生道德品質和人格特性的過程中，教師不僅要指導學生掌握社會價值觀念和行為規範，更要充當起示範者的角色，通過自己的一舉一動，給學生提供活生生的榜樣。」教師的職業特點決定了其在社會中應該是模範公民，教師在學生甚至公民心中的威望就來自他的道德和學識。「教師作為社會文化價值與道德準則的傳遞者，極易被學生看作代表和具有這些價值和準則的人。」因此，培養高尚的思想道德，提升自身的人格修養，不僅是教師發展的必行之路，更是作為人成長的必經之途。

總之，《論語》中孔子的「師道」思想是一種先進的教育觀，對現代教師具有極高的借鑒意義。孔子的「師道」思想為我們確立了一個優秀教師的行為準則和應該具有的思想境界，也讓我們看到了教師的快樂和價值。作為現代教師，我們要不斷地從《論語》中汲取智慧，永遠銘記「學高為師，德高為範」。

資料來源：張金萍. 淺談孔子的為師之道：《論語》對現代教師的啓迪 [C] // 吉林市東方智慧教育諮詢服務有限公司. 全國智慧型教師培養體系建構模式學術會議一等獎論文集. 吉林：吉林市東方智慧教育諮詢服務有限公司，2016：1476-1482.

教育學作為一門學科，有著自己的研究對象、研究任務以及漫長的發展歷史。教育學是從事教育事業的工作者，特別是教師以及未來的教師必須掌握的理論知識。因此，本章首先從教育學是一門什麼樣的學科以及教育學的研究對象和研究方法是什麼、教育學是怎樣產生的、教育學對於教師教育的重要性、如何學習教育學四個方面展開，幫助受教育者對教育學有大體的瞭解和認識。

第一節　教育學的研究對象和方法

　　學習和瞭解教育學是從事教育工作的必要需求。無論是從事教育學理論工作，還是從事教育學實踐工作，只有全面地瞭解和認識教育，人們才能夠將工作做得更好。那麼，什麼是教育？教育是由什麼組成的呢？

一、教育的內涵、組成及其形態

（一）「教育」的由來

　　「教」和「育」這兩個字最早出現在中國的甲骨文中。在甲骨文中，「教」是 𭴘 = 𤕟（爻，算籌）+ 𭶑（子，孩童）+ 攴（攴，手持鞭子、棍杖），表示懲罰學子，監督學生作算術；「育」是 𠫓 = 𠃓（人，指女人）+ 𠫓（倒寫的「子」；𭶑，表示出生的嬰兒），表示婦女生子。最早將「教」和「育」兩個字結合在一起的是孟子。他提出：「得天下英才而教育之，三樂也。」在西方，「教育」一詞來源於拉丁文「educare」，其本意是「引出，自潛在物中引發」[①]。中西方的教育含義側重點不同：在中國，「教」和「育」的側重點在於成人對孩子的管理和養育；西方的「教育」是對於孩子內在潛力的引導。

　　19世紀末之前，「教育」一詞在中國還很少出現，大部分人會用「教」和「育」來代替。一直到20世紀初，從日語轉譯過來了「教育」一詞，將「教」和「育」合在一起的使用方式才慢慢被大家接受並運用。

（二）教育是什麼

　　對於「教育是什麼」這一問題，不同人也有不同的立場和觀點。例如，英國著名教育學家斯賓塞認為，教育是為完美的生活做準備；美國教育學家杜威提出「教育即生活，教育即學生個體經驗的不斷增長，教育即生長」；捷克的誇美紐斯認為，人只有受過恰當的教育後，才能成為真正的人。

　　美國教育哲學家根據教育定義的陳述方式將多種多樣的教育定義劃分為描述性定義、規定性定義和綱領性定義。描述性定義是指對被定義對象做適當描述並對如何使用對象做適當說明，如「教育是培養人的活動」。規定性定義是指作者自己所創造的定義。換句話來說，就是指不管別人是怎麼定義的，我在自己的文章中表達了「我認為它是這樣的」，並且自己下的定義可以讓文章自圓其說。綱領性定義是一種關於定義對象應該是什麼的界定，它指向實踐，例如，「教育應該是有計劃、有目的的活動」。

　　對教育最為常見的兩種解釋是：「廣義的教育是指有目的性的對於人的知識、人的品德、人的體質產生塑造性的影響的活動，無論是否有組織。」「狹義的教育是指學校教育，這種專門將上一代的文化遺產和所累積的知識、價值和技能傳遞給下一代的活

[①] 李北達. 牛津現代高級英漢雙解辭典 [M]. 香港：牛津大學出版社（中國），1984：378.

動。」① 總而言之，教育就是有目的、有意識地培養人的活動，這也是教育區別於其他現象的根本特徵，同時也是教育的本質特徵。

> 【知識考查】
> 教育的本質特徵是（　　）。
> A. 社會性　　　B. 培養人　　　C. 階級性　　　D. 生產性
> 答案：B

（三）教育要素

作為促進人類發展和社會進步的實踐活動，教育具有自己獨立的社會系統。教育系統由「教育者」「受教育者」和「教育影響」三部分組成。這三者既相互獨立又相互制約，構成一個完整的實踐體系。在教育系統中，這三者缺一不可。

1. 教育者

因為教育有廣義和狹義之分，所以教育者也是有廣義和狹義之分的。按照教育的廣義解釋，一切能夠增進人的知識和技能，影響人的思想品德發展的活動都能稱為教育。那麼，在生活中，任何對於人的知識、能力和品德等產生影響的人都是教育者。也就是說，在家庭教育中，父母就是教育者；在學校教育中，從事學校的教育管理工作的人以及專職教育人員就是教育者；在社會教育中，通過一定的活動或經驗對於人的發展具有促進作用的人都是教育者。在狹義教育中，教育者專指教師。

真正意義上的教育者是指有明確意圖或教育目的，能夠通過自身的行為活動促進人的知識、技能和品德等發展的人。所以，教育者應該真正做到「學而不厭，誨人不倦」，在掌握專業知識和技能的同時，把握時代的變遷，探索時代精神；做到關心、愛護、尊重學生，促進學生全面發展和健康成長。因此教育者具有主體性、活動的目的性和社會性等基本特徵②。

2. 受教育者

受教育者也有廣義和狹義之分。

廣義上的受教育者是指在各種教育活動中以學習為主要目的的人，包括在各級各類學校和組織中的學生、在家庭教育中的子女以及在社會教育中的受教育者。

狹義上的受教育者大多數是在校學習的兒童、少年和青年，但隨著終身教育體系的發展，受教育者的範圍擴大到成人甚至整個社會的人。同時，隨著教學形式的變化，教育不再是之前以教師為中心的「填鴨式」「灌輸式」教學模式，受教育者在教學過程中起著重要的作用。在教育過程中，受教育者是教育活動的主體，如果只有教育者的參與是達不到教育效果的。所以，受教育者應該充分發揮自己的自主性，將從教育者那裡學到的知識、技能等內化成自己的知識、思想和才能等，構成自己的知識體系，從而完成學習任務，達到學習目標。

---

① 陳友鬆. 當代西方教育哲學 [M]. 北京：教育科學出版社，1982：26.
② 袁世勛. 教育學新編 [M]. 成都：西南交通大學出版社，2016：3.

3. 教育影響

教育影響即教育活動中教育者作用於受教育者的全部信息，既包括信息的內容，也包括信息選擇、傳遞和反饋的形式，是形式與內容的統一①。教育影響是連接教育者和受教育者的仲介和橋樑，是除了教育者和受教育者之外的一切的總和。

教育影響主要包括兩個方面：第一，在內容上，教育影響包括教育內容、教育材料或教材；第二，在形式上，教育影響有教育方法、教育手段、教育組織形式等。

教育者、受教育者和教育影響既相互獨立又相互依存，這三者並不是簡單的相加，而是有機結合的整體。沒有教育者，教育活動沒辦法開展，受教育者就得不到有效的指導；沒有受教育者，就會失去教育的主體和實行的意義；沒有教育影響，就好比「無源之水，無本之木」，再好的教育意圖、發展方向也無法實現。所以，教育是通過以上三種組成要素的有機結合構成的一種社會實踐活動系統。

(四) 教育形態

教育形態是指以上三個基本要素所構成的教育系統在不同的時空背景下的變化形態，也是「教育」理念的歷史實現②。從目前教育學的研究來看，教育形態的劃分主要有：教育系統自身的標準；教育系統所依賴的運行場所或空間標準；教育系統所依賴的時間標準。從教育系統自身的標準出發，教育形態被劃分為「非制度化的教育」和「制度化的教育」；從教育系統所依賴的場所或空間標準出發，教育形態被劃分為「家庭教育」「學校教育」和「社會教育」；從教育系統所依賴的時間標準出發，教育形態被劃分為「農業社會教育」「工業社會教育」與「信息社會教育」。

1. 非制度化的教育與制度化的教育

非制度化的教育是指沒有獨立形成教育形式的教育。這種教育沒有從日常的生活、生產中脫離出來，更沒有相對獨立的社會機構和制度化行為。過去的學校教育就是非制度化的教育，直至現在這種教育依然存在。非制度化的教育追求「教育不應再限制於學校的圍牆之中」。如庫姆斯的非正規教育觀念、伊里奇的「非學校化社會」理念、構建學習化社會的理念。

制度化的教育是相對於非制度化的教育而言的，是擁有專門的教育人員、組織機構和運行制度的教育形態。今天我們所談的教育和相關的教育改革就是這種教育形態。

制度化的教育是人類教育文明的重要產物，它推動著人類文明的發展和社會的進步。但是，制度化教育也有不足之處。美國教育學家、非學校化運動的倡導者伊里奇指出：真正的教育是有創造性的，而現在所實行的制度化教育將人們限制了起來。他提倡「改造學校自身、打破學校在整個教育體系中的壟斷地位、挖掘並發揮整個社會的教育潛質」③。面對不同的觀點，我們應該辯證地看待問題，更加理智地看待它們之間的優點和缺點。

---

① 李帥軍. 教育學 [M]. 北京：北京師範大學出版社，2012：5.
② 全國十二所重點師範大學聯合編寫. 教育學基礎 [M]. 北京：教育科學出版社，2014：7.
③ 伊萬·伊里奇. 去學校化社會 [M]. 吳康寧，譯. 漢英雙語版. 北京：中國輕工業出版社，2017：3.

2. 家庭教育、學校教育和社會教育

以家庭為單位進行的教育活動叫作家庭教育；以學校為單位進行的教育活動叫作學校教育；以社會為單位進行的教育活動叫作社會教育。

在人類的歷史長河中，家庭教育起著重要的作用，在很長一段時間裡，家庭教育都是人類教育的最重要方式。對青少年而言，家庭教育是人生的第一課堂。很多的教育名著就是以家庭教育為背景而創作的，例如洛克的《教育漫話》。而在中國，「家學」文化的保存、發展和繼承對中國的家庭教育起到了重要作用。《顏氏家訓》是顏之推總結自己的經歷和經驗，用來訓誡子孫的著作，這也是中國封建社會第一部系統的、完整的家庭教育教科書。現在，人們開始重新重視家庭教育，如何做到家庭教育和學校教育結合以促進學生更好發展也成為人們關注的熱點。同時，隨著科學技術的發展，「在家上學」也成為一種可能，但如何實現和規範實施還是一個值得研究的課題。

學校教育擁有自己的獨特之處，它具有專門的組織機構、專門的教師人員、較充裕的教育經費、專業的教學模式、及時的反饋和評價機制等。學校教育是歷史經驗的結晶，在現代的教育形態中具有主導性。當然，現在的學校教育並不是十全十美的，如何改進學校教育，促進青少年更好的發展仍值得我們關注。

社會教育在原始社會時期就已經存在。原始社會，人們舉行的各種儀式或宗教活動，都是具有社會教育意義的。社會教育又被劃分為社會傳統教育、社會制度教育和社會活動或事件教育等。社會傳統教育是指一個社會的社會風尚對人們產生的教育影響；社會制度教育則是當下社會的政治、經濟、文化等方面的制度對個體各方面素質的塑造；社會活動或事件教育是指人們通過各種社會經驗獲得的教育。

學校教育、家庭教育和社會教育各有各的特色，它們在教育體系中既相互獨立，又相互作用，彼此密切聯繫，不可分割。隨著社會的發展、教育觀念的不斷更新，學校教育、家庭教育和社會教育之間的關係變得更加密切，任意一種教育形式的失誤都會影響受教育者的健康發展。所以，我們要充分利用好家庭教育、學校教育和社會教育的資源，更好地發揮各教育形態的優勢，形成教育合力；同時，我們也要處理好家校合作、校校合作以及學校、家庭、社區之間的關係。這樣才能夠更好地建立終身教育體系和建設學習化社會。

3. 農業社會的教育、工業社會的教育和信息社會的教育

農業社會的教育、工業社會的教育和信息社會的教育形態的產生和變遷有著密切的關係，是適應不同的生產力發展階段以及建立於其上的經濟形態和生產關係變革的結果[①]。因此，看待這三種教育形態需要考慮其所處時代的生產力、經濟形態以及上層建築的特徵。而且，農業社會的教育不等同於農業教育，工業社會的教育也不等同於工業教育，信息社會的教育更不等同於信息教育。前者是基本的教育形態，後者是專門的教育類型。更需要注意的是，這三種教育形態都是在前一種教育形態基礎上建立的，是對前一種教育形態的批判、修正和重構，是一種歷史的延續。關於這三種教育形態及其特徵，我們會在下一章具體介紹。

---

① 全國十二所重點師範大學聯合編寫. 教育學基礎 [M]. 北京：教育科學出版社，2014：10.

【名人名言】
　　教育不能創造什麼，但它能啓發兒童的創造力以從事於創造工作。

　　　　　　　　　　　　　　　　　　　　　　　　——陶行知

二、教育學的研究對象

　　任何學科都有自己的研究對象。教育學是一門重要的學科，那麼它的研究對象是什麼呢？研究對象的科學性和準確性是衡量一門學科是否成熟的重要標誌。毛澤東同志曾在《矛盾論》中寫道：「科學研究的區分，就是根據科學對象所具有的特殊的矛盾性。因此，對於某一現象的領域所特有的某一種矛盾的研究，就是構成某一科學的對象。」[1]

　　教育學所研究的對象就是我們前面介紹的人類特有的社會現象——教育。具體來說是研究教育問題、教育現象，揭示教育規律。當然，只有有價值的、能夠引起社會關注的教育問題和教育現象才能構成教育的研究對象。

　　教育現象就是以研究人為主體內容的社會實踐活動的外在表現形式。對教育現象有三個方面的規定：第一，教育現象是一種客觀存在，是可感知、可認識的；第二，教育現象是各種形式、各種類型、各種模式的教育事實；第三，教育現象以教與學為主體。

　　規律是事物內部或事物之間的本質聯繫，是客觀存在的、不以人的意志為轉移的。關於教育的基本規律有兩大類：一是教育和社會關係之間的規律，如教育與政治、經濟、文化等方面的聯繫；二是教育和受教育者的身心發展關係之間的規律。當然，教育規律不只有這兩類，但其他規律也是在這兩類規律的基礎上發展而來的。我們對於教育規律越瞭解，就越能夠更好地促進教育事業和人的發展。因此，我們應該科學、實事求是地對待教育規律，在實踐中合理運用它們。

【知識考查】
　　根據經驗科學的標準，科學教育學的研究任務是（　　）。
　　A. 描述教育現象，揭示教育規律　　B. 揭示教育規律，確立教育理想
　　C. 揭示教育規律，規範教育行為　　D. 研究教育實踐，解決教育問題
　　答案：A

三、教育學的研究方法

　　教育學的研究方法是通過某種途徑，有組織、有計劃、系統地進行教育研究和構建教育理論的方式。教育學的研究也和其他社會科學一樣，應從研究馬克思主義理論、歷史和現狀三個方面進行。馬克思主義不僅為教育學研究提供了科學的研究論，而且教育學的科學研究還要以馬克思主義教育思想為指導，從而獲得分析和解決教育問題的方法。

---

[1] 毛澤東. 毛澤東選集 [M]. 北京：人民出版社，1964：297.

目前，常見的教育學研究方法有以下幾種：

1. 觀察法

觀察法是指研究者通過感官和輔助儀器，有目的、有計劃化地對處於自然情況下的客觀事物進行感知、觀察，從而獲得經驗事實的一種研究方法。觀察法在自然科學的研究中起到重要的作用。俄國著名的生理學家巴普洛夫的座右銘就是「觀察、觀察、再觀察」。觀察法的類型主要包括自然觀察法和實驗室觀察法；參與式觀察法和非參與式觀察法；定量觀察法和定性觀察法；直接觀察法和間接觀察法等。

運用觀察法獲取實驗資料的過程是一個複雜的操作過程，需要經歷準備、實際觀察、資料整理和分析三個階段。觀察法的具體步驟如下：

（1）觀察的準備工作。

①明確研究問題、觀察目的，確定觀察對象和觀察內容。比如，小學語文課師生間的課堂互動情況就可以作為研究問題進行探討。研究者可以通過研究小學語文教師與學生之間的課堂互動情況，具體分析小學教師與學生在課堂的互動行為，分析不同程度下的師生互動情況對學生發展的影響，嘗試建構良好的師生互動行為模式。這就是研究目的。研究對象就是某小學中某一名語文教師的某次課上的全體學生和這名教師之間的互動行為。明確了研究問題、研究目的和觀察對象，還沒有辦法進行操作，我們還要將問題進一步分解細化。在這個例子裡，研究內容是指師生間的互動行為事件。我們需要分析影響師生間互動行為的因素有哪些；互動的形式是什麼；在互動頻次上，誰更加主動；等等。我們可以將互動形式作為一個項目進行分析，分析通過提問、討論和教師反饋的方式對師生互動進行統計。提問可以分為教師提問和學生提問兩種，教師提問又可以分為集體提問和個人提問，分析師生間的提問頻次就可以瞭解學生學習的主動性情況。討論形式可以分為老師和個人、老師和小組以及老師和全班同學，針對他們的討論頻次、時長和討論結果進行記錄分析，瞭解學生在課堂中的活躍程度，瞭解學生對於教師所講知識的理解情況。研究者通過分析教師對於學生回答問題的反饋，瞭解學生對於教師反饋情況的反應，尋找引導學生參與到課堂中，發揮學習自主性的方式。

②選擇觀察類型、方法和途徑。觀察者必須根據研究目的、觀察目的的具體情況和觀察條件等選擇適合的觀察類型、觀察方法和觀察途徑。例如研究目的是理論證明，觀察者就需要很多的定量資料，所以選用的觀察類型就應該是定量的、結構的、封閉的。觀察方法可以分為參與觀察法和非參與觀察法，在觀察者有條件的情況下，可以參與到觀察過程中與被觀察者打成一片，這就是參與觀察。而觀察途徑要根據觀察者的自身情況進行選擇，觀察途徑包括參與被觀察者的各種活動、參觀、訪談和實地參與考察等。

③設計實施方案。實施方案主要包括：研究課題；觀察目的、任務；觀察對象、範圍（觀察誰）；觀察內容（需要哪些資料）；觀察地點；觀察的方法、手段（選擇哪種觀察方法、觀察用什麼儀器設備、設計記錄表格等）；觀察步驟與觀察時間的安排（觀察的次數、間隔時間、程序，每次觀察持續的時間）；其他（包括組織、分工和有關要求）。一份好的實施方案需要先進行調查研究，甚至有些時候需要進行預觀察，在得到初步經驗之後再實施。實施方案在實施過程中也不是一成不變的，需要根據實際

情況不斷調整與補充。

（2）實際觀察。

觀察者在實際觀察前，要做好準備，與被觀察者建立一種較和諧的關係，為能夠更好地觀察奠定基礎。在觀察中也要注意：靈活地執行觀察計劃；抓住觀察重點；做好觀察記錄。在觀察的過程中，觀察者要做到仔細觀察、認真傾聽、詢問細節、查看詳情和思考反省相結合。

（3）觀察資料的整理和分析。

在結束觀察之後，觀察者需要及時將記錄下來的資料進行整理、分析。整理和分析觀察資料分為以下四步：第一步，對資料的初步整理，是指對各部分的現場觀察情況進行回憶，把每一部分的觀察記錄進行通讀、調整，可以將之前記錄模糊、不完整的部分補齊，保證資料的準確性和完整性；第二步，對資料的再次整理，將資料根據項目進行分類，然後再詳細閱讀資料，對觀察資料進行編碼；第三步，通過對整體事件的掌握，借助工具對資料進行分析和概念化處理；第四步，將資料和分析文件進行總結，寫出觀察報告。注意事項：首先，觀察者所使用的資料必須是按照科學方法的程序獲得；其次，如果資料是通過多種方式獲得的，觀察者必須要將觀察所獲得的資料與其他方法獲得的資料做比較，發現問題可再次核實；最後，如果觀察是以小組進行，觀察者需要將資料進行對比，確保資料的準確性，若有差異，需要對具體情況進行核實。

2. 文獻法

文獻法是通過搜集、整理和分析教育文獻，形成對教育的科學認知的方法。文獻主要有第一手文獻、原始文獻、搜索性文獻和參考性文獻。

文獻法的基本步驟有以下幾步：

（1）提出課題或假設。

文獻法是指對已有的理論、事實等，以及現有的文獻進行重新分類或再次整理分析。提出課題或假設的前提就是研究者在對已有的文獻進行深入瞭解之後，發現文獻中的空白點、疑點，或者現有理論與當前事實存在矛盾或不相符的情況，又或者現在缺少對某一專門理論的研究。

（2）進行研究設計。

首先要設計研究目標。研究目標是指使用可以操作的定義方式，將課題、假設設計成具體的、可操作的、可重複的、可以解決專門問題並具有一定意義的文獻研究活動[1]。例如，隨著改革開放的不斷深入，小學教育的課程內容也在不斷改變，依據現在的事實和當前提倡的素質教育和創新教育思想，針對改革開放40年以來小學教育的課改內容的變化進行研究。於是，建立「搜索改革開放40年以來關於課改內容的專著和文章」，進行分析、整理、收納和做出綜述的研究目標。研究設計還要針對研究程序、研究人員、研究時間和經費等進行詳細的設計和步驟規劃。

（3）搜索文獻。

首先，要確定自己的搜索方向，也就是明確研究課題的範圍和性質。其次，要瞭

---

[1] 孟慶茂. 教育科學研究方法［M］. 北京：中央廣播電視大學出版社，2013：83.

解可以通過哪些途徑獲得自己所需要的文獻。最後，熟悉主要的文獻索引和目錄分類的方法和技能。搜索文獻的策略一般是從寬到窄、從近到遠、從易到難的路線。我們剛剛開始搜索文獻時，可以同時查找相近、相關文獻資料，將文獻範圍定得寬一些，在進行初步瞭解之後，再逐漸縮小搜索範圍，最後將範圍鎖定在較核心的文獻上，這樣可以在研究者確定了基本方向之後，進一步明確具體的研究課題。

搜集文獻的渠道有很多，主要有圖書館、檔案館、博物館、社會、科學、教育事業單位或機構，學術會議和個人交往，計算機互聯網等。

（4）整理文獻。

整理文獻是文獻法的重要環節，包括對文獻的閱讀、記錄、鑑別、分類處理和製作文獻綜述。

文獻的閱讀需要遵循有效的閱讀原則和適當的閱讀方法。閱讀原則主要有計劃性原則、順序性原則、批判性原則和同時性原則。我們閱讀文獻時，要具有一定的計劃性，才能夠把握好閱讀速度，保證按時完成任務；同時，也需按照一定的順序，例如，先原文後綜述，先一般後專業，先理論後應用，先書籍後文獻，先近期後遠期等。我們在閱讀過程中，要保持批判性原則，多思考，不可人雲亦雲；同時，還要不斷搜集新的文獻來進行補充，這樣才能夠獲得更有效的、更有價值的文獻資料。閱讀方法一般會分為瀏覽、粗讀和精讀三種。我們拿到文獻，可以先通過粗略的瀏覽，對文獻的內容、價值有個大體判斷。粗讀是瞭解文獻的基本觀點，獲取文獻中的主要事實和數據；我們要通過瞭解大量文獻，瞭解學科、專業概貌，熟悉知名研究者的研究風格和研究方法，抓住某一爭論的問題焦點、發展動向和最新成果。精讀則是在粗讀的基礎上進行的，通過精讀，我們不僅要全面地掌握文獻的實質，挑選出對自己的研究最有價值的內容，還要不斷地思考，發現問題並尋求解決問題的方法。

文獻的記錄是指將文獻中對自己研究有價值的資料保存下來。我們可以在閱讀時通過一些符號將文獻中的重點、難點等標記出來，或在文獻的空白處記下自己的見解；在對文獻中的情報資料進行摘錄時，不可斷章取義，還應註明書名、文獻的題目、作者姓名、版本、出版時間、期刊年號和期號等，以便日後查閱；若有需要，研究者要對於文獻的觀點、事實等進行概括，切不可隨意發揮或曲解原意。

文獻的鑑別主要是辨別文獻的真假及質量高低。鑑別方法主要分為外審和內審。外審是對文獻本身的鑑別，可以與同時期的同類出版物比較，看是否符合時代特點；或與作者的其他內容進行比較，分析其語言風格；分析文獻的體例是否相符；分析文獻中的前後基本觀點、思想是否一致。內審是對文獻內容的鑑別，主要是看文獻中記載的事件是否與其他書籍記載的一致；或用真品實物來驗證文獻的真偽；或將文獻中的記載與文獻背景、作者生平事跡和思想進行對照。

完成了文獻的鑑別，就進入了文獻的整理環節。文獻的整理就是將自己已經熟悉的、經過鑑別的文獻進行創新性的分析、綜合、比較、概括等思維加工的過程[1]。常見的整理方法有以下四種。

①歸納法：從文獻記載的同類事實中歸納共同點或規律性的東西。

---

[1] 楊小薇. 教育研究的原理與方法［M］. 上海：華東師範大學出版社，2010：233.

②演繹法：根據文獻資料和其他線索已經證實的事理，推導出與文獻記載有關的結論。

③比較法：對已有文獻記載的人物、事件、時間、地點等線索進行比較，確定某些事實。

④辯證分析法：對文獻內容的歷史發展、演變進程和相互之間的關係進行辯證分析，得出關於事實或原理的全面、系統的看法。

（5）進行文獻綜述。

將整理好的文獻，針對某一學科或某一專題中的研究成果、問題和發展趨勢等進行綜述。

3. 調查法

調查法是指有目的、有計劃、系統地對相關的教育歷史狀況和現狀進行分析、搜集材料的方法。調查法可以分為全面調查、重點調查、抽樣調查、個案調查等。調查的方法主要有觀察、談話、問卷等。

調查法的基本步驟分為以下四步。

（1）先確定調查研究的問題或課題，再根據研究問題確定研究對象。

研究問題或課題規定了研究方向和研究目的。根據研究方向和研究目的確定研究對象和研究地點，方便調查研究的開展。

（2）擬訂調查計劃。

調查計劃包括調查的目的、對象，調查的範圍、地點和時間，調查的方法、手段和步驟等。

（3）實施調查。

首先，調查開始前要編製並準備調查問卷、訪談提綱等；其次，要進行預調查，根據預調查的情況可以發現之前沒有預料到的問題，並及時補充、修改訪問提綱、調查問卷，調整工作計劃。

（4）整理調查材料，撰寫調查報告。

調查者根據搜集到的資料，通過科學的分析整理，挖掘調查資料中的本質特徵。文字、圖片資料可以通過質化分析，數字、圖表等可以通過量化的科學分析進行研究，再通過分析出的結果得出結論，完成完整的調查報告。

4. 實驗法

實驗法是指研究者為驗證某種結構對某種環境、控制某種條件而進行研究的方法。實驗法分為等組實驗法、單組實驗法、循環實驗法。變量有自變量、因變量、無關變量。

實驗法的基本步驟有以下四步。

（1）實驗前的準備工作。

進行實驗之前要做好理論研習、方案設計、環境的選取和設計、設備和測量工具的準備等工作。理論是實驗的基礎，所以實驗前一定要弄清楚實驗中涉及的重要概念，分清課題中各種變量的關係，建立自己的實驗理論框架。方案的設計要從實際出發，注意控制各方面的因素。

（2）實驗方案的實施。

研究者要主要抓好對實驗自變量和無關變量的控制，同時應正確使用實驗和測量

工具，盡可能保證實驗的精確性和準確性。在實驗開展過程中，研究者一般應嚴格按照實驗方案進行，不得隨意更改實驗程序和措施。

（3）實驗資料的搜集和整理。

實驗過程中任何對檢驗假設有用的資料都要進行搜集。搜集時，要秉持客觀、準確的原則。在記錄實驗資料時要認真，保證資料的可靠性。在分析和整理實驗資料的基礎上，將實驗結構簡明扼要地表達出來。

（4）實驗結果的驗證。

為確保實驗結果的準確和可靠，研究者可以通過一些方法對實驗結果進行驗證。主要的驗證方法有四種。第一種，從實驗程序上檢驗，全面地考察整個實驗過程，檢查實驗過程的各個環節。第二種，用實驗系數進行檢驗[1]。第三種，與其他有關的已確定的有關定理、定論進行對照，若結果一致，則證明實驗結果是可靠的，否則實驗結果的準確性就值得懷疑。第四種，重新進行實驗，若兩次結果相符、差別不大，則證明實驗結果是可靠的。

第二節　教育學的產生和發展

研究一門學科，瞭解它的產生和發展是必不可少的。教育學是人類社會的發展和人類社會實踐經驗的豐富的產物，是隨著社會對於教育的需求日益增長產生和發展起來的。雖然關於教育方面的問題人類已經研究了上千年，但是教育學僅有二百多年的歷史。教育學的產生和發展主要有以下幾個階段。

一、教育學的萌芽

教育學的萌芽期在奴隸社會和封建社會，之所以被認為是萌芽階段，是因為人們在這一時期對於教育的認識主要停留在經驗和習俗的水準，還沒有系統的、理性的認識，大多數的教育思想和經驗都零散地出現在他們的哲學、政治等著作中，沒有形成完整的體系，也沒有形成一門獨立的學科[2]。因此，該時期又被稱為「前教育學時期」。

在中國，教育學的萌芽時期的代表人物和代表作有：由孔子的弟子整理的論述孔子思想的《論語》；論述孟子思想的《孟子》；曾子的《大學》、子思的《中庸》、樂正克的《學記》等。《論語》中通過記載孔子和其弟子的問答，傳遞了孔子的教育思想及經驗。如主張「有教無類」，廣受弟子；實施因材施教、啓發誘導，學以致用等。《孟子》講求「四心」，「惻隱之心，人皆有之；羞惡之心，人皆有之；恭敬之心，人皆有之；是非之心，人皆有之」。大學以「三綱領，八條目」來指引教育目的和為人做事的目標。《中庸》是一篇思辨性極強的哲學類文章，要求學生能夠做到「博學之，審問之，慎思之，明辨之，督學之」。《學記》是中國最早的，也是世界上最早的專門論述教育、教學問題的論著，被稱為「教育學的雛形」，它倡導教學要「未發先豫」「長

---

[1] 李秉德. 教育科學研究方法 [M]. 北京：人民教育出版社，1987：73.
[2] 袁世勛. 教育學新編 [M]. 成都：西南交通大學出版社，2016：12.

善救失」等。

西方的教育先哲們如柏拉圖、亞里士多德、昆體良等也有很多豐富的教育思想和經驗。柏拉圖的《理想國》不僅僅是哲學、政治學方面的著作，還是一部教育理論著作，它總結了當時雅典和斯巴達的教育思想，主要的教育目的是培養「哲學王」；亞里士多德被馬克思認為是「古代最偉大的思想家」，他認為教育最終的目的是發展人的理智。昆體良的《論演說家的教育》又稱為《雄辯術原理》，論述了兒童的教育問題，它是西方最早的教育著作。

雖然這些教育思想還沒有從哲學、政治等分化出來，且關於教育的論述大多停留在表述經驗方面，沒有理性的分析和整理。但是，我們不得不承認這些教育思想都是深刻且精闢的論點，並且指導了當時的教育活動，為之後的教育發展產生了深遠的影響。

【名人名言】
如果學習只在模仿，那麼我們就不會有科學，就不會有技術。
——［蘇聯］瑪克西姆·高爾基

二、教育學的獨立

17世紀以後，隨著資本主義生產力的發展和社會的進步，教育也逐漸得以發展。這個時期的教育家們，開始撰寫一些體系比較完整的教育著作，有關教育學的思考也開始從哲學和政治中脫離出來。同時，他們對於教育學的問題從描述性過渡到理論性的說明，使得教育學體系逐漸完整，漸漸成為一門較獨立的學科。

英國科學家弗蘭西斯·培根，在《論科學的價值和發展》一書中最早提出把教育學作為一門獨立的學科。捷克著名的教育家誇美紐斯撰寫的《大教學論》（1632年）被認為是西方教育思想史上第一部教育學著作，他認為教育是「將一切事物教給一切人的藝術」，這本書代表著教育學獨立形態的開始。德國哲學家康德最早在哥尼斯堡大學講授教育學，他將教育學首次帶入大學課程。德國的教育學家特普拉在哈勒大學擔任教育學教授，成為歷史上第一位教育學教授。他編寫的《教育學研究》（1780年）是第一本以教育學命名的著作，這標誌著教育學學科的基本形成。德國的教育學家赫爾巴特更是創造了完整的教育體系，被稱為「現代教育學之父」和「科學教育學的奠基人」。他的《普通教育學》（1806年）被認為是第一本現代教育學著作，是教育學獨立的標誌。

獨立形態的教育學，已經有了自己明確的研究對象、專業概念、專門的研究方法、研究機構和系統的教育著作。這一時期的教育學不僅形成了獨立的體系，並且隨著教育實踐的發展、唯物主義哲學和其他各門科學的發展，人們對於教育現象產生了高度抽象的和更合乎規律的認識，教育學的理論化、科學化的水準得以提高，教育學逐步地從現實的描述走向理論的論證，從理論的類比走向科學的說明。但是，由於資產階級的階級性和世界觀的局限性，人們對教育的一些根本問題的說明仍具有不科學性[1]。

---

[1] 南京師範大學教育系. 教育學 [M]. 北京：人民教育出版社，2005：6.

【知識考查】
誇美紐斯的《大教學論》理論論證採取的主要的方法是（　　）。
A. 哲學思辨　　B. 經驗描述　　C. 自然類比　　D. 科學實驗
答案：C

三、教育學的發展

隨著心理學、社會學、倫理學等學科的發展，教育學不僅不斷地從其他學科中吸取研究成果來豐富和充實自己，而且還開始借鑑其他科學的研究方法。由於研究方法的不同，教育學出現了很多不同的教育派和教育著作。這個時期，我們稱為「教育學的發展時期」和「教育學的多樣化時期」。

（一）實驗教育學

19世紀末20世紀初，在歐美一些國家出現了一種以自然科學的實驗法來研究兒童教育的理論，這種教育流派叫作「實驗教育學」。他們的主要代表人物有梅伊曼和拉伊，梅伊曼首先將實驗教育思想稱為「實驗教育學」，拉伊出版了《實驗教育學》，具體闡述了實驗教育學思想。

實驗教育學的基本觀點是：反對以赫爾巴特為代表的思辨教育學；提倡在教育研究中運用實驗心理學的方法和成果，使教育研究更加科學化；建議將教育研究分為提出假設、進行試驗和驗證三個階段；主張用實驗、統計和比較的方法探究兒童心理發展過程的特點和智力發展水準[1]；認為運用實驗數據才能夠更加準確地進行教育改革和評價。

該理論通過運用定量的方法來研究教育，促進了教育的發展；但是，由於實證主義和自然研究方法的影響，實驗教育學的研究方法也受到極大的限制。並且，在他們的觀點中將定量研究方法看作唯一的研究教育的方法，這種觀點是不可行的。

（二）文化教育學

19世紀末德國出現了文化教育學流派，其代表人物和代表作有：狄爾泰的《關於普遍妥當的教育學的可能》、斯普朗格的《教育與文化》、利特的《職業熏陶、專業教育、人的陶冶》等。

文化教育學的基本觀點：人是一種文化的存在，人的歷史是一種文化的歷史。同時，教育是在一定的社會背景下進行的，所以教育過程應該是一種歷史文化的過程。以此推理，適合教育的研究方法，應該是精神科學或者文化科學，也就是以理解或解釋的方式進行；教育的目的就是要將促進社會歷史進步的客觀文化向個體的主觀文化轉變，將個體的主觀世界引向博大的客觀文化世界，培養完整的人格[2]；實現教育目的的主要途徑是通過「陶冶」和「喚醒」構建良好的師生關係，發揮教師的主導性和學生的自主性。

---

[1] 袁世勛. 教育學新編［M］. 成都：西南交通大學出版社，2016：15.
[2] 全國十二所重點師範大學聯合編寫. 教育學基礎［M］. 北京：教育科學出版社，2014：20.

文化教育學對於德國乃至世界20世紀的教育的發展，在教育的本質、教育目的、師生關係等方面產生深遠影響。但是，文化教育學的思辨氣息和哲學色彩過重，並且不能夠很好地針對教育問題提出操作性的指導。它誇大了社會文化價值的相對性，忽略了客觀規律[①]。

(三) 實用教育學

19世紀末20年代初在美國出現了一種新的教育思潮，代表人物及代表著作是杜威的《民主主義與教育》、克伯屈的《設計教學法》。實用教育學也是在批判赫爾巴特的教育觀點的基礎上提出來的，特別是杜威的思想，對20世紀全世界的教育產生了深遠的影響，是典型的「美國」教育學。

實用教育學的基本觀點是：第一，教育和生活是一體的，教育不應該是為了以後的生活做準備；第二，教育是學生個體經驗持續的增長；第三，學校即社會，兒童應該在學校學到社會中所需要的態度、知識、能力等；第四，教育不應該是以教師為中心，應該是以學生為中心；第五，教育應該通過實踐活動開展，兒童在各種活動中獲得經驗從而達到教育的效果；第六，教師應注重對兒童的獨立體驗、發現能力的培養，尊重兒童的差異性[②]。

實用教育學是美國教育文化的體現，它推動了教育的發展；但是，它忽略了知識的系統學習以及教師在教育活動中的主導作用，模糊了學校的特質。

(四) 馬克思主義教育學

馬克思主義教育學主要包括兩個方面：一方面是馬克思、恩格斯以及其他馬克思主義作家們的教育思想；另一方面是針對馬克思主義的基本原理對現代教育的發展和問題等的研究。主要代表人物和代表作有：克魯普斯卡婭的《國民教育和民主主義》，這是第一部運用馬克思主義觀點對教育學和教育史進行論述的著作；蘇聯教育學家凱洛夫的《教育學》；楊賢江編寫的中國第一部用馬克思主義來闡述教育觀點的著作。

馬克思主義教育學的基本觀點是：第一，教育是一種社會歷史現象，在階級社會裡具有鮮明的階級性，不存在脫離社會影響的教育；第二，教育起源於生產勞動，任何勞動方式和性質的變化都會影響教育形式和教育內容；第三，教育的根本目的是培養全面發展的人；第四，教育要和生產勞動相結合，是培養全面發展的人的唯一途徑；第五，教育與社會的政治、經濟、文化既相互獨立，又相互制約，存在著一種相互作用的關係；第六，馬克思主義唯物辯證法和歷史唯物主義是教育科學研究的方法論基礎[③]。

馬克思主義的產生為教育學的發展奠定了科學的方法論基礎，但由於我們有時理解和運用馬克思主義理論不當，會犯一些簡單化、機械化的錯誤，這是我們在學習和發展馬克思主義的過程中應該注意的問題。

---

① 全國十二所重點師範大學聯合編寫. 教育學基礎 [M]. 北京：教育科學出版社，2014：20.
② 同①.
③ 薛曉陽. 教育原理與策略 [M]. 鎮江：江蘇大學出版社，2016：11.

(五) 批判教育學

批判教育學是 20 世紀 70 年代之後興起的一種教育學派，也是當前西方教育理論占主導地位的流派。主要代表人物和代表作品有：弗萊雷的《被壓迫者教育學》、鮑爾斯與金蒂斯的《資本主義美國的學校教育》、布迪厄的《教育、社會和文化的再生產》等。

批判教育學的基本觀點是當代資本主義社會的教育是維護現實社會的不公平和不公正的工具，它是造成社會差異、歧視和對立的根源。批判教育學流派的教育者們認為教育與社會是相對應的，有什麼樣的政治、經濟和文化環境，就有什麼樣的學校教育機構，社會的政治意識形態、文化形態、經濟結構都制約著學校教育的教育目的、教育內容等，學校教育在一定程度上是複製現有社會階層的工具，若處於不利地位則難以在學校教育系統中獲得成功[1]。然而，人們已經把社會的不公平和不公正現象看作自然的事實。批判教育學的目的就在於揭示這些不公平和不公正現象背後的利益關係，喚醒人們的意識。

批判教育學是通過實踐批判的方式和態度，揭示現實生活中的利益關係，使教育從無意識的層面上升到有意識的層面。21 世紀的批判教育學還在繼續發展，對於批判教育學對西方教育和中國教育的影響，我們應該給予積極的關注。

【案例分析】

批判教育學啟發教育學整體認識

國內學術界對批判教育學的關注既源於對理論的探索，也來自反思的需要。於偉表示：「中國教育經過幾十年的發展，已經取得了相當的成就。與此同時，比照 2020 年中國教育改革提升質量、促進公平的目標，我們也要不斷反思教育中存在的不公平等諸多問題。批判教育學是一個重要的工具和視角，對我們認識當前存在的教育問題有一定的啟示和幫助。」

黃志成認為，批判教育學對中國教育改革、課程改革的啟發意義深遠。以師生關係為例，批判教育學認為，一個教學過程由教師和學生兩方面組成，學校教學中教師和學生都是平等的，是雙向的教育。但是我們現在的教育更多的是「教師對學生」，而不是「教師和學生」。

在課程方面，批判教育學反對將教材分割過細，提倡主題教學。黃志成告訴記者，主題教學是將很多學科的問題組合到一個課題中進行教學。例如，在教授「貧民窟」這個單詞時，還要讓學生思考，為什麼會有貧民窟，是什麼原因造成貧民窟衛生條件很差等更為深刻的問題，以啟發學生開展調查和思考。他表示，這樣的教學課程更具有啟發性。

批判教育學認為，學習不只是學習知識，更重要的是認識社會。「促進批判思維的發展往往通過對話產生，讓學生自己去討論，而不是強迫學生學習。」黃志成說。在東北師範大學教育學部副教授周霖看來，當前國內有些審辯思維的研究，其

---

[1] 全國十二所重點師範大學聯合編寫. 教育學基礎 [M]. 北京：教育科學出版社，2014：21.

實就是批判性思維。他認為，中國的學生普遍在批判性思維方面很弱，這種思維的缺失，某種程度而言就是我們缺乏創造力、缺乏創新人才、缺乏創新型思維的重要原因。

批判性教育帶給人們啓發的不僅是對具體教學方法的思考，還有對教育本身的整體認識。於偉認為，現在國內有一種傾向，就是談到美國教育就是如何好，那麼美國教育存在什麼問題？西方教育與階層的固化和流動存在什麼問題？批判理論會幫助我們對這些問題有更清醒的認識。

近年來，國內學者從不同學科角度介紹、討論批判教育學的研究成果數量明顯增多，總體而言，國內學術界對批判教育學的關注度呈上升趨勢。有學者表示，期待未來批判教育學能給中國教育理論研究和實踐帶來更多啓發。黃志成認為，批判教育學研究在國內尚未形成氣候，整體而言還處於介紹認識的階段。於偉也告訴記者，「當前國內專門從事批判教育學研究的學者和機構比較少。」從理論基礎的角度而言，中國學者其實有不錯的條件。於偉認為，中國有批判教育學的理論基礎和情感基礎。儘管當前還處於翻譯和介紹外國研究成果的階段，批判教育學中有利於研究中國教育現狀的內容仍然需要學術界進一步探索。

資料來源：耿雪. 批判教育學啓發教育學整體認識 [N]. 中國社會科學報，2016-02-24（2）.

請思考：我們應該如何看待和處理批判教育學對中國的影響？

四、當代教育學的狀況

隨著科學的進步和時代的發展，教育學領域正不斷出現新的成果，這也打開了新的教育世界的大門。當代教育學的具體特徵有以下五個方面。

（一）教育學研究的領域不斷擴大

20世紀初，教育學的研究領域主要是學校教育，而且重點關注在學校教育過程中發現的問題。隨著教育學的發展，當代教育學研究的重點已經從微觀的教育教學過程擴展到宏觀的教育規劃，從教育的內部關係擴展到教育的外部關係，從基礎教育擴展到高等教育，從正規教育擴展到非正規教育，從學校教育擴展到社會教育，從對正常兒童的教育擴展到對一些有特殊需要的兒童的教育，從兒童青少年的教育擴展到成人教育、老年教育等[1]。隨著對教育學關注問題的不斷擴展，教育學的研究領域正日益擴大。

（二）教育學和其他學科高度融合，呈現方式多樣化

隨著對教育學研究的深入，僅僅依靠哲學和心理學的發展，已經不能夠滿足教育綜合化發展的趨勢。這種趨勢導致教育學的研究基礎進入了更加寬廣的學科領域，如社會學、經濟學、法學、人類學、管理學等。不同的人從不同的理論基礎出發，形成不同的教育觀和不一樣的教育學研究模式，相互交流、取長補短，重現了教育史上百家爭鳴的盛況。

---

[1] 李帥軍. 教育學 [M]. 北京：北京師範大學出版社，2012：14.

(三) 教育學研究的學科分化和綜合加深

20世紀中葉以後，原來教育體系的「四大板塊」已經發展成了教育學的主要分支學科，隨著教育學研究基礎和研究模式的多樣化，教育學也迅速進行了學科分化。但是，在教育學高度分化的同時，又表現出高度綜合的狀態。這種綜合模式表現在教育學的子學科與子學科之間、子學科與邊緣學科之間又出現新的教育學知識點，例如課程哲學、教學技術學等。教育學目前已經形成了一種以教育學為中心、科目門類眾多、內容豐富、較為完整並具有獨特組織結構的學科體系，它呈現出的多層次、多類型、多形式的發展態勢，深化了研究的問題，豐富了研究視野和學術觀點之間的交流。

(四) 教育學研究與教育實踐的關係更加密切

傳統的教育學研究是將自己定位為一種形而上學的研究，研究者對教育中存在的問題往往是從哲學和倫理學的角度出發提出自己的觀點。當代的教育學更加注重在一定的時空背景下，教育在實踐過程中存在哪些問題，問題產生的原因和應該如何解決這些問題。同時，當代教育實踐的發展也需要教育理論的支持，為教育學更好地發展提供助力。一些當代的教育理論工作者也打破和教育實踐工作者之間的隔膜，扭轉了陌生和對立的局面，進行多種形式的接觸、對話和交流。

(五) 教育學加強了對自己的反思，形成了元教育學

教育學的發展離不開學者們對教育學自身的反思，其目的是檢視教育研究活動的目的、性質、價值和知識等。元研究是反思某一學科的研究行為，而不是為了形成學科理論。因此，對教育學的反思研究，就形成了元教育學。元教育學的研究內容包括教育學研究對象的知識、邏輯起點的知識、發展史和歷史分期的知識、知識陳述形式的知識、教育學理論和教育學實踐關係的知識等。對元教育學的研究，極大地提高了教育學研究者的理論自覺性，提高教育學理論的清晰度和科學性，為未來教育學的發展和教育變革產生巨大的作用。

第三節　教育學在教師教育中的地位與作用

教育學主要是研究如何培養人，如何促進人的進步和發展。教育學的發展離不開教育學的教育作用。教育學是教育體系中其他學科發展的前提。教育學服務的對象有職前教師、在職教師及對教育感興趣的社會人員。本節重點討論教育學對教師教育發揮的作用和教育學在教師教育課程體系中的學科地位。

一、教育學的教師教育價值

(一) 教師教育中的教育學現狀

首先，教育學的教育對象有四類：一是師範生，他們是未來的教師人選；二是教育專業的研究生，他們是正在學習教育學和研究教育的人，可能成為未來的教育學研究者；三是教育實踐者，包括教師，從事教育的管理者和科研人員等；四是非教師職業的大眾。然而，教育專業的研究生和教育實踐者，在工作方面會有一定的交叉，所以，他們都可以被認為是教育實踐者。

【名人名言】

在教師手裡操著幼年人的命運，便操著民族和人類的命運。

——陶行知

隨著教育的不斷發展，教育實踐者的教育越來越被大家重視。以前，教師教育是在入職前完成，除非教師想要繼續提升學位，否則將不會再學習教育學。然而，時代在變，對教師的要求也在不斷變化，教師不再是簡單地掌握專業知識，還需要將個人的知識、理論以及意識投入到實踐中。現在，學習教育學不再是單純的應付教師考試和獲得文憑的方式，它還具有改造教師精神生命的價值。

（二）教育學在教師教育中的作用

教育學在教師教育的過程中有以下作用：第一，教育學可以幫助教師熟悉和掌握教育學知識，並培養教師自身對於教育學理論的態度、價值取向和價值判斷等；同時，還可以幫助教師查找運用教育學知識過程中的空白和盲點。第二，激發教師對教育學的興趣，讓教育學融入教師的精神世界。第三，幫助教師更加深刻地認識到學生和教師自身發展，將生命感注入教育設計、教學和教學反思中。第四，打破教育理論與現實之間的隔閡，讓教師加強對教育學價值的認識，靈活地轉化教育理論和教育實踐。第五，培養教師的教育眼光，可以用獨特的立場和觀點看待教育問題，並自覺地運用教育學知識解決日常遇到的問題。

通過對教育學知識的學習，教師獲得了教育者應該擁有的智慧，也提升了自己的專業知識、專業能力和專業素質，在面對教育矛盾和衝突時，要善於抓住時機、按照實際形態及時做出抉擇，力求達到最佳的教育效果①。

【知識考查】

班導師馬老師常對學生說：「先學做人後學做事，社會需要的是身體健康、和諧發展的建設者和接班人，而不是只會死讀書的人」，這表明馬老師具有（　　）。

A. 開拓創新的理念　　　　B. 素質教育的理念
C. 自主發展的意識　　　　D. 因材施教的意識

答案：B

二、教育學在教師教育課程體系中的學科地位

（一）瞭解教師教育課程體系

教師教育課程有廣義和狹義兩種界定，廣義的是指在教師從知識結構出發，把教師教育課程理解成培養一名教師所需的全部課程；狹義的教師教育課程僅僅包括心理學

---

① 葉瀾. 教育學原理［M］. 北京：人民教育出版社，2018：51.

類課程或教育類專業課程①。課程體系是指在一定的教育價值理念下，將課程的各個構成因素加以排列組合，使各個課程在動態運行過程中統一指向專業培養目標實現的系統②。

(二) 教育學在教師教育體系中的學科地位

從古至今，教育學知識都是人類需要學習的重要知識。教師教育本身就是綜合學科的教育，教育學與教師教育之間有著密切的聯繫。教育學從其他學科中分離出來成為獨立的學科，同時師範學校建立，從此教育學成為師範教育的專業課程、教育學教育和研究的專業知識。在教師教育課程體系中，教育學佔據最核心的位置，它將教師教育課程體系中的其他學科聯繫了一起，通過學習教育學的知識將其他學科知識以一定的方式傳授給學生，同時進行教學反思，提高教學效果。

在教師教育中，教育學知識不僅為教育實踐提供了理論基礎，並且在一定程度上拉近了教育科研和教育實踐的距離，組建了一支可以克服學科課程教學論的專業教師隊伍。隨著教育學的不斷發展，利用先進的教育學理念，我們調整、培養出越來越專業的學術型教育研究人才和實踐型教師；同時，這些先進的教育學經驗也為教師隊伍的發展和教學科研、教育實踐等提供了有效的保障。

【案例分析】

教師教育專業化與教師教育課程改革

體現教師教育專業特性的課程結構包括哪些內容？葛斯曼（P. L. Grossman）在《教學和教師教育百科全書》中認為，教師的知識結構體系可以包括這些方面的內容：①學科專業知識；②有關受教育者和學習的知識；③普通教育學知識；④課程理論知識；⑤教學情境知識；⑥關於自身的知識。學科專業知識主要包括學科內容和學科教學法；受教育者和學習的知識主要有學習理論，學生的生理、心理、認知和社會知識，激勵的理論與實踐，對學生種族、社會經濟和性別差異性的瞭解；普通教育學知識包括課堂組織和管理、一般的教學方法；課程理論知識包括課程發展和學校各年級課程的基本知識；教學情景知識包括課堂、學校、家庭、國家或地區知識。關於自身的知識主要是對自己的價值觀念、優點和缺點、教育哲學、學生的目標、教學目標等的瞭解。默雷和波特（Frank B. Murray and Andrew Porter）在《教師教育研究手冊——建立職前教師的知識基礎》一書中，認為教師教育專業課程需要考慮五個方面的問題：①學科內容；②普通知識和人文知識；③教育學科內容；④多元文化和國際方面的知識；⑤教師在教學科知識過程中的決策問題。巴農等（Thomas Barone, David C. Berliner, Jay Blanchard, Ursual Casanova, Thomas McGowan）在《教師教育研究手冊》中對未來的教師教育專業進行分析時指出，未來的教師教育主要從五個方面著手：①構建一種解釋性課程的教育理念；②掌握教學方法；

---

① 劉建銀，於興國. 中國教師教育課程設置改革的新進展與分析 [J]. 課程·教材·教法，2010, 30（2）：83-87，108.

② 文進榮. 教師繼續教育課程體系研究 [J]. 教育與職業，2015（3）：91-92.

③理解一般的教育學基礎；④對多元文化學生群體的敏感；⑤理解信息技術。中國有學者認為，作為教育研究者或學科教師應具有三方面的知識或技能：①學科專業知識；②教育學專業知識；③教育實踐技能。

資料來源：黃崴. 教師教育專業化與教師教育課程改革［J］. 課程·教材·教法，2002（1）：64-67.

請思考： 如何改善師範專業教育類課程體系的構建？

第四節　教育學的學習方法

一、關注教育現實是學習教育學的最佳方法

教育與生產勞動和生活密切相關，教育的本質屬性就是培養人。然而，每個人的生活經歷不同，其對教育活動的認識和理解也就不同。所以，想要學習和瞭解教育學，光靠學習理論知識是遠遠不夠的。我們還需要受教育者關注教育現實——不只關注自己的教育生活、教育經驗和教育環境，還要關注社會教育問題，瞭解各種教育現象。社會制約著教育的發展，社會思潮、風氣和各種現象也會對教育產生影響。想要更好地理解教育學知識，我們應該時常運用學過的理論對社會問題、現象進行分析，保持對於現實問題的敏感，經常與其他研究者交流，不人雲亦雲，才能對教育問題和教育現象有更深刻的理解，更好地將理論知識運用到實際之中。

【知識考查】

被毛澤東稱為「偉大的人民教育家」的陶行知提出的主要教育主張是（　）。

A. 因材施教　　　B. 遵循自然　　　C. 教學做合一　　　D. 官能訓練

答案：C

二、思考和反思日常的教育經驗

孔子曰：「學而不思則罔，思而不學則殆。」思，就是思考和反思。只有學思結合，才能達到良好的學習效果。學習就是接受直接經驗和間接經驗的過程，學習教育學也是同樣的道理。首先，我們要不斷地反思和總結自己的教育經驗，經常和他人交流、分享，將這些教育經驗總結成獨特的教育體系，將個體的經驗演變成社會的經驗，促進教育學的發展。其次，僅僅依靠分析自身和周圍人的教育經驗是不夠的。想要拓寬自己的眼界，我們還要積極搜集相關案例，分析典型的教育案例，理性地思考其中的知識和價值，針對自己的特點取其精華去其糟粕，完善自己的教育體系。最後，教育是社會的一個子系統，與我們生活的方方面面都有著聯繫，要從社會的其他經驗中吸取好的經驗，善於思考和啟發，不要將教育變成一座孤島。

【名人名言】
　　教育不是灌輸，而是點燃火焰！

　　　　　　　　　　　　　　　　　　　　　　　——蘇格拉底

三、讀書吸取前人的經驗和教訓

　　現在的教育學經過了時間的磨礪，教育知識經歷了前人的不斷傳承和選擇。教育經驗除了可以總結自身的直接經驗，還有間接經驗——前人的知識和經驗。學習教育學知識最便捷的方式就是讀書。我們要多熟悉教育名著，瞭解理論研究和實踐成果，熟悉和瞭解中西方教育學家的生平、當時的時代背景、重要思想等，加深對教育學發展背景的理解。讀書的目的不僅是瞭解前人的思想和成果，還要分析前人是如何發現、分析和解決教育問題，把握教育思維的特性和方式，在他人的成果中吸取適合自己的方式、方法。讀書就像是站在巨人的肩膀上摘取果實，會讓我們有更多的收穫。

四、在研究中學習，總結學習成果

　　理論與實踐、學習和研究是分不開的。我們在課堂中學到的知識、看到的著作、聽到的教育經驗都不是自己的。想要將外來的、他人的知識轉換成自己的知識，就需要靜下心來思考、整理和總結，寫一些心得體會、提要說明或者思路等。教育理論是為教育實際服務的，理論聯繫實際是學好教育學的關鍵。到教育機構進行見習、實習，訪問優秀教師，開展社區、家庭的教育調查，嘗試設計和組織一些教育活動、做一些教育小實驗，對一個或幾個學生進行觀察研究以及參加各種有關的專業活動等，都能有效地提高自己的教育理論修養和從事教育工作的能力，幫助我們更好地吸收知識。同時，學習教育學還要有研究精神，我們要善於發現問題、分析問題和解決問題，並做好總結，只有這樣才能不斷進步，幫助我們成為合格的教師。

【案例分析】

學習策略和學習方法、學習技巧

　　學習策略不等於學習方法和學習技巧。學習方法和學習技巧是受教育者為了解決學習問題或為了使學習過程更為有效而採取的某些具體做法或手段。學習策略除了包括學習方法和學習技巧以外，還包括諸如受教育者對學習內容和學習過程本身的認識，受教育者對學習目標和學習過程的宏觀調控和計劃，受教育者在使用語言時所採取的彌補性或輔助性的手段等多方面的內容。學習策略既包括宏觀的調控、計劃等過程，也包括微觀（具體）的做法或技巧。

　　因此，從概念的外延來看，學習策略和學習方法、學習技巧的關係，前者是上位概念，後者是下位概念。從概念的內涵來看，學習策略是對學習方法和技巧

的選擇和使用，是對學習方法和技巧的認識和理解。學習策略可以指受教育者在語言輸入、儲存和輸出過程中使用的策略，還可以指受教育者在語言學習過程中控制和調整自己的情感、態度、動機等方面的策略。

資料來源：錢玉蓮. 第二語言學習策略論析［J］. 南京師大學報（社會科學版），2006（5）：152-155.

請思考：學習策略、學習方法和學習技巧的區別？

理解與反思

1. 如何理解教育這一概念？
2. 論述教育的組成要素及各要素之間的關係。
3. 簡述教育學產生和發展各階段的基本特徵。
4. 簡述教育學的教師教育價值。
5. 「有的教師沒有學過教育學，教育效果同樣很棒，還被評為教育先進工作者，所以沒有必要學習教育學。」請簡單評析這個觀點。

拓展閱讀

［1］葉瀾. 教育研究方法論初探［M］. 上海：上海教育出版社，1999.
［2］柳海民. 教育學原理［M］. 北京：高等教育出版社，2011.
［3］畢誠. 中外教育名著評介［M］. 濟南：山東教育出版社，1992.
［4］王道俊. 教育學［M］. 北京：人民教育出版社，2009.
［5］陳永明. 現代教師論［M］. 上海：上海教育出版社，1999.

第二章

教育的產生與發展

■學習導航

(1) 瞭解教育的起源與產生。
(2) 理解農業社會的教育、工業社會的教育和信息社會的教育。(重點)
(3) 掌握世界教育發展的趨勢。(難點)

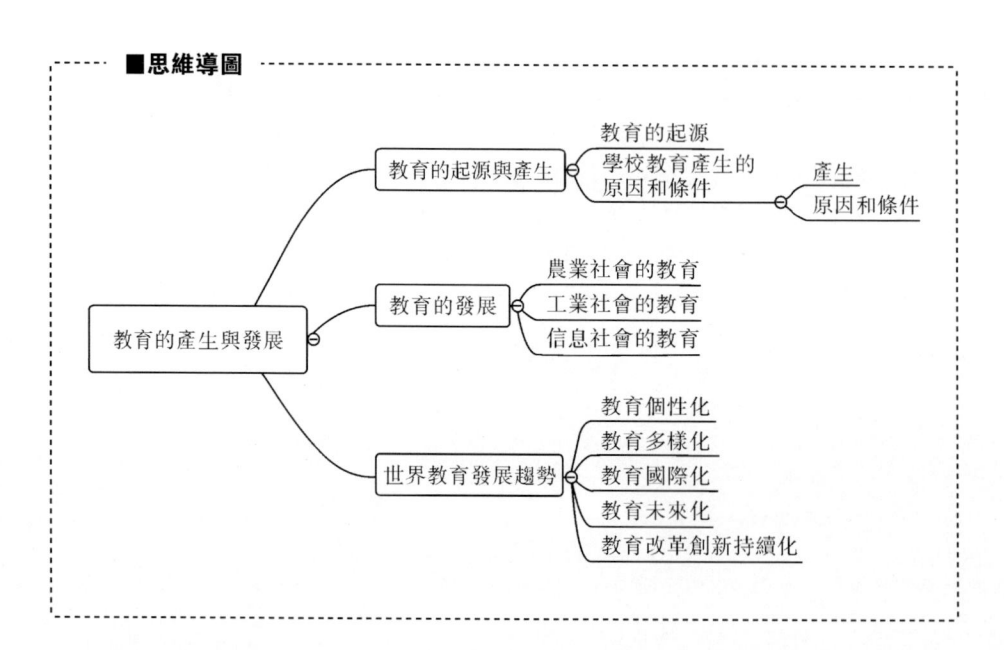

■思維導圖

教育的產生與發展
- 教育的起源與產生
  - 教育的起源
  - 學校教育產生的原因和條件
    - 產生
    - 原因和條件
- 教育的發展
  - 農業社會的教育
  - 工業社會的教育
  - 信息社會的教育
- 世界教育發展趨勢
  - 教育個性化
  - 教育多樣化
  - 教育國際化
  - 教育未來化
  - 教育改革創新持續化

■ **教育瞭望**

國家教育事業發展「十三五」規劃摘錄

　　從教育領域看，當今的世界教育正在發生革命性變化。確保包容、公平和有質量的教育，促進全民享有終身學習機會，成為世界教育發展的新目標。教育與經濟社會發展的結合更加緊密，以受教育者為中心，注重能力培養，促進人的全面發展，全民學習、終身學習、個性化學習的理念日益深入人心。教育模式、形態、內容和學習方式正在發生深刻變革，教育治理呈現出多方合作、廣泛參與的特點。要清醒地看到，中國教育改革發展雖然取得了顯著成就，但尚不能完全適應人的全面發展和經濟社會發展需要，仍存在一些突出問題，主要表現為：科學的教育理念尚未牢固確立，促進學生全面發展的育人模式與環境有待完善，產教融合、科教融合的協同培養機制尚未形成，對學生創新創業能力的培養有待加強；教育發展還存在不平衡、不協調的問題，城鄉、區域之間教育差距仍較大，優質教育資源總量不足，佈局不合理，學前教育、職業教育、繼續教育仍是教育體系中的突出短板，人才培養的類型、層次和學科專業結構與社會需求不夠契合；教師隊伍素質和結構不能適應提升質量與促進公平的新要求；學校辦學活力不強，促進和規範社會力量參與舉辦教育的法律制度和政策體系亟待完善，多方參與教育治理和評價的體制機制還不健全；教育對外開放的水準不夠高；教育優先發展地位需進一步鞏固。

　　人才成就未來，教育成就夢想。人才和人力是國家最大的資源，今天培養的人才將是實現第二個百年奮鬥目標的主力軍，教育必須承擔起實現中華民族偉大復興中國夢賦予的歷史使命，毫不動搖地堅持中國特色社會主義教育發展道路，不斷深化對中國特色社會主義教育發展規律的認識，樹立科學的教育發展觀、質量觀、人才觀，以更加奮發有為的精神狀態和踏石留印、抓鐵有痕的工作作風，勇於實踐，善於創新，不斷實現改革新突破，邁上發展新臺階。

　　資料來源：國務院. 國務院關於印發國家教育事業發展「十三五」規劃的通知［EB/OL］. (2017-01-19)［2019-10-10］. http://www.gov.cn/zhengce/content/2017/01/19content_5161341.htm.

　　任何事物都有其產生、發展和變化的過程，教育也是如此。教育伴隨著人類社會的產生而產生，同時也隨著社會的發展而不斷發展變化。在不同的社會歷史階段，教育呈現出不同的性質與特點。教育作為一種社會現象、一種實踐活動，廣泛地存在於人類社會之中，是生活中不可或缺的部分，對人和社會的發展至關重要，與人類社會共始終。瞭解教育的產生與發展，有助於我們樹立正確的教育觀，以客觀理性的態度去理解和掌握教育的本質和規律，從而更好地指導教育實踐活動。

第一節　教育的起源與產生

　　教育在人類社會發展中的地位和作用毋庸置疑，需科學地挖掘、探討教育的起源與產生，把握教育的本質以及與其他社會現象的根本區別。

一、教育的起源

教育的起源問題不僅是教育史研究中的範疇，也是教育學研究中的一個重要問題。關於教育的起源，因涉及自然環境、社會環境等諸多因素，頗受教育研究者的關注，研究至今形成了各種不同的理論觀點和主張。在教育史上關於教育的起源問題主要有以下六種觀點：教育的神話起源論、教育的生物起源論、教育的心理起源論、教育的勞動起源論、教育的需要起源論和教育的交往起源論。

（一）教育的神話起源論

教育的神話起源論是人類關於教育起源的最古老的觀點。這種觀點認為，世間的萬事萬物都是由神或上天創造出來的，教育也不例外，教育的目的是體現神或上天的意志，使人皈依於神或順從於天。比如神話故事之女媧造人，相傳女媧以泥土仿照自己摶土造人，創造並構建人類社會。中國儒學集大成者，宋代著名的理學家、思想家、哲學家、教育家、詩人朱熹所持的就是神話起源論觀點，他在《〈大學章句〉序》中有所提及，「蓋自天降生民，則既莫不與之以仁義禮智之性。然其氣質之稟或不能齊。是以不能皆有以知其性之所有而全之也。一有聰明睿智、能盡其性者出於其間。則天必命之以為億兆之君師，使之治而教之，以復其性。此伏羲、神農、黃帝、堯、舜所以繼天立極，而司徒之職、典樂之官所由設也」①。意思是上天創造人類以來，就賦予了每個人的仁、義、禮、智的本性。但是人與人之間的資質稟賦存在差異，因此並不是每個人都能夠生來就知曉自己應具備的本性並加以保全它。如果在民眾中有聰明睿智並且能充分展其本性的人出現，上天必會賦予他使命，讓他擔任眾人的領袖，治理並教育他們，以恢復人們應有的善良理智本性。這就是伏羲、神農、黃帝、堯、舜承受天命成為君師的緣由，同時也是司徒、典樂等官職之所以設立的原因。神話起源論的產生，主要是因為當時人類認識世界受到自然與自身認識水準的局限，把一些不能解釋的自然現象或社會現象歸結於神，因而這種教育起源的觀點是缺乏科學依據的。

（二）教育的生物起源論

教育的生物起源論是第一個正式提出的有關教育起源的學說。生物起源論的代表人物有法國哲學家、社會學家勒圖爾諾（Charls Letourneau，1831—1902）、英國著名的教育理論家，英國進步主義教育運動的理論代表托馬斯·沛西·能（Thomas Percy Nunn，1870—1944）等。勒圖爾諾在《各人種的教育演化》一書中認為，教育起源於動物界中各類動物的生存本能活動，在人類出現之前就產生了，並非人類所特有的社會現象。「動物尤其是略為高等的動物，完全同人類一樣，生來就有一種由遺傳而得到的潛在的教育，其效果見諸個體的發展過程。」② 他通過觀察動物描述了動物界的教育現象，把老貓教小貓捕鼠、母鴨帶雛鴨遊水和母熊教幼熊等動物對小動物的愛護和照顧等本能活動都理解為是一種教育行為，甚至認為在昆蟲界也有教師和學生。勒圖爾諾從生物學的觀點出發，把動物界生存競爭和天性本能看成教育起源和存在的基礎，

---

① 朱熹. 四書章句集註 [M]. 武漢：長江出版社，2016：2.
② 勒圖爾諾. 教育的起源 [M] // 瞿葆奎. 教育學文集·教育與教育學. 北京：人民教育出版社，1993：158.

「人類教育的進行與動物的教育差別不大，在低等的人種中進行的教育，與許多動物對其孩子進行的教育甚至相差無幾」①。而整個人類教育是在動物教育活動基礎上的改善與發展。為適應環境，能夠獨立生存，動物基於生存與繁衍本能地將自己的「經驗」「知識」和「技巧」傳給小動物的行為，便是教育的最初形式與發端。沛西·能在其主要教育著作《教育原理》一書中，進一步闡發了該觀點。1923年，他在不列顛協會教育科學組大會上指出：「教育從它的起源來說是一個生物學的過程，不僅一切人類社會有教育，不管這個社會如何原始，甚至在高等動物中也有低級形式的教育。我之所以把教育稱之為生物學的過程，意思就是說，教育是與種族需要、種族生活相應的、天生的，而不是獲得的表現形式，教育既無須周密的考慮使它產生，也無須科學予以指導，它是扎根於本能的不可避免的行為。」②勒圖爾諾和沛西·能受到達爾文生物進化論的影響，共同認為教育是一種生物現象，較之神話起源論來說無疑是一種進步，它標誌著在教育起源問題上開始從神話解釋轉向科學解釋。但其根本錯誤在於把教育的起源解釋為動物的本能行為，將動物的本能活動等同於人類的教育，未能區分出人的教育與動物本能行為之間的本質區別，抹殺了教育的社會性和目的性。

【知識考查】
　　無視人和動物的根本區別，認為在動物界也有教育，這種觀點的根本錯誤在於否認了人類社會教育的（　　）。
　　A. 永恆性　　　　B. 目的性　　　　C. 生產性　　　　D. 階級性
　　答案：B

(三) 教育的心理起源論

美國教育家孟祿（Paul Monroe, 1869—1947）從心理學角度出發，認為人是有心理活動的，從而批判了教育的生物起源論，提出了教育的心理起源論。他在《教育史教科書》(A Text-Book in the History of Education) 中認為，原始社會沒有學校、教師和教材，教育只能通過無意識的模仿，教育產生於兒童對成人簡單的、無意識的模仿。兒童對成人的模仿是教育的基礎，是教育最初的形式和手段。「原始社會以最簡單的形式展現它的教育，然而教育的過程在這早期階段，也具有教育在高度發展階段所展現出來的所有基本特徵。」③孟祿的心理起源論將教育的產生問題簡單化了，忽視了社會需要以及人的心理與動物心理之間的本質區別，但心理起源論較生物起源論的合理之處在於把教育限定在人類的社會活動範圍之內。然而教育不等於模仿，幼童也會出現模仿行為，不能把人類的全部教育活動視為無意識狀態下產生的模仿行為，模仿僅可作為教育的途徑之一。生物起源學說和心理起源學說的錯誤都在於孤立地看待教育現象，否定了教育的意識性、目的性和社會屬性，將動物的天性本能、兒童的無意識模

---

① 勒圖爾諾. 教育的起源 [M] // 翟葆奎. 教育學文集·教育與教育學. 北京：人民教育出版社，1993：177.
② 沛西·能. 教育原理 [M]. 北京：人民教育出版社，1992：38.
③ 孟祿. 原始教育：一種非進取性的適應的教育 [M] // 翟葆奎. 教育學文集·教育與教育學. 北京：人民教育出版社，1993：178.

仿與教育混為一談。從神話起源論到生物起源論，再到心理起源論，具有一定的歷史進步意義，但未能揭示教育起源的社會原因。教育既不是一種生物現象，也不是一種心理現象，而是一種社會現象。

【知識考查】
　　孟祿認為「全部教育都歸之於兒童對成人的無意識模仿」，這種觀點是教育起源論中的（　　）。
　　A. 生物起源論　　B. 交往起源論　　C. 心理起源論　　D. 勞動起源論
答案：C

(四) 教育的勞動起源論

教育的勞動起源論也稱為教育的社會起源論，其代表人物主要是蘇聯的米定斯基、伊·安·凱洛夫（N. A. Kaiipob，1893—1978）等教育史學家和教育學家。該觀點是在批判生物起源論和心理起源論的基礎上，根據勞動創造人的基本思想而形成的理論。弗里德里希·恩格斯（Friedrich Engels，1820—1895）在《勞動在從猿到人轉變過程中的作用》一文中指出：「勞動是整個人類生活的第一個基本條件，而且達到這樣的程度，以致我們在某種意義上不得不說：勞動創造了人本身。」[1]蘇聯教育家米定斯基在《世界教育史》一書中指出：「只有從恩格斯的『勞動創造人類本身』這個著名原則出發，才能瞭解教育的起源，教育也是在勞動過程中產生出來的。」[2]人們在集體生產勞動和社會生活過程中逐步累積了一些經驗，語言和思維也得到相應的發展，這就有必要和可能教育後代怎樣製造和使用勞動工具，怎樣團結互助進行集體採集和狩獵活動，怎樣同毒蛇猛獸及自然災害做鬥爭，以保證社會生產的進行和集體生活的安全，於是產生了原始狀態的教育，在勞動和生活實踐中培養後代[3]。教育的勞動起源論於20世紀50年代初傳入中國，持這一觀點的學者很多，成為中國教育起源論的主導觀點，並產生了很大影響。這種觀點認為先有了人類社會才有了教育，教育是人類社會所特有的一種社會現象，是人類祖先發展和進化到一定階段的產物。人與動物的本質區別在於人能夠製造和使用生產工具從事生產勞動，生產勞動是人類最基本的實踐活動。最原始和最基本的教育形式是生產勞動過程中的口耳相傳和簡單模仿，教育起源於勞動或勞動過程中所產生的需要，從其產生之日起教育便擔負著傳遞社會生產和生活經驗的職能。它克服了生物起源說和心理起源說在教育社會屬性上的缺陷，揭示了教育的社會性以及推動人類教育起源的直接動因。教育的勞動起源論為我們提供了理解教育起源和教育性質的一把「金鑰匙」[4]。

(五) 教育的需要起源論

從20世紀80年代初開始，隨著對教育本質問題的深入研究，研究者們對「教育

---

[1] 中共中央馬克思恩格斯列寧斯大林著作編譯局. 馬克思恩格斯選集（第三卷）[M]. 北京：人民出版社，1972：508.
[2] 米定斯基. 世界教育史 [M]. 葉文雄，譯. 北京：生活·讀書·新知三聯書店，1950：5.
[3] 王炳照，郭齊家，等. 簡明中國教育史 [M]. 北京：北京師範大學出版社，1987：2.
[4] 全國十二所重點師範大學聯合編寫. 教育學基礎 [M]. 北京：教育科學出版社，2008：11.

起源於勞動」的觀點提出了質疑，並提出了一些關於教育起源問題的新觀點。他們認為，教育起源於適應和滿足人類社會生活和人類自身發展的需要。教育與勞動並不是主從關係，兩者同屬於人類生產所必需的實踐活動。教育不僅能傳遞勞動經驗，還可以傳遞人類社會生活發展所需的其他經驗，比如道德規範、行為準則、風俗習慣等同樣需要通過教育活動來傳授給下一代，而這些內容至少不全部屬於勞動的範疇。勞動生產物，而教育生產社會化的人，需要起源論是勞動起源論的邏輯延展。毛利銳在《中國教育通史》（第一卷）中提到「教育起源於社會生產和生活的需要。對教育這種社會活動的起源，只能從人類社會生產和生活中去尋求，尤其要從最基本的、決定其他一切社會活動的社會生產中去尋求。人類社會生產和生活，在其進行與發展過程中，所產生的需要是多方面的，教育就是其中的一項重大需要。」[1]教育是一種工具，在某種社會條件之下，是幫助人類經營社會生活的一種工具[2]。楊賢江在《教育史 ABC》和《新教育大綱》中獨立地提出了他的論斷：「自有人生，便有教育」[3]。教育只是一件「日用品」，是與社會的生活過程、物質的生產關係有密切聯繫的。教育的發生就只根據當時當地的人民實際生活的需要，是幫助人們生活的一種手段[4]。需要是人類社會生活中所存在的一切現象的動因和根由。教育起源於社會生活的需要是指起源於社會群體傳遞、傳播文化於個體和個體社會化這兩個方面的共同需要[5]。孫培青在《中國教育史》中提出，「教育不僅是社會一切實踐活動的需要，而且是人類自身生產的需要。根據原始人群時期教育產生的史實，人類社會特有的教育活動是起源於人類適應社會生活的需要和人類自身身心發展的需要」[6]。

教育的需要起源論認識到了教育與社會生活需要之間的聯繫，以及教育起源於生活、人類和社會的需要。但是，教育的起源與教育和生活之間的關係是不同的，這種理論未將兩者加以區分。

（六）教育的交往起源論

葉瀾認為，教育的形態起源於人與人之間的交往，在一定意義上，教育是人類一種特殊的交往活動。交往總是由雙方組成，交往總包含著內容，交往也需要有一定的媒介。「交往」與「教育」之間的關係，是一般與特殊的關係[7]。儘管人類社會最初的交往活動大多是在勞動中進行的，但教育的起源不是生產勞動，教育是人與人之間的相互作用，而生產勞動是人與物之間的相互作用。交往是人類社會性的集中體現，具備了教育原型的基本條件。但是，交往本身並不等同於教育，交往只是蘊含著產生教育的要素。「一旦交往的作用被人類意識到，並將此轉化為以影響新生一代生長為直接目的的特殊活動，交往活動的一方就轉化為教育者，另一方則轉化為受教育者。當這類特殊交往逐漸形成較為固定的內容和較為固定的教學關係時，教育活動就演化而生

---

[1] 毛禮銳，沈灌群. 中國教育通史（第一卷）[M]. 濟南：山東教育出版社，2005：2-3.
[2] 錢亦石. 現代教育原理（全一冊）[M]. 上海：中華書局，1949：22.
[3] 孫培青，鄭登雲. 楊賢江教育思想研究[M]. 上海：華東師範大學出版社，1989：50.
[4] 楊賢江. 新教育大綱[M]. 北京：人民教育出版社，1961：6.
[5] 胡德海. 論教育起源於人類社會生活的需要[J]. 西北師大學報（社會科學版），1995（5）：70-76.
[6] 孫培青. 中國教育史[M]. 上海：華東師範大學出版社，2008：2-3.
[7] 葉瀾. 教育概論[M]. 北京：人民教育出版社，2006：42.

了」①。鄭金洲認為，交往起源說與其他諸說的不同之處在於，它強調對教育起源的研究，不能只停留在從歷史唯物主義原理出發進行演繹推理、滿足於認識一般的水準上，而力求通過特殊來驗證、豐富理論。拋開其有關教育起源見解的正確與否不論，單就這種研究的方法論而言，無疑是應該肯定的②。

除上述六種觀點之外，還有研究者提出「古猿教育說」「超生物經驗的傳遞和交流說」「家庭起源說」等觀點。研究者們從不同的立場、觀點，用不同的方法闡明教育起源的問題，可謂是仁者見仁，智者見智。現在對於教育起源仍然沒有形成公認的最終結論，而是多種觀點並存。每一種觀點的提出在當時都有其一定的理論依據和思考角度。教育起源不僅僅是一個教育問題，也是社會發展史問題，還需要用多學科的視角來綜合分析，有待進一步深入研究。

【名人名言】
得天下英才而教育之。

——孟子

二、學校教育產生的原因和條件

生產力的發展，促進了社會形態的變更，教育得以發展，產生了學校教育。教育是與人類社會同時出現的一種社會現象，學校則是人類社會和教育發展到一定歷史階段的產物。學校的出現，標誌著專門性教育機構的建立，具有了獨特的社會功能。學校教育的出現是教育發展史上一個劃時代的變化，極大地促進了人類教育文明的進步。

（一）學校教育的產生

對學校教育出現的時代，研究者們有著不同的觀點。一般認為，成為獨立運行的社會實踐活動的學校教育，是在奴隸社會時期產生的。但是，若要追溯其根源，會發現原始社會末期就有了學校的萌芽。部分西方和蘇聯學者認為學校在原始社會末期便已經出現。蘇聯教育史家沙巴也娃根據人類學的相關資料，認為「青年之家」是原始社會全體成員的兒童都在裡面受教育的一種原始社會制度的特殊機構。學校在文字出現的時候才產生，而「青年之家」在文化史上的前文字時期就已經存在了③。但該觀點主要是推斷而來的，因此，尚不足以作為確定的事實。當時的教育機構可以看作學校教育的萌芽，但還不是學校。據可查證的資料，人類最早的學校出現在公元前2500年左右，世界歷史上第一個進入奴隸社會的國家埃及。在中國，一般認為正式的學校產生於奴隸制國家建立以後的夏朝，出現了當時稱為「庠」「序」「校」等的專門教育場所。孟子曾說：「設為庠序學校以教之。庠者，養也；校者，教也。序者，射也。夏曰

---

① 葉瀾. 新編教育學教程［M］. 上海：華東師範大學出版社，1991：31-32.
② 鄭金洲. 教育起源研究十七年［C］//中國地方教育史志研究會. 紀念《教育史研究》創刊二十週年論文集（1）：教育史學理論及史學史研究，2009：87.
③ 沙巴也娃. 論教育起源和學校產生的問題［M］// 翟葆奎. 教育學文集·教育與教育學. 北京：人民教育出版社，1993：125.

校，殷曰序，周曰庠；學則三代共之，皆所以明人倫也。」①商代有大學、小學、瞽宗。大學也稱作右學，與瞽宗同屬於大學性質。西周時期，有國學和鄉學，設在王都的小學、大學總稱為國學。鄉學則有家塾、黨庠、州序、鄉校等不同的地方學校。在國外，進入奴隸社會後也出現了各種各樣的學校，如古埃及的宮廷學校、職官學校、僧侶學校和文士學校等，還有古希臘雅典的文法學校、弦琴學校和體操學校等。隨著生產力的發展，到了封建社會，教育也得到了進一步發展，學校體制趨於完備。在中國春秋時期官學逐漸衰廢，私學興起，與官學並存；秦朝對文字進行了整理和統一。漢代設立太學，是中央官學的開始，意味著以經學教育為基本內容的中國封建教育制度正式確立②。隋唐時期學校種類繁多，科舉考試制度產生於隋，書院產生於唐。在宋代，「四書」（《大學》《中庸》《孟子》《論語》）和「五經」（《詩經》《尚書》《禮記》《周易》《春秋》）成為學校教育的基本內容。在國外，中世紀就出現了教會教育和騎士教育。教會教育的內容是「七藝」：文法、修辭、辯證法、算數、幾何、天文、音樂。騎士教育的內容是「騎士七藝」：騎馬、游泳、打獵、擊劍、投槍、弈棋、吟詩。到了公元12至13世紀，由於手工業和商業的發展，又出現了行會學校和商人子弟學校，後來合併為城市學校。

奴隸制社會政治、經濟、文化的發展，有了對學校教育的社會需要以及滿足這種需要的條件。學校的產生，標誌著教育已從生產勞動和社會生活中分離出來而成為相對獨立的社會活動。

【知識考查】
據可查證的史料記載，世界上最早的學校出現在（　　　）。
A. 原始社會　　B. 奴隸社會　　C. 封建社會　　D. 資本主義社會
答案：B

(二) 學校教育產生的原因和條件
1. 社會經濟因素：生產力水準提高，社會剩餘產品出現
社會生產力水準的提高，為學校教育的產生提供了物質基礎。生產力的日益發展為社會提供了相當數量的剩餘產品，剩餘產品的出現使一部分人從物質生產勞動中脫離出來，腦力勞動和體力勞動開始出現分離。社會事務日漸複雜，需要專門的人員進行管理。系統地整理並總結人類各種經驗活動的知識分子，之後逐漸演變為一種專門和固定的職業。「巫」「史」「卜」「貞」等就是中國最早脫離生產的知識分子。古希臘哲學家亞里士多德（Aristotle，公元前384—前322）曾提出自由教育。自由教育是只適合於「自由人」（奴隸主貴族）的教育，即既以受教育者具有閒暇為前提，又以受教育者充分利用閒暇為手段，讓受教育者充分利用閒暇探索高深的純理論知識，以獲得智慧和提升道德修養。在當時社會中，「自由人」是少數，因此自由教育只是少數人獨享的一種特權教育。亞里士多德認為自由教育同職業訓練截然不同，自由教育高尚，

---
① 孟子. 孟子［M］. 牧語，譯註. 南昌：江西人民出版社，2017：108.
② 孫培青. 中國教育史［M］. 上海：華東師範大學出版社，2008：109.

而職業訓練卑下，它有損智力的發展，各種行業的實際操作是奴隸們的事務。

2. 社會政治因素：階級社會和國家的產生

在腦力勞動與體力勞動分工的基礎上，社會出現了階級和國家，占統治地位的奴隸主階級為維護本階級的利益和鞏固政權，借助國家機器管理被統治的奴隸階級，強化對被統治階級的思想統治，因此他們迫切需要專門的教育機構來培養官吏和知識分子，這便有了設立專門學校教育的必要性。比如古埃及的學校，其學校類型分為宮廷學校、職官學校、僧侶學校和文士學校，宮廷學校教育皇族後代和貴族子弟，結業後成為文士的後備人才，委任為官吏。職官學校又稱政府機關學校，是官辦的並且具有職業教育性質，主要用來訓練實用人才。僧侶學校也稱寺廟學校，是培訓祭司或僧侶的學校機構。文士學校又稱為書吏學校，主要培養文士，都是為培養統治階級服務的專門人才而設立的。

3. 社會文化因素：文字的產生使得記載傳遞經驗和知識成為可能

學校教育的產生除了社會經濟和政治因素之外，還有社會文化發展的因素。文字的創造和產生，有助於豐富生產經驗和文化知識並讓其得以保存傳遞，人類進入文明時代。至今所能看到的世界上最早的文字有蘇美爾人創造的楔形文字、古埃及的象形文字和中國的甲骨文等。隨著社會的發展，知識累積到一定的程度，有聲語言受空間和時間的限制已不能滿足人類發展的需要，文字的應運而生使口頭語言與書面語言出現分化。人類在社會生活中累積了一定數量的生產勞動經驗和社會生活經驗，對知識文化不可能全部通過日常實踐活動來進行教育，這就需要建立專門的學校教育，通過語言文字進行文化傳遞，使新生一代系統地學習和接受人類社會所累積的經驗。文字是學校教育的重要手段，社會逐漸出現了專門學習文字及書寫的學校，掌握文字成為學校教育最基礎的任務之一。如古埃及的文士學校、中國西周的小學、古希臘雅典的文法學校，古羅馬共和時期的初等教育和中等教育等。

從以上分析中可以得出，學校教育的出現是社會經濟、政治和文化發展的必然結果。

【名人名言】

致天下之治者在人才，成天下之才者在教化，教化之所本者在學校。

——胡瑗《松滋縣學記》

第二節　教育的發展

從生產力發展的角度來看，人類社會可劃分為農業社會、工業社會和信息社會三個階段。社會的發展制約和影響著教育的發展，教育從農業社會發展到信息社會，在不同的歷史發展階段，教育有不同的時代特點和變化。

一、農業社會的教育

農業社會又稱為傳統社會，是以農業生產為主導經濟的社會。四大文明古國古埃及（位於北非，今埃及）、古巴比倫（位於西亞，今伊拉克）、古印度（位於南亞，地域範圍包括今印度、巴基斯坦等國）和中國（位於東亞，今中華人民共和國）均誕生於農業社會時期，因大河流域和平原土壤肥沃，農業取得長足發展，促進了文明的產生。但社會分工不發達，分化程度低。社會各階級階層之間壁壘森嚴，教育權利為少數統治階層所享有。農業社會是一種封閉的教育，農業社會的教育主要呈現出以下特點。

（一）學校產生並緩慢發展，成為教育的主要形態

原始社會是一個漫長的歷史階段，是人類第一個社會形態。原始社會的教育沒有階級性，每一位社會成員都有受教育的權利，教育機會平等。由於原始社會的生產力發展水準低，教育主要是為生產勞動服務，而且是在整個社會生活、生產勞動中進行，並沒有專門的教育機構和教育人員。原始社會的教育形式、教育手段和方法都極為簡單，主要靠模仿和年長一代的言傳身教。教育的產生是人類社會生活的需要，學校的產生是教育發展的需要。隨著生產力的發展和社會生產水準提高，產生了階級社會和國家。文字的出現和文化知識的累積，為學校教育產生創造了條件，學校教育應運而生。學校在農業社會中產生，是人類教育文明發展一個質的飛躍。社會出現剩餘產品，在體腦分工的基礎上，有專人從事文化教育活動，便有了專門的教育和受教育。教育內容偏重人文知識，古希臘、古羅馬的學校中主要的教學科目是「七藝」。在西方，到了文藝復興時期，課程內容主要是古典文學、詩歌和藝術等。中國古代學校教育的主要內容是要求學生掌握的六種基本才能——「六藝」（禮、樂、射、御、書、數）。到了封建社會，學校教育的主要內容為「四書」和「五經」。教學方法是死記硬背，單一灌輸，甚至還有體罰、棍棒教育。教學組織形式上採用的是以個別教學為主。總體來說，學校教育在當時的社會背景下逐漸發展和興盛，但由於社會生產力水準的制約，學校教育制度相對來說還不夠完善。

（二）學校教育具有嚴格的等級性和鮮明的階級性

隨著社會的發展，剩餘產品和生產資料被統治階層所壟斷，學校教育是為統治階級服務的工具，而學校是為其培養人才的場所。學校教育具有嚴格的等級性和鮮明的階級性，這不僅體現在教育權和受教育權方面，還體現在教育制度、教育目的、教育內容和教育方法等方面。被統治階級的子弟只能在社會生產和生活中接受自然形態的教育，即使在統治階級內，對於入學和接受何種教育同樣有著嚴格的規定。學在官府是中國西周教育的顯著特點，也是中國奴隸社會教育制度的重要特徵。在唐朝，關於入學資格有嚴格的等級規定，國子學、太學、四門學分別面向三品、五品、七品以上的官僚子弟，律學、書學、算學則面向八品以下的子弟及庶人。宋初僅設國子監，學生名額很少，並且只收七品以上官員子弟。在古希臘，斯巴達教育的目的是培養忠於統治階級的強悍軍人和武士，雅典教育培養有文化修養和多種才能的政治家和商人。兩者都是為奴隸主階級服務的，奴隸無權享受教育。在古印度，宗教權威至高無上，教育大權掌握在婆羅門教和佛教手中。最高種姓是婆羅門，由婆羅門教僧侶、祭司組

成。其次為剎帝利，可充軍事貴族。再次是吠舍種姓，僅能從事農工商業。能夠接受教育的為婆羅門、剎帝利、吠舍三個種姓。首陀羅則為最低種姓，被剝奪了受教育權。在古代埃及，出現了宮廷學校、文士學校，「以僧為師」「以吏（書）為師」是當時教育的一大特徵，但奴隸也沒有受教育權利。

（三）學校教育與生產勞動、社會實踐相脫離

統治階級控制著學校教育權，腦力勞動成為統治階級的特權，統治階層鄙視生產勞動和體力勞動者，鄙視生產勞動和與之有關的技能。統治階級希望自己的子弟學習人文古典學科，掌握統治之術、戰爭之術和治人之術等來維護和鞏固統治階級的利益。奴隸無緣接受學校教育，普通百姓的孩子享受不到或者極少能享受到學校教育，只能通過長者言傳身教的方式在生產生活中傳授簡單的知識和經驗，掌握社會生活的技能，接受的是自然形態下的教育。《論語·子路》：「樊遲請學稼。子曰：『吾不如老農。』請學為圃。曰：『吾不如老圃。』樊遲出。子曰：『小人哉，樊須也！上好禮，則民莫敢不敬；上好義，則民莫敢不服；上好信，則民莫敢不用情。夫如是，則四方之民襁負其子而至矣，焉用稼？』」[1]孟子曾說：「或勞心，或勞力；勞心者治人，勞力者治於人；治於人者食人，治人者食於人。」[2]在教育內容上主要是人文知識，生產知識被排除在外，學校教育內容與生產勞動相脫離。

二、工業社會的教育

第一次工業革命帶來了生產力發展的巨大飛躍，引發了社會的深刻變革。人類從此由農業社會向工業社會演進。19世紀60年代後期，第二次工業革命開始，人類由「蒸汽時代」進入了「電氣時代」。相對於閉塞的農業社會，工業社會有了較大的發展。工業生產占據了社會經濟的主導地位，社會化的大機器生產逐步取代了手工操作，工廠逐步取代了田地成為主要的工作場地，生產效率得以提高。社會分化逐漸加劇，社會分工愈來愈精細。法治取代人治，社會的民主化程度提高。人的思想觀念充分更新，崇尚科學、追求平等、勇於變革成為主流價值取向。工業社會的教育特點如下。

（一）教育國家化、法制化和世俗化，公共性日益凸顯

19世紀以前，歐美國家的學校教育多為教會或行會舉辦、主持，國家較少直接管理教育事業，對其並不重視。19世紀以後，資產階級政府逐步認識到公共教育的重要性，加強了對教育的干預和控制，建立公立教育系統，大規模舉辦學校。現代人事管理之父、人本管理的先驅羅伯特·歐文（Robert Owen, 1771—1858）主張建立教育制度，實行教育立法。他認為，教育是每一個國家的最高利益所在，是世界各國政府的一項壓倒一切的緊要任務。1833年，英國通過了一項教育補助金法案，英國政府正式干預教育。1870年，英國政府頒布了《初等教育法》（又稱為《福斯特法案》），標誌著英國國民教育制度的正式形成。在美國19世紀初公立學校運動的影響下，逐漸形成了以州為主的教育管理體制。在1862年頒布的《莫雷爾法案》的影響下，州立農工學

---

[1] 孔丘. 論語[M]. 北京：北京出版社，2008：86.
[2] 孟子. 孟子[M]. 牧語，譯註. 南昌：江西人民出版社，2017：113.

院逐漸興起，對美國高等教育的發展起到了重要作用。1881年和1882年，法國教育部長費裡兩次頒布有關義務教育的法令，史稱「費里法案」，為法國國民教育的發展奠定了基礎。日本1872年頒布的《學制令》是日本近代第一個教育改革法令。1890年，日本頒布的《教育敕語》具有極其重要的地位，成為日本近代教育發展的指導綱領。各個國家先後制定了大量的教育法律法規，明確權利義務關係，促進了教育事業的規範化、可持續發展。教育與社會經濟發展聯繫日益密切，生產性日漸突出。教育逐漸確立了實用功利的目的，開始從宗教中分離出來。有些國家明確規定，宗教不得干預學校教育，促進教育走向世俗化。隨著大工業生產發展的需要，教育逐漸成為全社會的公共事業，人們受教育的權利不斷擴大，學校教育漸漸打破了少數人壟斷的局面，具有普及性和公共性。1948年，聯合國大會通過的《世界人權宣言》提到人人都有受教育的權利。1959年聯合國大會通過的《兒童權利宣言》，明確了各國兒童應當享有的各項基本權利，使教育的公益性日益突出。

(二) 義務教育逐漸普及，學校教育制度朝著系統化方向發展

義務教育，是指依照法律規定，適齡兒童和少年必須接受的，國家、社會、學校、家庭必須予以保證的國民教育。實行義務教育，既是國家對人民的義務，也是家長對國家和社會的義務。義務教育是國家必須予以保障的公益性事業，其質量事關兒童健康成長、國家發展和民族未來。義務教育具有強制性、免費性、普及性和世俗性的基本特點。1524年，馬丁・路德（Martin Luther，1483—1546）主張，市政當局有義務為青年建立學校，強迫父母將孩子送進學校，這間接推動了德國義務教育的產生。在馬丁・路德思想的影響下，1619年德意志魏瑪公國頒布了《魏瑪學校章程》，規定父母應送6~12歲的兒童入學，否則政府將強迫其履行義務，因其帶有明顯的「義務性」和「強制性」，被視為義務教育的開端。第一次工業革命的基本完成和第二次工業革命的興起，奠定了普及初等教育的經濟和社會基礎。為提高國民科學文化素質，增強國家經濟和綜合能力，學習和掌握基本的文化知識逐漸成為社會全體公民應有的權利，為適應這種需求，英、法、德、美、日等各個國家紛紛提出並逐步實施義務教育。美國普及義務教育歷時60多年，1852年，馬薩諸塞州頒布了美國第一個義務教育法，到1918年密西西比州最後一個頒布義務教育法。1870年，英國頒布《初等教育法》，標誌著英國義務教育制度正式建立。1872年，日本頒布第一個教育改革法令《學制令》，規定兒童必須接受8年普及義務教育。1881—1882年，法國頒布《費里法案》，1881年宣布實施普及、義務、免費和世俗的初等教育，1882年明文規定對6~13歲兒童實行義務教育。在中國，1902年的《欽定學堂章程》和1903年制訂、1904年公布的《奏定學堂章程》均有實現義務教育的內容。此後，各國在根據實際情況的基礎上，義務教育年限均有延長的趨勢。義務教育不僅標誌著一個國家的經濟發展水準，而且能不斷促進國家經濟的發展。為適應社會生產力的發展，提高勞動者的素質和文化水準，人文教育和學科教育逐漸融合。在工業社會的學校教育制度中，呈現出分級細緻化，分類多樣化的特點。從縱向來看，有學前教育、初等教育、中等教育、高等教育等。從橫向來看，有普通教育、職業教育、特殊教育等。這一時期，職業技術學校廣泛開始，涵蓋的門類很多。1794年，法國各地創建了一系列由政府各部門分別設置和

管理的專門學院，有軍事學院、炮兵學院、獸醫學院、行政學院、礦業學院、農業學院、語言學院和商業學院等①。1859 年，德國的實科學校已超過 50 所。多類型、多層次學校教育體系逐漸形成，並朝著制度化、系統化的方向發展。學校的數量、類型增多，各級各類學校有不同的性質、任務、入學條件、教學內容與畢業年限，在客觀上要求進行規範管理，以此解決各級各類學校的銜接、分工等問題，使教育高效有序發展。學校教育制度的完善對促進教育發展起到了十分重要的作用，各國相繼建立起體系比較完備的學校教育制度。

（三）教育與生產勞動、社會實踐相結合

教育是勞動力和科學技術知識再生產的載體，科學是教育與生產勞動的結合點。教育對提高社會生產效率有著不可或缺的作用。隨著大工業生產和科學技術的發展，單純依靠勞動和直接經驗已經遠遠不夠。教育與生產勞動和社會實踐之間的聯繫日益增強，教育與生產勞動從分離走向結合。生產勞動者不僅要通曉生產原理、知識和技能，還要瞭解與掌握一定的文化基礎以及科學技術知識。這些系統的知識是難以在生產過程中全部傳授的，需通過學校教育來獲取。學校教育要與社會生產發展的需求相適應。在教育目的方面，除了培養統治管理人才和學者外，為了社會發展還設立了職業技術學校和相關專業，培養專門的技術人員和管理人員，以及能夠適應技術革新的人才。在教育內容方面，除有人文知識外，還增加了與生產勞動密切相關的科學技術知識和自然科學教育，推動了科學教育迅速發展。從教學組織形式來看，隨著義務教育的普及，個別教育形式已不能滿足社會的需要，學校教育普遍採用的是班級授課制。班級授課制是教學的基本組織形式，極大地提高了教學效率，加快了人才培養進程。工業社會時期的教育複雜程度和理論自覺性不斷提高，教育實踐需要以教育理論為指導，教育理論與教育實踐之間的聯繫更加緊密，教育理論創新發展在推動教育改革中的地位和作用越來越突出。

【知識考查】
以下屬於工業社會教育的特徵是（　　）。
A. 教育與生產勞動從分離走向結合　　B. 教育的公共性日益淡化
C. 教育的複雜程度越來越低　　　　　D. 教育的理論自覺性越來越低
答案：A

三、信息社會的教育

第三次科技革命引領人類進入了信息時代。信息化是信息高科技及其產業化影響社會和經濟的發展並推動其前進的過程②。信息社會是在農業社會和工業社會長時間累積的物質和精神財富的基礎之上演變而來的，是人類社會發展的新階段。信息社會這

---

① 翟海魂. 發達國家職業技術教育歷史演進 [M]. 上海：上海教育出版社，2008：57.
② 烏家培. 信息社會與網絡經濟 [M]. 長春：長春出版社，2002：42.

個概念源自美國社會學家丹尼爾·貝爾（Daniel Bell, 1919—2011）在 20 世紀 50 年代提出的「後工業社會」，這個概念基於社會產業結構變化的特徵，描述了從產業生產的階段過渡到服務性社會階段的新變化[1]。信息社會也稱信息社會或知識社會。信息社會的經濟是以信息經濟和知識經濟占據主導地位的經濟，知識成為生產力的關鍵要素，科學技術與文化深度融合。人與自然和諧相處，社會趨向可持續發展。與過去的教育相比，信息社會中的教育體現出了新的特徵。

（一）教育具有終身性

傳統的教育制度弊端日益凸顯，越來越不能適應人們科學知識增長和社會變化加速的迫切需要。教育是一個持續不斷的過程，終身教育是適應人類社會經濟、文化與科學技術的可持續發展而逐漸形成的教育思潮。1965 年，法國的保羅·朗格朗（Paul Lengrand, 1910—2003）在聯合國教科文組織於巴黎召開的國際成人教育會議上正式提出終身教育（Lifelong Education），對國際教育改革產生了重要影響。他認為，終身教育即教育這個詞所包含的所有意義，包括了教育的各個方面、各種範圍，包括從生命運動的開始到最後結束這段時間的不斷發展，也包括了在教育發展過程中的各個點與連續的各個階段之間的緊密而有機的內在聯繫[2]。在教育方式上，終身教育有家庭教育、學校教育和社會教育三種實現方式，具有全民性、終身性、廣泛性和靈活實用性等特點。社會是一個學習化的社會，學習成為社會成員一項重要的活動，貫穿了人的一生。終身教育建立在四種學習的基礎上：學會認知（learning to know）、學會做事（learning to do）、學會共同生活（learning to live together）和學會生存（learning to be），這四種學習將會是人一生中的知識支柱。終身教育超越了啓蒙教育和繼續教育之間的傳統區別[3]，逐漸為各國普遍接受，它已經被作為一個極其重要的教育概念而在全世界廣泛傳播。法國、德國、美國等許多國家針對終身教育頒布了相應的法律。法國於 1971 年制定並通過了一部比較完善的成人教育法《終身職業教育法》。聯邦德國於 1975 年頒布了《繼續教育大綱》。美國於 1976 年制定並頒布了《終身學習法》。1979 年《學會生存——教育世界的今天和明天》在中國出版發行後，終身教育理念正式引入中國。1994 年在義大利羅馬召開的「首屆世界終身學習會議」提出了 21 世紀是學習社會，終身學習是 21 世紀的生存概念。

【知識考查】
終身教育的四大支柱是學會認知、學會做事、＿＿＿＿＿＿、學會生存。
答案：學會共同生活

（二）教育具有平等性

教育平等是指教育民主化的一個重要內容。民主一詞源於希臘字「demos」，意思為人民。民主不僅存在於社會生活這個統一體中，而且存在於社會生活各領域、各層

---

[1] 馬費成，宋恩梅，趙一鳴. 信息管理學基礎 [M]. 3 版. 武漢：武漢大學出版社，2018：17.
[2] 保羅·朗格朗. 終身教育導論 [M]. 滕星，等譯. 北京：華夏出版社，1988：16.
[3] 聯合國教科文組織總部中文科. 教育：財富蘊藏其中 [M]. 北京：教育科學出版社，1996：8.

次中。教育民主是民主原則在教育領域中深化擴展的體現。教育民主化是20世紀60年代以來教育改革與發展的趨勢之一，一直受到廣泛的關注。各國也先後採取各項措施來促進教育的民主化，它包括三個方面的內容：一是強調教育機會的平等、教育權利的平等和受教育權利的平等，所有受教育者在教育的起點、過程和結果等方面都享有同等的機會，受一定程度的教育是公民的權利和義務。二是關注師生關係的民主化，在教學過程中師生之間在人格和權力上是平等的，應充分尊重學生個體的主體性，建立民主、和諧的師生關係，創造良好的教學氛圍。三是教育參與、決策和管理的民主化。在教育管理實踐的過程中應該發揚民主，要有廣泛的公眾參與教育決策的制定與執行，充分發揮全員的聰明才智和創造性，積極吸引社會力量來參與討論教育發展的重大原則問題，重視並加強社會對教育的管理，保證教育決策的科學性和有效性。

(三) 教育具有全民性

受教育是一項基本的人權。1990 年，「世界全民教育大會」(World Conference on Education for All) 在泰國宗迪恩舉行。大會討論並通過了《世界全民教育宣言》(*World Declaration on Education for All*) 和實施宣言的《滿足基本學習需要的行動綱領》(*Framework for Action to Meet Basic Learning Needs*)，「全民教育」(Education for All) 概念由此正式提出。全民教育的最基本內涵主要包括掃除成人文盲，普及初等教育及消除男女受教育之間的差距等[1]。不論種族性別、貧富貴賤，每個人都有平等接受教育的權利，同時還需接受一定程度的教育，滿足所有兒童、青年和成人基本學習需要。20世紀90年代，全納教育 (Inclusive Education) 思潮逐漸興起。1994 年，聯合國教科文組織在西班牙薩拉曼卡召開「世界特殊需要教育大會：入學和質量」(World Conference on Special Needs Education: Access and Quality)。大會通過了《薩拉曼卡宣言》，首次正式提出「全納教育」。大會強調每個人都有受教育的基本權利，提出每個人都有其獨特的個性、興趣、能力和學習需要，學校要接納全體兒童，並滿足他們的特殊教育需要[2]。全納教育關注每一個人，注重積極參與和集體合作，其價值取向符合社會對人的素質的基本要求，是實施全民教育的有效途徑。全民教育和終身教育作為信息社會的教育思潮和趨勢，兩者側重點有所不同，前者側重於普及教育，後者則側重於繼續教育。教育全民化對國家、社會以及個人發展來說，是一項必然的選擇。教育全民化是個人獲得生存發展能力的基本手段，也是實現社會平等的重要保證，有助於促進社會經濟進步、世界文明和諧與共同繁榮。

(四) 教育具有多元性

工業社會的教育強調標準化、統一化和規範化，而信息社會時期的教育注重個性化、現代化和多元化。社會發展和需求的多元化，決定了教育目標、教育內容、教育形式、教育方法、教育手段等的多元化。從教育目標來看，重視人的個性發展，培養的是能夠適應信息社會發展挑戰的創造性人才。從教育形式上看，在工業社會的基礎上，學校類型進一步多樣化，學校教育得以逐步完善，繼續教育成為社會經濟發展的迫切需要。在中國，繼續教育主要有成人高等學校招生全國統一考試（簡稱「成人高

---

[1] 趙中建. 全民教育：世紀之交的重任 [M]. 成都：四川教育出版社，1999：1-2.
[2] 黃志成. 全納教育：關注所有學生的學習和參與 [M]. 上海：上海教育出版社，2004：3.

考」)、遠程網絡教育、高等教育自學考試和電大開放教育四種形式。各級各類教育在入學條件、課程設置、畢業年限、上課方式等方面有所不同，構成了一個多類別、多維度、多功能的教育系統。從教育內容來看，增設了社會發展、新科技知識、基本學科知識與技能等內容。從教學方法來看，學校教育重視啓發式教學，逐漸打破傳統的灌輸式教學模式，師生關係走向平等，合作學習融入課堂教學環節中。從教學手段來看，廣播、電視、計算機等現代化科技成果，逐漸被廣泛運用於教育教學活動之中，實現教育資源共享，極大地提高了教育質量。

【案例分析】

英國 8,000 所小學推廣中國數學教學法
中外教育交流取長補短

近日，英國教育部宣布將在全英 8,000 所小學推廣中國傳統數學教學方法，這個數量占全英小學總數的一半。同時，英國還建立了 35 所專業數學教學中心，作為普及「中式教育」的平臺。可以說，在中外文明交流互鑒日益頻繁的背景下，中外教育相互借鑒，體現了一種更加開放的心態，這樣的良性互動值得提倡。

在此次英國決定推廣中式教學方法之前，BBC 的紀錄片《我們的孩子足夠堅強嗎?》已經引發過一輪中西教育方式大討論。在紀錄片中，幾位中國老師被安排在一所英國中學，用中式教育方法授課，中國老師的嚴謹和英國學生的自由散漫產生了不少衝突。有網友在看完紀錄片之後認為，片子體現出了中西文化的碰撞，中西教育方式各有利弊，雙方都應取長補短。

此前，在很多人的刻板印象裡，中國的教學方法注重應試，忽視創新。但事實證明，中式教育的確在基礎教育階段對提高學生學習能力和成績卓有成效。此次英國教育部決定推廣中式數學教育，也是經過了反復論證。早在 2014 年，就有 59 名中國數學教師前往英國的 48 所小學進行為期 4 個月的交流，並進行示範教學。事後，英國教育部委託謝菲爾德哈萊姆大學出具一份《中英數學教師交換計劃研究報告》，對其效果進行評估。報告認為，在參與交流項目的英國小學中，大多數學校學生數學成績均得到了顯著提升，且學生的學習態度也有較大改善。

近年來，中外教育領域的互動持續增多。數據顯示，中國出國留學人數連年增長，中國學生已成為國際學生流動主力。

除了「輸入」，中國教育也在越來越多地「輸出」。全球 130 多個國家和地區建立的 500 所孔子學院、1,000 個孔子學堂，成為讓世界青少年學習中國語言和文化的重要場所。「這裡的孩子們非常愛學習中國的傳統文化，包括書法、剪紙、京劇，他們樣樣都感興趣。這也讓我覺得動力十足。」在泰國孔子學院做漢語教師的楚天舒表示。

資料來源：李貞. 中外教育交流取長補短 [N]. 人民日報海外版，2016-07-29 (4).

請思考：當今世界教育發展的趨勢是什麼？

第三節　世界教育發展趨勢

進入 21 世紀以來，世界多極化、經濟全球化、社會信息化、文化多樣化持續推進。以人工智能、機器人技術、石墨烯、虛擬現實、量子通信、可控核聚變、清潔能源以及生物技術為技術突破口的綠色工業革命，使人類社會發展到一個更為廣泛、全面的新時代。技術革命迅猛發展，世界格局深刻變化，各國、各地區之間的相互依存關係日漸增強，人們在社會、經濟和文化等方面的交流日益頻繁。教育的改革與發展面向不斷變化的未來社會需要，受到人們普遍關注和高度重視。當代世界教育的發展的趨勢如下：

一、教育個性化

學生是學習的主體，因此當代教育需克服傳統教育中存在的以知識為本、重共性輕個性、重終結性評價等問題，改革整齊劃一式、教條主義式的、權威式的教育，樹立以人為本的教育理念，倡導教育的民主觀、平等觀以及價值觀，注重對人的非智力因素的培養，促進學生發展，使學生學會學習和適應變化。在教育過程中，強調人的情感、價值、尊嚴和潛能，主張調動學習的獨立性、能動性和創造性，促使每個人達到他力所能及的最佳狀態。人在智力、情感和生理等方面存在差異，教育者應根據每個學生的特點而採取針對性教育培養人才，做到因材施教。農業社會的教育是個性化的，但只適用於少數群體。在工業社會，採取了大規模集中教育、統一標準化的人才培養模式，培養出大量的標準化人才，但忽視了人的個性發展，扼殺了人的創造精神和潛質。隨著時代發展和科學技術進步，計算機、互聯網等基礎設施建設日趨完善，大數據、物聯網、人工智能、雲計算等技術在教育領域中的應用，有助於學生的個性化培養，使學生全面和諧的發展。教育者通過大數據進行專業分析，可知學生的學習興趣、學習動機、愛好特長、性格特點等，為學生找準方向，可針對每個學生的具體情況進行有效指導。在國內，一對一輔導興起於 20 世紀末至 21 世紀初期，這是為滿足廣大學生及家長多方面需求而產生的，發展至今已不同於傳統的家教模式。一對一輔導是學校班級授課的重要補充手段，教學中師生之間的有效互動有利於達到更好的教學效果。定制個性化的方案能夠充分針對學生個性需求、著力解決學生的具體問題。如今，還可以通過互聯網進行網上一對一輔導，利用網上視頻在線授課，這種一對一的在線教育模式也逐步得到了廣泛認可和接受。

隨著社會分工越來越細，越來越專業化，社會對專業化人才的要求也越來越高。個性化的培養可以使人的個性得到充分發展，以適應社會對各個方面、不同層次人才的需要。聯合國「教育 2030 行動框架」建立的原則有：教育是一項基本人權和適應性權利。教育應當致力於個性的全面發展，增進相互理解、包容、友誼及和平，教育是一項公益性的事業。以人為本，重視人的個性化是社會發展的必然要求，是適應新技術革命和社會變革的需要。教育個性化已成為世界許多國家教育發展的一個重要趨勢。

二、教育多樣化

公立教育與私立教育相互依存、相互補充、相互促進，共同滿足人們日益增長的教育需求。當今全球大部分國家的私立教育越來越受到重視，均出現持續增長的趨勢。私立教育源遠流長，在西方，古希臘時期就出現了蘇格拉底創辦的修辭學校、柏拉圖創辦的阿加德米學園（柏拉圖學園）和亞里士多德創辦的呂克昂學園等學校。呂克昂是一所正規的、典型的希臘－雅典式的私立學校。在中國春秋時期，孔子開創私人辦學的先河，宣揚「有教無類」。戰國時期，中國則形成了以儒、墨、道、法為代表的私學「百家爭鳴」的局面。自此以後，私立學校對傳承和弘揚中華文明起到了非常重要的作用。改革開放以來，中國私立教育逐漸發展壯大。《中華人民共和國民辦教育促進法》規定民辦教育事業屬於公益性事業，是社會主義教育事業的組成部分。國家對民辦教育實行積極鼓勵、大力支持、正確引導、依法管理的方針。民辦學校與公辦學校具有同等的法律地位，國家保障民辦學校的辦學自主權[①]。為鼓勵社會力量興辦教育，促進民辦教育健康發展，國務院於 2016 年發布並實施《國務院關於鼓勵社會力量興辦教育促進民辦教育健康發展的若干意見》，提出了激勵民辦教育發展的種種措施。在《2018年全國教育事業發展統計公報》中顯示全國共有各級各類民辦學校 18.35 萬所，比上年增加 5,815 所，占全國比重 35.36%；招生 1,779.75 萬人，比上年增加 57.89 萬人，增長 3.36%；各類教育在校生達 5,378.21 萬人，比上年增加 257.74 萬人，增長 5.03%[②]。

世界各國私立教育的發展各具特色，呈多樣化趨勢。印度、埃及是世界上私立教育發展較早的國家，印度私立教育體系繁雜，存在自身的特色，埃及的私立教育尤其在婦女教育方面有著重要作用。英美等國家主張教育自由，重視私立學校的自主性，英國是私立教育最發達的國家之一，擁有牛津和劍橋等世界一流大學，美國是實施私立教育法律保障較早的國家。日本高度重視私立學校的公益性，堅持「公益性」「非營利性」的原則，私立教育具有大規模、高質量、高入學率的特點。私立教育能夠堅持全面發展與個性發展相統一，適應並滿足更多的個性化教育需求，提供更優質的、差異化的教育服務。

三、教育國際化

在多元文化交融下，本土化與國際化相結合勢在必行。在注重挖掘本土教育精髓的同時，也注重國際交流與合作，學會借鑒和吸收別國的經驗，從而尋求本土化和國際化之間的平衡點，找到真正適合的教育。各國教育要實現可持續發展，既要立足本土又要邁進國際。全球化地逐步深入帶來了教育的國際化，教育不斷邁向更為開放交流與多元融合的國際化。國際性教育組織的出現以及頒布行動綱領對世界和平、安全和教育發展起著重要作用。比如聯合國教育、科學及文化組織，該組織旨在通過教育、

---

① 全國人大常委會辦公廳．中華人民共和國民辦教育促進法（最新修正本）[M]．北京：中國民主法制出版社，2016：8-9．

② 中華人民共和國教育部．2018 年全國教育事業發展統計公報 [EB/OL]．(2019-07-24)．[2019-10-10]．http://www.moe.gov.cn/jyb_sjzl/sjzl_fztjgb/201907/t20190724_392041.html．

科學和文化促進各國合作。2015年11月4日，聯合國教科文組織在巴黎總部通過並發布了「教育2030行動框架」。教育國際化有助於吸收優秀人才，滿足社會經濟和文化的發展，充分發揮文化、政治和經濟等方面在國際上的影響力。培養國際化意識、兼具本土情懷與國際視野、能夠參與國際事務和國際競爭的國際化高素質人才，可以幫助人們認識和解決整個人類生存發展的嚴峻問題，如生態失衡、環境污染、資源短缺等。教育理念、課程體系和辦學模式日益呈現國際色彩，加強教育對外交流與合作。例如合作辦學、國際性的學術研究和科學文化交流、教師互派、學分互認和學位互授聯授、教育資源共享。慕課（MOOC）的興起和運用，將優質的教學資源的共享到世界各地，為受教育者們提供了前所未有的機會和幫助，這也是時代進步的表現。同時，留學生規模的擴大也是教育國際化的重要標誌。2018年度，中國出國留學人員總數為66.21萬人。2018年度與2017年度的統計數據相比較，出國留學人數增加5.37萬人，增長率為8.83%[1]。據統計，2018年共有來自196個國家和地區的492,185名各類外國留學人員在全國31個省（自治區、直轄市）的1,004所高等院校學習，比2017年增加了3,013人[2]。教育國際化在高等教育領域更為突出，歐盟發起的一項高等教育交流計劃——伊拉斯謨世界項目（Erasmus Mundus Programme），致力於加強歐洲高等教育質量，促進歐盟和第三國的流動，以推動國際合作能力及第三國高等教育事業的共同發展、促進跨文化交流與理解。前身為澳大利亞教育國際開發署的IDP教育集團是目前全球最大留學服務公司之一，現已成為國際教育的全球領軍機構，IDP搭建的強大全球網絡，為世界各國學生提供院校和專業信息，這更有利於國際教育的交流與推廣，對國際教育發展起著重要作用。立足本土追求人才的國際化、教育的國際化是各國教育事業發展的潮流和趨勢。

四、教育未來化

教育具有較強的適應性和適量的超前性，每個人都需具有一定的超前意識和觀念，以此來適應社會地不斷變化和發展。世界上最早的一篇專門論述教育、教學問題的論著《學記》，就明確提出「建國君民，教學為先」的思想[3]。在古代階級社會，教育並不直接促進社會經濟發展，甚至很多時候還會阻礙社會生產的發展。隨著工業革命的興起，教育逐漸與社會生產相聯繫。為推動社會的發展需培養大量的勞動者，但當時的教育內容更多的是生產知識經驗和一些簡單的機器操作方法，教育是落後於經濟發展的。現代社會生產力飛速發展，教育對社會、經濟發展起著基礎性、先導性的作用。教育的遲效性和長期性使得教育的超前性尤為重要，它決定了教育在適應現有生產力的基礎上需適度超前於社會政治經濟的發展。教育超前是人類不斷追求文明進步的結果。社會發展越是進步，教育優先發展的意識越強。優先發展教育，一方面教育投資增長的速度需適當超越經濟增長的速度；另一方面在人才培養上，要兼顧近、遠期目

---

[1] 中華人民共和國教育部.2018年度中國出國留學人員情況統計［EB/OL］.（2019-03-27）［2019-12-03］. http://www.moe.gov.cn/jyb_xwfb/gzdt_gzdt/s5987/201903/t20190327_375704.html.

[2] 中華人民共和國教育部.2018年來華留學統計［EB/OL］.（2019-04-12）［2019-12-03］. http://www.moe.gov.cn/jyb_xwfb/gzdt_gzdt/s5987/201904/t20190412_377692.html.

[3] 陳澔，註.禮記［M］.金曉東，校點.上海：上海古籍出版社，2016：414.

標、內容等方面的需要。人才的培養不能急功近利，而是要著眼於未來，教育為未來社會的需要服務，按照未來的要求培養人、塑造人。學生當前的學習是為參與未來的生活，在知識、價值及行為諸方面能適應未來社會的變化和發展，具有探索未來的能力做新準備。教育觀念、教育目標、教育規劃、教育內容以及教育方法等不僅應考慮到當前現實的社會和個體發展的基本需要，還應從未來社會的發展需要出發，從教育的各個方面著手，使教育真正面向未來、著眼未來。各國的教育意識和經濟力量不斷增強，也為教育先行提供了可能。教育先行是科技生產、政治經濟和人的發展的必然要求，同時也是教育自身發展的必然要求，它已成為許多國家的共識。教育與人類社會發展緊密聯繫，教育要面向未來、觀察未來、審度未來，世界各國在分析過去和現在的基礎上對未來教育的發展進行預測和改革規劃，使教育發展與未來社會發展相適應。

五、教育改革創新持續化

當今社會經濟的發展迫切需要具有創新思維意識和實踐能力的高素質的、創新型人才。創新能力是未來社會中最重要的能力之一。教育創新是社會發展的必然要求，同時也是世界發展的必然趨勢。教育的持續發展離不開教育改革創新，教育改革與教育創新相互促進，共同推進教育事業的發展。世界各國十分重視教育創新，並積極調整教育發展戰略，主動進行適應社會發展的教育改革創新，堅持把改革創新作為教育事業科學發展的強大動力。世界教育創新峰會（World Innovation Summit for Education）於2009年正式開幕，該峰會提倡並鼓勵創新思維，促進全球教育交流合作與創新。教育的創新包括教育思想的創新、教育體系的創新、教育結構的創新、教育內容的創新、教育方法的創新、教育手段的創新以及教育評價機制的創新等，教育應重視對學生創新意識、創新精神、創新能力以及創新人格的培育，應培養大批創新人才，建立學習型、創新型社會，健全現代教育體系。教育改革與創新必須立足國情、扎根本土，堅持世界眼光。堅持改革創新，使教育事業發展更加符合人才成長規律、更加符合社會的需求。教育改革創新、推動新時代教育改革發展，就是對新時代新形勢下更高遠的歷史站位、更寬廣的國際視野、更深邃的戰略眼光的及時呼應[1]。

> **理解與反思**
>
> 1. 你如何看待教育的起源問題？研究教育起源的意義何在？
> 2. 學校教育產生的原因和條件有哪些？
> 3. 簡述農業社會教育的特徵。
> 4. 全球教育趨勢下中國教育該如何發展？

---

[1] 中國教育報評論員. 堅持深化教育改革創新：七論學習貫徹習近平總書記全國教育大會重要講話精神[N]. 中國教育報, 2018-09-19（1）.

拓展閱讀

[1] 中華人民共和國教育部國際合作與交流司. 世界62個國家教育概況[M]. 北京：首都師範大學出版社，2001.

[2] 顧明遠. 教育大辭典增訂合編本[M]. 上海：上海教育出版社，1998.

[3] 聯合國教科文組織. 世界教育報告2000 教育的權利：走向全民終身教育[M]. 聯合國教科文組織中文科，譯. 北京：中國對外翻譯出版公司，2001.

[4] 鄭金洲. 教育通論[M]. 上海：華東師範大學出版社，2002.

[5] 王道俊，王漢瀾. 教育學新編本[M]. 北京：人民教育出版社，1989.

第三章

教育目的

■ 學習導航

（1）瞭解教育目的的概念、結構、類型和功能，能準確把握教育目的與培養目標的聯繫和區別。（難點）

（2）理解教育目的選擇與確立的依據和基本取向。

（3）結合馬克思關於人的全面發展學說、全面發展教育、素質教育以及中國學生發展核心素養，對中國教育目的有一個準確的把握。（重點）

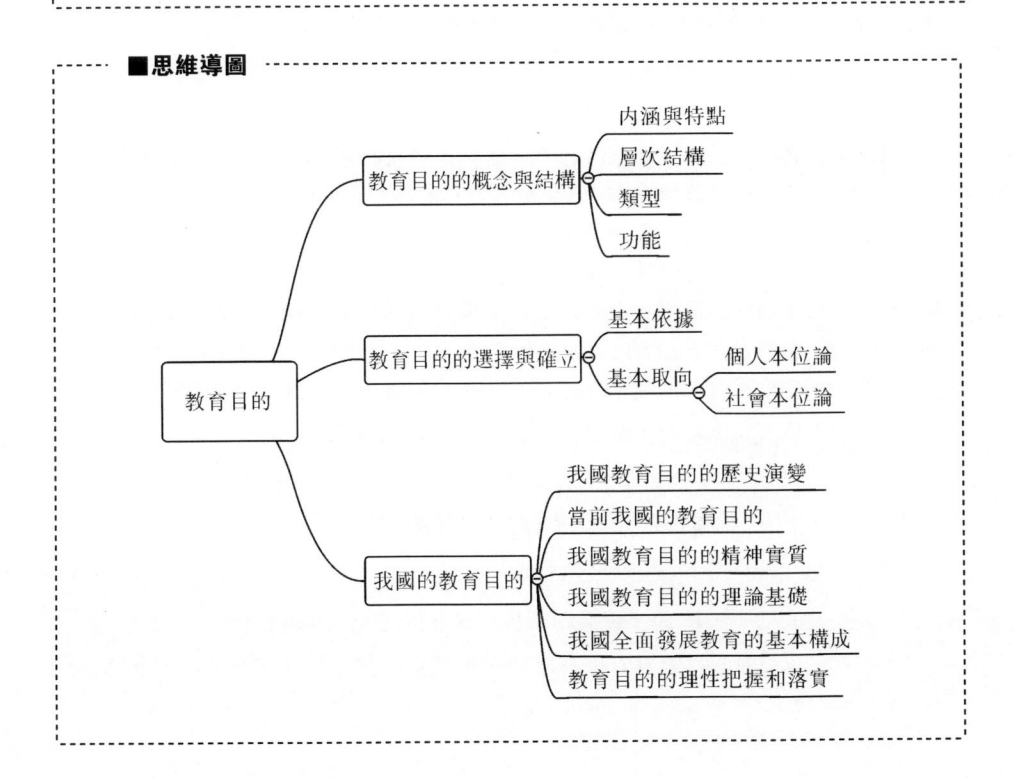

■ 思維導圖

教育目的
- 教育目的的概念與結構
  - 內涵與特點
  - 層次結構
  - 類型
  - 功能
- 教育目的的選擇與確立
  - 基本依據
  - 基本取向
    - 個人本位論
    - 社會本位論
- 我國的教育目的
  - 我國教育目的的歷史演變
  - 當前我國的教育目的
  - 我國教育目的的精神實質
  - 我國教育目的的理論基礎
  - 我國全面發展教育的基本構成
  - 教育目的的理性把握和落實

■教育瞭望

長大後想做什麼

在一次班會課上，王老師問學生：「同學們，你們長大後想做什麼？」

學生們爭先恐後地舉手。

甲同學說：「我想當一名科學家，我想造機器人。」

乙同學說：「我想做音樂家，我最喜歡上音樂課了。」

……

學生們說了許多職業理想，老師聽了很滿意。這時，老師看到在角落裡有一只不常見的小手正拼命往空中伸著。哦，原來是班裡的後進生餘曉斌。老師立刻叫了他。

老師說：「餘曉斌，你來說說，你長大了想做什麼？」

餘曉斌大聲地說道：「我長大了要當一名清潔工！」

老師問道：「你怎麼會想到要做一名清潔工呢？」

餘曉斌說：「老師說過，清潔工也很了不起。」

老師聽後，臉上露出了不滿的神情，說：「我說清潔工人了不起，是要讓你們尊敬那些叔叔阿姨，保護好我們的環境。但是，老師不是讓你們把當清潔工作為理想。餘曉斌，你應該有一個了不起的理想才對，你要認真再想想。」

問題：

請用新時期中國的教育目的及其落實的相關理論分析上述材料。

資料來源：全國2016年10月高等教育自學考試教育學試卷。

目的性是人類實踐活動的一個根本特性，也是人的實踐活動與動物的本能活動之間的根本區別。人的一切實踐活動都具有自覺性和目的性。正如馬克思所說：「蜘蛛的活動與織工的活動相似，蜜蜂建築蜂房的本領使人間的許多建築師感到慚愧，但是，最蹩腳的建築師從一開始就比最靈巧的蜜蜂高明的地方，是他在用蜂蠟建築蜂房以前，已經在自己的頭腦中把它完成了。勞動過程結束時得到的結果，在勞動過程開始時就已經在勞動者的表象中存在著，即已經觀念地存在著。他不僅使自然物發生形式變化，同時他還在自然物中實現自己的目的，這個目的是他所知道的，是作為規律決定著他的活動的方式和方法的，他必須使他的意志服從這個目的。」[①]

第一節 教育目的概述

教育作為培養人的一種社會實踐活動，必然具有目的性。在教育實踐活動中，教育者的活動對象是受教育者，教育者的教育影響就體現為對受教育者的精神世界進行

---

① 馬克思，恩格斯. 馬克思恩格斯文集 [M]. 北京：人民出版社，2009：208.

改造。教育者要把受教育者改造成什麼樣的人，在教育過程開始之前就以表象的形式存在於他們的頭腦之中了，教育活動結束時可能取得的結果也已經在他們頭腦中觀念性地存在著了。這裡的可能目標和結果就是教育目的。

一、教育目的的概念及特點

所有教育活動都是圍繞教育目的來開展的，教育活動進行的過程就是教育目的得以實現的過程。

（一）教育目的的概念

教育目的，是指一定社會（或國家）對各級各類學校所要培養的人才的規格和總體要求。具體來講，教育目的是教育活動所要達到的預期結果，是人們對受教育者達成狀態的期望，即人們期望通過教育活動，使受教育者在身心諸方面發生什麼樣的變化或產生怎樣的結果。

2010年《國家中長期教育改革和發展綱要（2010—2020年）》提出，中國的教育目的是「全面貫徹黨的教育方針，堅持教育為社會主義現代化建設服務，為人民服務，與生產勞動和社會實踐相結合，培養德智體美全面發展的社會主義建設者和接班人。」

（二）教育目的的特點

教育目的作為一定社會（或國家）對各級各類學校教育所要培養的人才的規格和總體要求，其必然具有如下特點。

1. 預期性

首先，教育具有前瞻性，未來社會需要的人才需要提前培養，那麼未來社會需要的人才規格也需要根據當今社會發展狀況及趨勢提前制定。其次，教育目的實際上是一種教育理想，在實際的教育活動開始之前，這一理想就已經在教育者的頭腦中觀念性地存在了。教育者需要通過不斷努力來促使受教育者身心發生一定的變化，從而培養出理想的人才。

2. 客觀性

這裡的客觀性是指教育目的的制定不是主觀臆造，而是根據國家和社會發展需要所確定的教育活動的人才培養規格。教育是社會的子系統之一，它的發展受一定社會的政治制度、經濟制度、文化、人口等各因素的制約。因此在制定教育目的時，也必然要反應社會的主要特徵及人才需求類型，必然會考慮到本國的教育「為誰培養人」「培養什麼樣的人」的問題，這就從客觀上直接體現了國家人才培養的根本性質及方向。

3. 抽象性

教育目的作為國家指導本國教育事業發展的總體要求，是國家開展教育活動的根本依據。因此，教育目的具有很強的抽象性，它不像培養目標那樣具體到各級各類學校和各種專業，它也不像課程目標和教學目標那麼具體、具有可操作性。教育目的的地位就決定了它必然具有抽象性，如此才能從宏觀上對所有學校、所有專業、所有科目、所有課堂進行總體規劃、統籌指導。

4. 時代性

社會在發展，時代在進步，不同時代需求的人才規格也大不相同。例如日本在1947年的《教育基本法》中指出：教育必須以完成陶冶人格為目標，培養出作為和平國家及社會的建設者，愛好真理和正義，尊重個人價值，注重勞動與責任，充滿獨立

自主精神的身心健康的國民。到了 20 世紀七八十年代，日本則以「人本主義」為指導思想，強調培養具有豐富的人性的國民。1998 年 12 月，日本文部省發布了《新學習指導要領》。其中，在教育課程編製的指導方針中，對中小學教育的培養目標提出了新的要求，即培養和諧發展的人，培養兒童的生存能力。在富於創造性、各具特色的教育活動過程中，培養兒童自主學習、自主思考、自主判斷的能力，謀求基礎和基本內容的切實落實，充實富有個性的教育[1]。

二、教育目的的層次結構

教育目的是一定社會培養人的總體要求，但並不能替代各級各類學校對所培養的人的特殊要求。教育目的是由國家教育目的、學校培養目標、課程目標和教學目標共同組成的具有上下層次的複雜系統。

(一) 教育目的

位於第一層級的教育目的是國家對所要造就的人才在質量規格上的總的規定，它是指導各級各類學校教育活動的總目標[2]。不管是什麼層次什麼類型的學校，即不論初等、中等、高等教育，還是文、理、工、農、醫、師院校，都要參照國家教育目的來制定自己的人才培養規格。

(二) 培養目標

位於第二層級的培養目標，是指不同類型、層次的學校或專業培養人才的具體質量規格，由特定的社會領域和特定社會層次的需要決定，並受教育對象所處的學校級別不同而有所不同[3]。換言之，培養目標是國家教育目的在不同類型、不同層次的學校或專業的具體化。如普通院校與職業院校、初等教育與高等教育的人才培養要求一定存在明顯差異，但不管是哪種層次、哪種類型的學校，其培養目標都必須符合國家教育目的。

培養目標的制定既要考慮教育目的的總要求，又要考慮具體學校教育的任務和特點，考慮特定教育對象的身心發展特點。培養目標的確定必須建立在教育目的的基礎上，而教育目的又必須通過各級各類學校、各專業的培養目標而實現。任何終極性的教育目的都必須轉化為一系列具體的培養目標才能避免流於空泛；而若每一個具體的培養目標不與其他平行的培養目標以及其上位培養目標相聯繫，並且最終與教育目的相聯繫，則一個個具體的培養目標也會因失去整體性而流於瑣碎，失去其意義和存在的價值。一個國家在一定時期的教育目的是唯一的，而培養目標卻是多種多樣的，因學校與專業性質的不同而不同，因教育階段、對象的不同而不同。

(三) 課程目標

學校的培養目標必須通過制定課程目標來實現，課程目標是指課程本身要實現的具體目標和意圖。它規定了某一個教育階段的學生通過課程學習之後，在發展品德、智力等方面期望實現的程度，它是確定課程內容、教學目標和教學方法的基礎。從某種意義上說，教育目的和培養目標都要通過課程目標的達成而實現。課程目標的確定，

---

[1] 袁桂林. 基礎教育改革與發展 [M]. 長春：東北師範大學出版社，2002：10.
[2] 王枬. 教育學：行動與體驗 [M]. 北京：高等教育出版社，2013：69.
[3] 袁振國. 當代教育學 [M]. 北京：教育科學出版社，2005：58.

也必須首先明確教育目的和培養目標，然後瞭解學生的特點、社會的需求、學科的發展等方面的信息，才能制定出行之有效的課程目標。

（四）教學目標

教學目標是保證教學活動順利進行的必要條件。它是指教育者在教育教學過程中，根據教育目的、培養目標以及課程目標，通過課堂教學和實踐活動所要達到的發展水準和系列指標。教學目標是教育目的、培養目標和課程目標的在課堂教學中的具體化，對實踐教學具有較強的可操作性。

三、教育目的的類型

（一）價值性教育目的與操作性教育目的

價值性教育目的，是指具有價值判斷意義的教育目的，即含有一定價值觀實現要求的教育目的，表示人才培養所具有的某種價值取向，是指導教育活動最根本的價值內核。

操作性教育目的，是指具有實踐操作意義的教育目的，即現實要達到的具體教育目標，表示實際教育工作應努力爭取實現的某些具體目標，一般是由一系列短期、中期、長期的具體教育目標所組成。

這兩類教育目的是根據教育目的自身實踐的特點來劃分的，它們屬於同一教育目的在實現過程中衍生出來的相互聯繫、相互作用的兩個方面：價值性教育目的是操作性教育目的確立的依據，是確立具體目標的設定原則，奠定了具體目標的價值基礎；操作性教育目的是價值性教育目的的體現，受價值目的的規定和限制，是表現價值內核的形式。一般而言，歷史發展的豐富內涵總是通過具體的實踐活動表現出它的時代規定性，以及對這一時代教育的規定性，並且不斷變更表達它發展要求的操作性目標。這說明，價值性教育目的發生變化，操作性教育目的也會產生相應的變化。在實際教育中，必須以人未來發展的利益和社會需要作為良好價值性教育目的的確立依據和目標，同時也要使操作性目的的確立符合價值性目標的要求，使兩者一致、相統一。否則，教育活動就難以實現它的價值。

（二）終極性教育目的與發展性教育目的

終極性教育目的，也稱理想的教育目的，是指具有終極結果的教育目的，表示各種教育及其活動在對人的培養上最終要實現的結果，它一般蘊涵著人的發展要求具有完人的性質。

發展性教育目的，也稱現實的教育目的，是指具有連續性的教育目的，表示教育及其活動在發展的不同階段所要實現的各種結果，表明對人培養的不同時期、不同階段前後具有銜接性的各種要求。每一種目的都不帶有終極性，在每一階段向另一階段的發展過渡中，具有承前啟後的不可或缺性，既表示某一階段的目標，又表示對先前階段目標的續接性和對以後階段目標的奠基性。

（三）正式決策的教育目的和非正式決策的教育目的

正式決策的教育目的，是指被社會一定權力機構確定並要求所屬各級各類教育都必須遵循的教育目的。

非正式決策的教育目的，是指蘊涵在教育思想、教育理論中的教育目的，它不是被社會一定的權力機構正式確立而存在的，而是借助一定的理論主張和社會根基而存

在的。

（四）內在教育目的和外在教育目的

內在教育目的即具體教育過程（或某門課程建設）要實現的直接目的，是對具體教育活動預期結果的直接指向，內含對受教育者的道德品行、知識認知、行為技能等方面發展變化預期的結果，通過某門課程及其教學目標或某一單元、某一節課的教學目標體現出來的可預期的具體結果。

外在教育目的是指教育目的的領域位次較高的教育目的，它體現一個國家（或地區）的教育在人的培養上所預期達到的總的目標和結果，是一個國家（或地區）對所屬各級各類教育培養人的普遍的原則要求。

四、教育目的的功能

教育目的是教育活動的靈魂，它統攝教育的全部工作，貫穿於教育活動的始終，是明確教育方向、建立教育制度、確定教育內容、選擇教育方法、組織教育活動、進行教育管理、評估教育質量的標準，是一切教育活動的出發點和歸宿。具體來說，教育目的有以下功能：

（一）定向功能

教育目的對受教育者的質量規格提出了要求，指明了人才培養的方向和結果，即「為誰培養人」「培養什麼樣的人」。同時，人才培養規格指引我們在教育活動中應該選擇什麼樣的教育內容，使用什麼樣的教育方法，如何組織教育活動才能造就此種規格的人才。因此，教育活動從一開始就離不開教育目的的引領。

（二）調控功能

教育目的的調控功能除了體現在對教育內容、教育方法和教育途徑的選擇上，還體現在對人才成長環境的協調上。學校、家庭和社會都應該以教育目的規定的人才培養規格為標準，努力促進人才的健康成長，避免因各方影響不一致而導致個體發展受阻的情況發生。

（三）評價功能

教育目的不僅是教育活動開展的有力依據，還是衡量教育活動結果的重要標準。檢查和評價學校教學質量的優劣、教育效果的達成與否、教育過程的得失、學生發展程度的高低，都必須以教育目的為直接依據。也正是在這個意義上講，教育目的還是教育活動的歸宿。

【知識考查】

一切教育活動的出發點和歸宿是（　　）。

A. 教育方案　　　B. 教育內容　　　C. 教育原則　　　D. 教育目的

答案：D

第二節　教育目的的選擇與確立

一、教育目的選擇和確立的基本依據

(一) 教育目的要符合社會政治經濟的需要

一定社會的教育活動總是要培養具有該社會所需要的思想意識和世界觀，為維護該社會的政治經濟制度服務的人。因此，教育目的的性質和方向是由政治經濟決定的。在階級社會裡，教育目的總是反應統治階級的利益，集中體現統治階級對人才培養的根本要求。如奴隸社會的教育目的就是把奴隸主子弟培養成為維護奴隸制度的統治者，而奴隸及其子弟根本沒有受教育的機會。封建社會的教育目的是把地主階級子弟培養成為維護封建統治的官吏，而對勞動人民則實行「民可使由之，不可使知之」的愚民政策。資產階級的教育目的是培養能夠掌握國家機器和管理生產的統治人才，而對工人子弟進行教育是為了把他們培養成既能替資產階級創造利潤又不會驚擾資產階級安寧和悠閒的統治生活的奴僕。社會主義社會的教育是為工人階級和廣大勞動人民服務的，以全民為對象，其教育目的是培養為社會主義服務的勞動者和各種專門人才。可見，在階級社會中，教育目的具有強烈的階級性，是階級意志的集中表現，所謂超階級的教育目的是不存在的。

(二) 教育目的要反應生產力和科技發展對人才的需求

由於生產力不僅為教育提供了物質條件，也對人才培養規格提出了要求，因而在所有社會形態裡，在培養什麼樣的人的問題上都大體反應著生產力的發展水準。在奴隸社會和封建社會，由於生產力水準低下，直接從事生產的勞動者一般不需要經過學校教育的培養和訓練，它所培養的人主要是進入社會上層建築的統治人才，教育目的基本上只規定了政治思想品德上的一些要求。在資本主義社會，大工業機器生產的出現要求對勞動者進行一定的科學技術和生產技能的專門訓練。這種要求反應到教育目的上，就是除了使受教育者形成一定的階級意識和思想品德外，還重視使受教育者掌握與一定生產力水準相適應的科學技術知識和生產技能。隨著現代科學技術的迅猛發展以及機器在生產中的廣泛應用，生產力發展水準在教育目的的制定方面的要求更加明顯，注重能力的培養和智力的開發，注重個性、開拓性和創造性成了當代社會對人才培養規格的普遍要求。

(三) 教育目的要符合受教育者的身心發展規律

對受教育者身心發展規律的認識是確定教育目的的前提。首先，教育目的的直接指向對象是受教育者，教育活動總是希望引發受教育者身心素質發生預期變化，從而成長為具有一定個性的社會個體。離開了受教育者這一對象，既不能構成教育，也無從實現教育目的。其次，受教育者在教育活動中不僅是教育的對象，而且是教育活動的主體。因此，確定教育目的和教育目標，必須考慮到受教育者身心發展的規律和特點，對不同年齡階段和不同發展程度的受教育者提出不同要求。

(四) 教育目的受民族文化與世界教育發展進程所制約

教育目的還受到國家的歷史背景和民族文化傳統等因素的影響。東方文化的傳統

比較重視個人對於集體的責任感、義務感，其教育目的比較重視滿足社會所需要的人才，強調人才對社會和國家的義務和忠誠。西方文化的傳統，比較重視個人，其教育目的往往突出個人的自由發展和自我實現。在世界經濟日益朝著區域化和國際化方向發展的今天，國家和民族的信息、交往和利益等方面體現出普遍的相關性，教育國際化已成為每個國家或民族自身發展的重要基礎和前提。因此，在制定教育目的時，我們既要立足教育目的的民族性，又要注重體現教育目的的世界性，要堅持民族性和世界性相結合的價值取向，立足民族，放眼世界，在社會開放中發展民族、創新民族精神，使民族更好地走向世界。

二、教育目的選擇和確立中的基本取向

人們提出教育目的，即把受教育者培養成什麼樣的人，必然會從他們的立場出發，從他們改造自然、改造社會的需要出發，有所權衡、有所選擇，在觀念上建構出一個自認為理想的形象，並將其作為教育活動所要實現的目標。從這個意義上講，教育目的本身就體現著人的一種價值追求。

所謂教育目的的價值取向，是指教育目的的提出者或從事教育活動的主體依據自身的需要對教育價值做出選擇時所持的一種傾向。在教育目的的價值取向上影響較大的主要有兩派：個人本位論和社會本位論。

（一）個人本位論

個人本位論盛行於18世紀至19世紀上半葉，以法國的盧梭、英國的洛克、瑞士的裴斯泰洛齊等人為代表，其基本觀點是主張教育目的應根據個人需要來確定。該理論認為，人生來就具有健全的本能，教育目的是由人的本能、本性的需要決定的，教育的根本目的是使人的本能和本性得到自由發展；個人價值高於社會價值，評價教育價值也應當以其對個人發展所起的作用為標準來衡量。如在西方教育史上，洛克認為「教育的目的在完成健全精神與健全身體」；盧梭認為教育就是要「養成正當的習慣」；裴斯泰洛齊認為「為人在世，可貴者在於發展，在於發展各人天賦的內在力量，使其經過鍛煉，使人能盡其才，能在社會上達到他應有的地位」。綜上所述，個人本位論的教育目的觀的基本特點是：

1. 倡導人性本善

持個人本位論教育目的的學者均認為人性本善。因此，人性本善觀就為教育價值的展現留下了空間，使人接受後天的教育有了可能。同時，人性本善觀也為諸如教育目的的厘定、教育內容的取捨、教育方法的選擇等活動提供了價值取向的引領。

2. 尊重人的自然本性

作為對中世紀哲學及其文化思想的反叛，個人本位論的教育目的觀以尊重人的自然本性為主要志向，認為教育目的不能指向個人之外的某個因素，而是要關注人的自然本性的和諧、健康地發展，在這個過程中，要努力地使它不受後天因素的干擾和影響。

3. 關注個人的價值和地位

作為個人主義者，持個人本位論教育目的的論者普遍重視個人的價值和地位，認為個人價值高於社會價值，評價教育的價值也應當以其對個人的發展所起的作用來衡量。

个人本位論的興起和盛行正是歐洲資產階級進行反封建鬥爭的時期，它把人視為教育的根本，揭露了封建教育的落後、腐朽，批判了封建社會對人的束縛和摧殘，要求尊重人的價值、給人以發展的自由。它對反對宗教神學對人的思想禁錮、反對封建蒙昧主義強加於人的一切教育要求、提倡個性解放、尊重人的價值，具有歷史進步意義。但是個人本位論排斥社會對人才培養的制約的觀點是不正確的。

(二) 社會本位論

社會本位論是在19世紀下半葉產生的，代表人物有法國的孔德、涂爾干，德國的赫爾巴特等，其基本觀點是主張教育目的應根據社會需要來確定。該理論認為，個人的發展有賴於社會，教育結果也只能以其社會功能加以衡量，教育結果的好壞，主要看它對社會貢獻了什麼、貢獻的程度如何；教育的一切活動都應服從和服務於社會需要，教育除了社會的目的之外，沒有其他目的。歷史上，許多人都是據此提出教育目的的，如法國社會學家迪爾凱姆就否認個人的存在，認為人之所以為人，只因為他生活於人群之中，並且參與社會活動。教育目的就是使青年社會化，造就一個社會的人。德國教育家凱興斯坦納和哲學家納托爾普也都是從社會需要的觀點出發來研究教育問題的。如凱興斯坦納認為絕大多數國民的特性是自願從事體力勞動，只有極少數人適宜於精神工作，因此對不同的人應實施不同的教育，對絕大多數人應給予從事體力勞動的職業訓練，這種勞作教育的目的是進行職業的陶冶，使之安於自己的職業，做自己該做的工作。納托爾普則認為在教育目的決定方面，個人不具有任何價值，個人不過是教育的原料，個人不可能成為教育的目的。涂爾干則指出教育對社會而言只是一種手段，只是社會為了在兒童內心形成自身存在所必需的基本條件而採取的手段。他認為，追求個體的和諧發展在一定程度上是令人向往的，卻是無法實現的。因為它與人的一生必須獻身於某一項特定而有限的任務的行動準則相矛盾。因此他認為社會應當在剛產生的利己主義和不適應社會生活的人格時，通過最快的途徑，添上能夠適應道德生活和社會生活的另一種人格，而塑造社會化的個人，就是教育的目的和使命。

社會本位論的教育目的觀是一種「外鑠」觀，主張人的價值是通過後天的社會和教育獲得並在社會中展現的。它的基本特點是：

1. 重視教育的社會價值

站在社會的立場，社會本位論強調社會價值與利益的至高無上性，重視每個人所承擔的社會角色和義務，並以此來規定教育的目的和教育的功能，因此，在它的視野中，教育承擔著重大社會職責。

2. 重視培養公民及其所承擔的社會責任

社會本位論的持有者多是國家主義者，重視公民教育，並普遍認為，作為國家公民，必須承擔社會責任，扮演不同的社會角色，服務於國家利益。

社會本位的教育目的觀重視教育的社會價值，強調教育目的要指向於國家利益和公民培養，並據此來滿足社會需要，是有一定的合理性。但是，它的不足之處也很明顯，它過分誇大了社會的地位和作用，並把教育的社會目的絕對化，完全割裂了人與社會的關係，使人工具化，這是不可取的。

個人本位論和社會本位論各執一端，強調了教育價值功能中的一個側面，都具有一定的合理性。但是，兩者的共同弊端在於它們都把自己的出發點強調到了極端的程

度，完全排斥和否定另一面的合理性，因而都是不科學的。在個人和社會的關係這一問題上，只有把社會發展與個人發展、社會化與個性化、社會價值與個人價值有機地結合起來，才有可能正確解決教育目的的價值取向問題。

第三節　中國的教育目的

教育目的是一定社會為各級各類教育確定的人才培養規格或總體要求，中國在不同時期對教育要培養什麼樣的人才有不同的規格要求。

一、中國教育目的的歷史演變

中華人民共和國成立之前，中國的教育目的主要體現為「教育宗旨」，中華人民共和國成立之後，中國的教育目的主要體現為「教育方針」。

（一）近代的教育目的

中華人民共和國成立之前，人們在提到應該培養什麼樣的人時並未出現「教育目的」的字眼，它往往體現為「教育宗旨」。1904年清政府在《奏定學堂章程》中明確提出立學宗旨是「以忠孝為本，以中國經史之學為基，俾學生心術歸於純正，而後以西學明其智識，練其藝能，務期他日成才，各適實用，以為國家造就通才、慎防流弊之意」。該教學宗旨明確體現了「中學為體、西學為用」的思想。

1906年，光緒以上諭的形式頒布了清末教育家嚴修代學部起草的「奏請宣示教育宗旨折」，以「忠君、尊孔、尚公、尚武、尚實」為教育宗旨。這個教育宗旨延續了以往「中體西用」的指導思想，是中國近代第一個以政府法令形式明定的教育宗旨，它的影響一直延續到民國時期。

1912年，民國教育總長蔡元培發表《對於教育之意見》，強調「國民教育應以養成共和健全之人格為根本方針」，提出「五育並舉」的教育方針。同年，全國臨時教育會議審查通過了「注重道德教育，以實利主義、軍國民教育輔之，更以美感教育完成其道德」的新教育宗旨。這個教育宗旨突破了「中體西用」的框架，並從中可隱約發現德、智、體、美四育的雛形。

1929年，民國政府制定三民主義教育宗旨，「根據三民主義，以充實人民生活，扶植社會生存，發展國計民生，延續民主生命為目的，務期民族獨立、民權普遍、民生發展，以促進世界大同」[①]。

（二）中華人民共和國的教育目的

中華人民共和國成立以來，中國教育目的的表述包含在教育方針中。教育方針是國家根據政治、經濟的要求，為實現教育目的所規定的有關教育工作的總體要求。它是對教育政策的總體概括，其內容包括教育的指導思想、教育的根本性質、培養人才的總體規格（即教育目的），以及實現教育目的的基本途徑等。中華人民共和國成立以來，中國教育目的的表述數次更改，其目的就是更好地培養出符合社會發展和個體發

---

① 胡莉芳.培養德智體美勞全面發展的社會主義建設者和接班人：教育方針變遷的視角［J］.中國人民大學教育學刊，2019（2）：146.

展的優秀人才。

1949年,在中國人民政治協商會議第一屆全體會議上通過的《中國人民政治協商會議共同綱領》中規定:「人民政府的文化教育工作,應以提高人民文化水準,培養國家建設人才,肅清封建的、買辦的、法西斯主義的思想,發展為人民服務的思想為主要任務。」

1957年,毛澤東在《關於正確處理人民內部矛盾的問題》一文中,提出了「我們的教育方針,應該使受教育者在德育、智育、體育幾方面都得到發展,成為有社會主義覺悟的有文化的勞動者」。

1978年,中國的教育目的在第五屆人大會議上通過的《中華人民共和國憲法》(以下簡稱《憲法》)中被表述為:「中國的教育方針是教育必須為無產階級政治服務,教育必須同生產勞動相結合,使受教育者在德育、智育、體育幾方面都得到發展,成為有社會主義覺悟的、有文化的勞動者。」

1981年,在《中國共產黨中央委員會關於建國以來黨的若干歷史問題的決議》中指出:「加強和改善思想政治工作,用馬克思主義世界觀和共產主義道德教育人民和青年,堅持德智體全面發展、又紅又專、知識分子與工人農民相結合、腦力勞動與體力勞動相結合的教育方針」。

1982年,第五屆全國人民代表大會第五次會議通過的《憲法》第四十六條規定:「國家培養青年、少年、兒童在品德、智力、體質等方面全面發展。」這是中華人民共和國第一個以法律形式出現的教育目的。

1985年,《中共中央關於教育體制改革的決定》指出:「教育體制改革的根本目的是提高民族素質,多出人才,出好人才。」「所有這些人才,都應該有理想、有道德、有文化、有紀律,熱愛社會主義祖國和社會主義事業,具有為國家富強和人民富裕而艱苦奮鬥的獻身精神,都應該不斷追求新知,具有實事求是、獨立思考、勇於創造的科學精神。」

1986年,《中華人民共和國教育法》(以下簡稱《教育法》)規定了義務教育的目的:「義務教育必須貫徹國家的教育方針,努力提高教育質量,使兒童、少年在品德、智力、體質等方面全面發展,為提高全民族的素質,培養有理想、有道德、有文化、有紀律的社會主義人才奠定基礎。」這是首次將提高全民族素質作為中國教育目的的主要內容。

1990年,在《中共中央關於制定國民經濟和社會主義發展十年規劃和「八五」計劃的建議》中明確提出中國的教育方針是:「教育必須為社會主義現代化服務,必須同生產勞動相結合,培養德、智、體全面發展的建設者和接班人。」

1993年,《中國教育改革和發展綱要》指出:「教育必須為社會主義現代化服務,必須與生產勞動相結合,培養德、智、體全面發展的建設者和接班人。」

1995年,《教育法》規定:「教育必須為社會主義現代化建設服務,必須與生產勞動相結合,培養德、智、體等方面全面發展的社會主義事業的建設者和接班人。」

1999年,《中共中央國務院關於深化教育改革,全面推進素質教育的決定》把教育目的表述為:「實施素質教育,就是全面貫徹黨的教育方針,以提高國民素質為根本宗旨,以培養學生的創新精神和實踐能力為重點,造就『有理想、有道德、有紀律、有文化』的、德智體全面發展的社會主義事業建設者和接班人。」

2001 年，《國務院關於基礎教育改革和發展的決定》指出：「堅持教育必須為社會主義現代化建設服務，為人民服務，必須與生產勞動和社會實踐相結合，培養德智體美等全面發展的社會主義事業建設者和接班人。」

2002 年 11 月，黨的十六大提出了「全面貫徹黨的教育方針，堅持教育為社會主義現代化建設服務，為人民服務，與生產勞動和社會實踐相結合，培養德智體美全面發展的社會主義建設者和接班人」的教育方針。

2006 年，第十屆全國人民代表大會常務委員會第二十二次會議修訂的《中華人民共和國義務教育法》(以下簡稱《義務教育法》)規定：「義務教育必須貫徹國家的教育方針，實施素質教育，提高教育質量，使適齡兒童、少年在品德、智力、體質等方面全面發展，為培養有理想、有道德、有文化、有紀律的社會主義建設者和接班人奠定基礎。」

2010 年，《國家中長期教育改革和發展綱要（2010—2020 年）》提出，「全面貫徹黨的教育方針，堅持教育為社會主義現代化建設服務，為人民服務，與生產勞動和社會實踐相結合，培養德智體美全面發展的社會主義建設者和接班人。」

2012 年，中國共產黨第十八次全國人民代表大會報告中指出「要堅持教育優先發展，全面貫徹黨的教育方針，堅持教育為社會主義現代化建設服務、為人民服務，把立德樹人作為教育的根本任務，培養德智體美全面發展的社會主義建設者和接班人。全面實施素質教育，深化教育領域綜合改革，著力提高教育質量，培養學生社會責任感、創新精神、實踐能力。」

2015 年，第十二屆全國人民代表大會常務委員會第十八次會議頒布了修訂後的《教育法》，指出「教育必須為社會主義現代化建設服務、為人民服務，必須與生產勞動和社會實踐相結合，培養德、智、體、美等方面全面發展的社會主義建設者和接班人。」

2017 年，習近平總書記在黨的十九大報告中明確提出，「建設教育強國是中華民族偉大復興的基礎工程，必須把教育事業放在優先位置，深化教育改革，加快教育現代化，辦好人民滿意的教育」，「要全面貫徹黨的教育方針，落實立德樹人根本任務，發展素質教育，推進教育公平，培養德智體美全面發展的社會主義建設者和接班人。」

以上這些教育目的的表述雖然幾經更迭，但都體現了中國不同歷史時期人才培養的不同需求。沿著歷史發展的腳步，我們能夠越來越明顯地看到中國教育目的的核心要素：中國教育是社會主義社會中的教育，是要為社會主義事業培養人才，是要幫助每一位個體實現全面發展。

【知識考查】
中國當代歷史上第一個以法律形式規定的教育目的是（　　）中的教育目的。
A. 1958 年《關於教育工作的指示》
B. 1957 年《關於正確處理人民內部矛盾的問題》
C. 1982 年《憲法》
D. 1995 年《中華人民共和國教育法》
答案：C

二、當前中國的教育目的

一個國家的教育目的無疑就是一個國家教育精神的集中體現，是一個國家教育的靈魂[1]。習近平總書記指出，黨的十八大以來，培養什麼人、怎樣培養人、為誰培養人一直是教育的根本問題。培養什麼人的問題，是教育的首要問題，它決定著教育工作的根本方向和任務，也是衡量教育質量的根本標準。2018 年 9 月 10 日全國教育大會上，習近平總書記從黨和國家事業發展全局的戰略高度，對這個問題做出新的和深刻的闡述，明確提出「我們必須在黨的堅強領導下，全面貫徹黨的教育方針，堅持馬克思主義指導地位，堅持中國特色社會主義教育發展道路，堅持社會主義辦學方向，立足基本國情，遵循教育規律，堅持改革創新，以凝聚人心、完善人格、開發人力、培育人才、造福人民為工作目標，培養德智體美勞全面發展的社會主義建設者和接班人，加快推進教育現代化、建設教育強國、辦好人民滿意的教育」[2]，明確回答了教育的根本問題，即培養什麼人、怎樣培養人、為誰培養人。習近平總書記的這一重要論述是十八大以來中國特色社會主義教育理論建設取得的最新成果，是中華人民共和國成立以來黨的教育方針中有關教育目的表述的最新概括，是馬克思主義人的全面發展理論在當代中國的最新發展，具有重大的理論意義和實踐意義[3]。

在這個最新的教育目的的表述中，習近平總書記突出強調了以下幾個方面：

（一）以馬克思主義為指導

在中國教育目的的表述中直接闡明「以馬克思主義為指導」尚屬首次，這表明我們必須堅定不移地用馬克思主義來武裝思想，制定符合中國國情的教育目的。

（二）堅持社會主義辦學方向

中國是中國共產黨領導的社會主義國家，這就決定了我們的教育必須把培養社會主義建設者和接班人作為根本任務，培養一代又一代擁護中國共產黨領導和中國社會主義制度、立志為中國特色社會主義奮鬥終生的有用人才。這是教育工作的根本任務，也是教育現代化的方向目標。

（三）強調勞動教育的價值

「培養德智體美勞全面發展的社會主義建設者和接班人」，重新強調了新時代勞動教育的重要價值，把「勞動素養」作為教育培養目標的重要組成部分，作為學生發展目標之一。首次用勞動教育的表述涵蓋了以往教育與生產勞動、教育與社會實踐相結合的提法，強調了德、智、體、美、勞全面發展的教育思想，是新時代中國特色社會主義事業發展對教育的總體要求。21 世紀的勞動教育不能簡單地理解為參加社會實踐活動，而是要在課程設置、教學、評價等各個方面同現代經濟、技術發展相適應，如基礎教育階段的能力培養、職業生涯教育，高等教育階段的技能訓練、科教融合，這些都可以培養學生的「勞動素養」，使他們的知識、技能、綜合素質能夠適應社會經濟發展需要。而作為一項政策選擇，21 世紀學生的核心素養也必須體現在「德、智、體、美、

---

[1] 劉鐵芳. 培養擔當民族復興大任的時代新人：論新時代中國教育目的的蘊含 [J]. 教育學報, 2018 (5)：3.
[2] 洪海鷹. 關注全人發展 構建全面培養的教育體系 [J]. 甘肅教育, 2019 (6)：16.
[3] 石中英. 努力培養德智體美勞全面發展的社會主義建設者和接班人 [J]. 中國高校社會科學, 2018 (6)：9.

勞」全面發展的基礎之上，以核心素養教育推動教育方針的具體化和細化，是教育工作的重要課題。

(四) 辦人民滿意的教育

教育是民生之首，關係億萬人民群眾的切身利益、根本利益、長遠利益，辦好人民滿意的教育是為人民服務的重要內容。為人民服務是黨的根本宗旨，黨的一切奮鬥和工作都是為了造福人民。我們培養人才，建設教育強國，最終都是為了讓人民群眾感到滿意，這和老百姓的生活息息相關，與老百姓的幸福感緊密相連。辦人民滿意的教育就意味著在切實解決人民群眾極為關注的人人「有學上」問題的基礎上，為人民群眾提供高質量教育、多樣化教育，促進人的全面發展，滿足不同社會階層的多元教育需求。

三、中國教育目的的精神實質

教育是民族振興、社會進步的重要基石，是功在當代、利在千秋的德政工程，對提高人民綜合素質、促進人的全面發展、增強中華民族創新創造活力、實現中華民族偉大復興具有決定性意義。教育是國之大計、黨之大計。黨的十九大指出，中國進入了中國特色社會主義新時代。立足新的時代特點，中國教育目的也有了新的內涵，其精神實質雖未發生根本性的變化，但也有了新的時代意義。

(一) 社會主義——中國教育目的的根本所在

教育作為培養人的社會活動，既源於社會需要也受社會制約。因此，教育無不帶有各個時代的特點和要求，無不體現一定的社會性質。中華人民共和國成立以來，無論中國社會怎樣發展，無論中國發展的各個時期工作重點有什麼不同，教育目的所確定的社會主義性質始終沒有變。中國是中國共產黨領導的社會主義國家，這就決定了我們的教育必須把培養德智體美勞全面發展的社會主義建設者和接班人作為根本任務。這是教育工作的根本任務，也是教育現代化的方向目標。教育目的的制定必須堅持社會主義的性質不動搖，從根本上保證中國教育發展的社會主義方向，培養一代又一代擁護中國共產黨領導和中國社會主義制度、立志為中國特色社會主義奮鬥終生的有用人才。

(二) 使受教育者在德智體美勞方面全面發展——中國教育目的的個體價值

人的全面發展是馬克思主義的最高價值追求和崇高理想，追求人的全面發展是中國一以貫之的最高理想目標。「德智體美勞全面發展」是對教育所要培養人才的素質結構的普遍性要求，規定了人才培養的具體目標。習近平總書記強調，德智體美勞全面發展是中國教育目的在個體發展方面的總體要求。教育要培養德智體美等方面全面發展的人，既明確了中國教育應該從哪些方面來引導和發展受教育者，又確定了中國的社會主義人才應該具備哪些素質要求，兩者具有高度的一致性。

習近平總書記談到全面發展德智體美勞幾個方面時，將德放在了首位。他認為，基礎教育是立德樹人的偉大工程，育人的根本在於立德，我們培養的人，必須堅持立德為先、修身為本，具有大愛大德大情懷。習近平總書記指出，要把立德樹人融入思想道德教育、文化知識教育、社會實踐教育各環節，貫穿教育的各個領域、學科體系、教學體系、教材體系、管理體系要圍繞這個目標來設計，教師要圍繞這個目標來教，

學生要圍繞這個目標來學。

針對以往教育實踐中「重視知識教學，淡化體育、弱化美育和忽視勞動技術教育」的做法，習近平總書記專門強調了體育、美育和勞動技術教育在全面發展的人的培養中的重要性，要求樹立「健康第一」的教育理念，開齊開足體育課，幫助學生在體育鍛煉中享受樂趣、增強體質、健全人格、錘煉意志；全面加強和改進學校美育，堅持以美育人、以文化人，提高學生審美和人文素養；在學生中弘揚勞動精神，教育引導學生崇尚勞動、尊重勞動，懂得勞動最光榮、勞動最崇高、勞動最偉大、勞動最美麗的道理，長大後能夠辛勤勞動、誠實勞動、創造性勞動。

(三) 注重提高全民族的素質——中國教育目的的社會使命

中國的教育目的不僅包含對人的全面發展的要求，而且含有對整個民族素質全面提高的要求。提高全民族的素質，是中國當今社會發展賦予教育的根本宗旨，也是中國當代教育的重大使命。21世紀的國際競爭，與其說是科學技術的競爭，不如說是人才的競爭，而人才的競爭，歸根究柢表現為教育的競爭。要使中國在世界上立於不敗之地，就必須提升教育的質量，提高全民族的素質，從而推動中國經濟建設和社會的良性發展。

(四) 全面發展的人才培養戰略——中國教育目的的實現方式

一個國家經濟建設和社會的全面發展進步，需要有各級各類人才與之相適應。培養能夠堅持社會主義方向的各級各類人才，是中國改革開放以來教育目的所體現的基本要求。習近平總書記強調，要培養德智體美勞等方面全面發展的社會主義事業的建設者和接班人，就要在六個方面下功夫：

(1) 要在堅定理想信念上下功夫，引導學生樹立共產主義遠大理想和中國特色社會主義共同理想，增強學生的中國特色社會主義道路自信、理論自信、制度自信、文化自信，立志肩負起民族復興的時代重任。

(2) 要在厚植愛國主義情懷上下功夫，讓愛國主義精神在學生心中牢牢扎根，引導學生熱愛和擁護中國共產黨，立志聽黨話、跟黨走，立志扎根人民、奉獻國家。

(3) 要在加強品德修養上下功夫，引導學生培育和踐行社會主義核心價值觀，踏踏實實修好品德，成為有大愛大德大情懷的人。

(4) 要在增長知識見識上下功夫，引導學生珍惜學習時光，心無旁騖求知問學，增長見識，豐富學識，沿著求真理、悟道理、明事理的方向前進。

(5) 要在培養奮鬥精神上下功夫，引導學生樹立高遠志向，歷練敢於擔當、不懈奮鬥的精神，具有勇於奮鬥的精神狀態、樂觀向上的人生態度，做到剛健有為、自強不息。

(6) 要在增強綜合素質上下功夫，引導學生培養綜合能力，培養創新思維。

四、中國教育目的的理論基礎

馬克思關於人的全面發展學說是馬克思主義教育思想的重要組成部分，也是確立中國社會主義教育目的的理論基礎。

(一) 馬克思關於人的全面發展學說的基本思想

馬克思主義關於人的全面發展學說是馬克思、恩格斯在政治經濟學的研究中考察

社會物質生產與人的全面發展關係時，所提出的關於人的發展問題的基本原理，是馬克思主義教育思想的重要組成部分。它的基本思想是：人的發展同其所處的社會生活條件是相聯繫的；舊式分工造成了人的片面發展；機器大工業生產提供了人的全面發展的基礎和可能；社會主義制度是實現人的全面發展的社會條件；教育與生產勞動的結合是培養全面發展的人的根本途徑。根據馬克思和恩格斯的論述，人的全面發展，就是智力和體力獲得充分、和諧、自由的發展，同時也包括人的才能、志趣和道德品質等多方面的發展。

（二）人的片面發展的原因

人的全面發展是針對人的片面發展提出的。馬克思和恩格斯在全面研究人類社會發展歷史的基礎上提出了個人片面發展的根本原因在於私有制和舊式分工。就個人自身來考察個人，個人就是受分工支配的，分工使他變成片面的人，使他畸形發展，使他受到限制。舊式分工始於城鄉分離。由分工造成的人的片面發展在資本主義初期的工場手工業裡達到了最嚴重的程度。工場手工業把一種手工藝分成各種精細的工序，把每個工序又分給個別工人，作為他們終身的職業，使他們一生束縛在單一的操作和單一的工具上，從而導致了勞動者身心發展被分割，勞動過程中智力和體力徹底的分離和對立。

（三）個人全面發展的客觀必然性

當社會生產力由工場手工業發展到機器大工業生產時，人的全面發展就成了客觀要求。因為大工業的本性是以現代科學技術為基礎的，它從不把某一生產過程當成生產的理想狀態，追求工藝的不斷改進、產品類型的推陳出新、產品質量的不斷提高是現代生產競爭的客觀規律。生產過程不斷完善和更新，吸引勞動者不斷學習和掌握科學技術，通曉生產過程的基本原理，這就必然要求腦力勞動和體力勞動的有機結合，要求人的全面發展。

現代大工業生產不僅提出了個人全面發展的必要性，而且也提供了可能性。首先，大工業生產依靠的是先進的科學技術，為保證這種生產的順利進行，湧現出一系列新興學科。這些新興學科的出現和綜合技術教育的實現，使勞動者通過學習掌握生產過程的基本原理和基本技能，瞭解整個生產系統成為可能；其次，大工業生產的發展，促進了勞動生產率的提高，從而為縮短勞動時間、減輕勞動強度，使勞動者學技術、學文化、發展自己的興趣和特長成為可能。

（四）個人全面發展的實現條件

1. 社會生產力的高度發展是人全面發展的必要物質基礎

人的發展受生產力發展水準的制約：人的片面發展是由工場手工業分工造成的，人的全面發展則是大工業生產的客觀要求。人的全面發展的可能性取決於生產力的高度發展為之提供的物質條件。可見，無論是消除人的片面發展，還是實現人的全面發展，都離不開生產力的發展這個前提。生產力水準低下，既不可能向人提出全面發展的要求，也不可能提供充分發展智力和體力的條件，只有高度發達的生產力才能使人的全面發展成為可能。當代社會，以科學技術為主導的知識經濟時代開始到來，生產中的技術含量越大，對勞動者的教育要求就越高，也就越要求人能全面發展。因此，知識經濟的出現將使人的全面發展開始走向現實。

2. 社會主義生產關係給人的全面發展創造條件，共產主義條件下將使人的全面發展成為現實

社會主義消滅了剝削，人民成了國家的主人，在政治上、經濟上、教育上都享有民主平等的權利。「腦體勞動」的對立已不復存在，這樣就為實現人的全面發展提供了制度上的保障。但由於社會主義社會生產力還不夠發達，生產的社會化、現代化程度還不夠高，教育、科學、文化還比較落後，還不完全具備實現人的全面發展的充足條件。

人真正的全面發展，只有到了共產主義社會才能徹底實現。共產主義社會，誕生了先進的生產關係，消滅了一切階級和剝削，消除了城鄉之間、工農之間、腦體之間的差別。生產力的發達，物質財富的豐富，人的思想道德覺悟的提高，各類教育的普及和教育方式的現代化，為一切社會成員滿足自己的學習需要，全面發展自己的志趣才能創造了一切條件，從而使人的全面發展開始真正走向現實。

3. 教育與生產勞動相結合是造就全面發展的人的途徑和方法

馬克思非常重視教育與生產勞動相結合的意義和作用。他在《資本論》中指出：「從工廠制度中萌發了未來教育的幼芽，未來教育對所有已滿一定年齡的兒童來說，就是生產勞動同智育和體育相結合，它不僅是提高社會生產的一種方法，而且是造就全面發展的人的唯一方法。」提高社會生產和培養全面發展的人，是一個問題的兩個方面。提高社會生產，就為人的全面發展創造了物質基礎。人的全面發展又會促進社會生產的提高，這兩者都是通過教育與生產勞動相結合才得以實現的。因此，教育與生產勞動相結合，無論對於資本主義條件下工人階級的解放，還是對於社會主義條件下提高社會生產，造就全面發展的人，以及最終實現共產主義，都具有十分重要的意義。

【知識考查】
中國教育目的的理論基礎是（　　）。
A. 教育方針　　　　　　B. 教育目的
C. 中國學生發展核心素養　D. 馬克思關於人的全面發展學說
答案：D

五、中國全面發展教育的基本構成

中國教育目的所規定的全面發展教育由德育、智育、體育、美育和勞動技術教育五部分組成。

（一）全面發展教育的基本構成

1. 德育

德育是教育者按照一定社會或階級的要求，有目的、有計劃、有組織地對受教育者施加系統的影響，把一定的社會思想和道德轉化為個體的思想意識和道德品質的教育。德育是教育的一個重要組成部分，其基本功能就是引導學生樹立正確的世界觀、

人生觀和價值觀，在一定程度上決定著智育的方向。德育的任務包括：①逐步提高學生的道德修養，形成社會主義和共產主義道德觀；②培養學生正確的政治方向，初步形成科學的世界觀；③培養學生的道德評價和自我教育的能力，養成學生良好的道德行為習慣；④培養學生的民族精神，形成正確的理想和信念。當前中國教育目的表述時將「立德樹人」作為教育的根本任務，把德育作為實現人的全面發展的基礎性工程，貫穿到「智育」「體育」「美育」和「勞動技術教育」的各方面、全過程，旨在努力培養品德端正、全面發展的優秀人才。

2. 智育

智育是傳授給學生系統的科學文化知識和技能，以此發展他們智力的教育活動。智育在社會文明建設中起著不可缺少的和越來越重要的作用，在全面發展教育中佔有十分重要的地位。智育的任務主要包括：①向學生傳授系統的科學文化基礎知識，培養基本的技能技巧；②發展學生的智力。智力是指保證人們有效地進行認識活動的、比較穩定的心理特徵的綜合，它包括觀察力、想像力、思維力、記憶力、注意力等因素，其中，思維能力是決定性的因素。

3. 體育

體育是以身體活動為基本內容，促進人的身心發展的培育人、塑造人的過程。體育是促進學生全面發展不可缺少的重要條件，青少年一代的身心健康水準關係到整個國家、民族的強弱盛衰。體育的任務主要包括：①增強學生的體質，其中包括促進學生正常發育和身體各器官機能的發展，全面發展學生的身體素質和人體基本活動能力，提高適應環境的能力；②向學生傳授體育和衛生的基本知識和基本技能；③通過體育對學生進行思想品德教育；④向國家輸送優秀體育運動員，促進中國體育水準的提高。

4. 美育

美育是通過現實美和藝術美的形象化形式打動學生情感，使學生在心靈深處受到感染和感化，從而培養學生正確的審美觀點，使學生具有感受美、鑒賞美、表現美和創造美的能力的教育。美育的任務主要包括：①使學生具有正確的審美觀和感受美、鑒賞美的知識和能力；②培養學生表現美、創造美的能力；③培養學生的心靈美和行為美。

5. 勞動技術教育

勞動技術教育是引導學生掌握勞動知識和技能，形成勞動觀念和習慣的教育。勞動教育是促進學生全面發展不可缺少的重要組成部分，能促進學生優良品德的發展，有利於學生掌握知識、形成技能、發展智力，還能增強學生體質，有利於完成升學和就業雙重任務，適應社會主義現代化建設需要。勞動技術教育的任務包括：①使學生樹立正確的勞動觀點，養成良好的勞動習慣，培養熱愛勞動和熱愛勞動人民的思想感情，具有遵守勞動紀律、愛護勞動工具和勞動成果的優良品德；②使學生掌握一定的基本生產技術知識和某種職業技術的基礎知識；③使學生參加一定的生產勞動實踐，學會使用一些生產勞動工具的技能。

(二) 各育之間的關係

人的全面發展不是德、智、體、美等方面平均發展，而是要在德、智、體、美諸

方面實現充分、和諧、自由的發展，它們之間既緊密聯繫又無法相互替代。

「五育」之間無法替代，是因為「五育」是相互區別的，它們各自有自己的內容、目的、任務、原則、方法與實現途徑，對學生發展所起的作用也各不相同，從這個意義上講，「五育」缺一不可。

【名人名言】
　　在一個全面發展的、活生生的、有血有肉的人身上，體現出力量、能力、熱情和需要的完滿與和諧。教育者在這種和諧裡看到這樣一些方面，諸如道德的、思想的、公民的、智力的、創造的、勞動的、審美的、情感的、身體等的完善。
　　　　　　　　　　　　　　　　　　　　　　　——［蘇聯］蘇霍姆林斯基

「五育」之間相互聯繫，是因為「五育」之間沒有明顯的界線，它們共同發展、共同作用於個體。「人的全面發展意味著人高尚的思想信念、道德品質、審美情趣、智力發展以及物質需要和精神需要的有機結合，使人在工作和生活中體現出力量、能力、熱情和需要的完美和諧，使人的身與心、靈與肉、情與理、才與德、個性與社會性等方面有機結合、相得益彰、健康發展」[1]。「五育」之間是相互滲透、相互包含、相互交融、相互促進、相互聯繫、相互影響的關係。

六、教育目的的理性把握和落實

在中國教育目的的實踐中，多年來一直存在著片面追求升學率的傾向，嚴重背離了教育目的的基本精神，我們應該深刻反思應試教育體制，堅持素質教育的發展導向，著重培養學生的核心素養，培養出真正符合社會主義發展方向的全面發展的社會主義事業的建設者和接班人。

（一）重新審視傳統的應試教育

所謂的「應試教育」是指脫離社會發展需要，以應付升學考試為目的的教育理念和教育方式。它的特點是採用機械化的教育方式培養學生，學生以課本為準進行學習，以考試成績論英雄，以升學率的高低作為檢驗學校教育質量、教師工作成績及學生學業水準的唯一標準。這樣容易導致學校只重視學生智育的培養，而不重視德育、智育、體育、美育和勞動技術教育的全面發展，與中國教育目的相背而行，不僅不利於學生的全面發展，也不利於學生的個性化發展。在應試教育的體制之下，能培養出高分學生的學校就是好學校，能教出高分學生的老師就是好教師，能在考試中得高分的學生就是好學生。學生整天輾轉於各個培訓班，扎在成堆的試題中，以換取學習成績的暫時提升，至於學生的身心是否健康，是否具備獨立思考能力、動手操作的能力、創新能力等均顯得無關緊要。這樣的教育注定無法培養出全面發展的多元化人才。

---

[1] 全國十二所重點師範大學聯合編寫. 教育學基礎［M］. 北京：教育科學出版社，2016：95.

【案例分析】

　　某市教育局最近出抬一項改革措施,審查義務教育學校的辦學效益,對效益高的學校實行傾斜政策,加大投資的力度。市教育局先制定出以學生學業成績、升學率等為主要指標評價體系,然後依據這一指標體系,由教育行政部門、教育評估專家和學校三方組成評估小組,對全市義務教育學校進行評估,選出效益高的學校,並由政府出面對這些學校加大投資力度,以確保有限的教育資源得到最大限度的利用。

　　據市教育局有關人士稱,這項措施的出抬將改變以往那種重點學校「近水樓臺先得月」的局面,因為評估的結果很有可能表明,重點學校不一定等於高效益的學校,一般學校也並不一定等於效益低的學校。

　　資料來源:2016上半年教師資格證考試試題《中學教育知識與能力》。

　　問題:試運用中國義務教育發展的理念和政策,評論該市教育局的這項改革措施。

(二) 堅持素質教育的發展導向

　　為了走出應試教育的泥潭,素質教育就應運而生了。素質教育是以全面提高人的基本素質為根本目的,以尊重人的主體性和主動性為基礎,注重開發人的智慧潛能,注重形成人的健全個性的教育。素質包括學生的身體素質、心理素質、思想道德素質、科學文化素質和創新素質等[①]。素質教育和應試教育最大的區別就在於素質教育重視學生的主體性,關注每一位個體的發展。素質教育不僅重視個體多方面的發展,還注重個體個性的彰顯,它更加符合教育改革的發展趨勢和潮流。但是我們也應該看到,很多學校表面上在搞素質教育,背地裡卻還是扎紮實實地搞著應試教育,究其原因,其實還是優質教育資源的短缺以及國人對優質教育的過度渴望造成的。為了保證教育的相對公平,選拔性考試仍然是素質教育邁不過去的坎兒。但我們應該清醒地認識到,素質教育的方向沒有錯,而且隨著社會的日益進步,可供百姓選擇優質教育資源定將愈來愈豐富,到那時,真正的素質教育必將全面實現。

【名人名言】

　　教育不僅為了兒童學習知識,還為了豐富兒童的精神世界,愉悅兒童的身心。

　　　　　　　　　　　　　　　　　　　　　　　　　　——李吉林

(三) 著重發展學生的核心素養

　　核心素養是教育目的的具體化,是連接宏觀教育理念、培養目標與具體教育教學實踐的中間環節。教育目的通過核心素養這一橋樑,可以轉化為教育教學實踐可用的、教育工作者易於理解的具體要求,明確學生應具備的必備品格和關鍵能力,深入回答「立什麼德、樹什麼人」的根本問題,引領課程改革和育人模式變革。培養學生的核心

[①] 靳玉樂.現代教育學[M].成都:四川教育出版社,2011:62.

素養已然成為中國教育發展的目標和方向。

20世紀90年代以來，核心素養就成為全球範圍內的重要教育議題，一些國際組織和國家相繼開始了對核心素養的研究。1997年經濟合作與發展組織（OECD）啓動了「素養的界定與遴選」（Definition and Selection of Competencies，簡稱 DeSeCo）項目。OECD在啓動核心素養研究之後，組織12個國家（奧地利、德國、美國、法國等）開展核心素養相關研究，並要求其提交本國報告。這隨即帶動各國和地區（日本、中國香港、臺灣、新加坡等）對有關核心素養的研究熱潮，並推動本國或本地區教育的發展。

【資料連結】

美國的學生核心素養框架

2002年美國制定了《「21世紀素養」框架》（以下簡稱《框架》），該《框架》以核心學科為載體，確立了三項技能領域，每項技能領域下包含若干素養要求。①學習與創新技能，包括批判性思維和問題解決能力、創造性和創新能力、交流與合作能力。②信息、媒體與技術技能，包括信息素養、媒體素養、信息交流和科技素養。③生活與職業技能，包括靈活性和適應性、主動性和自我指導、社會和跨文化技能、工作效率和勝任工作的能力、領導能力和責任能力。

2014年教育部印發《關於全面深化課程改革落實立德樹人根本任務的意見》（以下簡稱為《意見》），《意見》提出，要根據學生的成長規律和社會對人才的需求，把對學生德智體美全面發展總體要求和社會主義核心價值觀的有關內容具體化、細化，深入回答「培養什麼人、怎樣培養人」的問題。《意見》要求教育部組織研究提出各學段學生發展核心素養體系，明確學生應具備的適應終身發展和社會發展需要的必備品格和關鍵能力，突出強調個人修養、社會關愛、家國情懷，更加注重自主發展、合作參與、創新實踐。至此，中國對核心素養的研究也正式拉開帷幕。對核心素養的研究是落實立德樹人根本任務的重要舉措，更是適應世界教育改革發展趨勢、提升中國教育國際競爭力的迫切需要。

1. 核心素養的內涵及特點

核心素養主要解決的是「培養什麼人」的問題，直接指向受教育者的素養和能力。核心素養指學生在接受相應學段的教育過程中，逐步形成的適應個人終身發展和社會發展需要的必備品格和關鍵能力。核心素養有以下六個特點：①核心素養是所有學生應具有的最關鍵、最必要的基礎素養；②核心素養是知識、能力和態度等的綜合表現；③核心素養可以通過接受教育來形成和發展；④核心素養具有發展連續性和階段性；⑤核心素養兼具個人價值和社會價值；⑥學生發展核心素養是一個體系，其作用具有整合性。

2. 中國學生發展核心素養的研究成果

2016年9月，中國學生發展核心素養研究成果發布：中國學生發展核心素養以培養「全面發展的人」為核心，分為文化基礎、自主發展、社會參與三個方面，綜合表

现为人文底蕴、科学精神、學會學習、健康生活、責任擔當、實踐創新六大素養，具體細化為國家認同等十八個基本要點（如圖3-1所示）。各素養之間相互聯繫、互相補充、相互促進，在不同情境中整體發揮作用。

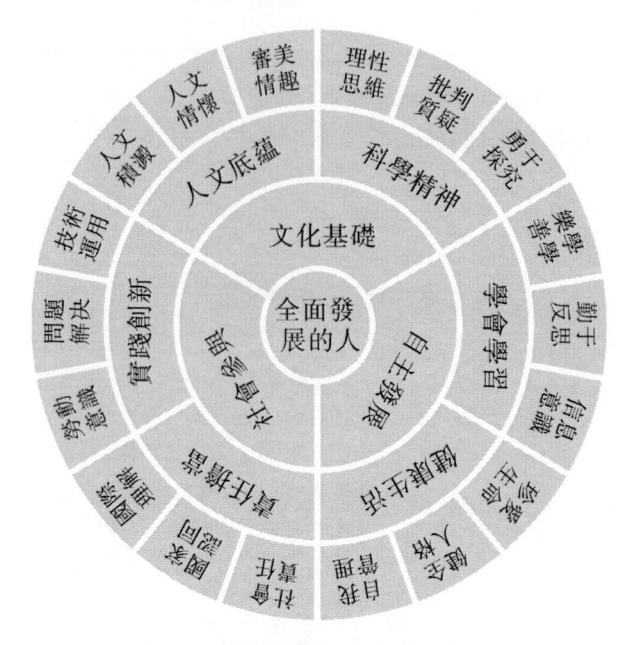

圖 3-1 全面發展的人應具備的基本要點

2017年教育部頒布了14門普通高中學科課程標準，在課程標準裡面凝練了學科核心素養，明確了學業質量要求。如高中語文學科核心素養主要包括語言建構與運用、思維發展與提升、審美鑒賞與創造、文化傳承與理解四個方面，高中數學學科核心素養主要包括數學抽象、邏輯推理、數學建模、直觀想像、數學運算和數據分析六個方面，並且對這些素養的發展目標和水準提出了明確要求①。

核心素養的發展是教育方針的具體化、細化，核心素養的培育將成為實現德智體美勞全面發展的社會主義建設者和接班人培養目標的重要機制。基礎教育階段，通過學科核心素養，使得「課程教學—核心素養—德智體美勞全面發展的社會主義建設者和接班人」人才培養的各環節緊密銜接，把教育方針的實現落實到了課程、課堂；然而，相對於基礎教育的學科核心素養要求，教育方針在高等教育階段的落實機制還有待進一步研究。

---

① 中華人民共和國教育部. 普通高中語文課程標準（2017版）[S]. 普通高中數學課程標準（2017）.

理解與反思

1. 什麼是教育目的？它有哪些特點？
2. 教育目的選擇和確立的依據有哪些？
3. 中國學生發展的六大核心素養是什麼？
4. 「為什麼我們的學校總是培養不出傑出的人才？」這就是著名的「錢學森之問」。我們的教育到底應該培養什麼樣的學生？談談您對「錢學森之問」的看法。

拓展閱讀

［1］扈中平. 教育目的論［M］. 武漢：湖北教育出版社，1997.
［2］馮增俊，楊慧敏. 美國基礎教育［M］. 廣州：廣東教育出版社，2004.
［3］袁桂林. 基礎教育改革與發展［M］. 長春：東北師範大學出版社，2002.
［4］靳玉樂. 現代教育學［M］. 成都：四川教育出版社，2011：62.
［5］袁振國. 當代教育學［M］. 北京：教育科學出版社，2005.

第四章 教育功能

■ **學習導航**

(1) 瞭解教育功能的概念。
(2) 理解並掌握影響個體發展的因素以及教育在個體發展功能的表現。（重點）
(3) 理解並掌握社會發展功能的主要表現。（重點）
(4) 掌握教育的個人發展功能與社會發展功能的有效發揮條件。（難點）

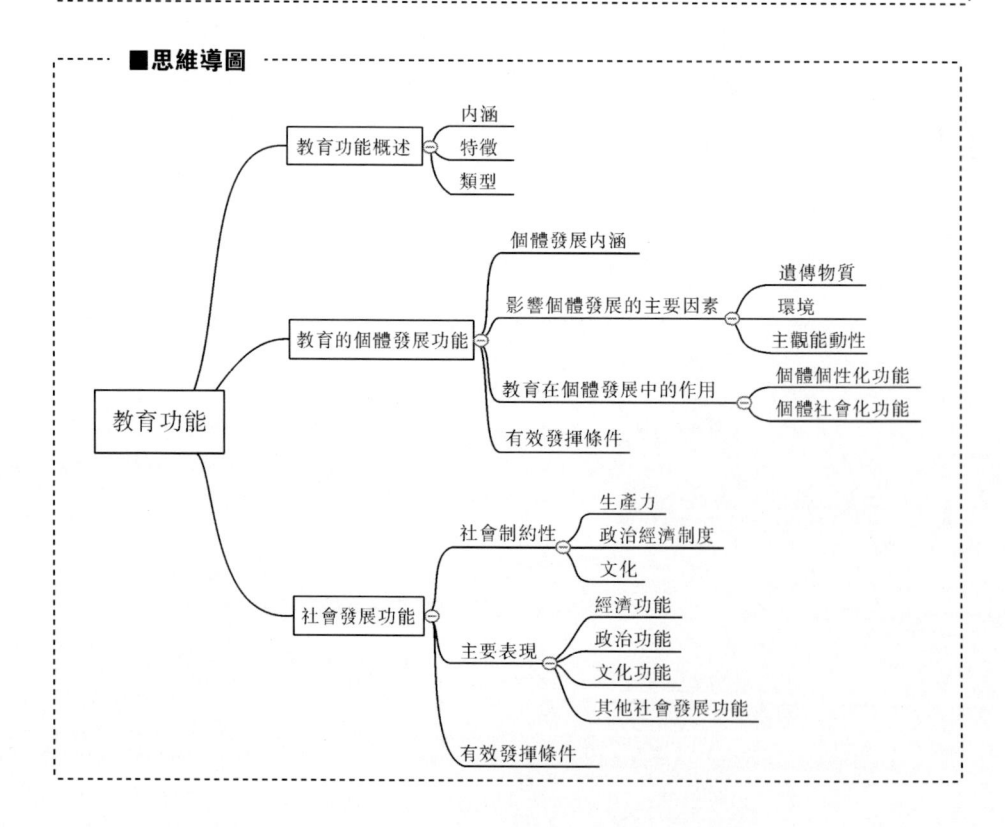

■ **思維導圖**

- 教育功能
  - 教育功能概述
    - 內涵
    - 特徵
    - 類型
  - 教育的個體發展功能
    - 個體發展內涵
    - 影響個體發展的主要因素
      - 遺傳物質
      - 環境
      - 主觀能動性
    - 教育在個體發展中的作用
      - 個體個性化功能
      - 個體社會化功能
    - 有效發揮條件
  - 社會發展功能
    - 社會制約性
      - 生產力
      - 政治經濟制度
      - 文化
    - 主要表現
      - 經濟功能
      - 政治功能
      - 文化功能
      - 其他社會發展功能
    - 有效發揮條件

■教育瞭望

重新審視「進校園」活動的教育功能

近年來，行政部門要求「進校園」的活動越來越多，基層學校既要在學生中認真開展主題活動，又要拍攝照片、組織作文比賽、收集匯總相關的活動數據、撰寫新聞通稿等。各類「進校園」活動的組織開展，已經使基層學校疲於應付，尤其是面對與學校利益攸關的部門，學校甚至要犧牲一定的教學時間，以保障該部門的「進校園」活動取得圓滿成功。

誠然，與教育相關的「進校園」活動能豐富學生的校園生活，為學校提供鮮活靈動的教育資源，也是創新教育途徑、拓寬教育維度的有益嘗試，但從現實看，「進校園」的活動不區分學段，不劃分區域，不研究學生，僅是為了滿足某些部門的宣傳需求，真正可以對學生起到什麼教育效果卻無人問津。

大量「進校園」活動的教育功能弱化和流失，不能不說是教育部門尤其是基層學校在「進校園」活動中話語權的喪失或被無視。

近日，為了減輕基層學校負擔，浙江省永嘉縣委辦公室和縣政府辦公室聯合下發通知，明確「進校園」活動由縣教育局統一管理。按照規定，縣級部門要在每學期開學前一個月，將計劃中的「進校園」活動向縣教育局提出申報，縣教育局嚴格按照教育部制定的《義務教育各學科課程標準》進行審核，從嚴控制與教育不相關的活動。這種做法無疑擴大了教育部門在「進校園」活動中的話語權，甄別「進校園」活動的教育屬性，也更大限度地約束了相關部門臨時起意的「進校園」行為，為營造校園寧靜的教書育人環境提供了必不可少的政策支撐。

重新審視「進校園」活動的教育功能，學生的立場和視角是不容迴避的考量要素。如何提高「進校園」活動的質量，凸顯其教育功能？一方面需要「進校園」活動的發起部門把好活動資源關，研究不同學段學生的年齡和心理特點，對「進校園」活動的宣傳材料有所選擇，避免「一刀切」的材料派送。另一方面也需要學校有針對性地組織學生參與到具體的過程中。以「禁毒宣傳進校園」為例，組織小學一二年級學生參觀禁毒圖片展未免過於殘忍，一幅幅面目猙獰、千瘡百孔的吸毒者圖片，與其說是給孩子帶來心靈的震撼，不如說是一場心理恫嚇。除了害怕，孩子對於禁毒的知識一無所獲。從教育的效用而言，該年齡段學生只要知道不能隨便接受別人贈送的物品就基本完成拒絕毒品誘惑的教育，再高層次的要求恐怕就為時尚早了。

規範「進校園」活動，明確教育行為的主體責任，強化活動的教育功能，離不開教育行政部門的規範管理，更亟待學校合乎教育規律的踐行落實。

資料來源：鐘洪堯.重新審視「進校園」活動的教育功能［N］.中國教師報，2018-11-21（3）.

教育與人的發展、社會的發展之間的關係是我們探索教育問題的兩個重要出發點，研究教育與人、教育和社會兩者之間的關係，使教育功能得以表達。因此，本章對於教育有哪些作用和功能，如何有效地發揮教育功能等問題展開探索。

第一節　教育功能概述

教育是一種培養人的活動，通過與人、社會的多方面相互作用、相互影響，達到自己的多方面的功能，實現培養人、促進人發展的目的。

一、教育功能的內涵

（一）教育功能的定義

功能是指對於事物或方法發揮的有利作用，出自《漢書·宣帝紀》：「五日一聽事，自丞相以下各奉職奏事，以傅奏其言，考試功能。」《辭海》將功能定義為：「一是事功和能力；二是功效、作用；三是同『結構』相對，指有特定結構的事物或系統在內部和外部的聯繫和關係中所表現出來的特性和能力。」[1] 由此可以看出，「功能」一詞中，功和能相互制約，既是指一事物對其他事物能發揮的功效、有利的作用，也是指該事物具有對於其他事物產生積極作用的能力。

以此類推，教育功能就是指教育所具有的作用，尤其是教育對人和社會的積極作用。教育功能主要分為教育培養人，促進人個體發展的作用，以及為社會培養社會所需要的人，促進社會發展的作用。因此，我們將教育的功能定義為：教育對於人的發展和社會發展所能夠起到的影響和作用，特別是指對於人和社會發展起到的積極作用。

（二）教育功能與其他相關概念的區分

1. 教育本質與教育功能

教育本質是教育區別於其他事物的根本特徵，是教育所固有的質的規定性，它回答了「教育是什麼」的問題。教育功能則是指教育所能夠發揮的作用，它回答了「教育能夠幹什麼」的問題，它取決於教育本質，並隨著教育本質的變化而變化。

2. 教育價值與教育功能

教育價值和教育功能的相似之處在於他們都是與教育對人和社會發展的作用有關，但是，教育價值是指教育應該達到什麼樣的作用，是人們對於教育事業的殷切期盼，反應了理想教育是幹什麼的；教育功能是指教育能夠發揮的作用，是教育在教育活動中實際干了什麼。所以，教育價值是教育的「應然」表現；教育功能是教育的「實然」表現，是教育價值在教育實際中所釋放出來的實際效果、功效[2]。

3. 教育職能與教育功能

職能是指擔任某一職位的人或某一機構的作用。職能會根據職業或職位而發生改變，是一種主觀的規定。教育職能是人們在認識到教育的眾多可能性之後，會依據人們的需求，選擇最佳的途徑為教育實踐提出規定或意見。教育職能體現了主體的需求，它代表著「教育應該起到什麼作用」[3]。而教育功能是教育活動在客觀規律下起到的作

---

[1]　夏徵農. 辭海 [M]. 北京：商務印書館，1979：373.
[2]　全國十二所重點師範大學聯合編寫. 教育學基礎 [M]. 北京：教育科學出版社，2014：31.
[3]　楊麗敏. 淺析教育職能和教育功能 [J]. 中國勞動關係學院學報，2010，24（3）：116-117.

用，它不會依據人們的意志而轉移。教育功能代表著「教育實際上起到了什麼作用」。我們在生活中不會說教育的職能，而是說學校職能。當學校職能完成就意味著教育功能的實現。但是，我們可以對學校職能進行規定，但不能夠規定教育的功能。

【名人名言】
　　教育工作中的百分之一的廢品，就會使國家遭受嚴重的損失。
　　　　　　　　　　　　　　　　　　　　——［蘇聯］馬卡連柯

二、教育功能的特徵

（一）客觀性

教育的功能不是主觀想像出來的，它是由教育的本質和教育系統的結構決定的。教育功能會隨著教育本質和教育結構的變化而變化。教育本質和教育結構在教育發展過程中具有相對的穩定性，這就產生了教育功能的客觀性。教育功能為教育本身所固有的客觀屬性，不會以人的意志為轉移。教育價值可以期待，教育職能可以規定，但是教育功能不可以選擇。

（二）社會性

教育是一種社會現象，是社會系統中的一個子系統。教育的功能和地位會隨著社會系統的變化，特別是隨著生產力和生產關係的變化而變化。尤其是教育的社會功能，即使是在某一特定的歷史條件下，它也會受到社會政治經濟制度的制約。教育對社會的作用，是以社會對教育的制約和影響為前提的。教育只有在社會政治經濟制約的前提下，才能發揮教育的功能。

（三）整體性

雖然教育功能是多種多樣的，但它並不是雜亂的，它是一個以教育的個體發展功能為本體，通過培養人來促進社會發展的有機整體。教育功能不僅存在著本體和派生的順序，而且各個功能相互制約、相互聯動，實現共生共贏。教育不光是對個體發展和人類社會發展起到重要的作用，而且對個體發展和人類社會發展起到的作用具有協同一致性。教育功能的整體性不僅表現在教育內部的協調一致，還表現在與社會的政治、經濟、文化等整體聯合、相互影響。所以教育功能是一個有機整體，不能隨意割裂，更不能為凸顯某一功能而壓制另一種功能，教育功能的釋放和發揮要堅持系統性和完整性[1]。

（四）條件性

功能是由事物的本質和結構決定的，是不會以人的意志為轉移的。同時，功能並不會自主實現，它客觀地存在於事物的結構中，具有一定的潛在性。事物結構規定功能「應該做什麼」，這是一種潛在的功能，屬於「應然」功能，真正的功能是「實際干了什麼」，屬於「實然」功能。在功能由「應該幹什麼」到「實際干了什麼」之間需要的條件有：第一，符合教育自身的規定和規律；第二，需要現實提供適合功能發

---
[1] 全國十二所重點師範大學聯合編寫. 教育學基礎［M］. 北京：教育科學出版社，2014：33.

揮的條件。如果沒有這兩個條件，「應然」功能不會成功轉換成「實然」功能，而且會出現非預期的功能，甚至偏離預期的「應該幹什麼」的功能。這不僅不會促進人和社會發展，還會造成一定損害。

> 【知識考查】
> 　　教育功能體現在政治、經濟、文化、科技等方面，說明功能具有（　　）特點。
> 　　A. 社會性　　　　B. 整體性　　　C. 條件性　　　D. 客觀性
> 　　答案：A

三、教育功能的類型

　　教育功能具有各種各樣的表現形態，而這些表現形態依據教育作用的對象、層次、形式和特徵等各有不同。從不同的角度劃分，教育功能就會被劃分為不同的功能。

　　(一) 個體功能和社會功能

　　根據教育的作用對象劃分，教育功能被劃分為個體功能和社會功能。教育的個體功能，就是教育對於個體的生存和發展所產生的作用和影響，是在教育系統內部發生的，又被稱為教育的本體功能。個體的發展主要包括兩個方面，一個是個體的身體發展，一個是個體的心理發展。人即是個體的，也是屬於社會的。教育的功能首先就是將自然人轉化成社會人，促進個體的社會化和個體化，並將兩者統一。

　　教育的社會功能主要是教育為維護社會運行，促進社會變革與發展，對其他社會子系統起到的作用①。教育是社會的子系統，與其他社會的子系統相互作用、相互影響，推動著社會的運行和發展。教育不同於其他的子系統，例如政治、經濟，可以對社會直接產生作用。教育的本質是培養人，教育的功能也必須通過培養人來實現。因此教育的社會功能是教育本體功能在社會結構中的衍生，是教育的派生功能，主要表現為：教育促進經濟的發展，提高國民科技運用能力，被稱為經濟功能；教育促進文化的保存、繼承和發展，被稱為文化功能等。

　　(二) 顯性功能和隱性功能

　　這是由社會學家默頓提出的，他根據作用的呈現方向將教育功能分為顯性功能和隱性功能。顯性功能是教育在實際運行過程中呈現的結果，即與教育目的、任務和價值期待相符的功能，如教育的個體發展功能、政治功能、經濟功能等。顯性功能的主要標誌是計劃性。學校為了促進學生學習的積極性，舉辦知識競賽，學生通過學習知識，提高了學習成績，這就是教育的顯性功能。隱形功能就是指教育的發展不在預期之內的，並且具有較大的隱藏性的功能，例如學校文化、社會環境、教師的行為方式等對於學生發展的潛移默化的影響②。家長溺愛孩子，為了讓學生有更多的時間學習，不讓學生干家務，雖然學生學習成績非常好，但是進入大學後，會出現生活難以自理

---

① 袁振國. 當代教育學 [M]. 北京：教育科學出版社，2010：338.
② 全國十二所重點師範大學聯合編寫. 教育學基礎 [M]. 北京：教育科學出版社，2014：33.

的現象。生活中有很多這類案例，這就是典型的教育隱形功能。

教育的顯性功能和隱性功能既是相對的，又是相互轉化的。一旦意識到隱性功能的重要性，被進行重視和引導，就可以將隱性功能轉化為顯性功能。

(三) 保守功能和超越功能

從性質角度劃分，教育的功能分為保守功能和超越功能。保守功能是基於教育不變的本質和相對穩定的結構而言的，它不會隨著社會的變化而變化，從而形成了教育的自我保存，有利於文明的繼承和發展，同時也展現了教育重複、封閉、保守的一面。教育的超越功能是通過教育的變革和自我更新，促進社會的發展。教育在社會的制約下，需要不斷地發展和變更自己的結構和內容，才能夠適應社會的發展。教育的保守功能和超越功能缺一不可，不可一味地追求教育的重複性，會導致教育事業停滯不前，間接影響個體和社會的發展，更不能為求創新拋棄原有的教育本質，導致本末倒置的局面。特別是在社會不斷進步發展，信息技術全球化的今天，我們更應該要保證在保守的基礎上進行教育的超越。

【知識考查】

教師為了激發和保持學生的學習動機，開展了一系列學習競賽活動。結果如教師所料，學生的學習熱情高漲，成績明顯提高，但沒有想到的是，學生互相猜忌、隱瞞學習資料的現象日益嚴重，上述事實表明教育（　　）。

A. 既有正向顯性功能，也有正向隱形功能
B. 既有負向顯性功能，又有負向隱形功能
C. 既有正向隱形功能，又有負向隱形功能
D. 既有正向顯性功能，又有負向隱形功能

答案：D

第二節　教育的個體發展功能

教育的對象是人，教育最根本的目的是培養人，促進人的身心和諧發展。這裡的人主要是指受教育者個體。所以，正確認識人與教育之間的關係，充分發揮教育對人的發展的作用，是做好教育工作的重要保證。

一、個體發展的內涵及其主要因素

(一) 個體發展的內涵

個體發展是指生命成長的過程，它主要包括人的身體發展和心理發展兩個方面。身體的發展主要包括結構形態、生理機能的變化過程，心理發展是指人的認知能力、知識技能和思想品德的變化過程。人的身體發展和心理發展兩者緊密相連，在人的發展中缺一不可。身體發展是心理發展的物質基礎，心理發展也在時刻影響著身體的發展。

(二) 影響個體發展的主要影響因素

1. 遺傳物質對於個體發展的作用

遺傳是一種生理特徵,是下一代從上一代那裡繼承而來的解剖生理特點,例如機體的結構、形態、感官和神經系統的特點等。對個體發展而言,遺傳為人的發展提供了物質基礎和生理前提[1]。

遺傳是人的身心發展的物質基礎和生理前提。沒有這些物質基礎和前提條件,人的任何發展都不會實現。例如,先天的色盲患者,就是因為先天遺傳,無法成為畫家;先天失聰的患者,無法成為一名音樂家;先天無腦患者,無法進行正常的思維,無法學習知識。當然,遺傳物質不一定能夠決定人的發展。

遺傳物質的成熟程度制約者人的身心發展過程和階段。「成熟」是指個體的器官發展到一定可以發揮功用的程度。在不同的年齡階段的人的器官和身體機制在不斷地變化,人的生理和心理也會呈現出不同的特徵。遺傳物質的成熟程度,為一定年齡階段的身心發展提供了可能,同時也在制約著人的發展。

遺傳物質的差異性對人的身心發展也有著一定的影響。人的遺傳物質存在的差異性,為以後人發展的獨特性提供了可能。所以,教育者要針對受教育者的身心發展特點,因材施教,抓住受教育者的培養重點,引導受教育者的發展方向。

遺傳物質具有可塑性。遺傳物質只是為人的發展提供了可能,人的發展不僅受先天因素的影響,還受後天因素的影響。擁有良好的遺傳物質,但沒有好的環境、教育和人的實踐活動的影響,也未必會取得成功。例如,「狼孩」擁有人的遺傳物質,但是缺少人的教育,長期和狼群生活在一起,即使他們迴歸人類生活,也很難成為社會人。相反,先天遺傳物質缺乏的人,經過良好的特殊教育,也可以得到很好的發展。

2. 環境對於個體發展的作用

環境是指個體生活其中,影響人發展的一切外部條件的總和。環境包括自然環境和社會環境兩個部分。自然環境是人和生物共同生存的環境,是人和生物生存的外部條件,它影響著人們生存質量的好壞,甚至會威脅到人類的生存。但是,對人的身心發展起到決定性作用的是社會環境。社會環境是在自然環境基礎上,人類創造和累積著的物質文化、精神文化和社會關係的總和[2]。社會環境中對個體發展起到重要作用的,主要是家庭、學校和社會這三種環境。

個體的前期發展離不開家庭環境的影響。人在出生以後一直在接受家庭環境潛移默化的影響。就如美國心理學家班杜拉所言,人類的很多行為都是通過觀察得來的。家庭中父母、爺爺奶奶等親人的思想和行為習慣等時時刻刻影響著個體的發展,使個體漸漸獲得一定的生活經驗、知識和語言能力,形成各種思想意識和行為習慣。古代就有「孟母三遷」的故事,這也可以證明家庭環境對於人的身心發展具有巨大的影響。

不參與人類的社會環境的互動,人類將不會獲得良好的發展,「狼孩」就是最有力的證明。很多「狼孩」被發現時,生活習性與狼無異,當他們被帶回人類的社會環境中,往往也很難再次融入社會。這類事例告訴我們,遺傳物質僅僅為人的發展提供了

---

[1] 全國十二所重點師範大學聯合編寫. 教育學基礎 [M]. 北京:教育科學出版社,2014:38.
[2] 袁世勛. 教育學新編 [M]. 成都:西南交通大學出版社,2016:31.

生理基礎和發展的可能性，缺乏了社會環境的滋養，人是不可能從自然人成長為社會人的。

學校是社會人培養的重要場所。學校環境在個體的發展中起到決定性的作用。從自然人成長為社會人，需要經歷時代的洗滌，特別是在信息技術和經濟迅猛發展的今天，想要適應社會的需求，僅僅依靠家庭環境和社會環境的影響是遠遠不夠的。學校環境是社會的縮影，它對個體發展的影響包含著社會生活所需要的基本知識和技能、重要思想和時代精神等。學校環境中，可以協助個體調動自身的發展潛能，找到適合自己的發展方向，激發個體的多種發展可能性，讓人可以更好地適應環境的不確定性。

在個體、社會發展以及人類進步中，家庭環境、學校環境和社會環境缺一不可。它們三者密不可分，相互作用、相互制約形成了一個有機整體。在世界這個大熔爐中，人類不僅僅要適應環境、改造環境，還要不斷地在家庭、學校和社會環境中選擇、組織、利用環境資源促進個體和人類社會發展。

但是，環境對人的影響需要在人的主觀能動性的作用下才能發揮作用。人要在社會實踐中，適應環境、創造環境並創造自己。但是，離開了實踐，環境對於人的身心發展的作用都不會實現。

3. 人的主觀能動性對於個體發展的作用

主觀能動性是指人的主觀意識對客觀世界的積極作用，它主要包括人們能動地認識世界和改造世界，並將他們統一於社會實踐活動中。人作為主體，通過自己的主觀能動性來控制外部和內部因素對於個體發展的影響，個體的主觀能動性是人的內在動力。每個人的發展取決於他的態度，無論是遺傳物質、環境和教育對於個體發展的作用多麼強大，一旦缺乏了人的主觀能動性，都無法促進個體的發展。然而，個體的主觀能動性會隨著人的經驗和能力的提高而不斷增強。無論自身條件、環境如何，只要最大的發揮主觀能動性，就會取得成功。在「逆境中成長」就是這樣的例子。因此，個體的主觀能動性是個體發展的決定性因素。

【案例分析】
關於中華人民共和國成立以來影響人發展因素研究的述評

理論取向研究這一階段，中國教育理論界針對傳統的「三因素論」提出了異議，認為三因素並沒有完全揭示出影響人發展的所有因素，起碼忽視了人的主體因素。公正地說，持「三因素論」的人並沒有完全忽視學生的內因和主觀能動性，但沒有把它們列為影響人發展的獨立因素也是事實。同時，這些論述本身也存在自相矛盾之處：一方面強調環境在人的發展中起決定作用，另一方面又批判「環境決定論」；一方面強調教育在人的發展中起主導作用，另一方面又把教育看作影響人發展的外因，並認定決定事物發展的根本原因在事物的內部。針對「三因素論」的這些缺陷，研究者們提出了兩種改進方式：一是試圖對「三因素論」進行補充和修正；二是試圖對「三因素論」進行根本性改造。早期的研究主要是以增加因素的方式進行，如提出「四因素論」和「五因素論」。有研究者認為這種增加因素的研究，既沒有揭示出各因素的本質，也沒有說明因素間的邏輯關係，況且補充的因素未必

能夠成立。從總體上看，試圖對「三因素論」進行補充和修正的因素理論，其基本趨向是突出人在接受環境和教育影響時的能動性，強調人自身的因素在人的發展中的作用。有研究者認為，「三因素論」的研究方法一是忽視了人的發展是一個動態變化過程；二是沒有把人之主體的獨特能動性看作影響人發展的重要因素。要想進一步認識影響人發展的因素問題，就必須抓住人發展的特殊性，用動態的、系統的、辯證的思維方式重新認識影響人發展的因素。為此，應該把影響人發展的因素分為兩個層次、三大類，即「二層次三因素論」。「二層次三因素論」突破了過去僅從形式上增加因素數量的做法，力圖從方法論上著手，突出從動態和人的主體意義上，以及從因素結構上分析影響人的發展因素及其關係。並據此認為人的發展因素分為可能因素和現實因素兩個層次。在可能因素中又分為個體自身條件和環境條件因素，而現實因素則是指發展主體所進行的各種類型和各種水準的活動。「二層次三因素論」把教育看作環境和活動的一部分，沒有把教育單獨作為影響人發展的一個因素。對此，有研究者提出了不同看法，認為有必要把「教育」明確作為影響人發展的基本因素。這種觀點是有一定道理的，但如何既保留教育這一因素的獨立地位，又合乎邏輯地對影響人發展的因素進行分類，仍然是一個有待解決的問題。

資料來源：曾茂林. 關於建國以來影響人發展因素研究的述評 [J]. 江蘇教育研究, 2009 (22)：42-45.

請思考：如何更加合理地看待影響人發展的因素？你對於影響人發展因素的分類之爭有何看法？

二、教育在個體發展中的作用

教育，特別是指學校教育，在前面影響個體發展的因素中沒有提到它，不是因為教育因素可以被忽略，而是教育因素不是單一的因素，而是一種綜合因素。教育包括特殊的主體、環境和活動三部分。教師和學生是學校教育中的特殊主體；學校教育擁有著特殊環境的影響；學校教育活動是一種具有目的性、教師和學生共同參與的特殊的實踐活動。

個體發展的兩個方面是個體個性化和個體社會化。

（一）教育的個體個性化功能

生命的獨特性為教育培養學生的個性提供了可能性，但是這並不意味著教育必然可以培養出個性化的人[①]。所謂個性，就是指個體在社會生活中形成的自主性和獨特性的過程。個性主要表現在與他人的差異性和獨特性上。

1. 教育能夠促進主體意識和主體能力的發展

主體意識和主體能力是人個性化的表現。主體意識是人在實踐活動中自覺意識，是主觀能動性的觀念表現。人將自己看作自然界的主體，不再被動地、消極地聽命於自然界，而是主動地、積極地作用於自然。人必須遵守自然規律，但是，人同樣可以

---

① 牟鵬杰. 教育原理 [M]. 北京：化學工業出版社, 2010：31.

通過對自然規律的認識改造自然。主體能力是主體認識、適應並且改造外部世界的能力，是主體性的外在表現。無論是主體意識，還是主體能力都必須通過教育獲得。通過教育的作用，人的知識、能力和道德等方面都得到了很大的提高，與此同時，人們的自我認知水準也在提升，隨之達到了可以適應和改造世界的能力。

2. 教育能發展個體差異性

雖然人的遺傳物質注定了人的差異性，例如氣質類型的差異、智能優勢的差異等。但是，個體的差異性主要還是依賴後天因素，其中教育因素的影響力最大。即使遺傳物質相同，後天的生活環境、教育影響不同，也會形成不同的發展結果。教育作為有目的、有計劃、有組織的實踐活動，可以根據學生的不同心理發展特徵，選擇合理的、適合學生的教育，尊重個體的差異性。個體差異性主要表現在個體的心理發展，如興趣愛好、性格和氣質等。所以，教育者應該發揮自己的最大作用，因材施教，培養受教育者良好的個性心理，激發其內心的潛力。

3. 教育促進人的個體價值的實現

個體價值在於在社會生活中的價值的體現，力所能及地做一些對他人、對社會有利的事情。每個人一生中所展現的價值是通過他對社會生活發揮的作用大小來衡量的。對社會生活發揮作用的大小與他的道德水準、智力和能力的狀況有關，人越有道德、知識和能力，越能夠實現生命的價值，創造人生輝煌。教育可以讓人認識到自己存在的意義，激發創造的激情與活力，掌握創造價值的知識與能力，實現個體價值，更好地服務社會。

(二) 教育的個體社會化功能

社會化是一個將自然人轉換成社會人，學習社會規範和社會行為模式的過程。教育的個體社會化主要包括：

1. 教育促進人的思想意識進步

人的行為是一種有意識的行為，思想意識則是支配人行為的內在力量。思想意識是人們對在社會生活中的事物的看法和思想，它不是個體思想的產物，也不是自發產生的，而是社會的產物。所以人的思想意識必須反應並符合社會的規範和要求。教育代表了一些社會對於社會人的要求，傳播著社會中的主流文化、思想以及價值觀念。成為「社會人」，首先要適應周圍的環境，學習社會文化知識並運用它。教育者就是按照社會的一定要求，對受教育者進行社會規範、培養社會思想和傳遞社會文化的人。人的思想觀念的培養離不開教育的影響，不同的教育影響會產生不同的思想意識。

2. 教育促進智力和能力的社會化

人的遺傳物質保證了智力和能力發展的可能，但是，教育對人智力和能力的發展起決定性作用。教育具有生活指導的功能，它對個體的智力、能力的開發很大程度上是按照社會的要求進行的。教育資源是社會實踐經驗的概括與總結，是人類長期累積的實踐活動經驗中的精華，它傳授給人生活所必需的知識、能力，是促進個體全面發展、掌握知識和技能、提升能力達到社會需要水準的基本途徑。

3. 教育促進人的職業和身分的社會化

社會化的本質是角色承擔①。進入近現代社會以來，社會分工的發展與科學技術的發展緊密相連。科學技術的發展推動著社會生產變革，也對教育的變革提出了要求。人在社會中會扮演一定的角色，如家人角色、工作角色、社會角色等。任何社會身分都在不同程度上蘊含著與其相對的教育素養。這就是教育在促進人的職業和身分社會化作用的體現，人們可以為實現角色的需求進行一定的訓練，獲得相應的行為規範、學會相應的行為方式。人在社會中會承擔很多角色，要學會避免角色衝突，這就需要教育來幫助人們進行角色協調。學校提供的職業指導和定位也會對人的職業和身分的社會化產生很大影響。

【名人名言】
教育不在於使人知其所未知，而在於按其所未行而行。
── [英] 園斯金

三、教育的個體發展功能有效發揮的條件

教育，特別是學校教育，在個體的身心發展中起到主導性的作用。學校教育是狹義的教育，它根據統治者或社會的要求，遵循學生的身心發展規律，有目的、有計劃、有組織地引導受教育者的思想品德、智力、體力得到發展，將受教育者培養成社會所需要的人。幫助教育發揮其主導作用的條件有哪些呢？

（一）受教育者的身心發展規律和主觀能動性

人的發展是有規律的，教育只是影響個體發展的外因。個體的身心發展主要包括身體的發展和心理的發展。身體的發展，又稱作生理發展，包括結構形態、生理機能的發展，而心理的發展包含認識能力、心理特性、知識技能與思想品德。生理的發展是心理的發展的物質基礎，心理發展也會影響生理發展。個體的身心發展規律主要表現為人的發展的順序性、不平衡性、階段性、個別差異性和整體性。同時，人的身心發展特點對於教育具有制約性。個體的身心發展的順序性和階段性主要表現為人的認知發展總是從無意注意到有意注意，從具體形象思維到抽象邏輯思維等。個體發展經歷的順序和階段具有一定的穩定性，這就要求教育必須遵循從具體到抽象，由淺及深，由低級到高級，循序漸進地促進個體的發展，應該尊重個體的差異性，針對不同階段的學生，研究不同時期個體的成熟狀況及其特徵，在教育內容和方法上進行不同的選擇，抓住關鍵期，採取有效的教育措施進行因材施教。

當然，影響人發展的主要因素還是人的主觀能動性。教育活動離不開實踐，能動的實踐活動才能對人的發展起到良好的效果。自覺性是良好發展的不懈動力，因此，教師要學會充分調動學生的主動性。教育不是簡單的傳遞知識，需要教師抓住人的身心發展規律，激勵學生產生學習動機，讓學生參與到教育中來，調動自身潛能，利用一切可利用的條件，實現個體的發展。

---

① 全國十二所重點師範大學聯合編寫. 教育學基礎 [M]. 北京：教育科學出版社，2014：43.

(二) 家庭環境的因素

在教育中，家庭是學校的天然合作者。家庭環境和教育的配合程度對開展學校教育尤為重要。家庭的經濟狀況影響受教育者接受什麼樣的教育以及家長對孩子教育的精神和物質的投入；父母的文化水準也對兒童的教育有一定的影響；家庭的氛圍對於教育影響起到一定的促進或者抑製作用。

自從學校存在以後，家庭教育和學校教育之間的聯繫就被大家所關注。近些年，人們越來越意識到了家庭教育的重要性以及家庭教育和學校教育合作的必要性。在家校合作中，家長、教師、管理決策者這三者的力量是缺一不可的。教師和家長通過交流讓家長意識到家庭因素對於教育的重要性，同時，教師還要讓孩子知道自己作為家校合作的紐帶的重要性，家校合作中孩子如果可以起到潤滑劑的作用，督促教師和家長交流，監督家長盡到應盡的義務，學校教育和家庭教育會更好地融合在一起；家校合作，不僅僅增加了對家長的要求，還給教師帶來了不少壓力，這就需要教育管理決策者制訂相應的政策、措施幫助教師適當減緩壓力。

(三) 社會發展的水準

社會的生產力水準、政治經濟制度、文化傳統、整體的社會環境等都會對教育的目的、內容、模式、結構等產生一定的影響。針對社會發展水準與教育之間的相互作用，下一節會具體講述，這裡就不具體講解了。

(四) 教育本身的狀況

教育本身的狀況是教育發揮主導作用的基礎和前提，教育本身的條件也影響著教育功能的發揮。例如，教師的素質、教育的物質水準、教育的管理機制和相關的條約等。我們需要不斷地提高教育本身狀況水準，努力實現教育公平，維護學生和教師的權利和義務，健全教育管理機制和相關的條約，不讓不法分子鑽法律的空子，打破教育環境平衡，破壞教育生態。

教育的主導作用並不是萬能的，它不能脫離社會和人隨意發展。所以，瞭解影響教育主導作用有效發揮的條件是非常重要的。

【知識考查】

在外部條件大致相同的課堂教學中，每個學生學習的需要和動機不同，對教學的態度和行為也各式各樣。這反應的是（　　）對學生身心發展的影響。

A. 遺傳物質　　B. 家庭背景　　C. 社會環境　　D. 個體主觀能動性

答案：D

第三節　教育的社會發展功能

社會是由多個子系統共同構成的，包括社會、政治、經濟和教育等。教育作為社會的一個子系統，對社會的發展起到積極的作用。教育的社會功能也就是教育對社會發展起到的積極作用，教育的社會功能都是通過教育對於其他子系統的作用表現出來的。

一、教育發展的社會制約性及其教育自身特性(歷史繼承性、獨立性)

教育作為社會系統的子系統，其內部會相互作用，相互影響，且教育系統與其他社會子系統（如政治、經濟、文化等）也會相互作用與影響，前者是教育的個體發展功能，後者是教育的社會發展功能。教育在歷史發展中受社會歷史、文化傳統等的制約，同時也表現出自身獨有的特性。

(一) 教育的社會制約性

1. 政治經濟制度對教育發展的影響和制約

(1) 政治經濟制度的性質決定著教育的性質，政治經濟制度的變革也會影響著教育的變革。

(2) 教育培養什麼樣的人、為誰服務和具有什麼樣的思想政治素質是由統治階級決定的，它取決於統治階級的利益和需要。

(3) 政治經濟制度制約著教育的領導權。統治階級掌握著國家權利，可以通過控制教育經費和意識形態等方式來決定教育的領導權和發展方向。

(4) 受教育權是判斷一個國家和社會教育性質的重要標誌，政治經濟制度制約受教育權。

2. 生產力對教育發展的影響和制約

生產力是構成人類全部歷史的基礎，是生產力和生產關係、經濟基礎和上層建築這兩對基本的社會矛盾中最活潑、最革命的因素。生產力對人類教育的產生和發展起到決定性的制約作用。

(1) 生產力發展水準制約著教育事業發展速度。生產力的發展水準決定了教育事業發展的物質基礎。辦教育需要人力、物力和財力。有了人力、物力和財力才能夠辦學校，招學生。學校的數量和招生人數等都需要由客觀物質基礎提供的條件決定。同時，生產力發展水準決定著社會對教育事業的需求程度。激勵教育事業不斷發展的動力就是適應不斷變化的生產力。生產力發展水準提高，社會可以為教育事業發展提供更多物質條件，教育事業發展的規模和速度也會不斷地擴大和增長。

(2) 生產力發展水準制約著教育目的的制度。教育目的是培養人，生產力發展水準則對培養什麼樣的人起到一定的作用，如對培養人的知識、技能和態度起到決定性的作用。

(3) 生產力的發展制約著課程的設置和教育內容的選擇。生產力發展水準促進科學技術的發展，科學技術的發展以及文化的更新都會對於課程的豐富程度、教育內容的選擇提出一定的要求。

(4) 生產力的發展制約著學校教育的形式和手段。學校的物資設備、教學設備和組織管理所需要的工具和手段會隨著生產力發展水準的變化而變化。

3. 文化對教育發展的影響和制約

(1) 文化知識制約著教育的內容和水準。文化是教育的基礎，教育通過傳承和創造文化來實現教育目的。傳授自然科學、社會科學等文化知識是教育的其中一項任務，課程承載著文化，文化知識是教育的主要資源。

(2) 文化模式制約著教育環境和教育模式。不同的國家有著不同的文化模式，每

一個社會成員都不能避免文化模式的影響。不同的文化為社會成員設定了特定的背景，限制了教育環境和教育模式。

（3）文化傳統制約教育的傳統和變革。教育所培養的人，是符合社會文化發展要求的人才。文化傳統形成了社會中人們需要遵守的文化規範。文化傳統越久遠，對於教育傳統變革的制約性就越大。各國文化存在的差異在教育上也會得以體現，例如中國文化深受儒家思想的影響，重視教育、尊師重道，一部分人卻形成了重德輕術、為了仕途而不得已讀書的消極思想。這類消極思想使得一部分人不能積極地參與到教育的改革中來，阻礙了教育的變革，所以我們要正視文化傳統與教育的制約關係。

【知識考查】
決定教育性質的根本因素是（   ）。
A. 文化　　　　B. 生產力　　　　C. 政治經濟制度　　　　D. 科學技術
答案：C

（二）教育的自身特色

雖然教育受到社會的政治、經濟、文化等各種因素的制約和影響，但教育的對象是人，人具有創造性、自主性，這就決定了人的獨立性和教育的獨立性。教育具有自己的發展規律和特色。

1. 教育具有自身質的規定性

教育的質的規定是培養人，它區別於其他一切社會活動。雖然，教育與社會的政治、經濟、文化等相互作用，聯繫密切。但是，教育首先要遵循自身的發展規律，把人類積累的認識、適應和改造自然的經驗傳授給受教育者，受教育者再將這些經驗轉換成個體的精神財富，促進個體身心發展，成為社會所需要的人才。

2. 教育與社會發展的不平衡性

教育雖然受到政治經濟制度、生產力發展水準的制約，但它們並不會完全同步發展。一種情況是教育思想內容並不會隨著一個舊政治經濟文化制度的滅亡而消失，它會繼續留存下來並對新的政治經濟制度產生一段時間的影響，這體現了教育的滯後性。另一種情況是人們根據社會發展的趨勢，預測教育未來，出現教育超越政治、經濟、文化的狀態，這體現了教育的前瞻性。教育必然是要與社會發展的需求必不可分的，但由於培養人的長期性，教育效果總是面向未來的，這也是各個國家堅持教育先行的發展戰略的原因。在理論上，教育與政治經濟制度和生產力發展應該還存在第三種狀況，就是教育與政治經濟制度和生產力發展保持同步發展，這是教育的理想狀態。

3. 教育具有歷史繼承性

每個時代的教育，都是在以前的教育的基礎上發展起來的。後一時代的教育是對前一時期教育的繼承與發展，主要包括對教育內容、教育方式、教育理論等的傳承。舊時期的教育並不會隨著上一個時代的結束而消失，而是在現有的經濟政治制度的影響下進行變革，使之適應社會政治、經濟、文化的發展。教育具有歷史繼承性，這就需要我們在研究教育問題上取其精華，去其糟粕。當然，教育受到當代政治、經濟制

度和生產力的制約，對於這個時代的教育如何取捨，還要由社會政治經濟制度和生產力的需求決定。

> 【名人名言】
> 　　世界上只有兩種強大的力量，即刀槍和思想。從長遠來看，刀槍總是被思想戰勝的。
> 　　　　　　　　　　　　　　　　　　　　　　　　　　　——［法］拿破侖

二、教育的社會發展功能

（一）教育的政治功能

1. 教育通過培養人才為社會政治服務

教育是統治階級為培養自己所需要的人才，通過利用社會上占統治地位的思想和道德來培養年輕一代的思想品德和知識能力從而為政治服務的實踐活動。教育是造就合格公民和統治人才的重要手段[1]，主要表現在兩個方面：一是在現代社會，各國紛紛開設政治類和思想品德教育的課程，例如社會課、政治課、思想課等，對廣大人民進行政治和意識形態教育，促使他們的政治社會化，並成為社會所需要的合格公民；二是培養政治人才，讓其直接參與統治階級的管理，為統治階級服務[2]。例如，中國普通高校中還會設置專門的專業來培養社會的管理人才和政治人才。

2. 教育通過宣傳統治階級的思想意識、政治輿論為政治服務

學校中聚集著有思想、有知識的知識分子和青少年，這些知識分子和青少年思維敏捷，敢於發表言論。在學校中，通過教育者和受教育者的言論、文章和社會活動等，傳播一些思想和輿論，實現教育對政治的基本功能。教育對政治的基本功能是宣傳統治階級的思想意識，如政治綱領、方針路線和政策等。教育主要通過對在校知識分子和大學生宣傳進步的、具有時代潮流的政治觀點和社會變革，促進社會進步和變革。在學校，學生積極的對政治理論和觀點進行探討，對積極的政治理論和觀點進行宣傳、擴大，對消極的政治理論和觀點進行抵制。此外，學校，特別是高等學校對政治決策還具有一定的諮詢作用。

（二）教育的經濟功能

1. 教育是使可能勞動力轉化成現實勞動力的一種重要途徑

勞動力是重要的經濟因素，但人的勞動力並不是與生俱來的，而是通過教育和訓練獲得的。教育可以將人的勞動能力提高甚至使人的勞動力得到全面發展，例如，將簡單勞動力轉換成複雜勞動力，可以將體力勞動者訓練成腦力勞動者。特別是經濟迅猛發展的今天，勞動者想要成為社會所需要的合格勞動力或專門人才，就必須掌握必要的勞動知識和技能，並能產生某種使用價值。只有這樣才能夠適應社會的需求和發展，進而推動社會的生產與經濟的發展。

---

[1] 全國十二所重點師範大學聯合編寫. 教育學基礎［M］. 北京：教育科學出版社，2014：52.

[2] 同[1]：49.

2. 教育將知識形態的生產力轉化成直接生產力

隨著科學技術的發展，科學技術已經變成第一生產力，它對社會的發展起到越來越重要的作用。然而，教育是生產科學技術的重要手段與途徑。各種科學文化知識和技術經過加工後轉換成教育內容，並通過教育進行傳播，使更多的人在更短的時間裡掌握這種知識。同時，教育也承擔著生產科學技術的重任，特別是高等學校，還要研究科學技術，將科學技術成果進行開發並投入生產。

3. 教育可以產生生產效益

20世紀後期，世界各國都十分重視教育，增加教育投資，出現了「教育先行」的新現象。蘇聯經濟學家斯特魯密林的研究表明，教育程度的提高所產生的價值占國民收入的30%，美國經濟學家丹妮森（E. F. Denison）推算出教育對經濟增長的貢獻率為35%。當然，因為每個國家的發展水準不同、數據來源和測量方法也不同，所推算的教育對於經濟增長的貢獻率也會有差異。但是，教育與經濟增長之間顯著相關這一點是毋庸置疑的。這就證明了教育發展對經濟增長具有明顯的促進作用，教育投資成為經濟發展新的增長點[1]。

(三) 教育的文化功能

1. 教育具有傳遞和保存文化的功能

教育傳遞和保存著文化。文化的形式有很多種，例如物質文化、制度文化和精神文化。對於文化僅僅進行外在的保存是不夠的，還需要有人理解文化的核心，特別是精神文化，它是無法用物化的形式保存下來的。教育作為培養人的活動，將人類創造的精神文化精華作為仲介高效地傳遞給下一代，使他們迅速成長為社會需要的人。同時，將客觀的社會規範轉化為個體的主觀精神財富，從而實現了文化的保存。

2. 教育具有傳播和交流文化的功能

教育為文化傳播和交流提供了手段和方法，不同文化的傳播、交流豐富了自身的文化，實現了自我超越。

3. 教育可以選擇和篩選文化

文化選擇是文化變遷和文化發展的起始環節[2]。教育對文化進行了選擇和篩選，將符合時代的、先進的文化傳遞給下一代，促進了文化的進步和發展。沒有被選擇的文化，就不會成為教育內容，這也表明教育對文化具有批判功能。文化的選擇主要有兩個標準：第一，按照統治階級的需要選擇主流文化；第二，按照學生發展的需要選擇文化。選擇文化不僅促進了文化的發展，還提高了受教育者的文化選擇能力，進而促進了人的發展。

4. 教育具有文化創新功能

文化的發展和變遷，不僅要傳遞和保存文化，還要創造新的文化。教育的文化功能根本就是文化的創新和發展。首先，教育通過對文化的選擇、批判和融合，讓文化

---

[1] 全國十二所重點師範大學聯合編寫. 教育學基礎 [M]. 北京：教育科學出版社，2014：52.
[2] 劉炎欣. 教育學新論 [M]. 成都：四川大學出版社，2017：103.

能夠適應社會發展的需要，構建新的文化體系和框架，進而實現文化的更新和發展。其次，教育不僅創新了文化，還運用創新思想與觀念培養了具有創新意識的創新人才，促進不同產業的發展。

（四）教育的其他社會發展功能

1. 教育的科技功能

科學技術是衡量國力的重要標誌。教育以簡約的方式和廣泛的形式傳播科技，這是高效的、擴大再生產科學技術的重要手段。教育，特別是高等教育對科學技術進行了研究和創新，對科學技術進行了生產，設置和完善了科研體系，成為促進科技革命與發展的重要途徑。

2. 教育的人口功能

人口是社會的人力基礎。教育的人口變現是改善人口質量，提高人口素質。通過教育幫助人們樹立正確的社會價值觀和生育觀，控制人口的增長；教育先進的地區，經濟較發達，人口往往從經濟落後的地區遷移到經濟發達的地區，教育影響了人口的遷移。同時，教育使得人口結構（職業結構、年齡結構等）更加合理。

三、教育的社會發展功能有效發揮的條件

（一）遵循教育發展的社會規律

教育是具有規律的，教育的規律協調教育自身與社會之間的關係，促進教育與社會的協調發展。教育與社會之間的規律不僅包括教育對社會的促進作用，還有社會對教育的抑製作用。教育對社會的作用，是以社會對教育的制約為前提的[1]。當教育與社會發生衝突時，要以社會需求為主。如果教育的發展違背了社會規律，脫離了社會的制約，必然會導致問題的發生。例如，若在不管國家經濟發展狀況和需求的情況下，盲目發展教育，強行實施「教育先行」，將會導致國民經濟失衡，教育質量難以保障，大學畢業生就業難等狀況。所以，當教育與社會的發展和需求出現矛盾和衝突時，一定要以社會需要為主。

（二）正確把握教育與社會之間的張力

教育的發展功能得以發揮，需要自身將社會對教育的制約與影響作用轉化為教育制度、教育目的、內容和方法等。所以，我們在關注社會對教育的影響的同時，還要重視教育的獨立性：既要看到教育與社會之間相互作用的關係，又要看到教育與社會之間的區別，正確把握教育與社會之間的張力。不要將教育當作社會的政治、經濟、文化等的附屬品。因此，在發揮教育的社會功能時，要把握好教育與社會之間的度，正確處理教育和社會之間的關係，把握好教育與社會之間的張力。

---

[1] 全國十二所重點師範大學聯合編寫. 教育學基礎 [M]. 北京：教育科學出版社，2014：56.

【案例分析】

「改嫁」了的教育

　　從初一開始，他們每個月都有月考，到了初四的時候，還要按成績來排座次。成績好的坐前面，差的坐後面。對於正處在身心發育關鍵時期的孩子來說，這樣做是不是太殘酷了？更讓孩子難以理解的是，他們的累還是花錢買的。平時，他們早晚自習都要交輔導費，一個月100多元。週末，他還要參加各種各樣的輔導班，都是由他們自己的任課教師開辦的，每個月收費六七百元，雖說是自願的，但還不得不參加。臨近考試時，還要請一些老師來進行小班輔導，收費更高，每小時一兩百元。以前各種花費我可能還要記錄一下，但後來我都司空見慣了，孩子要錢我都懶得問了。

　　還有一些現象孩子也很疑惑：從上初三開始，歷史、政治、地理因為不需要中考，就都不開課了，但期終考試還要考，以備教育主管部門查驗。考試時老師會發答案，讓孩子們填寫試卷。老師還讓孩子說假話，要求上級部門來檢查時說謊。體育課也不怎麼上了，雖然體育課的成績要算入中考總分（鞍山中考總分是文化課650分加體育課10分———記者註），但滿分也可以花錢買。在測試前，就有學校老師問：有沒有想滿分的？有的話可以找班導師或體育老師。一些家長為了讓孩子總分提高分甚至0.5分，便花一兩千元來「滿分」。有哪個家長敢拿自己孩子的前途開玩笑啊？

　　就這樣，在孩子眼中，教育和教師原本神聖高尚的形象早已坍塌。有一次我跟兒子討論以後想從事的職業，問他以後想不想當老師，收入不錯還有兩個假期，他卻說你叫我當什麼也別叫我當老師，有些老師就是人渣。一個被人們尊重的職業在孩子眼中怎麼會是這麼個形象？我在震驚之餘也非常難受。「在現代技術文明的社會中，不能不令人感到教育成了實利的下賤侍女，成了追逐慾望的工具」「現代教育陷入功利主義，這是可悲的事情。這種風氣帶來了兩個弊端：一個是學問成了政治經濟的工具，失掉了本來應有的主動性，因而也失掉了尊嚴性；另一個是認為唯有實利的知識和技術才有價值，所以做這種學問的人都成了知識和技術的奴隸。」這是一條曾經為發達國家有識之士所詬病過的教育異化之路，當今中國的教育不幸也走上同樣的路。

　　資料來源：魯潔．教育的原點：育人［J］．華東師範大學學報（教育科學版），2008，26（4）：15-22．

　　請思考：如何看待教育產業化這種現象？

（三）正確處理好教育功能之間的關係

　　教育的社會功能是否能夠良好的發揮取決於如何處理教育的本體功能與其他社會功能、教育的保守功能與超越功能之間的關係。第一，正確處理教育的本體功能與其他社會功能之間的關係，明白教育的本質是培養人，教育的社會功能是教育本體功能的衍生。離開了人的發展的教育只會阻礙社會的發展。第二，正確處理教育的保守功能與超越功能之間的關係，堅持教育的保守功能對維護社會穩定起到積極作用，但如

果只停留在教育的保守功能上，教育就無法成為促進社會發展的重要力量，因為促進社會發展需要具有創新意識和實踐意識的人。所以，要促進社會的發展必須要發揮教育的超越功能。然而，教育受到社會的制約，因為教育是為了培養認識、適應並改造世界的人。所以我們要在教育的保守性的基礎上發揮超越性。

理解與反思

1. 從教育的社會發展功能和個體發展功能對「讀書無用論」這一觀點進行全面論述。
2. 「教育救國」真的可行嗎？試說明理由。
3. 為什麼教育在人的發展中占主導作用？
4. 影響教育社會發展功能有效發揮的條件有哪些？

拓展閱讀

［1］馮建軍. 當代教育原理［M］. 南京：南京師範大學出版社，2009.
［2］鄭金洲. 教育基本理論之研究［M］. 福州：福建教育出版社，1998.
［3］默頓. 理論社會學［M］. 北京：華夏出版社，1990.
［4］聯合國教科文組織國際教育發展委員會. 學會生存：教育世界的今天和明天［M］. 北京：教育科學出版社，1996.
［5］勒玉樂. 現代教育學［M］. 成都：四川教育出版社，2008.

第五章

教育制度

■ **學習導航**

（1）識記並掌握教育制度和學校教育制度的含義、現代學校教育制度的類型。（重點）

（2）理解教育制度和學校教育制度的形成與發展。

（3）把握學校教育制度的改革和發展趨勢，並運用有關知識分析中國現行學校教育制度的改革問題。（難點）

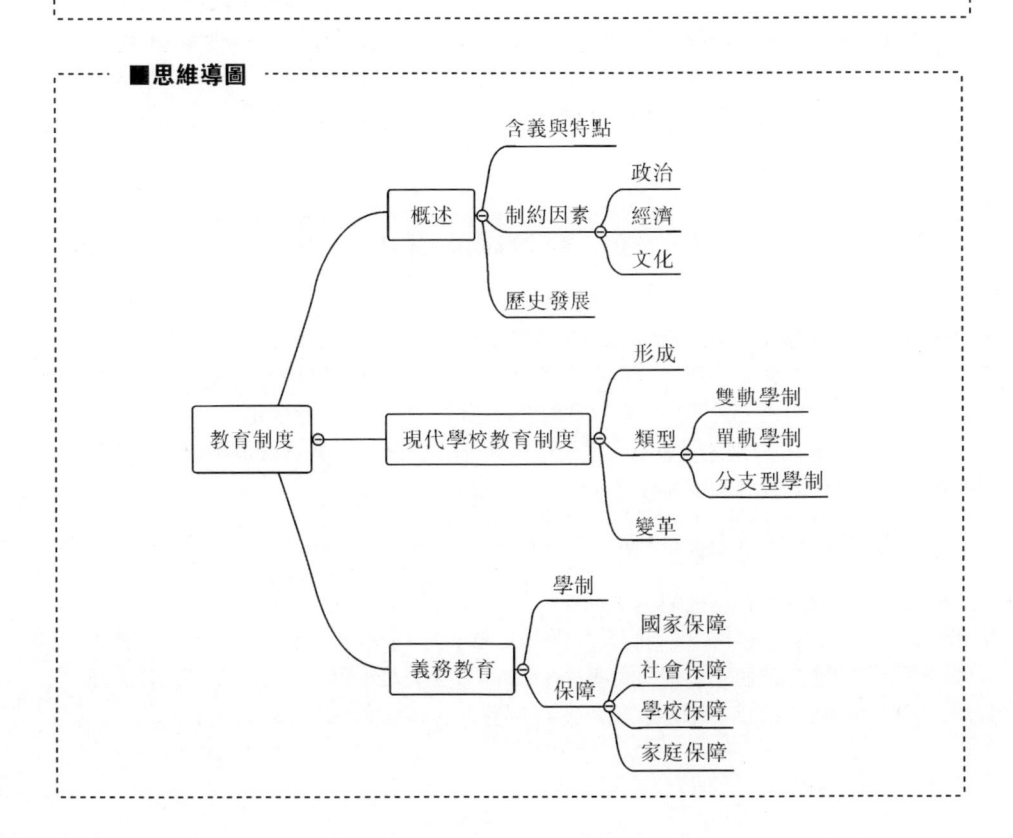

■ **思維導圖**

```
                              ┌─ 含義與特點
                              │                ┌─ 政治
                    ┌─ 概述 ──┼─ 制約因素 ─────┼─ 經濟
                    │         │                └─ 文化
                    │         └─ 歷史發展
                    │
                    │                          ┌─ 形成
                    │                          │           ┌─ 雙軌學制
         教育制度 ──┼─ 現代學校教育制度 ──────┼─ 類型 ────┼─ 單軌學制
                    │                          │           └─ 分支型學制
                    │                          └─ 變革
                    │
                    │              ┌─ 學制
                    └─ 義務教育 ───┤          ┌─ 國家保障
                                   │          ├─ 社會保障
                                   └─ 保障 ───┤
                                              ├─ 學校保障
                                              └─ 家庭保障
```

> ■ **教育瞭望**
>
> 「五四制」與「六三制」之爭
>
> 　　多年來，學術界對義務教育學制改革展開了多種討論，其中最突出的是「五四制」與「六三制」之爭。所謂「五四制」，就是實行小學修業五年、初中修業四年的學校教育制度。所謂「六三制」，就是實行小學修業六年、初中修業三年的學校教育制度。「五四制」的倡導者和支持者認為，「五四制」符合國際基礎教育學制改革的趨勢，也符合青少年的成長規律，有利於更好地普及小學教育和提高九年義務教育質量。「六三制」的倡導者和支持者認為，「六三制」已成為中國的基本學制，實踐證明行之有效。由於中國文字難認、難記、難寫，小學實行六年制具有合理性。
>
> 　　也有學者認為，實行「五四制」與「六三制」，都有各自的理由與合理性，但也有各自的問題。對於九年制義務教育學制而言，關鍵是如何做好小學與初中的學段銜接。
>
> 　　資料來源：劉遠碧，廖其發．「五四制」與「六三制」之爭及其啟示［J］．河北師範大學學報（教育科學版），2006（5）：29-33.

　　教育是國家管理的重要領域，完善的教育制度是國家教育管理的基礎。一部教育的發展和改革史，就是一部教育制度孕育和完善的歷史。任何教育理想的實現、教育理念的落實、教育價值的踐行以及教育系統的運行都依賴於教育制度的建立、發展和完善，教育制度建設是教育改革和發展的秩序性、保障性和支撐性事業，規範和構築著教育活動的發生和實踐。

第一節　教育制度概述

　　任何一種社會都以一種結構方式存在，因而也總是要以一定的秩序狀態存在。這樣，多元社會事實上就是一個「制度化」的社會，這對教育的啟發意義在於：合理多元與制度共識的內在張力與統一，在現實的教育生活中演化為「制度化」教育，同時，亦勾勒出在「制度化」教育關係整合框架中能夠充分發揮所有教育機構整體功能的教育制度。那麼，何為教育制度？

一、教育制度的含義和特點

　　界定制度是理解教育制度的基本前提。首先，從詞源上來看，制度被認為是「規範和法制」，後來其語義才擴展到體系。在中文詞源中，「制」是會意字，本意是修剪枝條，引申為裁斷、裁制、規劃、制度、控制等。「度」是形聲字，本意是伸縮兩臂量長短，引申為尺度、法度、限度、氣度、程度等。《說文解字》認為：「制，裁也。」

「度，法制也。」①《辭海》中對制度的解釋是：一是要求成員共同遵守的、按一定規程辦事的規則，如工作制度等；二是在一定條件下形成的政治、經濟、文化等的體系，如社會主義制度等②。在英文中，「institution」和「system」都可以被譯為制度。「institution」是從無到有確立起來具有約束力的東西，這種外在規約的含義今天仍然保持在英語裡③。「system」具有體系、制度、系統等內涵，如資本主義制度、社會主義制度等。因此，對制度一詞的詞源考察可以表明，「規則」「規範」「體系」「系統」是制度一詞的原本之意。

在學理層面，學者們對制度的界定也是廣泛而深入的。馬克思從社會關係的角度揭示了制度的本質，認為「制度只不過是個人之間迄今所存在的交往的產物」④。不同於馬克思從社會的角度出發，新制度經濟學派的代表人物諾斯（North. D. C.）從個體的角度入手，認為「制度是眾多被制定出來約束或調整人們行為的規則秩序和倫理體系」⑤。而在制度哲學和倫理學的研究中，學者們更傾向於對制度做本體論式的思考，中央黨校的辛鳴教授認為「制度是一種調整人與人以及人與社會關係的歷史性存在物；它在影響人與社會發展的過程中帶有明顯的強制性」⑥。南京師範大學的高兆明教授則認為，「作為社會關係結構的制度是人的現實存在方式」⑦。

通過對已有制度概念的簡單梳理，我們發現，由於角度和關注的問題不同，學者們對制度的界定和表述也不盡相同，但無論是從詞源還是學理層面，「制度」一詞都包含了兩個方面的內容：一是機構或組織的系統；二是機構或組織系統運行的規則，兩者密不可分。一個機構或組織系統之所以能夠成為一個系統，就是因為它具有一套明確的、具有約束力的運行和協調規則。一定的制度或規則總是以一定的機構或組織系統為對象，起到制約和協調機構或組織之間及其內部的各種關係的作用。

基於此，教育制度可界定為一個國家各級各類教育機構與組織的體系及其管理規則⑧。教育制度主要包含兩個方面：一是各級各類教育機構與組織的體系，由教育的各種施教機構與組織和教育的各種管理機構與組織構成，如少年宮、兒童科技站、少年體校、文化宮、博物館、圖書館等；二是教育機構與組織體系賴以存在和運行的一整套規則，如各種各樣的教育法律、規則、條例等。不過，在教育學裡，人們通常把各級各類教育機構與組織的運行規則當作管理問題來專門加以論述，所以教育制度在此論述的重點便是各級各類教育機構與組織的體系了，特別是教育的施教機構與組織，如學校教育機構與組織、幼兒教育機構與組織、校外兒童教育機構與組織、成人教育機構與組織等。

教育制度既有與其他類型的社會制度相類似的特點，又有其自身獨特的特點。

---

① 谷衍奎. 漢字源流字典 [M]. 北京：華夏出版社，2003：362.
② 《辭海》編輯委員會. 辭海（縮印本）[M]. 上海：上海辭書出版社，1990：210.
③ 韋森. 社會秩序的經濟分析導論 [M]. 上海：上海三聯書店，2001：38.
④ 中央編譯局. 馬克思恩格斯全集（第一卷）[M]. 北京：人民出版社，1956：79.
⑤ 道格拉斯・C. 諾斯. 經濟史中的結構與變遷 [M]. 陳鬱，等譯. 上海：上海三聯書店，1991：226.
⑥ 辛鳴. 制度論：關於制度哲學的理論建構 [M]. 北京：人民出版社，2005：51.
⑦ 高兆明.「制度」概念的存在論辨析 [J]. 南京師大學報，2007（7）：5-12.
⑧ 全國十二所重點師範大學聯合編寫. 教育學基礎 [M]. 北京：教育科學出版社，2014：100.

（一）歷史性

教育制度是一種歷史性存在。教育制度的產生、變化和發展總是與一定的社會生產力發展水準相關。在不同的歷史時期，生產力發展水準不同，教育制度的表現形式也就不同，反應的生產關係也不一樣。關於制度的歷史性起源和歷史形態的演變過程，我們可從恩格斯論述國家的起源中得到有益的啟示。他認為：「在人類社會發展的早期，人們為了生產和交換的需要，會把每天重複的物質生產活動用一個共同的規則固定下來。這種規則最早會以習慣的形式表現出來，然後慢慢地發展成律令。而隨著法律的產生，就必然產生以維護法律為職責的機關——公共權力，即國家。」① 教育制度的產生也經歷了同樣的歷史過程，教育活動的萌芽時期，人們在長期的實踐過程中，逐漸有意識地開始重複一些對教育活動有利的行為，久而久之，就形成了一套能夠用來指導教育活動的行為規範，這些規範最初以一定的教育習慣表現出來，隨著社會的發展，教育習慣愈發不能滿足教育實踐的需要，於是在教育習慣的基礎上逐漸形成了相對系統的教育紀律，在教育紀律逐步完善的過程中形成了正式的教育制度。誠如施里特所言：「制度並不是在真空中形成的。它們在相當程度上依賴和繼承於過去的行為組合和合法化觀念。」② 由此可以看出，教育制度在本質上是一種歷史性存在，制度的演化是一個由簡單到複雜，由低級到高級的不斷發展的歷史過程。

（二）客觀性

教育制度作為一種制度化的東西，不是從來就有的，而是一定時代的人們根據自己的需要制定的，是由當時所在的社會存在客觀決定的。社會的政治制度規定著教育制度的性質和方向，經濟因素決定著教育制度的發展速度和發展規模，科技水準制約著教育制度任務的變化和目標的改變，文化傳統影響著教育制度的特質和形態。更為重要的是，社會的這些因素並非分別地對教育制度發生不同的作用，提供其存在的基礎和空間，而是相互交織、相互滲透，並共同地對教育制度發生綜合的、複雜的、客觀的作用。如近代以來，普及義務教育的提出，正是現代大機器生產對勞動者素質要求的反應，是大工業時代初期體力勞動和腦力勞動由分離走向結合的趨勢的反應。這些都是客觀的，不以個人意志為轉移的。

【案例分析】

兩種教育制度

1957—1965 年，中國進入了全面建設社會主義時期。1958 年中共中央國務院發布了《關於教育工作的指示》（以下簡稱《指示》），該《指示》提出了黨的教育方針，即「教育為無產階級政治服務，教育與生產勞動相結合」。時任國家主席劉少奇同志提出建立「兩種教育制度」和「兩種勞動制度」。需要說明的是，「兩種教育制度」是指全日制的學校教育制度和半工半讀的學校教育制度。「兩種勞動制度」是指八小時工作勞動制度和半工半讀的勞動制度。

資料來源：中國教育科學研究院. 劉少奇「兩種教育制度，兩種勞動制度」[C]. 中國教育科學研究院，2012-03-27.

請思考：你認為劉少奇同志提出的「兩種教育制度」是否合理？

---

① 中央編譯局. 馬克思恩格斯選集（第三卷）[M]. 北京：人民出版社，1995：211.
② 埃克哈特·施里特. 習俗與經濟 [M]. 秦海，譯. 長春：長春出版社，2005：3.

(三) 強制性

教育制度作為教育活動的規則體系還表現為教育制度具有不同程度的強制性。在教育制度的所有類型中，教育法律制度的強制性特徵最為突出，它不僅以各種方式要求人們遵守和服從，而且會毫不含糊地制裁任何違反和破壞教育法律的行為，以便能把人們的教育行為限定在教育法律規範的界定之內。凱爾森（Kelsen）是當代最著名的實證主義法學家，在他看來，正是由於法律所特有的強制性和約束力，才使得法律與其他規則區別開來了，從而使法律成為不同於一般規則的特殊「規範」[1]。當然，除了教育法律制度之外，其他的教育制度也都是一種強制約束，只是程度不同而已。只要是在教育的活動中，不管你願意與否，你的教育行為都要受到制度的限制和約束。一旦有教育主體違反這種規則，必然要受到不同程度的懲罰。柏森斯（Parsons）曾言，制度不僅是社會組織的結構，「而且是規範的模式，用來規定在一特定的社會中，什麼是適當的、合法的或期望的行為或社會關係的方式」[2]。因此，教育制度作為教育系統活動的規範是面向整個教育系統的。在某種意義上說，它獨立於個體之外，對個體的行為具有一定的強製作用。

(四) 規範性

制度是國家政治、社會、法律的一系列基礎規則，起著約束和規範的作用。正如鄧小平所言：「制度好可以使壞人無法任意橫行，制度不好可以使好人無法充分做好事，甚至會走向反面。」[3] 對於教育改革和發展，教育制度是銜接觀念與行為的重要抓手，是有一定的規範性的。因為作為教育活動的規則體系，教育制度是在教育主客體的行為互動中逐漸形成的，其最終意義也只有在教育主客體的現實行為中得到真正實現。簡言之，教育制度一方面是教育活動的結果，另一方面又反過來規範教育的現實活動。就教育的制度體系來說，它不僅是一種限制教育主客體的規範方式，而且也是一種塑造教育主客體的客觀規則。馬克思在批判專制制度的過程中，曾精闢地論述了制度對人產生的重要影響。他認為，專制帝王總是把人當作卑賤的奴僕，人們為了他只能像癩蛤蟆一樣淹沒在生活的泥沼中。人在專制制度下之所以沒有人的尊嚴，原因是專制制度把輕視人類作為其唯一的原則。而這個原則之所以能起作用，「就在於它不單是一個原則，而且還是事實」[4]。在馬克思犀利生動的言辭背後，不僅揭示了專制制度對人性的摧殘，而且也把制度對人的規範性表現渲染到了極致。

(五) 多樣性

多樣性，從動態的意義上來說是建設現代化教育制度的必要舉措，從靜態的角度來看是現代化教育制度的基本特徵。一個現代化的教育制度是一個能夠滿足現代社會發展對不同層次和不同類型人才複雜需求的制度，是一個能夠滿足人民對於教育不同的、個性化的複雜需求的制度。如果從結構—功能主義的視角來審視教育的多樣性，就是把多樣性視作一個社會系統—教育機構適應環境過程中的要素。社會的需要必然要求教育機構具有相應的功能，社會的需要是多樣性的，教育制度也必須以多樣性來

---

[1] 凱爾森. 法與國家的一般理論 [M]. 沈宗靈, 譯. 北京: 中國大百科全書出版社, 1996: 5.
[2] 霍奇遜. 現代制度主義經濟學宣言 [M]. 向以斌, 譯. 北京: 北京大學出版社, 1993: 158.
[3] 鄧小平. 鄧小平文選：第二卷 [M]. 北京: 人民出版社, 1994: 333.
[4] 中央編譯局. 馬克思恩格斯全集（第一卷）[M]. 北京: 人民出版社, 1956: 411.

適應社會的多樣性需求；如果從教育自身的發展來論證現代化教育制度的多樣性特徵，生物學的物種起源和競爭生存為我們提供了認識多樣性教育制度生成和發展過程的視角。生物學研究有機體的多樣性、分佈、質和量。生物學中的一個主要概念和基本分析單位是物種，所謂物種就是可以複製再生產的一組有機體；所謂物種多樣性就是物種數量增加和彌散。從這一認識出發，我們可以將教育機構的類型視作生物學的物種，正如物種是生物學分類的基本單位一樣，教育機構的類型是考慮和分析教育多樣性的基本要素。然而根據有機物的生物性質可以準確確定其物種，而依據教育機構的性質準確定義教育機構的類型是有一定難度的。確定教育機構類型的指標是非常多樣化的，比如可以根據一所教育機構學生的規模、學生的性別、少數民族學生的比例、機構的使命、專業的設置等來確定機構的類型，於是可能出現的情況是一所機構可能從屬於不同的類型。但是無論如何，教育機構類型像物種一樣，在數量增加與彌散中生成與發展，教育制度在機構的競爭生存中多樣性。

二、制約教育制度的社會因素

教育制度不是完全與個人利益無關的客觀中立的外在約束，也不是一個與社會發展毫不相關的僅關注個人利益的空中樓閣，而是基於國情和不同歷史時期的社會現狀，力求在國家、社會與個體等多方利益的理性考量和張力調和中將外在規範與內生價值統一起來，進而在制度建設和執行中實現國家、社會和個體的發展。因此，教育制度的確立、發展和完善是多種社會因素發揮作用的結果，主要包括政治、經濟、文化等因素。

（一）政治因素

政治因素對教育制度的影響是直接的、深刻的，一般情況下，有什麼樣的政治制度便有什麼樣的教育制度與之相適應。一方面，政治制度決定著教育制度的性質。在階級社會裡，教育制度體現了統治階級的利益和意志，服從或服務於統治階級的需要，具有明顯的階級性。在剝削階級占統治地位的社會裡，如奴隸社會、封建社會和資本主義的社會體系下，教育制度主要面向統治階級的子女，為剝削階級的政治統治和經濟發展服務，具有專制性和保守性。而在社會主義生產方式下，教育制度則面向廣大勞動者的子女，體現了社會主義性質，服務於無產階級政治，具有平等性和民主性。另一方面，政治結構制約教育制度的發展方向。教育制度反應並受制於政治結構。政治結構對教育制度的改革起著阻礙或促進的作用。一般而言，無論是實行中央集權制政治結構的國家，還是實行地方分權制政治結構的國家，抑或實行中央集權與地方分權相結合政治結構的國家，統治階級往往通過制定教育方針、教育政策修改或廢止教育制度，加強對教育的控制。如對教育目的、教育領導權和被領導權等方面的規定和限制，從而決定教育制度的發展方向和路徑。

（二）經濟因素

教育制度的建立是國家經濟發展水準從發展到成熟階段的產物，只有經濟發展到一個相當高的水準，社會物質財富累積到一定程度，才有足夠的物質基礎建立起一整套的教育制度，因為生產力的發展水準能為教育制度提供可能的人力、物力、財力等物質資源。在生產力極其低下的古代社會裡，由於沒有充足的物質資源，要想建設體

系完善的教育制度是不可能的。毛澤東指出：「我們不能餓著肚子去『正誼明道』，我們必須弄飯吃，我們必須注意經濟工作。離開經濟工作而談教育或學習，不過是多餘的空話。」① 除此之外，經濟發展水準還會制約教育的普及程度及相關教育制度的確立。任何事物的產生、發展和壯大都是一個歷史發展的過程，教育制度也不例外，教育機構的設置、經費的投入、招生規模、辦學體制等，都和社會的經濟發展水準直接相關。現代教育的普及程度及相關教育制度的確立隨著經濟發展水準的提高得以不斷發展，改革開放後，伴隨著經濟的快速增長，中國已普及了 9 年義務教育，而新西蘭、德國、比利時等經濟發達的國家則普及了 12 年義務教育，還有一些國家和地區則實行 6~9 年不等的義務教育。由此可以看出，教育制度作為社會上層建築的一部分，必然要為其經濟基礎服務，也必將根植於該國的生產力發展水準之中。

（三）文化因素

現實中，人們常常會發現這樣兩種情形：一是同一種教育制度，經過不同文化的浸染，往往會呈現不同的色彩，具備某種文化特色，從而產生不同的運作效果；二是某種規則一旦作為教育制度確定下來，又會對人們的教育思維模式、行為方式、交往方式產生影響，它通過鼓勵什麼、壓制什麼、獎勵什麼、懲罰什麼向人們傳達教育行為信息，規範人們的教育行為，進而調整和改變人們的教育習俗、道德教育觀念和教育價值觀念，久而久之，教育制度所傳達的信息便內化為人們的心理，積澱為人的教育文化觀念。這兩種情形闡明了文化與教育制度間的關係，指出了文化對教育制度的現實意義。文化是本，教育制度的產生和發展始終離不開其產生的文化基礎。所以首先是要選擇一種什麼樣的文化，然後才是怎麼通過教育制度來表現和加強。如英國的「雙軌學制」和美國的「單軌學制」，雖然英國和美國同屬資本主義國家，但英國有著非常深厚的封建傳統，因此雙軌制在英國得以實施；美國崇尚平等、自由的觀念，少有封建文化的影響，學制上最終形成了更具民主特色的單軌制。可見，文化影響教育制度的形態，不同的文化更催生出不同的教育制度形態。

三、教育制度的歷史發展

教育制度是社會發展到一定階段的產物，它作為一種制度形成並發展起來，是一個社會賴以傳授知識和文化遺產以及影響個人社會活動和智力增長的正式機構和組織的總格局，與政治、經濟、文化、宗教、家庭制度並存於社會結構之中，任務是確保包括行為模式和價值標準在內的知識代代相傳，提供符合社會發展要求的各類人才。教育制度的歷史演進既促進了教育的發展，也彰顯了社會全面發展的軌跡，在不同的社會歷史時期，教育制度呈現出了不同的時代特點。

（一）原始社會

原始時代，社會處於混沌未分化狀態，真正形態的教育還未產生，沒有獨立的教育機構——學校，沒有專門從事教育的人員和相對固定的教育對象，教育活動融於生產生活之中，原始的社會結構、原始低下的生產力、原始的教育形態不可能產生規範的教育制度。

---

① 毛澤東. 毛澤東選集：3 卷 [M]. 北京：人民出版社，1991：117.

(二) 古代社會

古代社會，國家的出現推動了教育制度的發展。教育從社會生產和社會生活中第一次分離出來，出現了古代學校，有了從事專門文化教育活動的人員，出現了從蒙學到大學的教育機構及與之相適應的教育內容、組織機構、管理規範等，由此，簡單的古代教育制度產生了。如《學記》中所言「古之教者，家有塾，黨有庠，術有序，國有學。」「比年入學，中年考校。」「一年視離經辨志，三年視敬業樂群，五年視博習親師，七年視論學取友，謂之小成。九年知類通達，強立而不反，謂之大成。」但是由於古代學校具有階級性和等級性的烙印，他們統治階級對物質和精神生活及生產資料的絕對佔有，使得他們也同樣佔有了學校，要求自己的子弟學習一些統治術、戰爭術、外交術等。所以，當時的教育對象具有非群眾性的特點，教學內容較少包含生產性和科學性，又由於生產力發展水準的限制，當時的學校規模小，只有少數人能享受學校教育。這些特點決定了古代教育制度的不系統和不完善，古代教育制度沒有嚴格的程度劃分，沒有嚴格的年限規定，學校類型很少，層次簡單。

(三) 近現代社會

近現代社會，教育制度在社會進一步分化的基礎上具有了系統性和完善性的特徵。隨著工業革命的開始與發展，社會生產率迅速增長，教育對國家利益的重要意義被越來越多的國家所認識。由於政治民主化運動有了顯著發展，各國對國家教育的效能以及對勞動者教育水準的要求越來越高，教育的制度化在很多方面顯露出來。如法國在1881年的《費里法案》中規定免除初等學校的學雜費，6~13歲為義務教育年限，對不送兒童入學的父母要處以罰款，甚至受監禁的處罰；在20世紀30年代，英國不但強調普及初等教育，而且提出「中學面向大眾，普及中等教育」的口號；而中國現代教育制度是從清末「廢科舉，興學校」開始的。1862年京師同文館正式開學，這是洋務派最早創辦的外國語學堂，也是中國最早採用西方教學制度進行教學的現代學校。後來又開辦了福建船政學堂、上海電報學堂、天津西醫堂等。這些洋務派學堂的開辦，在一定意義上標誌著中國新的教育制度的出現。1902年，清政府頒布了《欽定學堂章程》，亦稱「壬寅學制」，這是中國正式頒布的第一個學制，但未及實施。總體來說，進入現代社會以後，世界上的主要國家都先後確立了本國的教育制度體系，教育從社會生產和社會生活中的第二次分離，決定了現代教育內容上的科學性及其與生產勞動密切聯繫的性質，決定了教育規模上的群眾性和普及性，決定了教育結構上多類型、多層次的特點。現代教育制度的系統性和完善性充分顯露。

(四) 當代社會

當代社會，教育制度跟隨社會的發展變化而不斷地發展變化。當代學校不僅發展成為以現代學校教育機構系統為主體的，包括幼兒教育機構系統、校外兒童教育機構系統和成人教育機構系統的一個龐大的體系，而且還形成了具有層次結構的、按年齡分級的教育制度，它從初等學校延伸到大學，不僅包括普通的學術性學習，還包括適合於全日制職業技術訓練的許多專業課程和教學機構。當代教育制度正朝著終身教育的方向發展。

20世紀60年代以來，終身教育作為一種最具影響的教育思潮引起了世界各國的強烈反響。1965年，法國教育理論家保羅・朗格朗（Paul Lengrand）在聯合國第三次成

人教育委員會上首次提出終身教育的理念。他指出：「教育並非終止於幼兒期和青年期，它應當伴隨人的一生而持續地進行。」① 換言之，在縱向上，教育應該持續人的一生，教育應該貫穿人的整個生命歷程；1973 年，法國「巴黎全國討論會」上，保羅‧朗格朗認為，終身教育是完全意義上的教育，它是「從幼兒期到死亡之前的不斷的在學校及校外的教育，不存在青少年、成人之區別，與培養人格和職業生活的訓練相結合。」換言之，在橫向上，終身教育既包括正規教育，也包括非正規教育，終身教育是學校、家庭和社會等各個領域的教育。終身教育理念一經提出，就被世界各國所接受，並以此理念為指導在教育制度、教育結構、教育內容和方法、教育管理等方面進行了一系列革新和實驗，且結合各自國情把終身教育從原則和政策轉向實際的應用。「終身教育已不僅僅是一個全新的教育理念，一個被大眾普遍接受的教育思想，而是國民教育制度中一個不可或缺的重要組成部分，而且還將成為每一個社會公民自覺維護和使用的社會權益」②。正如國際 21 世紀教育委員會在《教育——財富蘊藏其中》的報告裡所指出的，終身教育是圍繞著「學會認知、學會做事、學會共同生活、學會生存」四種學習安排的，這四種學習將是 21 世紀人生的知識支柱；中國也充分認識到終身教育的重要作用，1999 年國務院批准了教育部《面向 21 世紀教育振興行動計劃》並提出，到 2010 年全國基本建立起終身學習體系。終身教育作為一項法規和工作，已分別寫入《中華人民共和國教育法》和《國家中長期教育改革和發展綱要（2010—2020）》。終身教育對當代世界教育實踐的影響正越來越清楚地顯示出來。

第二節　現代學校教育制度

學校是制度化的產物，制度之於學校教育是不可或缺的。捷克教育家誇美紐斯旗幟鮮明地提出：「學校的長處全在於制度，它包括了學校發生的一切事。因為制度是一切的靈魂。通過它，一切產生、生長和發展，並達到完善的程度。哪裡制度穩定，哪裡便一切穩定；哪裡制度動搖，哪裡便一切動搖；哪裡制度鬆垮，哪裡便一切鬆垮和陷入混亂；而制度恢復之時，一切也就恢復。」③ 準確把握學校教育制度的含義、形成、基本類型以及發展趨勢，既是研究學校教育制度的起點，亦是提升學校教育效果的重要保證。

學校教育制度是教育制度的亞層次概念，是制度在學校教育關係中的層次化和具體化。學校教育制度簡稱學制，「是指一個國家各級各類學校的體系及其規則系統。它規定了學校的性質、培養目標、教育任務、入學條件、修業年限、就業方向以及它們之間的相互銜接關係。它包括有關學校性質的制度、招生制度、學位認證制度、專業設置制度、就業制度、考核制度等。學校教育制度是制度化程度最高的教育形式」④。

---

① 築波大學教育學研究會. 現代教育學基礎 [M]. 鐘啓泉, 譯. 上海：上海教育出版社, 1986：175.
② 彭her. 終身教育研究與思考 [J]. 科教文匯, 2009（8）：54-55.
③ 任鐘印. 誇美紐斯教育論著選 [M]. 北京：人民教育出版社, 1990：242.
④ 馮永剛. 中國學校教育制度的變革趨勢 [J]. 教育科學論壇, 2011（10）：5-7.

一、現代學校教育制度的形成

學校教育制度是伴隨學校產生而逐漸形成和發展起來的，是社會經濟、政治和文化發展的綜合產物。依據此，現代學校的發展，內含著現代學校教育制度的形成與發展。

我們通常認為，現代學校的起始，可以追溯到文藝復興運動的興起。文藝復興的時期是歐洲封建制度逐步解體、資本主義逐步發展的時期。工業革命與現代科學技術的廣泛應用共同推動著現代教育的發展，推動著現代學校的發展，遵循著兩條不同的路線進行，即從較高等級的學校向較低等級的學校逐級向下延伸而形成的系統，是以最早的中世紀大學及後來的大學為頂端，向下延伸，產生了大學預科性質的中學。經過長期演變，逐步形成了現代教育的大學和中學的系統，稱為「下延型學校系統」；從較低等級的學校向較高等級的學校逐級向上延伸而形成的系統，是由小學到初中（及職業學校），再到高中（及職業學校），並上延至今天的短期大學，稱為「上升型學校系統」。前者是學術性的現代教育系統，後者是群眾性的現代教育系統。具體情況分述如下：

（一）研究生教育機構

現代生產和現代科技的發展，引起了社會對高級科學技術人才和教育人才的大量需求，部分大學本科生畢業後要求進一步攻讀高級學位。此種情形下，對具有大學水準的人進一步提供教育的做法最終導致了現代意義上的碩士或博士學位，促進了研究生教育及其教育機構的產生。研究生教育首先流行於歐洲。14~15世紀，英國規定，大學生經過四年學習獲得學士稱號後，再學習三年才能獲得碩士稱號。產業革命後，達勒姆大學又首先做出決定：獲得學士稱號後繼續學習的人必須住宿學習，並經考試合格後才能授予碩士學位。從此，英國的研究生院制度與學位授予制度大大地發展起來了。1809年，普魯士公共教育大臣威廉·封·洪堡（William von Humbol）在建立洪堡大學時，最早提出了「科學研究與教學統一」的原則，「通過研究進行教育」就成為德國辦大學的指導思想和培養高水準學者的有效途徑，並對美、英等國的高等教育產生了巨大的影響。19世紀後期，研究生教育及其教育機構在世界範圍內都得到了迅猛發展，許多國家相繼建立了自己的正式學位制度。

（二）大學和高等學校

西歐中世紀常被史學家稱為「黑暗時代」，然而正是在這一愚昧落後的時期，萌發了人類文明史上的嬌豔之花——中世紀大學。12世紀時，隨著歐洲商業、手工業和城市的發展，中世紀大學作為近現代高等教育的原型最早產生於義大利、法國和英國。歐洲北部的巴黎大學與義大利南部的波隆那和薩拉諾大學是中世紀大學的兩種典型代表。前者以教授和研究神學、哲學為中心，後者則以法律和醫學而著稱，尤其是其課程專業性極強，表現出強烈的功利色彩。

歐洲中世紀大學主要分為文、法、醫、神四科，但每所大學的課程設置不盡相同。文科課程是基礎課程，醫學、法學和神學是高級課程。文科課程主要是七藝和亞里士多德的邏輯學，「七藝」包括智者派提出的「三藝」和柏拉圖提出的「四藝」，「三藝」包括文法、修辭和辯證法，「四藝」包括音樂、算數、幾何和天文，這是中世紀教會學

校的必修課程，帶有濃重的宗教色彩。當時大學的文、法、醫、神四科，對入學年齡和修業年限都沒有嚴格的規定，文科一般是6~7年，其他三科為5~6年。文科學習三四年，學完「三藝」後，可當助教，這就是學士。學完文科「七藝」後，獲得在文科任教許可證的，就是碩士。文科修業期滿，可以進入大學的其他三科中的某一科學習，畢業合格並獲得任教許可證的，即博士。18~20世紀，現代大學和現代高等學校伴隨著生產及科學技術的快速發展逐漸完善和發展起來，主要通過兩條途徑實現[1]：一條是通過增強人文學科和自然學科把這些中世紀大學逐步改造成為現代大學的，如牛津大學、劍橋大學和巴黎大學；一條是創辦新的大學和新的高等學校，如倫敦大學、洪堡大學、巴黎高等師範學校等。

【名人名言】
　　大學的理想要靠每一位學生和教師來實踐，至於大學組織的各種形式則是次要的。如果這種為實現大學理想的活動被消解，那麼單憑組織形式是不能挽救大學生命的。
　　　　　　　　　　　　　　　　　　　　　——［法］雅斯貝爾斯

（三）成人教育機構

現代科學技術的迅猛發展，知識更新速度的日新月異，學校教育的階段性結束並不能滿足社會發展提出的新要求。於是，成人教育蓬勃發展起來，並成為現代學校教育制度的一個重要組成部分。相應的，各級各類的成人教育機構也應運而生。如1727年，美國的本·富蘭克林建立的哲學研究會（Junto）就是典型的成人教育機構，研究會以支持公共學校、建立圖書館和博物館機構作為自己的目標之一。第二次世界大戰後，一大批新興第三世界國家相繼擺脫殖民統治，面臨著艱鉅的發展任務。為了幫助第三世界發展教育，振興經濟，聯合國教科文組織相繼實施了一系列計劃和活動來推動成人掃盲運動，並取得了顯著的成效，尤其是第三世界國家大幅增加了對掃盲教育的支持和關注，許多國家把加強成人掃盲工作定為政府的一項政策和教育規劃的重點。與此同時，像美國的贈地學院最初開辦的目的是致力於年輕男性的「工業教育」，但後來逐步發展成為更多成人服務的機構。還有成人高等教育機構、肖托誇成人教育機構、函授學校、成人夜校、社區學院、傳媒與網絡成人教育機構等，成人教育機構種類繁多、發展迅速。

（四）短期大學

20世紀中期以來，由於高等教育適齡人口迅速增加，教育民主化運動以及社會和經濟發展對高級人才需求急遽增加等原因，一場大規模的高等教育擴張運動在全球蔓延開來。有些發達國家通過這次擴張運動，使高等教育從精英教育階段過渡到大眾化教育階段。進行這種擴張的最重要的一個途徑就是新建大量的不同類型的高等學校。比如，美國的社區學院、英國的各種科學技術學院、德國的高等專科學校及日本的短期大學。短期大學是以「傳授和研究高深的專門技藝知識，培養職業上或實際生活中

---

[1] 全國十二所重點師範大學聯合編寫. 教育學基礎［M］. 北京：教育科學出版社，2002：105.

所必要的能力」① 為目的的學校。短期大學不設院系，直接開設專業，而且對各個專業不斷進行調整，根據社會的需求靈活設置專業，為社會培養各種所需人才。

(五) 中學

文藝復興和宗教改革時期，隨著工商業的繁榮和城市的發展，中等學校才出現，這是中等教育發展的初期。在中世紀，教會壟斷教育，只有封建貴族和高級僧侶的子弟才能入學。資本主義生產的萌發，工商業的興起，城市資產階級隨著財富和勢力的不斷擴張，新興資產階級要求自己的子弟有接受教育的權利，於是出現了以傳授知識和發展兒童個性為主的新學校。如德國在宗教改革時期成立的「拉丁學校」和「文法學校」，法國的「專門學校」(college)，英國的「公學」和「文法學校」等。這些就是世界上最早的一批中學。這類中學的一端並不和小學銜接，而是和預備學校或預備班銜接，另一端則和大學銜接。中學只接受貴族和大資產階級的子弟入學，學習年限較長，目的是培養國家官吏或直接送入大學深造。當時，勞動人民子弟只有極少數能進入初等學校，而且不能進入中學學習。這個時期的中學，任務很單純，實際上是大學的預備學校，學習內容都是古典人文學科，不重視自然科學的教學。

工業革命以後，大機器生產代替了工場手工業，社會關係也發生了重大變化。經濟、政治的變革，引起了教育制度、內容、方法的變化，中等教育的變化尤為顯著。這個時期，除了過去的古典中學外，出現了為資產階級子弟開設的多種類型的學校。例如，英國、法國、德國的中學都分為三種：一種是為大資產階級子弟設立的古典中學，注重古典學科，學習年限較長，為升大學做準備；一種是為中產階級子弟設立的實科中學，注重現代學科及自然學科，培養醫學、法律等職業和技術人才；還有一種是為中下層平民子弟設立的中學，注重計算和書寫能力，培養下級職員。由此可以看到，這個時期的中等教育，已經具備了為升學和就業做準備的雙重任務，學校也由單一型發展到多種型，日益完善的現代中等學校伴隨著市場經濟和資本主義的產生和發展而產生和發展起來。

(六) 職業學校

西方發達國家的職業教育起源於英國，中等職業技術教育隨著第一次科學技術革命而產生。最早的職業教育形式可追溯到家庭式學徒制，孩子首先在家庭學習有關道德、文化、技能等方面的知識。但是，18~19 世紀兩次威力巨大的工業革命以摧枯拉朽之勢瓦解了歐洲封建社會傳統的經濟發展模式，機器取代人力、工廠取代個體，工業革命使傳統封建手工業在毫無還手之力中走向崩潰，時代變革的浪潮也將傳統學徒制帶入沉淪與衰敗，新型職業學校悄然興起。1695 年，德國虔敬派教育思想的主要代表牧師弗蘭克 (Frank) 用教會捐募的資金設立了一所貧兒學校，主要聘請行業師傅講授裁縫、刺繡、製圖和研磨等課程；1705 年德國克里斯托夫·澤姆勒 (Christopher Zemler) 建立了一所小規模的數學和機械實科學校；除此以外，許多發達國家還先後通過了各種職業教育法令，大力發展這個階段的職業教育。1919 年，德國決定對 14~18 歲的青少年繼續實施義務的職業教育，相應的職業學校也逐步建立，主要包括三類：實科學校、地方工業學校和補習學校。同年，法國通過了《阿斯蒂埃法》，規定每個市

---

① 石蕊. 日本短期大學職業生涯教育：以長崎短期大學為例 [D]. 大連：東北師範大學，2012.

鎮設立一所職業學校，對 18 歲以下的青少年實施免費的、義務的職業教育①；1917 年，美國頒布了《斯密斯—休斯法案》，要求在全國範圍內建立中等職業學校，把普通中學辦成綜合中學，設立職業科，開設各種職業選修課程，從而奠定了美國發展中等職業技術教育的法律基礎。

(七) 小學

小學教育即初等教育。初等教育的發展走過了一個漫長的歷程。奴隸社會和封建社會時期東西方都有各自的初等教育，如歐洲中世紀的教區學校、城市學校、拉丁學校，中國漢代的書館，元代的社學，明清時代的家塾、學館、義塾等。文藝復興以前，西歐有了行會學校和基爾特學校，教授本族語的讀寫、計算和宗教知識，這些學校就是歐洲城市最早的初等學校。文藝復興時期，教會又辦起許多小學。隨著社會生產力和科學技術的發展，特別是資本主義生產關係的萌芽與形成，普及初等教育的思想首先在歐洲產生。世界上最早提出普及 6 年初等教育思想的是 17 世紀捷克教育家誇美紐斯。1619 年，德意志魏瑪公國公布的學校法令規定，父母應送其 6～12 歲子女入學，否則政府將強迫其履行義務，這被看作是正式實施義務教育的發端。隨後英、德、法、美、日等主要資本主義國家相繼通過立法的形式（頒布義務教育法）推行和確立初等教育義務教育制度，逐漸建立和形成了現代教育制度，走上規範化、制度化的發展道路。

(八) 幼兒教育機構

作為公共教育的現代幼兒教育機構的產生與發展和以使用蒸汽機為標誌的第一次工業技術革命密切相關。這一階段，幼兒教育機構產生於婦女就業謀職的客觀需要，其功能在於照顧好外出謀職的母親的幼兒，解除母親們的後顧之憂。因此，建立專門的幼兒公共教育機構來照顧或撫養幼兒便成了一種社會需要。世界上第一所幼兒公共教育機構為英國空想主義者歐文（Owen）於 1816 年在英國紐蘭納克他自己的工廠中創辦的「幼兒學校」（Infant School），工人專門收 2～6 歲的子女；1837 年，德國教育家福祿貝爾（F. W. Frobel）在布蘭肯堡創立了一所新型的幼兒教育機構，1840 年正式命名為幼兒園（Kindergarten），幼兒園這一名稱從此被世界各國廣泛採用。福祿貝爾研究了幼兒園的工作內容和教學方法，創制了幼兒園裡使用的專門教具——恩物，創立了幼兒園教育的體系。同時，他還開辦了幼兒教師講習班，按照他的幼兒教育思想訓練了大批幼兒教師。隨即，各個先進的資本主義國家都先後設立了幼兒教育機構並得到了較快發展，在第二次世界大戰後逐漸走向普及。與此同時，幼兒教育的性質也在發展變化，已從以保育為主走向以教育為主。幼兒教育機構在不少國家已被列入學制系統，已成為國民教育體系的組成部分，並將成為終身教育的一個有機組成部分。

二、現代學校教育制度的類型

19 世紀末 20 世紀初，西方發達資本主義國家通過「自上而下」和「自下而上」兩條途徑形成了三種基本的現代學制：雙軌學制、單軌學制和分支型學制，如圖 5-1 所示。

---

① 劉淑雲，祁占勇. 德國職業教育制度的發展歷程、基本特徵及啟示 [J]. 當代職業教育，2017 (6)：104-109.

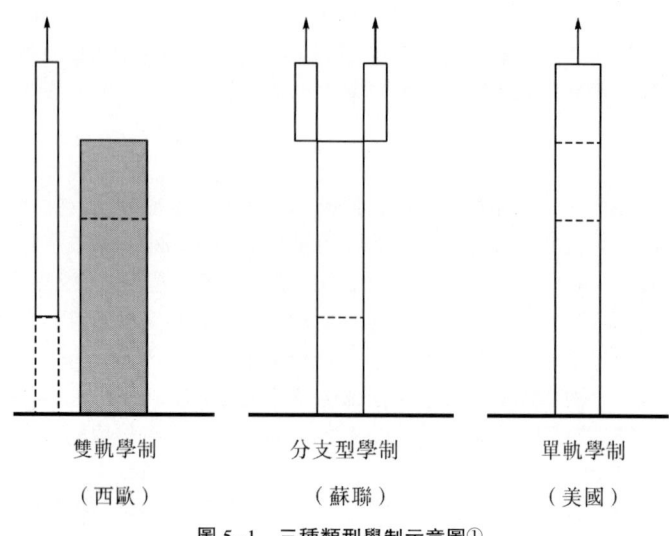

雙軌學制　　　分支型學制　　　單軌學制
（西歐）　　　　（蘇聯）　　　　（美國）

圖 5-1　三種類型學制示意圖①

（一）雙軌學制

雙軌學制是縱向劃分的學校系統，以第二次世界大戰前的英、法、德等西歐國家為代表，因而這種學校系統又被稱為「西歐型」或「歐洲型」學制。雙軌學制是在 18～19 世紀特定的歷史背景下，為保障資產階級子弟的教育特權，同時滿足廣大勞動人民子女對教育文化需求而產生的學校系統。雙軌學制把學校系統分為兩個互不相通的軌道：一軌「自上而下」，其結構是——大學（後來也包括其他高等學校）、中學（包括中學預備班）。此軌主要是面向社會上層階級，為社會上層階級的子女服務，他們受到比較高深的、完備的教育，以便成為生產管理、商業經營、科學研究和從事其他社會活動的高級人才，具有精英教育性質。這類學校收取高昂的學費，提供優質的教育，將勞動人民的子女拒之學校大門之外。另一軌是「自下而上」，其結構是——小學（後來是小學和初中）及其後的職業學校（先是與小學相連的初等職業教育，後發展為和初中連接的中等職業教育）。此軌主要面向平民大眾，是為滿足廣大民眾對文化知識的需求而設立的，帶有普及教育的性質。學生讀完初級小學之後，不允許進入文法中學或公學，只能進入高等小學或初等、中等職業學校，成為適合生產需要的工人。這兩個學校系統自成體系，既不相通，也不關聯，就像兩條平行的軌道，因而被稱為雙軌學制。

雙軌學制的產生一方面保留了古代教育的等級性，同時也與資產階級維護自身特殊利益有關，更為根本的是與資本主義發展初期腦力勞動與體力勞動存在嚴重的分離有關。生產力發展水準較低，因此對腦力勞動的質量要求也不高。可以說，雙軌學制的形成有其客觀的生產力基礎。但是隨著第二次世界大戰的爆發和第三次科技革命的興起，學校教育的雙軌制由於違背機器大工業生產的普遍性而遭到了激烈的批判和否定。科技革命、社會發展對人才的迫切需求以及工人階級爭取教育權利的鬥爭，迫使

---

① 黃濟，王策三. 現代教育論［M］. 北京：人民教育出版社，1996：269.

資產階級在學制上做出了讓步，其結果是雙軌制學校體系得到了部分改變，逐漸向單軌學制和中間型學制過渡。20世紀初的英國學制和英國現行制如圖5-2和圖5-3所示。

圖5-2　20世紀初的英國學制圖①

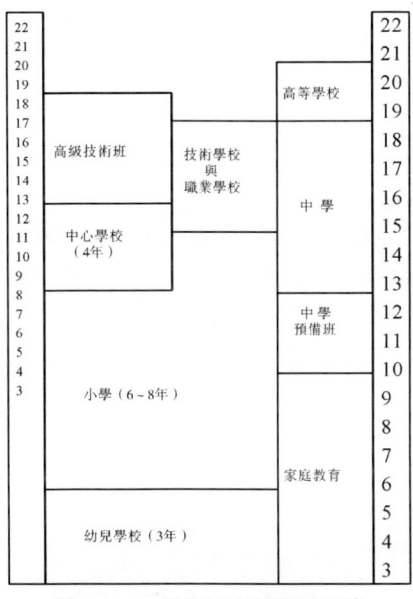

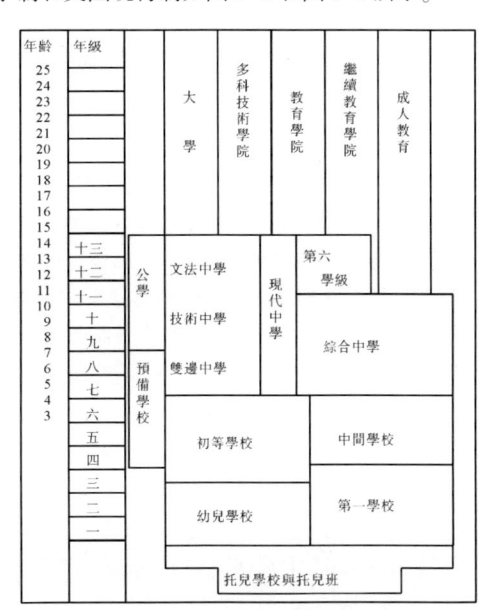

圖5-3　英國現行學制圖②

> 【知識考查】
> 英國政府1870年頒布的《初等教育法》中，一方面保持原有的專為資產階級子女服務的學校系統，另一方面為勞動人民的子女設立國民小學、職業學校。這種學制屬於（　　）。
> A. 雙軌學制　　　B. 單軌學制　　　C. 中間型學制　　　D. 分支型學制
> 答案：A

（二）單軌學制

單軌學制是橫向劃分的學校系統，是從雙軌型學制的基礎上演化而來，最早產生於美國，後被世界許多國家所沿用。單軌學制以美國為代表，19世紀後半葉之前，美國大部分學校都仿效歐洲各國的雙軌型學制。美國南北戰爭結束之後，雙軌型學制中的面向平民大眾的一軌發展迅速，尤其是群眾性小學和群眾性中學在短期內如雨後春筍般發展起來，而面向資產階級和有產階級的另一軌不僅沒有得到應有的發展，反而呈現出頹廢的態勢，最後逐漸被取代，由此形成了美國的單軌學制。單軌學制之所以能夠在美國產生，主要是因為美國是一個移民國家，沒有特權文化的羈絆，加之美國

---

① 黃濟，王策三. 現代教育論 [M]. 北京：人民教育出版社，1996：271.

② 同①：272.

沒有經歷封建社會，受封建思想影響較少，民主、平等、自由的觀念深入人心，因而隨著美國各州強迫義務教育法令的相繼頒布以及美國公立中學運動的開展，使為社會上層階級子女服務的一軌逐漸失去應有的優勢和地位，直至被另一軌所湮沒。單軌學制是一個自下而上的結構體系，即一個國家的學制是從小學、中學再到大學的相互連接的直線型系統。它將初等教育、中等教育和高等教育銜接起來，其特點是各級各類學校形成一個體系、多種分段，即六三三、五三四、八四、四四四、六六等多種分段。

單軌學制反應了教育機會均等和教育民主的理念，在原則上保證了所有受教育者都能進入同樣的學校接受教育，有利於初中教育和高中教育的普及，促進現代生產和科學技術的發展，具有廣泛的適應性和穩定性，因而備受世界各國青睞，對第二次世界大戰後世界許多國家的學制改革和建設起到了一定的積極作用。需要指出的是，由於教育條件、教育資源和教育水準所限，單軌學制也存在一些不足，主要表現為同級學校之間的教育質量相差懸殊，不同級別學校之間的發展失衡等。美國現行學制如圖5-4所示。

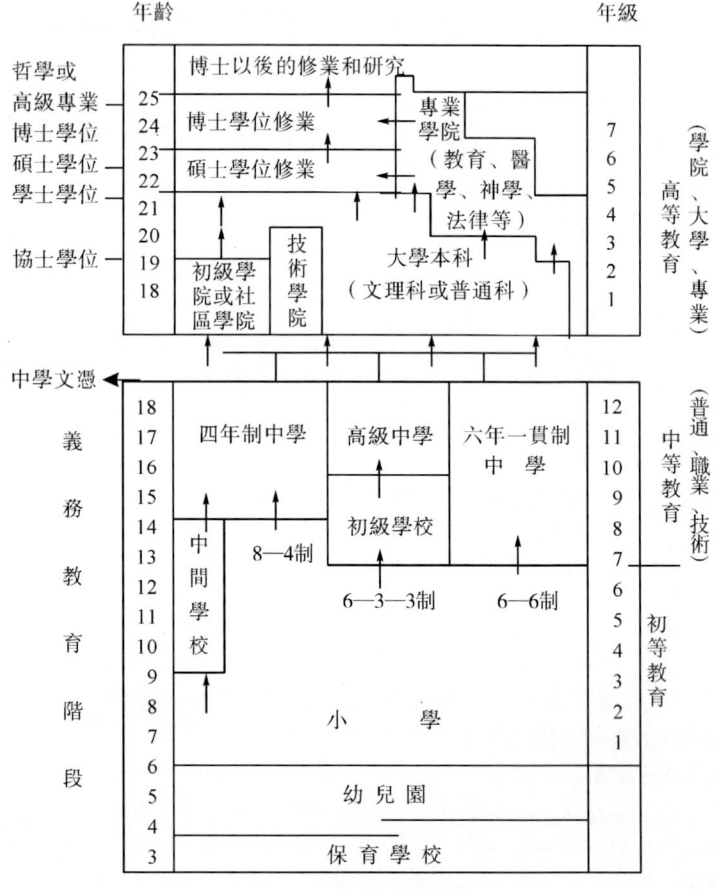

圖 5-4　美國現行學制圖①

---

① 黃濟，王策三. 現代教育論 [M]. 北京：人民教育出版社，1996：278.

(三) 分支型學制

　　分支型學制是介於雙軌學制和單軌學制兩者之間的學制結構，屬中間型學制。這是蘇聯創造的一種學制類型，以蘇聯為代表。中間型學制同單軌學制的發展過程一致，也是從雙軌型學制發展而來。在十月革命前，沙皇俄國實施的是歐洲的雙軌型學制。十月革命後，為了粉碎資本主義教育體系，消除蘇維埃社會主義教育發展的障礙，蘇聯建立了單軌的、統一的社會主義學校教育體系。在其後的發展過程中，為了適應當時教育的需求，又恢復了原文科中學的某些積極因素和職業學校單設的傳統，在入學的前一階段（小學和初中）實行單軌，到後一階段（普通高中、中等職業技術學校）才實行分叉。普通高中的畢業生經考試合格後升入大學接受高等教育，而中等職業技術學校的畢業生則有兩種選擇：一種是大部分畢業生選擇就業（工作三年之後也可升學），另一種是少數優秀畢業生可直接進入對口的高等學校就讀。分支型學制的特點是「上通（高等學校）下達（初等學校），左（中等專業學校）右（中等職業學校）暢通」，是一種既有單軌學制特色又有雙軌學制某些特色的新型學制。

　　分支型學制既有單軌學制的群眾性和普及性，又有雙軌學制中學術性一軌的高水準，同時也能較好地解決中等教育面臨的升學與就業的矛盾，兼顧了教育公平和教育效益，注重了教育的普及與提高。然而，在實際的運作過程中，在各階段的銜接及其分支的程度上存在一定的缺陷，如普通教育體系較為完備，水準較高，而職業教育卻沒有得到重視，條件較差，發展較慢，質量較低。蘇聯20世紀八九十年代學制如圖5-5所示。

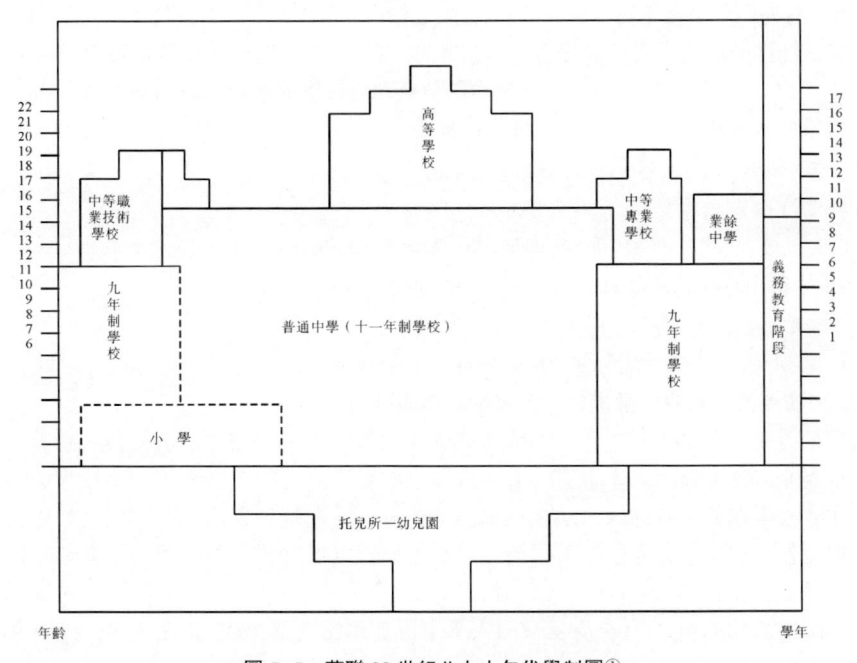

圖5-5　蘇聯20世紀八九十年代學制圖①

---

①　黃濟，王策三. 現代教育論 [M]. 北京：人民教育出版社，1996：281.

三、現代學校教育制度的變革

當前，世界各國都在積極調整和完善本國的現代學校教育制度，以適應社會發展的需要，培養21世紀富有創造力的新型人才，促進本國教育事業的發展，提高本國的綜合國力。總地來看，現代學校教育制度的變革呈現以下趨勢。

（一）重視學前教育，並將其納入學制系統

進入現代，社會各界越來越普遍認為學前教育在人生發展中的奠基作用，學前教育在國民教育體系中的地位逐步提高，學前教育問題日益成為世界各國普遍關注的熱點話題。大多數國家都提倡及早開發兒童的智力，強調培養兒童的創造力，發展兒童的個性，為兒童接受小學教育及其以後的全面發展做好準備。為此，許多國家採取了措施，把學前教育列入學制系統，列為義務教育的範圍，以提前實施義務教育，把學前教育的後期和義務教育的前期有機地銜接起來，改變過去那種學前教育與義務教育相互脫節的情況。這是現代學制的一個重要特點，是現代學制向終身教育制度發展的重要標誌之一。根據2007年《全民教育全球監測報告》，有30個國家實施特定形式的義務制學前教育，到2011年時增加至35個。聯合國教科文組織發布的《2017—2018全球教育監測報告》顯示，目前全球1/3的國家立法規定提供至少一年的免費學前教育，21%的國家提供一年的義務學前教育。其中，美、英、日等國都將學前教育納入學制系統的第一階段；法國從2019年秋季學期起，將學前3年教育全面納入義務教育體系[1]。聯合國教科文組織認為，將學前教育納入義務制範疇是重視學前教育的一個強烈政治信號，能推動形成普遍可以獲得的學前教育。2015年，世界教育論壇發表的《仁川宣言》提出，「鼓勵提供至少一年高質量的免費和義務學前教育，讓所有的孩子都有獲得高質量兒童早期發展、看護和教育的機會」[2]。

【案例分析】

觀看視頻：《惠民提案：幼兒園納入義務教育階段》
資料來源：https://video.tudou.com/v/XMTc5ODMyNDg2NA==.html
請思考：將幼兒園納入義務教育：您贊成嗎？

（二）初等教育入學年齡提前，義務教育年限延長

各國的義務教育年限長短不一，大多為9年，包括小學和初中教育階段。隨著知識社會的到來，為了提高人才素質，大多數國家的義務教育的範圍有進一步擴大的趨勢。這主要表現在義務教育的一端在逐漸向學前教育方向擴展，而另一端則向初中後教育階段延伸。初等教育入學年齡提前，可從不同國家低齡兒童的入學率上升情況加以說明。例如，在日本1947年3~6歲兒童的入學率僅為7.5%，1976年就達到了63.5%，而到了1982年，2~5歲兒童的入學率覆蓋面達到了100%。在法國，1960年

---

[1] 李志濤. 國際學前教育發展政策趨向及啟示[J]. 基礎教育參考, 2019（14）：6-10.
[2] 周紅霞. 2030年教育：邁向全納、公平、有質量的教育和全民終身學習：2015年世界教育論壇《仁川宣言》[J]. 世界教育信息, 2015（14）：35-38.

3~6歲兒童入學率為26.9%，1973年已達90.3%，1981年以後已全部入學①。聯合國教科文組織國際教育委員會在《學會生存》的報告中也指出，初等教育將提前到更小的年齡階段。在此基礎上，為了提高人才培養質量，世界各國採取多種措施，或將學前教育納入義務教育的範疇，或將義務教育拓展到高中甚至高中後教育，以此延伸義務教育的年限。如英國和法國等國家就將學前教育視作義務教育的初始階段。德國、英國、荷蘭等國將職業教育和部分繼續教育作為義務教育的有機組成，分別實施8~9年、10~12年、12~15年等不同年限的義務教育。

（三）普通教育與職業教育的綜合化

促進普通教育和職業教育的綜合化，是當前各國學制改革的一個重要方面。由於職業教育對發展社會生產力具有巨大作用，所以許多國家都強調普及職業教育，使全民都普遍接受職業技術教育，所採取的措施之一就是在普通學校中加強職業教育。如1971年，美國聯邦教育總署署長馬蘭（Ma Lan）提出的「生計教育」理論，馬蘭主張生計教育應當成為所有學生的，而不僅僅是職業學校學生的課程，生計教育應貫穿小學一年級到高級中學甚至大專院校的所有年級，應使中學畢業生，甚至中途退學者，都掌握某種技能，能夠維持生計。他把普通學校中實施生計教育分為三個階段，第一階段是職業瞭解階段，為一到六年級；第二階段是職業探索階段，為七到十年級；第三階段是職業選擇階段，為十一到十二年級②。同時，各國還認識到，普通文化知識水準的提高有利於學生更好地理解專業理論，發展學生的應變能力。因此，在職業技術學校中加強普通教育也是各國所採取的另一個改革措施。法國的職業中學開設了一種新的文憑——職業學士文憑，招收初中畢業生，學制四年，目的在於提高熟練技工的普通教育水準。日本通過推遲分專業的時間來加強職業高中的普通教育，即高中一年級不分專業，學習普通文化課，二年級才開始分專業。世界各國特別是發達國家的做法表明各國均走上了普通教育與職業教育綜合化的嘗試之路。

（四）高等教育大眾化

高等教育大眾化既是高等教育自身發展的結果，亦是經濟社會發展的必然選擇。20世紀初，美國率先進行了高等教育大眾化的嘗試，並收到顯著的社會效果，大眾化的理念逐漸得到普遍的認同。20世紀後半期，世界高等教育發展進入了大眾化和普及化發展時代，主要表現在三個方面：一是高校入學率。按通行說法，一國高校入學率，即在校大學生人數占同齡人的比例在15%以下為精英教育，15%~50%為大眾化教育，50%以上可算是達到普及。統計表明，到1999年，全球共有20個國家先後進入普及化階段，發達國家高等教育毛入學率平均數達到56.13，世界高等教育總體毛入學率達到18.32%③。而中國從20世紀90年代後期開始，進入了高等教育大眾化的「快車道」。1999年1月由國務院批轉的教育部《面向21世紀教育振興行動計劃》明確提出了「到2010年高等教育入學率接近15%」的工作目標。同年6月，中共中央、國務院《關於深化教育改革全面推進素質教育的決定》進一步指出，「通過多種形式積極發展高等教

---

① 馮永剛. 中國學校教育制度的變革趨勢 [J]. 教育科學論壇，2011（10）：5-7.
② 鄧和平. 20世紀美國的普通中等教育改革 [J]. 教育與職業，2000（3）：54-58.
③ 別敦榮，易夢春. 普及化趨勢與世界高等教育發展格局：基於聯合國教科文組織統計研究所相關數據的分析 [J]. 教育研究，2018（4）：137.

育，到2010年，中國同齡人口的高等教育入學率要從現在的9%提高到15%」①。截至2017年，高等教育毛入學率已達到45.7%，在學總規模為3,699萬人，佔世界高等教育總規模的20%②。二是高等教育機構日益多樣化。針對傳統高等學校脫離社會、週期長、不能適應非正規學習學生的要求等弱點，越來越多的國家採取靈活多樣的辦學形式、授課制度和學籍管理制度。例如，大學設置夜間部、函授部，舉辦公開講座；建立註冊視聽生制度、校外生學位授予制度、跨校學習制度、非選拔升學制度；開辦開放大學、無牆大學等。三是高等教育機構中學生的成分發生了變化，成人大學生所佔的比重越來越大，與普通大學生的界限變得更加模糊。據1985年的統計數據，美國高等教育機構中25歲以上的學生佔42%，英國為32%，法國為31%，前聯邦德國為47%。近年來丹麥、挪威、瑞典等國過半數學生首次進入大學的年齡超過22歲，20歲以下首次入學者的比例不到20%。美國社區學院採取開放招生政策，學生年齡平均38歲③。中國也放寬了大學報考者的條件，不再有年齡限制，因此這兩年出現了70老翁考大學的新現象。

（五）終身教育體系的建構

終身教育是當今各國教育改革的共同指導思想，而建構終身教育體系則是各國現代學制改革的共同目標。終身教育是指個體在人生的各個階段中所受各種教育的總和，是個體所受的各種各樣的教育類型的綜合。1965年，時任聯合國教科文組織教育局繼續教育部部長的法國教育學家保羅·朗格朗首次提出了「終身教育」這個術語。他指出，教育不應隨著學校學習的終結而終止，而應該貫穿於生命過程的始終；1972年，聯合國教科文組織國際教育發展委員在《學會生存》的報告中提出「終身教育是學習化社會的基石」④的主張，推動了終身教育在世界範圍內的發展；1981年，日本中央教育審議會在諮詢報告《關於終身教育》中，提出促進終身教育體系形成的教育發展原則；1976年，美國通過了《終身學習法》，為建立終身教育體系提供了法律保障；此外，瑞士、法國、俄羅斯等國也通過立法形式，確立了教育改革的終身教育思想。而中國1995年頒發的《教育法》做出了「國家適應社會主義市場經濟發展和社會進步的需要，推進教育改革，促進各級各類教育協調發展，建立和完善終身教育體系」的規定，奠定了終身教育的法律地位；《面向21世紀教育振興行動計劃》也提出，到2010年要基本建立起終身學習體系；黨的十六大報告則把形成「全民學習、終身學習的學習型社會，促進人的全面發展」作為落實終身教育思想的重要指南和全面建設小康社會的教育奮鬥目標；《國家中長期教育改革和發展規劃綱要（2010—2020）》提出了「構建體系完備的終身教育、健全充滿活力的教育體制」的戰略目標。基於此，終身教育體系的逐漸構建正帶動著現代教育制度發生重大的變革。成人教育體系越來

---

① 教育部. 中共中央國務院關於深化教育改革，全面推進素質教育的決定 [EB/OL]. (1999-06-13) [2019-10-10]. Http://www.moe.gov.cn/jyb_sjzl/more_177/tnull_2478.html.
② 教育部. 中國高等教育在學總規模居世界第一 [EB/OL]. (2017-01-29) [2019-4-25]. Http://www.moe.edu.cn/jyb_xwfb/s5147/201709/t20170929_315704.html.
③ 張蓉. 當前各國學制改革的趨勢 [J]. 外國中小學教育，2003 (11)：6-9.
④ 聯合國教科文組織國際教育發展基金會. 學會生存：教育世界的今天和明天 [R]. 華東師範大學比較教育研究所，譯. 北京：教育科學出版社，1996：233.

開放、靈活，體系規模不斷擴大，構建起與學歷教育體系互為補充的「立交橋」。目前，許多國家出現的遠距離教育、開放大學、社區教育、網絡學校等，都是終身教育思想在傳統學校教育之外範圍廣泛的教育實踐。

第三節　義務教育

義務教育是依據法律規定，適齡兒童和青少年必須接受，家庭、學校和社會必須予以保證的國民教育①，是國家必須予以保障的公益性事業。其實質是國家依照法律的規定對適齡兒童和青少年實施的一定年限的強迫教育的制度，具有強制性、普及性、免費性、公共性和基礎性是其顯著特徵。因此，義務教育又被稱為強迫教育或免費義務教育。

義務教育發端於德國，發起人是宗教領袖馬丁·路德（Martin Luther）。為了使人們都有學習《聖經》的能力，馬丁·路德倡導「義務教育」。自 17 世紀以來，世界上各個國家相繼頒布了法律對義務教育做出了相應的規定。1619 年，德國魏瑪公國公布的學校法令規定：父母應送其 6~12 歲的子女入學，這是世界上最早的義務教育。而中國實施義務教育最早始於清末，提出四年制義務教育，中華人民共和國成立前國民政府也提出五年制義務教育。1986 年頒布的《義務教育法》是中國學制改革的重大事件，它的頒布，意味著中國將開始實施九年義務教育，使中國普及義務教育的事業開始走上依法治教的道路。

一、義務教育的學制

《教育法》第十八條以及《義務教育法》第二條都規定：「國家實行九年義務教育制度。」《義務教育法》第十一條規定：「凡年滿六週歲的兒童，其父母或者其他法定監護人應當送其入學接受並完成義務教育；條件不具備的地區的兒童，可以推遲到七週歲。」同時第十二條規定：「適齡兒童、少年免試入學。地方各級人民政府應當保障適齡兒童、少年在戶籍所在地學校就近入學。」

【知識考查】

某初中為提高生源質量，自行組織入學考試，實行跨學區招生。該學校的做法（　　）。
A. 合理，學校有招收學生的權利
B. 合理，學校有自主辦學的權利
C. 不合法，違反了尊重學生人格的規定
D. 不合法，違反了免試、就近入學的規定
答案：D

---

① 夏徵農，陳至立. 辭海［Z］. 上海：上海辭書出版社，2010：914.

二、義務教育的保障

《義務教育法》從國家、社會、學校、家庭等法律關係主體層面對其所承擔的義務分別做出了規定，為義務教育的實施提供了法律上的種種保障。

(一) 國家保障

1. 組織、領導保障

國家是實施義務教育的主體之一。這裡的國家主要是指各級人民政府及其教育行政部門和其他有關行政部門。國家在實施義務教育的過程中負有宏觀調控與創造條件的職責，負有組織領導的責任，以保障義務教育順利開展。為此，《義務教育法》第七條中規定：「義務教育實行國務院領導，省、自治區、直轄市人民政府統籌規劃實施，縣級人民政府為主管理的體制。」「縣級以上人民政府教育行政部門具體負責義務教育實施工作；縣級以上人民政府其他有關部門在各自的職責範圍內負責義務教育實施工作。」《義務教育法》第六條規定：「國務院和縣級以上地方人民政府應當合理配置教育資源，促進義務教育均衡發展，改善薄弱學校的辦學條件，並採取措施，保障農村地區、民族地區實施義務教育，保障家庭經濟困難的和殘疾的適齡兒童、少年接受義務教育。」

【名人名言】

　　統一思想認識，把推進義務教育均衡發展擺上重要位置。
　　　　　　　　　　　　——《教育部進一步推進義務教育均衡發展的若干意見》

2. 經費保障

根據《義務教育法》的規定，國家要建立義務教育經費保障機制，保證義務教育制度實施，這是國家履行政府職能的體現。國家對義務教育經費的保障主要從三個方面著手：首先，財政性教育經費投入是義務教育階段最重要的經費來源。《義務教育法》第四十二條規定：「國家將義務教育全面納入財政保障範圍，義務教育經費由國務院和地方各級人民政府依照本法規定予以保障。」「國務院和地方各級人民政府將義務教育經費納入財政預算，按照教職工編製標準、工資標準和學校建設標準、學生人均公用經費標準等，及時足額撥付義務教育經費，確保學校的正常運轉和校舍安全，確保教職工工資按照規定發放。」「國務院和地方各級人民政府用於實施義務教育財政撥款的增長比例應當高於財政經常性收入的增長比例，保證按照在校學生人數平均的義務教育費用逐步增長，保證教職工工資和學生人均公用經費逐步增長。」《義務教育法》第二條還規定：「實施義務教育，不收學費、雜費。」其次，社會力量及個人捐資是義務教育經費籌措的有益渠道。《義務教育法》第四十八條規定：「國家鼓勵社會組織和個人向義務教育捐贈，鼓勵按照國家有關基金會管理的規定設立義務教育基金。」最後，國家把農村義務教育全面納入公共財政保障範圍，關注義務教育的均衡發展。《義務教育法》第四十五條規定：「縣級人民政府編製預算，除向農村地區學校和薄弱學校傾斜外，應當均衡安排義務教育經費。」《義務教育法》第四十七條規定：「國務院和縣級以上地方人民政府根據實際需要，設立專項資金，扶持農村地區、民族地區實施

義務教育。」

　　3. 師資保障

　　義務教育的屬性決定義務教育必須均衡發展。義務教育是面向全體適齡兒童、少年的基本公共服務，提供基本均衡的義務教育是政府的法律責任，每一個適齡兒童、少年都應該享有接受高質量的義務教育的平等機會。在教育硬件設施普遍優化的條件下，師資力量的優化配置更顯重要。國家有義務發展教師教育，更有義務為義務教育提供合格的師資。《義務教育法》第三十條規定：「教師應當取得國家規定的教師資格。」《義務教育法》第三十二條規定：「縣級以上人民政府應當加強教師培養工作，採取措施發展教師教育。」「縣級人民政府教育行政部門應當均衡配置本行政區域內學校師資力量，組織校長、教師的培訓和流動，加強對薄弱學校的建設。」《義務教育法》第三十三條規定：「國務院和地方各級人民政府鼓勵和支持城市學校教師和高等學校畢業生到農村地區、民族地區從事義務教育工作。」

　　(二) 社會保障

　　在社會保障方面，國家鼓勵各種社會力量及個人自願捐資助學。《義務教育法》第四十八條規定：「國家鼓勵社會組織和個人向義務教育捐贈，鼓勵按照國家有關基金會管理的規定設立義務教育基金。」同時，《義務教育法》第十四條規定：「禁止用人單位招用應當接受義務教育的適齡兒童、少年。」「根據國家有關規定經批准招收適齡兒童、少年進行文藝、體育等專業訓練的社會組織，應當保證所招收的適齡兒童、少年接受義務教育；自行實施義務教育的，應當經縣級人民政府教育行政部門批准。」

　　(三) 學校保障

　　學校是實施義務教育的主體，具有貫徹國家的教育方針，努力提高教育教學質量，使兒童在德、智、體、美等方面全面發展的義務。《義務教育法》第十六條規定：「學校建設，應當符合國家規定的辦學標準，適應教育教學需要；應當符合國家規定的選址要求和建設標準，確保學生和教職工安全。」《義務教育法》第二十二條規定：「縣級以上人民政府及其教育行政部門應當促進學校均衡發展，縮小學校之間辦學條件的差距，不得將學校分為重點學校和非重點學校。學校不得分設重點班和非重點班。」《義務教育法》第三十五條規定：「學校和教師按照確定的教育教學內容和課程設置開展教育教學活動，保證達到國家規定的基本質量要求。」《義務教育法》第三十六條規定：「學校應當把德育放在首位，寓德育於教育教學之中，開展與學生年齡相適應的社會實踐活動，形成學校、家庭、社會相互配合的思想道德教育體系，促進學生養成良好的思想品德和行為習慣。」《義務教育法》第三十七條規定：「學校應當保證學生的課外活動時間，組織開展文化娛樂等課外活動。社會公共文化體育設施應當為學校開展課外活動提供便利。」《義務教育法》第二十七條規定：「對違反學校管理制度的學生，學校應當予以批評教育，不得開除。」

　　(四) 家庭保障

　　家庭在實施義務教育過程中的職責主要表現在嚴格依照法律規定，確保適齡子女接受規定年限的義務教育。《義務教育法》第五條規定：「適齡兒童、少年的父母或者其他法定監護人應當依法保證其按時入學接受並完成義務教育。」《義務教育法》第十一條規定：「凡年滿六週歲的兒童，其父母或者其他法定監護人應當送其入學接受並完

成義務教育；條件不具備的地區的兒童，可以推遲到七週歲。」《義務教育法》第五十八條還規定：「適齡兒童、少年的父母或者其他法定監護人無正當理由未依照本法規定送適齡兒童、少年入學接受義務教育的，由當地鄉鎮人民政府或者縣級人民政府教育行政部門給予批評教育，責令限期改正。」

【案例分析】

小芳輟學案

小芳家住農村，在村裡的小學上五年級。一天，爸爸突然對她說：「明天你不要去上學了，到小賣部給你媽幫忙吧。」小芳想念書，舍不得學校的老師和同學們。老師瞭解到小芳的情況後，找到小芳的爸爸，勸他讓小芳繼續上學。小芳爸爸說：「女孩子讀書多了也沒用，還不如讓她在家裡干點活。再說了小芳是我的女兒，讓不讓她上學由我說了算。」

請思考：小芳爸爸的說法對嗎？小芳爸爸都違反了哪些規定？

資料來源：華東師範大學教育學編寫組. 基於教師資格考試的教育學 [M]. 上海：華東師範大學出版社，2016：285.

理解與反思

1. 現代學制有哪些類型？中國現行學制主要屬於哪種類型？

2. 為什麼終身教育會成為當代教育制度的發展方向？怎樣才能使中國的教育制度朝終身教育的方向發展？

3. 現代學制的變革有哪些趨勢？根據中國實際，參照現代學制變革的趨勢，你認為中國的現行學制需要怎樣進一步改革？

拓展閱讀

[1] 全國十二所重點師範大學聯合編寫. 教育學基礎 [M]. 北京：教育科學出版社，2002.

[2] 孫喜亭. 教育原理 [M]. 北京：北京師範大學出版社，2003.

[3] 華東師範大學教育學編寫組. 基於教師資格考試的教育學 [M]. 上海：華東師範大學出版社，2016.

第六章 教師

> **■ 學習導航**
>
> （1）瞭解教師職業的由來、地位與作用，分析其勞動特點。
>
> （2）掌握現代教師應具備的專業素質、職業角色以及教師專業發展的內涵、階段與途徑。（重點）
>
> （3）理解教師權利與義務的主要內容；熟悉國家有關教育法律法規所規範的教師教育行為，並依據國家法律法規，分析評價教師在教育教學實踐中的實際問題。（難點）

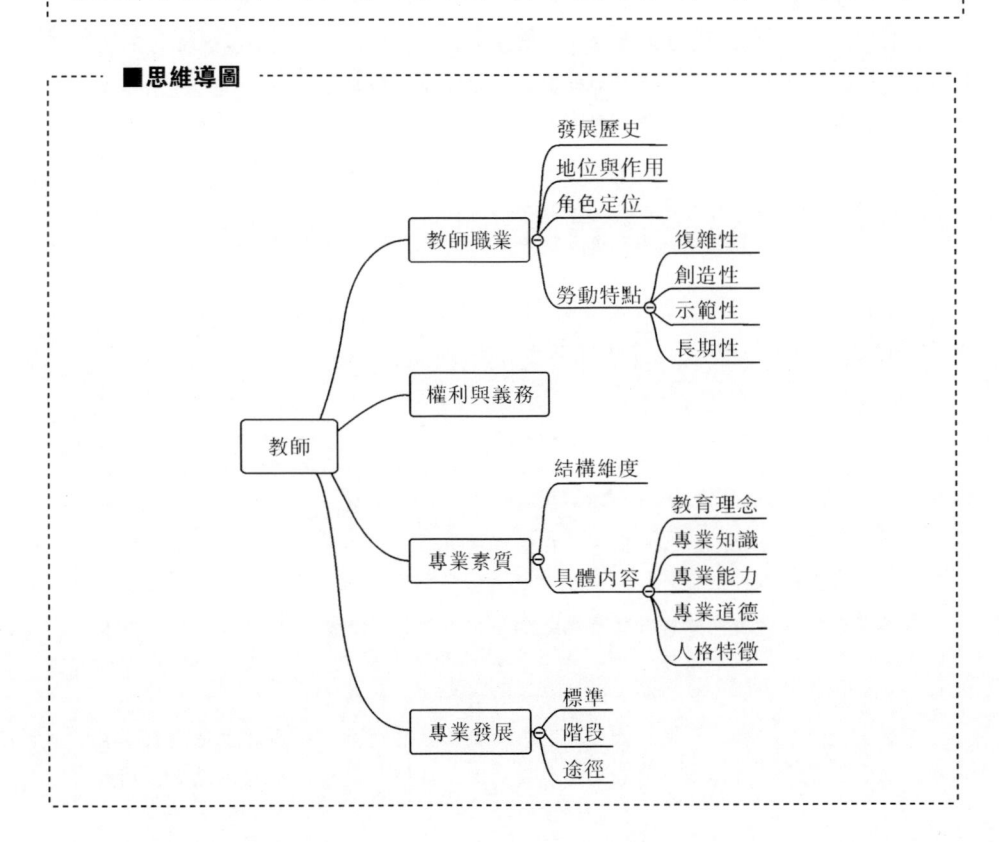

■ 思維導圖

```
              ┌─ 發展歷史
              ├─ 地位與作用
              ├─ 角色定位
     ┌ 教師職業┤              ┌─ 複雜性
     │        │              ├─ 創造性
     │        └─ 勞動特點 ────┤
     │                       ├─ 示範性
     │                       └─ 長期性
     │
     ├ 權利與義務
教師─┤
     │                   ┌─ 結構維度
     │                   │              ┌─ 教育理念
     │                   │              ├─ 專業知識
     ├ 專業素質 ─────────┤              ├─ 專業能力
     │                   └─ 具體內容 ───┤
     │                                  ├─ 專業道德
     │                                  └─ 人格特徵
     │
     │              ┌─ 標準
     └ 專業發展 ────┼─ 階段
                    └─ 途徑
```

■教育瞭望

泰迪的故事

湯普森太太執教小學五年級。開學第一天,她對孩子們說:「我會平等地關愛你們每一個人。」這樣的承諾大部分教師都曾做過,卻很少能成為現實。

在她所教的班上,有一名叫泰迪的學生,骯髒、髮發留得蓋住眼睛,身上不時散發出一股莫名的臭味,功課總是落後,不合群,情緒低落。湯普森太太第一眼看到這位學生就不喜歡他。每次批改他的作業時,她總是用一支大大的紅筆,在泰迪作業的錯誤之處,狠狠地打上一個又一個的叉。

有一天,湯普森太太按照學校規定,檢視所有學生以往的成績單,意外地發現前任教師對泰迪的評語不同尋常。

一年級的教師這樣寫道:「泰迪聰明、開朗,功課工整,待人彬彬有禮,真是一個人見人愛的好孩子!」二年級的教師這樣寫道:「泰迪表現優秀、人緣頗佳。不幸的是他媽媽的絕症已進入晚期,家境艱難,泰迪的日子有些困難。」三年級的教師這樣寫道:「媽媽的離世對泰迪是個沉重的打擊,他試圖走出來,可他的爸爸卻對孩子不以為意。這樣的家庭狀況如果得不到改善,很快就會對泰迪的成長造成不良影響。」四年級教師這樣寫道:「泰迪落後了,對學習失去了興趣。他沒有什麼朋友,有幾次竟在課堂上睡著了。」

直至這時,湯普森太太才意識到了問題所在。她很感愧疚。

聖誕節到了,所有的學生都準備了一份禮物送給老師。泰迪的禮物是用裝午飯用的褐色紙包裝起來的,裡面包了兩件東西,一條缺了幾顆細小鑽石的人造水晶鑽石手鏈和在廉價店買的只剩半瓶的香水。湯普森太太很清晰地聽到來自孩童群中竊竊偷笑的聲音,湯普森太太馬上制止了他們。她一邊讚嘆這條手鏈的華美,一邊把它戴了起來,並且在手腕上灑了些香水。

放學後,泰迪留了下來,他對湯普森太太說:「老師,今天您聞起來就像我媽媽以前一樣。」

孩子們走完後,湯普森太太哭了足有一個多小時。從那天起,她從「教書」,轉而「育人」。主導她內心的是那群有活力有感情的孩子們。

從那以後,湯普森太太對泰迪格外關注。有了老師的幫助,泰迪的心智開始復甦。她的鼓勵越多,他的進步越快。年底,泰迪已經成為班裡的佼佼者……

一年後,湯普森太太在門邊發現一張泰迪寫的紙條,稱她是自己一生中遇見過的最好的老師。六年後,她收到了泰迪的第二張紙條,告訴老師他已經以第三名的成績從高中畢業,而她,仍然是他一生中最好的老師。四年後,她收到了泰迪的另一封信。信中說雖然學業並非一帆風順,但他仍想留在校園,他會堅持到最後,並且不久之後就將以最高榮譽從大學畢業。在信中,他把湯普森稱作自己最好、最喜歡的老師。四年後,泰迪又給老師一封信。取得碩士學位後,他選擇了繼續深造,並再次說她是他一生中最喜歡的老師。他的簽名是泰迪醫學博士。

故事至此尚未結束。那個春天,又有一封書信翩然而至……泰迪說他遇到了生命中的最愛,即將舉行婚禮。他告訴湯普森太太,他的父親幾年前也離世了,問她

> 是否願意以新郎母親的身分出席婚禮……湯普森太太答應了。
> 　婚禮那天，湯普森太太特地戴上了那條舊手鏈，還噴了香水，泰迪記得那是媽媽在和他度過的最後一個聖誕節裡用過的那款香水。
> 　他們互相擁抱時，泰迪博士在老師耳邊輕聲說：「謝謝您對我的信任。您讓我感受到自己的重要，您讓我明白自己可以有所作為。」
> 　湯普森太太熱淚盈眶，輕聲回語：「泰迪，你錯了，是你教會了我，讓我相信我有能力去改變……直到遇見你，我才明白教師職業的真諦。」
> 　資料來源：蓓拉德，瑪麗‧西蒙.泰迪的禮物 [M]. 郝廣才，譯. 北京：新星出版社，2011.

　　國運興衰，系於教育；教育大計，教師為本。教師這一特殊的職業群體，肩負著為國家的未來培養高素質人才的重任，尤其在當前全面推進素質教育的進程中，建設高質量的教師隊伍是中國教育事業興旺發達的根本保證。所以，一名合格的人民教師，應該瞭解自身職業的由來、地位與作用，分析自身勞動的特點；理解現代教師應具備的專業素質、職業角色以及教師專業發展的階段與途徑；熟悉國家有關教育法律法規所規範的教師教育行為，以此分析教育教學實踐中的實際問題。這對促進學生全面發展、教師專業發展、學校教育教學改革和社會的文明進步具有重要的意義和價值。

第一節　教師職業

　　職業是社會分工帶來的必然產物，是人類社會進步的重要體現。教師職業是「人類歷史上最古老的職業之一，也是最偉大、最神聖的職業之一」[1]。它的職業性是伴隨著學校的產生、發展而增強的。教師是人類文明的重要傳承者和創造者，教師職業受到社會歷史和經濟文化變遷的影響。

> 【名人名言】
> 　教師的職業是太陽底下最光輝的職業。
> 　　　　　　　　　　　　　　　　——［捷克］誇美紐斯

一、教師職業的發展歷史

綜觀人類教育發展史，教師職業大致經歷了四個發展階段。

（一）非職業化階段

在制度化教育形成之前，教育與人類的生產或生活是融為一體的。原始社會中，

---

[1] 習近平. 做黨和人民滿意的好老師：同北京師範大學師生代表座談時的講話 [N]. 人民日報，2014-09-10 (1).

從事教育活動的主要是氏族和部落的首領以及具有生產和生活經驗的年長者，在生產勞動和日常生活中，有意識、有步驟地把生產知識技能、生活經驗、風俗習慣和行為準則等傳授給年青一代，是長者為師、能者為師，而那些承擔教育之責的部落首領、長者和能人自然成為最初的「教師」。隨著社會生產力的發展，剩餘產品的出現，腦力勞動和體力勞動的分離，教育逐步從生產、生活中脫離出來，在奴隸社會初期形成了自己相對獨立的形態——學校教育，也有了從事教育活動的教師。但是，學校產生後一個相當長的階段，教師並不是專職的，更不是經過專門訓練的。中國奴隸社會很長時期是「重在官府」「以吏為師」的；歐洲的封建社會，學校主要為教會所控制，教師由僧職人員兼任，「以僧為師」。

（二）職業化階段

獨立的教師職業伴隨著私學的出現而產生。如中國春秋時期的諸子百家，競相提出自己的政治理想和主張，並且設學授徒，宣傳自己的學說和思想。其中影響和規模最大的是儒、墨兩家，學生成百上千人。這樣，就正式出現了以教為業，並以此謀生的教師和教師職業。而且私學教師的出現在一定程度上改變了官學教師身上過重的官吏色彩，使教師開始迴歸到專業教育工作者的角色上來；古希臘的「智者」也以專門教授人們知識為生。這時，私學教師逐漸形成一種職業，但由於沒有形成從教的專業技能，更沒有專門訓練教師的教育機構，此時的教師職業基本上還不具備專門化水準。

（三）專門化階段

教師職業的專門化以專門培養教師的教育機構的出現為標誌。資產階級革命的爆發，工業革命的開始，改變了人類的生活，同時也改變了學校教育發展的方向。學校最終從官府、教會中完全分離出來，教師則從官吏、僧侶中完全分離出來，人人受教育、教育機會均等的教育理念開始形成，義務教育制度逐步確立。為了適應普及教育的要求，此時期，獨立師範教育機構的誕生成為推動教師職業發展的強大動力。1681年，法國天主教神甫拉薩爾創立了第一所師資訓練學校，成為世界獨立師範教育的開始。從1870年到1890年，世界許多國家頒布法規設立師範學校，中國也趕上了這個時代。1897年，盛懷宣在上海開辦了「南洋公學」，分設上院、中院、師範院和外院，其中的師範院就是中國最早的師範教育。師範教育的產生，使教師的培養走上了專門化道路。

（四）專業化階段

隨著義務教育的普及和班級授課制的實施，人們對教育質量的要求越來越高，對教師的要求也從「量」的急需向「質」的提高方面轉化。1966年，聯合國教科文組織和國際勞工組織在《關於教師地位的建議》中提出：應當把教師職業作為專門職業看待，這是首次以官方文件的形式對教師專業化做出的明確說明。20世紀80年代開始，以美國優質教育委員會1983年發布的《國家處在危機之中：教師專業化發展運動興起》和霍姆斯小組1986年發布的《明日之教師》為動力，教師專業化發展運動興起。由此，教師職業專業化引起了世界各國的普遍關注。而中國1993年頒布的《中華人民共和國教師法》（以下簡稱《教師法》）對教師的概念進行了全面的界定：教師是履行教育教學職責的專業人員。中國1995年頒布《教師資格條例》，2012年頒布《幼兒園

教師專業標準（試行）》《小學教師專業標準（試行）》《中學教師專業標準（試行）》，2013年教育部頒布《中小學教師資格定期註冊暫行辦法》，這些都標誌著中國教師職業正式進入提高質量的新階段。

二、教師職業的地位與作用

（一）教師職業的地位

教師職業的地位是指教師個人或群體在社會階層中所處的位置。決定人們社會地位的因素有很多，現代社會學奠基人之一、德國著名社會學家馬克斯·韋伯認為，其中的主要因素應該是經濟因素、社會文化地位和權力因素[1]。日本學者天野鬱夫也指出：「在現代產業社會裡，人們社會地位的高低，取決於他擁有多少社會資源。所謂社會資源，一般是指財富、權力、威望、知識和技能四者，人們對這些資源的擁有量越大，其社會地位就越高。」[2] 可見，衡量教師職業的社會地位時，總離不開政治地位、經濟地位和職業聲望等基礎性要素。

1. 政治地位

教師職業的政治地位是教師在社會政治體系中的角色影響力以及政治待遇的總體水準，包括社會和國家賦予教師參政議政的權利、政治待遇的法律和政策保障等。教師職業政治地位的高低是與時代及社會制度的性質緊密聯繫在一起的。在等級森嚴的奴隸社會與封建社會，教育只是統治階級愚弄和馴服人民的工具，教師也只不過是統治者的雇傭勞動力，必須完全服從於統治者的意志，因而根本沒有什麼政治權利與地位可言，甚至常常受到政治上的壓制與迫害。所以，教師職業便成為那個時代處於窮途末路之境的知識分子為謀求生存而進行的最後選擇。但是，隨著時代的進步，社會的發展，教育的作用逐漸被人們重視，尊師重教的風氣也日漸濃厚。世界各國賦予教師參政議政的權利，如中國各級政府選舉教師當人大代表、公開表彰、獎勵優秀教師以及從教師中選拔人才當政府領導，等等。1966年10月，聯合國教科文組織還發表了《關於教師地位的建議》，明確指出，鑒於「在教育事業發展中教師這種職務對人類和近代社會發展所做出的重大貢獻，因而必須確保教師的應有地位」[3]。這種「應有地位」中就包括政治地位。在中國，1985年設立教師節；1993年10月通過了《教師法》，為維護教師的較高社會地位提供了法律保證，「教師是履行教育教學職責的專業人員。承擔教書育人，培養社會主義事業接班人，提高民族素質的使命」。「各級人民政府應當採取措施，加強教師的思想政治教育和業務培訓，改善教師的工作條件和生活條件，保障教師的合法權益，提高教師的社會地位。」《教師法》第一次全面地對教師的權利和義務、資格和任用、待遇、獎勵等方面做出了法律上的規定，指出「全社會都應尊重教師」。我們黨和國家多次重申要解決教師的實際問題，使教師「真正成為社會上最受人尊敬、最值得羨慕的職業之一」。

---

[1] 謝維和. 教育活動的社會學分析：一種教育社會學的研究 [M]. 北京：教育科學出版社，2000：40.
[2] 張人杰. 國外教育社會學基本文選 [M]. 上海：華東師範大學出版社，1991：152.
[3] 周瑛，李曉萍. 教育學 [M]. 瀋陽：遼寧大學出版社，2008：165.

2. 經濟地位

教師職業的經濟地位主要指社會給予教師的工資報酬和物質利益水準，其依據主要是教師職業的勞動形式。馬克思曾把人類勞動形式劃分為簡單勞動和複雜勞動。簡單勞動意指一般人類勞動的消耗，「它是每個沒有任何專長的普通人的肌體平均具有的簡單勞動力的消耗」[1]。複雜勞動則「是這樣一種勞動力的表現，這種勞動力比普通勞動力需要較高的教育費用，它的生產要花費較高的勞動時間，因此它具有較高的價值。既然這種勞動力的價值較高，它也就表現為較高級的勞動，也就在同樣長的時間內物化為較多的價值」[2]。教師職業是一種專門職業，從事這種職業的勞動力必須接受專門培養和訓練，具有專門知識和技能。顯然，教師作為人類的一種勞動力，其勞動屬於複雜勞動，具有較高價值。聯合國教科文組織在《關於教師地位的建議》中提出：教師的工資第一應反應教育對於社會的重要性，從而反應出教師的重要性以及教師從就任教職之日起便肩負起來的一切責任；第二應比支付給需要類似的或同等的資格的其他職業的工資更有利[3]。從國外的情況來看，大部分發達國家的中小學教師工資都高於類似的或同等資格的其他職業的工資。而中國 1993 年在《教師法》中明確規定：「教師的平均工資水準不低於或高於國家公務員的平均工資水準，並逐步提高……教師的醫療待遇同公務員享受同等待遇。」中國教師經濟地位較以往已有大幅提升。當然受地區經濟發展、局部具體情況的影響，不同地方、不同級別的教師經濟待遇有一定差異。

3. 職業聲望

教師的職業聲望是指社會輿論對教師職業的意義、價值與聲譽的一個主觀、綜合評價，它反應一個社會對教師職業評價的高低，進而決定著人們對該職業的態度。北京市 2010 年出爐的一份調查顯示，科學技術職業聲望較高，教師、科學家、醫生分別以 55.10%、44.02%、44.02%的支持度排在職業聲望的前三位。與此同時，調查發現不同階段的教師職業聲望有一定差異，高校教師職業聲望最高，其次是中學教師，小學教師最低[4]。教師職業聲望較高可能與中國文化傳統有關，中國長期封建社會中，由於「官本位」的社會形態和民眾心理特點，從政一直被認為是理想職業，而通過教育活動，在科舉中獲得成功是個人從政的必經之路。因此，教師是提升學生素養，使其獲得從政資源的重要他人，尊師重教的文化傳統在中國一直延續。

4. 專業地位

「專業化」與職業社會地位存在著十分密切的關係。教師的專業化水準和社會地位的提高是相互促進、互為條件的。沒有一定的社會地位作保證，就難以吸引優秀人才從教，但沒有一定專業水準就體現不了教師的勞動價值，教師社會地位的提高就是空談。葉瀾教授曾指出，一種職業能否被稱為專業有三個條件：第一，有專業理論知識作依據，有專門的技能作保障；第二，承擔重要的社會責任，具備較高的職業道德；第三，

---

[1] 馬克思. 資本論（第 1 卷）[M]. 北京：人民出版社，1975：57-58.

[2] 同[1]：223.

[3] 聯合國教科文組織. 關於教師地位的建議 [J]. 外國教育資料，1989（4）.

[4] 來自中國新聞網 2010 年 11 月的調查，調查顯示：教師、科學家、醫生居職業聲望三甲，2010 年.

具有專業性的自主權，表現為制定了專業資格制度，如入職、聘用、解聘、晉升等制度①。以此考察中國教師職業，改革開放40年來，其專業化水準的確較以前有了很大程度的提高。中國1993年10月頒布的《教師法》中將教師界定為「履行教育教學職責的專業人員」；並相繼頒布《教師資格條例》（1995年12月）和《〈教師資格條例〉實施辦法》（2000年9月）。2011年，教育部又開始試點中小學教師資格考試和定期註冊制度改革。2015年，中國全面推行教師資格全國統考制度，提高教師入職門檻。這些舉措都體現了國家對教師職業專門化、專業化的政策要求。當然，我們也應看到，中國教師專業化的水準有待進一步的完善和提升，教師的學歷水準不高，師資短缺，優秀人才不願從事教育，教師流失嚴重，這些都在一定程度上影響了教師專業地位的提高。

（二）教師職業的作用

教師職業對社會發展的作用是巨大的。首先，教師是人類文化的傳遞者，在人類社會發展中起著承上啟下的橋樑作用；其次，教師是社會物質財富和精神財富的創造者，通過理論建構、知識創新、品德示範、宣傳諮詢等直接參與社會物質文明和精神文明建設，起著「先導」作用；最後，教師是人才生產的主要承擔者，擔負著培養一代新人的重任，在學生發展中起著「引導」作用，且這種「引導」應該是適應時代發展要求的，與時俱進的。

黨的十八大以來，以習近平同志為核心的黨中央高度重視教育事業。習近平總書記主持中央重要會議，通過一系列教育改革發展方案，為教育改革發展提出一系列新觀點、新理念，特別是近年來習總書記對教師提出的「四個引路人」的論述更是明確了我們新時期教師「引導」的使命與作用。

1. 做學生錘煉品格的引路人

育才與育人的根本在於培養學生的德行。因此，教師要成為學生錘煉品格的引路人，要求教師引導學生具備勇於奮鬥的精神狀態、積極樂觀向上的人生態度，做到自強不息、剛健有為；教師還要引導學生珍惜光陰，讓學生全身心投入學習，引導學生問道、悟道、明理、求真。此外，教師的言行對學生品格產生重大影響，建立民主、平等的師生關係，有助於他們在這樣的氛圍中養成良好的道德品質。

2. 做學生學習知識的引路人

「授人以魚不如授人以漁。」教書育人是教師的職責。教書不純粹是傳授文化知識給學生，更為重要的是讓學生掌握學習文化知識的方法，從而更好地引導學生主動學習知識，培養學生自我學習的能力，實現學習方式的轉變。在當今信息時代，學生獲取知識的方式也不僅限於課堂教學，這就給教師做學生學習知識的引路人帶來新的挑戰和機遇。其一，教師引導學生學習不是讓學生被動地學習課本知識，而是激發學生的學習興趣和學習潛能，擴大學生的學習視野；其二，教師做學生學習知識的引路人，不但要培養學生分析問題能力、解決問題能力，還要引導學生自主學習、培養終身學習的能力，使其適應社會發展的需要；其三，教師還要答疑解惑，引導和幫助學生對不同渠道獲得的信息與知識進行真假和正誤的甄別，從而去偽存真、去粗取精。

---

① 葉瀾. 新世紀教師專業素養初探［J］. 教育研究與實驗, 1998（1）: 41-47.

3. 做學生創新思維的引路人

思維的發展和創新是未來一個時期內教育的發展重點和方向，也是教育教學的關鍵所在。在很長一段時期內，中國教育在一定程度上忽視了學生思維的培養和引導，隨著習總書記對於四個引路人觀點的提出，思維創新已經成為未來時代的一個主要潮流。在當前的教育教學過程中，學生的思維創新也成為教師應該著重關注和解決的問題。教師做學生創新思維的引路人，它需要教師更新教學觀念，改變教學思路，探索培養創新思維方法：一是教師在教學過程中有意識地培養學生的創新思維，鍛煉學生獨立思考問題、分析問題和解決問題的能力；二是教師利用線上教育平臺創新互動式教學，拓展學生創新思維空間，實施創新訓練、創業訓練和創業實踐，將學生創新思維發揮到最大限度。

4. 做學生奉獻祖國的引路人

教師的社會責任感影響著學生的社會責任感，教師的奉獻精神熏陶著學生的奉獻精神。教師不光是教給學生知識，也不光是訓練學生探索未知的能力，更重要的是培養學生要有對祖國、民族、社會的科學認知，使學生具備強烈的責任意識、積極的生活狀態和正確的人生態度。因此，教師應增強自己的社會責任感，形成高尚的奉獻精神。只有具有良好社會責任感和奉獻精神的教師，才能培養出富有良好社會責任感和奉獻精神的學生。同時，教師教育學生不僅要做一個正常的人、健康的人、陽光的人，更要做一個對祖國、對社會、對人民有用的人，要有大格局、大視野，不能僅僅思考自己，要「窮則獨善其身」，更要「達則兼濟天下」。

三、教師職業的角色定位

美國社會心理學家米德首先將「角色」一詞引入社會心理學，並創立了角色理論。所謂「角色」，是從戲劇中借用的術語，原指演員所扮演的某一特定人物，後引申到社會學理論中，指在社會或某一群體中處於一定地位並按相應的行為模式行為的一類人[1]。教師作為一個特殊的社會職業群體，無論是從群體行為或是從個人角度，總是在社會系統中扮演著一定角色，教師的特殊地位決定了社會對於教師的行為規範和期望，這就是教師的職業角色。

古今中外，諸多學者對教師這一社會角色都做過精闢的論述。在中國，《周禮·地官司徒序》中，鄭玄註師字說：「師，教人以道之稱也。」《禮記·文王世子篇》：「師也者，教之以事，而喻諸德也。」孔子說：「溫故而知新，可以為師矣。」唐代韓愈在其《師說》中提出：「師者，所以傳道，授業，解惑者也。」此觀點成為中國傳統教師角色定位的代表性論述。教育家陶行知說：「先生不應該專教書，他的責任是教人做人。」人們還用「蠟燭」「春蠶」「人梯」「托起明天的太陽」「人類靈魂工程師」等話語比喻教師，反應了一定歷史條件下中國社會對教師職業角色的認識和期待。

在西方，教師職業角色觀念的形成、發展和變革，始終體現著社會發展中的教育人文精神和經濟模式之間的矛盾。在西方的人生哲學體系中，「尊重個人權利和價值」是最為基礎和重要的理念。從早期的兒童中心論者盧梭到後來的實用主義代表杜威等

---

[1] 昝寶毅. 社會地位與角色 [J]. 社會, 1987 (1): 5-7.

人都十分重視教師在兒童自然、快樂發展過程中的輔助作用。這種傳統發展至今，形成了教師角色特徵中注重知識探索，引導交流，激勵進步，尊重人格的一面。如美國學者格蘭布斯將教師角色分為兩大類，一是學習指導者，另一類是文化傳播者。美國教育家林格倫在《課堂教育心理學》中將教師的角色分為三大類：第一是教學與行政的角色，其中教學角色最為重要，除此之外，還包括社會榜樣、課堂管理員、辦事員、青年團體工作者、公眾的解釋者等次要角色；第二是心理定向的角色，包括教育心理學家、人際關係的藝術家、社會心理學家和心理衛生工作者等角色；第三是自我表現的角色，包括社會服務工作者、受教育者和學者、家長等。這些角色相互聯繫並且相互重疊，有些角色相互補充或彼此矛盾[1]。

由此可見，教師的職業角色是多重的、變化的，社會在變遷，時代在發展，學校的內部結構和培養目標也在不斷地變化和發展，這促使教師的職業角色也隨之變化。

1. 傳道者角色

「道之所存，師之所存。」教師作為引領人成長發展的一種職業，在其職業本質上就是通過自己的傳道「讓受教育者的性格和精神福祉（人格）產生持久的好轉變化」[2]。在教師「傳道」「授業」「解惑」三項任務中，最重要的是「傳道」。「授業」與「解惑」是為「傳道」服務的——「授業」以載道，「解惑」以明道，而「傳道」對其餘兩者起著引領作用。「傳道」對實現教師的職業本質而言具有「應該是其所是」的價值意蘊，這就決定了教師負有傳遞社會道德傳統、價值觀念的使命。教師應通過規範自身傳道行為，在傳道活動中通過知識傳授，引導真理探究等活動，使其知識傳授變得有趣，以更好地促進學生的成長和發展。

【知識考查】

「道之所存，師之所存也。」這句話反應了教師職業角色中的（ ）角色。
A.「傳道者」　　B.「示範性」　　C.「授業、解惑者」　　D.「研究者」
答案：A

2. 學習促進者角色

這是教師最明顯、最直接、最富時代性的角色特徵，是教師角色中的核心特徵。1952年美國人本主義心理學家卡爾·羅傑斯在哈佛大學做「教和學的思考」的演講時，首次把「促進者」這一概念引入教育領域。他認為有意義的教學應是讓學習者獲得對其行為有深遠影響力的知識，而有此作用的知識必須依賴學習者自己去發現、轉化而成。所以，要達到這一目的，教師需要發揮一種有別於傳統角色的新作用，即停止教導而開始促進，使自己成為學生學習的促進者。教師要成為這種學習的促進者，首先應成為學生學習能力的培養者。教師不僅傳授知識，而且重在檢查學生對知識的掌握程度，教學方法由傳統的單向傳遞轉變為啟發建構，突出學生的主體作用，推動

---

[1] 林格倫. 課堂教育心理學 [M]. 章志光，等譯. 昆明：雲南人民出版社，1983：178.
[2] 菲利普·W. 杰克森. 什麼是教育 [M]. 吳春雷，馬林梅，譯. 合肥：安徽人民出版社，2012：155.

其不斷開拓創新、發展自己。其次，成為學習促進者角色也要求教師是學生人生的引路人。教師不僅要傳播知識，更要引領學生沿著正確的道路前進，並不斷在其成長道路上設置不同的路標，成為學生健康心理和健康品德的促進者，引導學生學會自我調適，向更高的目標前進。

3. 教學活動的設計者、組織者、管理者角色

教學活動是一種集體活動，要全面實現教學的整體功能，就必須精心設計、周密組織和科學管理。首先，教師是教學活動的設計者。教學活動設計是教學活動開展的必要環節，也是關乎教學能否取得成效的關鍵環節。教師作為教學設計者，不僅要對教學內容和教學問題進行設計，還需對學習環境、教學策略、教學組織形式、教學評價等展開設計。當然，這些設計都需要教師依據一定的方法和標準，對教學目標和教學對象的特徵進行分析。

這一角色要求教師，首先要把教學設計者的角色貫穿整個教學過程的始終。其次，教師是教學活動的組織者，要在教學資源分配（包括時間分配、內容安排、學生分組）和教學活動展開等方面進行科學實施——通過科學分配活動時間，採取合理的活動方式、啟發學生思維、協調學生關係、激發集體學習動力。最後，教師是教學活動的管理者。教師須肩負起教育教學管理的職責，包括確定目標、建立班集體、制定和貫徹規章制度、維持班級紀律、組織班級活動、協調人際關係等，並對教育教學活動進行控制、檢查和評定。

4. 研究者和學習者角色

許多教師認為自己本職工作就是教好書、上好課，搞科研是專家學者的事，與己無關，從而缺乏研究教育教學的意識。20世紀50年代以來，隨著教育改革的不斷深入，人們開始對教師角色以及理論與實踐關係進行反思，認識到教育理論觀念的倡導者與實踐場域中的教師應建立共生共榮關係，教師有責任審慎對待自己的教育實踐，參與教育研究，在教育教學實踐中去發現問題、研究問題和解決問題。教師的研究，不僅是對科學知識的研究，更是對教育對象即學生的研究，對教師和學生交往的研究，當然，這都需要教師終身學習，不斷更新自身的知識結構，以便使教育教學和教學研究建立在更寬廣的知識背景之上，更適應學生的個性發展。

5. 朋友的角色

著名教育家葉聖陶曾經說過：「我要做學生的朋友，我要學生做我的朋友。」他強調教師應當是學生的朋友，須時刻關心、愛護學生。新時代的教育觀，提倡師生間應建立平等、民主的「朋友式」師生關係，這樣不僅有利於教師走進學生的內心，促進雙方的情感交流和心靈溝通；也有利於營造輕鬆愉悅的課堂氛圍，提升學生的學習興趣，提高教育教學效率。

6.「心理諮詢者」角色

隨著社會對心理健康的日漸重視以及兒童心理衛生工作的展開，人們對教師產生了「心理諮詢者」的角色期待。學生在成長的每個階段，都有不同的發展任務，可能面臨不同的發展問題，其中有一部分問題屬於心理問題，而非絕對的道德品質問題。因此，教師運用心理諮詢的方法，輔助學校諮詢人員指導、引導和幫助學生消除發

過程中出現的心理問題，是教師超越課本的「教學」職責。這個職責要求教師掌握基本的諮詢知識（學生心理問題的類型特徵和諮詢理論）、技術（傾聽的技術，言語和非言語表達的技術），形成諮詢態度（積極關注、尊重、真誠、感同身受），為學生提供心理安全的氛圍和支持性的心理環境，從而發現學生潛在問題，為之提供建議和諮詢，並在自己力所不及時，及時幫助學生尋找專業諮詢機構或人員進行專業諮詢和治療，以促進學生的健康成長。

總之，教育要改革，教師要發展，必須首先對自己進行準確的角色定位，這樣才能根據自己所擔任角色的特定要求，確定自己的發展方向和內容，如此才不至於在社會、學校、學生對教師的多種角色期望中迷失方向。

四、教師職業的勞動特點

教師的工作是教育人、培養人的工作，是把人類社會累積的精神財富傳授給年輕一代，並在此過程中開啓學生智慧，塑造學生靈魂。這種勞動，既不同於從事物質資料生產的體力勞動，也不同於專門從事精神生產的其他腦力勞動，其主要特點有：

1. 複雜性

教師勞動屬於專業行為，是一種高度複雜的心智勞動。教師勞動複雜性是由其工作性質、任務及過程的特殊性所決定的。

教師勞動對象具有複雜性。教師勞動的對象是有思想、有個性、有血有肉的活生生的人，是正在成長和發展中的下一代人。他們不可能像物質產品那樣，可以按固定的流程、統一的型號，用一個模子來鑄造，而要求教師在從事教育勞動時既要按統一標準來培養學生，又要注意針對層次不同、受社會影響不同、學生個體秉性不同，採取不同方法，因材施教。

教師勞動任務具有複雜性。教師不僅要引導學生掌握系統的文化科學基礎知識和基本技能，發展學生智力、體力，培養能力，促進學生個性健康發展，還要培養學生社會主義品德和審美情操，奠定學生科學世界觀的基礎，以此引導學生在德、智、體、美、勞等方面達成全面、和諧而獨特發展。

教師勞動過程具有複雜性。教師的勞動過程是一個運用智力的過程。教師拿到教材之後，首先是對教材知識進行消化處理，融入自己原來的知識結構當中，新知識和舊知識的結合，能使教師更好地理解教材的知識，形成符合自己風格的語言表述系統以對知識進行輸出並傳遞給學生。因此，教師的勞動和體力勞動不同，是使用腦力思維的過程，而且這種腦力勞動又和其他類型的腦力勞動不同，其他腦力勞動比如做科學研究，只需要把科研成果呈現給外界就可以了，而老師的勞動並不單單是呈現給外界的問題，還需要呈現給學生，老師還要促進他們的消化吸收，從而最終把人類創造的千百年的文化知識變為學生個人的精神財富。這樣，教師勞動的效果怎麼樣並不單單取決於他自己的勞動，還要取決於學生的學習情況，師生之間要相互配合。

2. 創造性

任何職業都要求創造性，但教師不同，需要更強的創造性。教師勞動的創造性主要表現在三個方面。

首先，教師需要因材施教。教師面對的是千差萬別的學生，不可能用同一種模式去塑造他們，也不可能用同一個標準去要求他們，需要靈活地針對每個學生的特點，對他們提出不同的要求，創造性地運用各種方法，使每個學生都能得到發展。其次，教師需要不斷更新教學方法。為了提高教學效果，教師需要嘗試新的教學方法，進行教學方法的變換或改革。最後，教師需要「教育機智」。教育機智是教師在教育教學過程中的一種特殊定向能力，是指教師能根據學生新的特別是意外的情況，迅速而正確地做出判斷，隨機應變地採取及時、恰當而有效的教育措施解決問題的能力，主要包括敏銳的觀察力、準確的判斷力、適當的措施、及時的調節、隨機處置等過程。有了這種能力，教師才能正確估計，判斷課堂教學中出現的意外事件，從而找到有效的方法並正確地加以運用。

【案例分析】

老師的腰圍

我在一所小學聽一堂數學課，內容是有關測量的。孩子們的桌子上，放著長長短短的尺子。

老師是個女的，胖胖的，40來歲。講完厘米、分米和米的概念後，她讓學生們測量桌子、錢幣、書本和手臂的長度。兩分鐘之後，班上像炸開了鍋，一只只胳膊高舉著，像一根根旗杆。被點名的同學報出答案後，都得到了表揚，張張小臉漲得紅紅的，嘴巴笑成了一朵朵花。那些沒被點到名字的學生著急了，有的站起來，有的跳著腳，有的甚至爬到凳子上，高舉著手喊：「老師，快叫我快叫我。」看著孩子們抓耳撓腮的猴急樣，我坐在邊上忍不住想笑。我能理解孩子們的心情：誰不想在老師、同學面前表現一番呢？何況還有我這個外人在場。

桌子的長度報過了，鉛筆的長度報過了，書本和手臂的長度也報過了，老師說，我們再找找別的東西測量一下。老師的話剛完，我旁邊的那個一直沒得到機會的瘦個子男孩噌地站起來：「老師，我想測測你的腰圍。」班上一下靜了，同學們都轉過頭或側過身看著這個瘦男孩，爾後又把目光對著老師。老師低頭看了一下自己的腰，然後靜靜地看著學生，笑了，邊笑邊朝那個男孩說著：「好啊，你來量吧。」

小男孩拿著尺子，飛快地跑到黑板前。他用手按住尺子的一端，讓尺子在老師的肚皮上翻著跟頭，可能是男孩的手拙，也可能是尺子太短了，跟頭翻了好幾個，他才說出了一個答案：「87厘米。」

「不錯，他量得很認真，答案也比較接近。」老師的話顯然激起了其他同學的表現欲，她不失時機地問了一句，「其他同學有沒有更好的辦法，測得更準確一些？」她的話音剛落，一個胖乎乎的女孩站起來說：「老師，我有，我用手。」

小女孩已開始往黑板前跑了。其他學生的目光都在追逐女孩的身影。老師問：「你用手怎麼量呢？」小女孩說：「我一掌是11厘米，我看是幾掌就知道了。」老師笑了。小女孩的手在老師的腰上爬，剛爬了一圈之後，她就報出了答案：「89厘米。」

笑容在老師的臉上綻放，班級的氣氛更活躍了。「有沒有更好的辦法？」老師問。教室裡靜悄悄的。孩子們或側著頭或趴在桌子上苦思冥想。片刻之後，前排的一個小

孩站起來，「老師，你把褲帶解下來，我們一量就知道了。」

我沒想到這個小小的孩子會想到這種聰明的辦法。老師肯定也沒想到，我看到她在大笑，真正地開懷大笑。笑聲仿佛長著腿，在教室裡飛舞。

老師一邊笑一邊真的解下了褲帶子。小同學顯然已從老師的笑聲中感受到了讚許，他握著尺子朝黑板前面走的時候，臉上的笑容仿佛要消下來。

小同學量出的是90厘米，這當然是最準確的一個答案。老實說，這位老師並不算漂亮，但這節課卻是我聽過的最漂亮的一節課。

資料來源：王紅豔，魏薇. 中外教育經典案例評析 [M]．濟南：山東人民出版社，2005：6-8.

請思考： 你覺得這節數學課上得「漂亮」嗎？若答案是「漂亮」，「漂亮」在何處？

3. 示範性

教師的勞動對象是學生，學生的一個重要特點就是模仿教師。教師的思想觀念、道德品質、感情、意志、知識技能、日常言行、儀表舉止都是學生觀察琢磨、參照和效仿的對象。學生的這種模仿性不僅是基於他們的求知慾望和道德取向，而且它是一種自然傾向和基本心理特徵，正如植物的向陽性和向水性一樣，而被稱為「向師性」。所以，教師必須身體力行，以身作則，充分認識身教重於言教的意義，無論在言論行動上，還是在思想感情、立場觀點方面都應成為學生的榜樣。古人說得好：「其身正，不令而行；其身不正，雖令不從。」這正是對教師自身「示範性」的最好概括。

4. 長期性

教師勞動之所以具有長期性是由於教育活動具有遲效性。首先，教師的勞動成果是人才，而人才培養的週期長、見效慢，把一個人培養成能夠獨立於社會、服務於社會，不是一朝一夕的事情。「十年樹木，百年樹人」正是這個道理。其次，教師對學生施加的影響往往也需要很長的時間才能見效，教師不僅要促進學生知識的把握，還要促進學生能力的提高、形成良好的思想品德，就如雨露滋潤禾苗一般，慢慢滋潤，方能茁壯成長。而且，教師對學生的影響不會隨著學生學業的結束而消失，而是會在學生長期的實踐中更趨於完善和成熟。教師為學生在德智體美勞諸方面打下的基礎，往往會影響學生的一生，成為他們終身發展的寶貴財富。

第二節　教師的權利與義務

教師是國家舉辦教育事業的主要依靠力量，教師隊伍的整體素質如何，關係著國家教育事業的興衰成敗，從而也關係著國家現代化建設事業的興衰成敗。明確教師的權利和義務是教師管理體制改革和民主化發展的需要，是保障教師法定社會地位和權益的需要，也是提高教師自身素質的需要。

一、教師的權利

教師的權利是指教師在教育教學活動中依法享有的權利，是國家對教師可以做出或不做出一定行為，以及要求他人相應做出或不做出一定行為的許可與保障。教師在法律上的權利可分為兩部分：一是教師作為普通公民的一般權利；二是教師作為教育專業人員所特有的權利。作為普通公民，教師享有《憲法》中所規定的公民基本權利，如生命權、健康權、自由權、姓名權、榮譽權、隱私權等；作為教育專業人員，教師在教育教學活動中也享有作為一種職業特定的且特殊的法律權利。《教育法》《義務教育法》《教師法》中均對教師作為教育專業人員應享有的權利做出了規定。本節主要講述的是中國《教師法》中的相關規定。

《教師法》第七條規定了教師享有以下權利：

①進行教育教學活動，開展教育教學改革和實驗。
②從事科學研究、學術交流，參加專業的學術團體，在學術活動中充分發表意見。
③指導學生的學習和發展，評定學生的品行和學業成績。
④按時獲取工資報酬，享受國家規定的福利待遇以及寒暑假期的帶薪休假。
⑤對學校教育教學、管理工作和教育行政部門的工作提出意見和建議，通過教職工代表大會或者其他形式，參與學校的民主管理。
⑥參加進修或者其他方式的培訓。

【知識考查】

學校派張老師參加省裡的骨幹教師培訓，但扣其績效工資五百元。這種做法（　　）。

A. 侵犯了教師的進修培訓權　　B. 加強經費管理
C. 體現了按勞取酬　　D. 節約了辦學成本

答案：A

上述關於教師權利的表述可概括為教育教學權、科學研究權、指導評價權、獲得報酬權、民主管理權、進修培訓權、批評教育權。這些權利概括了教師職業所應具有的主要權利。

二、教師的義務

教師的義務是指依照法律規定，教師從事教育教學工作必須履行的責任。教師的義務也分為兩個部分：一是教師作為公民應承擔的義務；二是教師作為教育專業人員應承擔的義務。《教育法》《教師法》《中華人民共和國未成年人保護法》（以下簡稱《未成年人保護法》）和《中華人民共和國預防未成年人犯罪法》（以下簡稱《預防未成年人犯罪法》）等多部法律都對教師的義務做出了相關規定。本節主要講述的是中國《教師法》中規定的教師作為教育專業人員應承擔的義務。

《教師法》第八條規定了教師應當履行以下義務：

①遵守憲法、法律和職業道德，為人師表。

②貫徹國家的教育方針，遵守規章制度，執行學校的教學計劃，履行教師聘約，完成教育教學工作任務。

③對學生進行憲法所確定的基本原則的教育和愛國主義、民族團結的教育，法制教育以及思想品德、文化、科學技術教育，組織、帶領學生開展有益的社會活動。

④關心、愛護全體學生，尊重學生人格，促進學生在品德、智力、體質等方面全面發展。

⑤制止有害於學生的行為或者其他侵犯學生合法權益的行為，批評和抵制有害於學生健康成長的現象。

⑥不斷提高思想政治覺悟和教育教學業務水準。

【案例分析】

某中學外語教師王某，稱其母親病危，需請假一週前往照顧。一週後，王某逾期未歸，校方經調查，得知其在海南某公司任職，校方通過其妻緊急催促王某返校，當王某返校時，已累計離崗32天，致使他所任教班級的課落下很多，給教學工作造成很大損失。學校依據有關制度，對王某的行為進行了批評，並給予行政處分，扣發其脫崗期間的全部工資和獎金。但不久之後，王某再次擅離崗位，校方遂依據有關法律規定，對王某做出除名處理。王某不服，向這所學校的主管部門提出申訴，要求學校撤銷對其做出的處理決定。

資料來源：徐建平，茅銳，江雪梅. 教育政策與法規［M］. 重慶：重慶大學出版社，2013：193.

請思考：教育主管部門應如何處理？

【法律法規】

根據《教師法》第三十七條：對故意不完成教育教學任務給教育教學工作造成損失的，由所在學校、其他教育機構或者教育行政部門給予行政處分或者解聘。

上述關於教師義務的表述可概括為遵守國家法律法規的義務、完成教育教學工作的義務、進行政治思想品德教育的義務、愛護和尊重學生的義務、保護學生合法權益的義務、提高政治素質和業務水準的義務。這些條款概括了教師職業所應履行的主要義務。

權利和義務是現代法律的核心問題。「沒有無權利的義務，也沒有無義務的權利」，教師的權利和義務之間是一種相互聯繫、不可互缺的關係。作為教師，既是權利的享有者，又是義務的承擔者，因此應正確行使自己的權利，也需嚴格履行自己的義務。

第三節 教師的專業素質

2014年9月,習近平總書記視察北京師範大學發表「四有」好老師(有理想信念、有道德情操、有紮實學識、有仁愛之心)的重要講話,期望「造就一支師德高尚、業務精湛、結構合理、充滿活力的高素質專業化教師隊伍」,並強調「一個人遇到好老師是人生的幸運,一個學校擁有好老師是學校的光榮,一個民族源源不斷湧現出一批又一批好老師則是民族的希望」[①]。這是國家對教師隊伍重要性的確認,是國家對教師職業地位的確認,也是國家對高素質專業化教師隊伍的呼喚。新時代的教師重塑自身角色,使自身具備良好的職業素質是社會發展的需要,同時也是教師作為職業角色的根本要求。

《教育大辭典》中,教師專業素質被界定為:「為完成一定的教學任務所需具備的心理品質和行為品質的基本條件。」[②]

一、教師專業素質結構的維度

要普遍有效地認識教師專業素質,就有必要抽象出關於教師專業素質的一系列「結構」。這裡,教師專業素質結構是指描述教師素質中最基本構成要素的那些概念。「教師專業素質結構」可以從人們關於教師專業素質的認識之「雜多」中,通過抽象思維的「綜合」和「統一」而獲得,表6-1是長期以來人們關於教師專業素質認識的一些有代表性的研究和主張,它們為我們的「綜合統一」提供了資源。

表6-1 教師專業素質構成的幾種不同觀點[③]

研究者	教師專業發展的內容
曾榮光	①專業知識;②服務理想(1984,中國香港)
林瑞欽	①所教學科的知識(能教);②教育專業技能(會教);③教育專業精神(願教)(1990,臺灣)
艾倫	①學科知識;②行為技能;③人格技能(1991)
葉瀾	①專業理念;②知識結構;③能力結構(1998)
《教育大辭典》	①良好的個人品德;②職業道德;③有比較廣博的知識,精通所教學科知識;④教育理論素養;⑤語言素養;⑥能力;⑦身體健康
申繼亮、辛濤	①職業理想;②教育觀念;③知識機構;④教育教學能力(1998)
傅道春	①專業倫理修養;②專業技能修養;③教師的人格;④知識與能力;⑤工作需要和態度(2001)

---

① 習近平. 做黨和人民滿意的好老師:同北京師範大學師生代表座談時的講話 [N]. 人民日報,2014-09-10 (2).
② 顧明遠. 教育大辭典(卷2)[M]. 上海:上海教育出版社,1990:16.
③ 根據謝安邦,朱波宇. 教師素質的範疇和結構探析 [J]. 教師教育研究,2007 (3):1-5;胡志堅. 關於教師專業發展研究中幾個問題的思考 [J]. 教育研究與實驗,2009 (6):38-40文章內容整理而成.

表6-1(續)

研究者	教師專業發展的內容
Barbara Kelley	①精深的內容知識；②教育教學技能；③瞭解學生，對學生負責；④評價學生和基於評價的教學；⑤課堂管理能力；⑥反省實踐能力與方法；⑦合作的觀念和能力
葉瀾等	①教育信念；②知識；③能力；④專業態度和動機；⑤自我發展需要和意識（在相關著作中還有另一種表述方式：①教育理念；②專業知識結構；③能力結構）（2001）
習近平	①有理想信念；②有道德情操；③有紮實知識；④有仁愛之心

　　為了構建教師專業標準體系，建設高素質專業化教師隊伍，2012年教育部研究制定並頒布了《幼兒園教師專業標準（試行）》《小學教師專業標準（試行）》和《中學教師專業標準（試行）》。這是國家對幼兒園、小學、中學合格教師專業素質的基本要求，是教師實施教育教學行為的基本規範，是引領教師專業發展的基本準則，是教師培養、准入、培訓、考核等工作的重要依據。小學教師和中學教師專業標準具體內容分別見表6-2、表6-3。

表6-2　小學教師專業標準的基本內容

維度	領域	基本要求
專業理念與師德	（一）職業理解與認識	1. 貫徹黨和國家教育方針政策，遵守教育法律法規； 2. 理解小學教育工作的意義，熱愛小學教育事業，具有職業理想和敬業精神； 3. 認同小學教師的專業性和獨特性，注重自身專業發展； 4. 具有良好職業道德修養，為人師表； 5. 具有團隊合作精神，積極開展協作與交流
	（二）對小學生的態度與行為	6. 關愛小學生，重視小學生身心健康，將保護小學生生命安全放在首位； 7. 尊重小學生獨立人格，維護小學生合法權益，平等對待每一個小學生。不諷刺、挖苦、歧視小學生，不體罰或變相體罰小學生； 8. 信任小學生，尊重個體差異，主動瞭解和滿足有益於小學生身心發展的不同需求； 9. 積極創造條件，讓小學生擁有快樂的學校生活
	（三）教育教學的態度與行為	10. 樹立育人為本、德育為先的理念，將小學生的知識學習、能力發展與品德養成相結合，重視小學生全面發展； 11. 尊重教育規律和小學生身心發展規律，為每一個小學生提供適合的教育； 12. 引導小學生體驗學習樂趣，保護小學生的求知欲和好奇心，培養小學生的廣泛興趣、動手能力和探究精神； 13. 引導小學生學會學習，養成良好學習習慣
	（四）個人修養與行為	14. 富有愛心、責任心、耐心和細心； 15. 樂觀向上、熱情開朗、有親和力； 16. 善於自我調節情緒，保持平和心態； 17. 勤於學習，不斷進取； 18. 衣著整潔得體，語言規範健康，舉止文明禮貌

表6-2(續)

維度	領域	基本要求
專業知識	（五）小學生發展知識	19. 瞭解關於小學生生存、發展和保護的有關法律法規及政策規定； 20. 瞭解不同年齡及有特殊需要的小學生身心發展特點和規律，掌握保護和促進小學生身心健康發展的策略與方法； 21. 瞭解不同年齡小學生學習的特點，掌握小學生良好行為習慣養成的知識； 22. 瞭解幼小和小初銜接階段小學生的心理特點，掌握幫助小學生順利過渡的方法； 23. 瞭解對小學生進行青春期和性健康教育的知識和方法； 24. 瞭解小學生安全防護的知識，掌握針對小學生可能出現的各種侵犯與傷害行為的預防與應對方法
	（六）學科知識	25. 適應小學綜合性教學的要求，瞭解多學科知識； 26. 掌握所教學科知識體系、基本思想與方法； 27. 瞭解所教學科與社會實踐的聯繫，瞭解與其他學科的聯繫
	（七）教育教學知識	28. 掌握小學教育教學基本理論； 29. 掌握小學生品行養成的特點和規律； 30. 掌握不同年齡小學生的認知規律； 31. 掌握所教學科的課程標準和教學知識
	（八）通識性知識	32. 具有相應的自然科學和人文社會科學知識； 33. 瞭解中國教育基本情況； 34. 具有相應的藝術欣賞與表現知識； 35. 具有適應教育內容、教學手段和方法現代化的信息技術知識
專業能力	（九）教育教學設計	36. 合理制訂小學生個體與集體的教育教學計劃； 37. 合理利用教學資源，科學編寫教學方案； 38. 合理設計豐富多彩的班隊活動
	（十）組織與實施	39. 建立良好的師生關係，幫助小學生建立良好的同伴關係； 40. 創設適宜的教學情境，根據小學生的反應及時調整教學活動； 41. 調動小學生學習積極性，結合小學生已有的知識和經驗激發學習興趣； 42. 發揮小學生主體性，靈活運用啓發式、探究式、討論式、參與式等教學方式； 43. 將現代教育技術手段滲透運用到教學中； 44. 較好使用口頭語言、肢體語言與書面語言，使用普通話教學，規範書寫鋼筆字、粉筆字、毛筆字； 45. 妥善應對突發事件； 46. 鑑別小學生行為和思想動向，用科學的方法防止和有效矯正不良行為
	（十一）激勵與評價	47. 對小學生日常表現進行觀察與判斷，發現和賞識每一個小學生的點滴進步； 48. 靈活使用多元評價方式，給予小學生恰當的評價和指導； 49. 引導小學生進行積極的自我評價； 50. 利用評價結果不斷改進教育教學工作
	（十二）溝通與合作	51. 使用符合小學生特點的語言進行教育教學工作； 52. 善於傾聽，和藹可親，與小學生進行有效溝通； 53. 與同事合作交流，分享經驗和資源，共同發展； 54. 與家長進行有效溝通合作，共同促進小學生發展； 55. 協助小學與社區建立合作互助的良好關係
	（十三）反思與發展	56. 主動搜集分析相關信息，不斷進行反思，改進教育教學工作； 57. 針對教育教學工作中的現實需要與問題，進行探索和研究； 58. 制定專業發展規劃，不斷提高自身專業素質

表 6-3　中學教師專業標準的基本內容

維度	領域	基本要求
專業理念與師德	（一）職業理解與認識	1. 貫徹黨和國家教育方針政策，遵守教育法律法規。 2. 理解中學教育工作的意義，熱愛中學教育事業，具有職業理想和敬業精神。 3. 認同中學教師的專業性和獨特性，注重自身專業發展。 4. 具有良好職業道德修養，為人師表。 5. 具有團隊合作精神，積極開展協作與交流。
	（二）對學生的態度與行為	6. 關愛中學生，重視中學生身心健康發展，保護中學生生命安全。 7. 尊重中學生獨立人格，維護中學生合法權益，平等對待每一個中學生。不諷刺、挖苦、歧視中學生，不體罰或變相體罰中學生。 8. 尊重個體差異，主動瞭解和滿足中學生的不同需要。 9. 信任中學生，積極創造條件，促進中學生的自主發展。
	（三）教育教學的態度與行為	10. 樹立育人為本、德育為先的理念，將中學生的知識學習、能力發展與品德養成相結合，重視中學生的全面發展。 11. 尊重教育規律和中學生身心發展規律，為每一個中學生提供適合的教育。 12. 激發中學生的求知欲和好奇心，培養中學生學習興趣和愛好，營造自由探索、勇於創新的氛圍。 13. 引導中學生自主學習、自強自立，培養良好的思維習慣和適應社會的能力。
	（四）個人修養與行為	14. 富有愛心、責任心、耐心和細心。 15. 樂觀向上、熱情開朗、有親和力。 16. 善於自我調節情緒，保持平和心態。 17. 勤於學習，不斷進取。 18. 衣著整潔得體，語言規範健康，舉止文明禮貌。
專業知識	（五）教育知識	19. 掌握中學教育的基本原理和主要方法。 20. 掌握班集體建設與班級管理的策略與方法。 21. 瞭解中學生身心發展的一般規律與特點。 22. 瞭解中學生世界觀、人生觀、價值觀形成的過程及其教育方法。 23. 瞭解中學生思維能力與創新能力發展的過程與特點。 24. 瞭解中學生群體文化特點與行為方式。
	（六）學科知識	25. 理解所教學科的知識體系、基本思想與方法。 26. 掌握所教學科內容的基本知識、基本原理與技能。 27. 瞭解所教學科與其他學科的聯繫。 28. 瞭解所教學科與社會實踐的聯繫。
	（七）學科教學知識	29. 掌握所教學科課程標準。 30. 掌握所教學科課程資源開發的主要方法與策略。 31. 瞭解中學生在學習具體學科內容時的認知特點。 32. 掌握針對具體學科內容進行教學的方法與策略。
	（八）通識性知識	33. 具有相應的自然科學和人文社會科學知識。 34. 瞭解中國教育基本情況。 35. 具有相應的藝術欣賞與表現知識。 36. 具有適應教育內容、教學手段和方法現代化的信息技術知識。

表6-3(續)

維度	領域	基本要求
專業能力	（九）教學設計	37. 科學設計教學目標和教學計劃。 38. 合理利用教學資源和方法設計教學過程。 39. 引導和幫助中學生設計個性化的學習計劃。
	（十）教學實施	40. 營造良好的學習環境與氛圍，激發與保護中學生的學習興趣。 41. 通過啟發式、探究式、討論式、參與式等多種方式，有效實施教學。 42. 有效調控教學過程。 43. 引發中學生獨立思考和主動探究，發展學生創新能力。 44. 將現代教育技術手段滲透應用到教學中。
	（十一）班級管理與教育活動	45. 建立良好的師生關係，幫助中學生建立良好的同伴關係。 46. 注重結合學科教學進行育人活動。 47. 根據中學生世界觀、人生觀、價值觀形成的特點，有針對性地組織開展德育活動。 48. 針對中學生青春期生理和心理發展特點，有針對性地組織開展有益身心健康發展的教育活動。 49. 指導學生理想、心理、學業等多方面發展。 50. 有效管理和開展班級活動。 51. 妥善應對突發事件。
	（十二）教育教學評價	52. 利用評價工具，掌握多元評價方法，多視角、全過程評價學生發展。 53. 引導學生進行自我評價。 54. 自我評價教育教學效果，及時調整和改進教育教學工作。
	（十三）溝通與合作	55. 瞭解中學生，平等地與中學生進行溝通交流。 56. 與同事合作交流，分享經驗和資源，共同發展。 57. 與家長進行有效溝通合作，共同促進中學生發展。 58. 協助中學與社區建立合作互助的良好關係。
	（十四）反思與發展	59. 主動搜集分析相關信息，不斷進行反思，改進教育教學工作。 60. 針對教育教學工作中的現實需要與問題，進行探索和研究。 61. 制定專業發展規劃，不斷提高自身專業素質。

二、教師專業素質結構的具體內容

綜觀國內外對於教師專業素質結構的研究，儘管不同研究者對教師必須具備的專業素質的關注點不同，但是，通過比較、分析和綜合，我們可以把他們關於教師專業素質的認識統一為五個方面，即教育理念、專業知識、專業能力、專業道德、人格特徵。

（一）先進的教育理念

理念可簡釋為理想、信念，是左右人們態度、行為的一種無形而強大的觀念力量。如賀麟先生所說：「觀念在人的精神生活上所占的地位，就好像光在人的實際生活和行為上所占的地位一樣。沒有光，整個世界黑暗了。沒有觀念，整個人生盲目了。」[1] 作

---

[1] 賀麟. 文化與人生 [M]. 上海：上海人民出版社，2011：128.

為擔負著培養學生這一特殊工作的教師，作為身處價值觀日益多元化的社會背景中的教育工作者，教育理念是教師在教學實踐及教育思維活動中形成的對教育的理性認識和主觀要求，是建立在對教育規律認識的基礎之上的教師追求的教育理想。先進的教育理念是一種「遠見卓識」，它能正確地反應教育的本質和時代的特徵，科學地指明前進方向[1]。根據教育發展的需要，現代教師所具有的教育理念應包含新的素質教育觀、新的教師觀、新的學生觀。

首先，新的素質教育觀。符合時代特徵的科學的素質教育觀要求教師對教育功能有全面的認識，要求教師全面理解素質教育。教師應該認識到教育不再僅僅是傳授知識和技能，而是要面向全體學生，促進學生的全面發展，促進學生創新精神和實踐能力的培養，促進學生生動、活潑、主動地發展，培養學生終身可持續發展的能力。

其次，新的教師觀。傳統教師觀下，教師是知識的「傳授者」和「搬運工」。隨著時代的發展，教師觀也有了新的內涵。一是角色的轉變。從教師與學生的關係看，教師是學生學習的促進者；從教學與研究的關係看，教師是教育教學的研究者；從教學與課程的關係看，教師是課程的開發者和建設者；從學校與社區的關係看，教師是社區型開放的教師。二是教育教學行為的轉變。新的教師觀強調教師的教育教學行為要向尊重、讚賞、幫助、引導、反思、合作等方面發展。

最後，新的學生觀。符合時代特徵的學生觀強調「以人為本」，強調要用發展的眼光認識學生，認為學生是具有個性與差異的人，是具有獨立意義的主體。

（二）合理的專業知識

教師合理的專業知識包含教師的本體性知識、條件性知識和實踐性知識。這是教師從事教育工作的前提條件。本體性知識是教師所具有的特定的學科知識，它是教師成長的必要條件，教師在從事教育工作之前或之中，需要掌握一部分專業學科知識，以在教學中能熟練運用本學科知識。條件性知識指的是認識教育對象、開展教育活動和研究所需的教育學科知識和技能，如教育學、心理學、教學論、班級管理、現代教育技術等。條件性知識是保障教師成功的前提條件，這種知識不僅需要教師系統地學習，也需要教師在教育教學過程中逐漸地瞭解和習得，需要動態性地把握和領會。實踐性知識指的是教師在面臨實際的課堂情境時所具有的課堂背景知識以及與之相關的知識，它更多地來自教師的教學實踐，具有明顯的經驗性成分，是教師教學經驗的累積，這種知識對於教師的專業發展具有決定性的作用。在教學第一線不難觀察到，一些具有專家級水準的教師憑直覺把握教學，他們會捕捉學生發出的微小暗示，並根據這些暗示信息調整教學，對學生的瞭解以及對不同學生的教育和教學恰到好處，憑著嫻熟的教學技能，使學生在教與學的互動中，不知不覺就學到了許多知識，發展了各方面的能力。

---

[1] 王冀生. 現代大學的教育理念 [J]. 遼寧高等教育研究，1999（1）：11-12.

> **【知識考查】**
> 　　鄭老師在指導新教師時說，瞭解學生身心發展規律、學習心理等，對做好教育教學工作極為重要。鄭老師的體會表明，教師不可忽視（　　）。
> 　　A. 政治理論知識　　　　　　B. 文化基礎知識
> 　　C. 學科專業知識　　　　　　D. 教育科學知識
> 　　答案：D

（三）複合型的專業能力

教師專業能力是教師在先進的專業理念與師德的指導下，把自己所掌握的專業知識運用到具體教育教學情境中，完成相應教育教學任務的本領，具體表現為完成一定教育教學活動的方式、方法和效率。教師的專業能力是從事教師職業的一種特殊能力，具有多元性、複合性。主要包括：

1. 瞭解和研究學生的能力

學生是教育的對象，瞭解學生是進行有效教育的前提。瞭解和研究學生德、智、體、美諸方面發展的情況以及個性和家庭教育等，能夠幫助教師選擇切實可行的教育教學方式，並預見教育行為的結果。一名教師，無論掌握多麼廣博深厚的知識，如果不注重對學生的研究，就無法準確地選擇教育教學的方法，也很難達到良好的教學效果。因此，教師必須善於觀察學生，對學生的思想行為、智力活動、情感表現具有敏銳的觀察力，通過學生的眼神、動作、表情等表現揣度學生的情緒體驗、認知水準和努力程度，及時調整教育教學的措施和方法。

2. 語言表達能力

語言是教師向學生傳授知識和施加影響的主要手段，即教師把知識技能傳授給學生是以語言為載體的。教師的語言應當清楚明白、準確生動，具有感染力和說服力；應盡可能地符合學生的年齡特徵、知識水準以及教材內容的特點。在音量、語速、聲調等方面也要符合環境和表達內容的要求，符合學生身心發展的需要，適中而有變化。簡單地說，就是要準確、簡約、形象，要富有邏輯性和啓發性。這就要求教師要有豐富的詞彙儲備、掌握語法的規律，有一定的心理學、邏輯學和教育學的修養，並在此基礎上不斷訓練、不斷發展。

3. 信息技術應用能力

隨著互聯網的飛速發展，信息的傳遞變得越來越簡單方便，世界正式步入了信息化時代，移動互聯網的出現更是為社會的各個行業帶來巨大的變化，其中就包括教育。「互聯網+教育」正在開啓教育的變革，與日俱增的學校和受教育者開始自發地利用互聯網跨越時空、即時互動、資源共享等的便利性來進行教學內容的傳播和自主學習，傳統教育模式和價值觀發生了巨大的改變。為了緊跟時代的步伐，中小學（幼）教師應全面提升自身的信息技術應用能力。首先應轉變教學理念。學生成為學習內容和問題解決的主導，教師的價值更多體現在資源提供、方法支持、問題解決的引導和啓發上，這就要求教師在教學活動中更加高效地應用信息資源，使用各種信息工具與學生交流互動。教師要從課堂上教、站在講臺上講，轉變為融入學生中「導學」，借助大數

據「診學」、隱於「雲端」助學。其次，應掌握現代信息技術的基礎知識，具備操作現代教育教學媒體的能力，並借助技術手段進行學習，發揮現代教育技術的作用，提高教育的質量和效益。教師必須具有較強的獨立獲取信息、應用信息的能力，才能通過各種信息渠道吸取新知識、新技術、新理論，並經過選擇、加工、提煉、綜合，傳遞給學生。

4. 組織管理能力

班集體、學校集體是師生活動的基本環境。教師所面臨的對象不是單個或少數學生，而是由學生個體組成的班級集體、學校集體。在集體中進行共同的活動，就需要教師有一定的組織管理能力，即一定的計劃能力、決策能力、協調能力、控制能力、監督能力等。教師的組織能力是一種相當複雜的綜合能力，除了教育教學的常規組織工作外，還表現在組織學生舉行班會、參觀訪問、社會調查、演講、知識競賽、社會義務勞動等方面。教師必須善於計劃和安排，認真處理好人際關係，對學生知人善任，針對學生身心發展的特點，進行恰當的管理，才能達到預期目的。

5. 教育科研能力

時代呼喚科研型教師。教育是富有創造性的工作，校本課程的開發、研究性學習的有效進行、德育工作的實效性探索、現代教育教學方法的改革，這一切都需要不斷地研究與探索，需要教師承擔起雙重專業角色——既是教育者，又是研究者。因此，教師要增強教育科研意識，提高教育科研素養，自覺開展教育科研，努力將教育科學研究與日常的工作實踐相結合，從實際工作中提出課題，結合教育教學改革任務進行實驗研究，通過對實際情況的觀察，累積第一手資料，從中進行分析探索，求得對教育教學規律的認識。

【名人名言】
　　如果你想讓教師的勞動能夠給教師帶來樂趣，使天天上課不至於變成一種單調乏味的義務，那你就應當引導每一位教師走上從事研究這條幸福的道路上來。
　　　　　　　　　　　　　　　　　　　　——［蘇聯］蘇霍姆林斯基

（四）崇高的專業道德

教育是一項道德的事業，師德是為師之本。自20世紀70年代以來，在教師專業化運動的背景下，教師職業道德向教師專業道德的轉變成為教師專業發展的重要方向。顧明遠先生曾明確指出：「教師的專業性不僅要有較高的專門（所教學科）知識和技能，還應有較高的職業道德。」[1] 顧名思義，這種「較高的職業道德」是指「教師專業道德」，從「職業」到「專業」的轉變，更突顯了新時代師德對傳統師德的繼承、發展和超越[2]。為進一步增強教師的責任感、使命感、榮譽感，規範職業行為，明確師德底線，2008年中國教育部修訂了《中小學教師職業道德規範》，將教師職業道德概括為愛國守法、愛崗敬業、關愛學生、教書育人、為人師表、終身學習等；黨的十八大以

---

[1] 連秀雲. 新世紀教師專業化的理論與實踐［M］. 長春：東北師範大學出版社，2003：5.
[2] 羅昂. 教師專業倫理的內涵與持續發展［J］. 中國德育，2008（4）：22-25.

來，習近平總書記也多次在講話中突出強調新時代師德對於推進教育事業發展和社會文明進程的重要性，進一步加強師德師風建設，2018年教育部研究制定了《新時代中小學教師職業行為十項準則》。

【資料連結】
新時代中小學教師職業行為十項準則
（2018年11月8日印發實施）

一、堅定政治方向。堅持以習近平新時代中國特色社會主義思想為指導，擁護中國共產黨的領導，貫徹黨的教育方針；不得在教育教學活動中及其他場合有損害黨中央權威、違背黨的路線方針政策的言行。

二、自覺愛國守法。忠於祖國，忠於人民，恪守憲法原則，遵守法律法規，依法履行教師職責；不得損害國家利益、社會公共利益，或違背社會公序良俗。

三、傳播優秀文化。帶頭踐行社會主義核心價值觀，弘揚真善美，傳遞正能量；不得通過課堂、論壇、講座、信息網絡及其他渠道發表、轉發錯誤觀點，或編造散布虛假信息、不良信息。

四、潛心教書育人。落實立德樹人根本任務，遵循教育規律和學生成長規律，因材施教，教學相長；不得違反教學紀律，敷衍教學，或擅自從事影響教育教學本職工作的兼職兼薪行為。

五、關心愛護學生。嚴慈相濟，誨人不倦，真心關愛學生，嚴格要求學生，做學生良師益友；不得歧視、侮辱學生，嚴禁虐待、傷害學生。

六、加強安全防範。增強安全意識，加強安全教育，保護學生安全，防範事故風險；不得在教育教學活動中遇突發事件、面臨危險時，不顧學生安危，擅離職守，自行逃離。

七、堅持言行雅正。為人師表，以身作則，舉止文明，作風正派，自重自愛；不得與學生發生任何不正當關係，嚴禁任何形式的猥褻、性騷擾行為。

八、秉持公平誠信。堅持原則，處事公道，光明磊落，為人正直；不得在招生、考試、推優、保送及績效考核、崗位聘用、職稱評聘、評優評獎等工作中徇私舞弊、弄虛作假。

九、堅守廉潔自律。嚴於律己，清廉從教；不得索要、收受學生及家長財物或參加由學生及家長付費的宴請、旅遊、娛樂休閒等活動，不得向學生推銷圖書報刊、教輔材料、社會保險或利用家長資源謀取私利。

十、規範從教行為。勤勉敬業，樂於奉獻，自覺抵制不良風氣；不得組織、參與有償補課，或為校外培訓機構和他人介紹生源、提供相關信息。

（五）健康的人格特徵

教師的人格特徵是指教師的個性、情緒、健康以及處理人際關係的品質等。由於職業的特殊性，教師的人格和心理健康狀況會直接或間接地影響學生及其他教師的心理與行為，對教師個人工作的成敗也有極其重大的作用。正如所羅門教授說：「在個體人格發展方面，教師的影響僅次於父母。一個孩子如果擁有甜蜜的家庭，享有父母的

愛，又得到一個身心健康的教師，那是無比幸福的。相反，如果他既不能由父母那邊得到足夠的關懷與愛護，又受到情緒不穩定教師的無端困擾，必將造成許多身心發展的問題。」[1] 因此，促進教師自身的人格和心理健康成長，不僅是開展學校教育的需要，也是教師作為一名專業工作者個人發展的需要。教師健康的人格特徵主要包括：首先，積極樂觀的情緒。教師的情緒是否穩定、樂觀、積極，將影響教師的整個心理狀態及行為，也關係到教育教學的效果。其次，豁達開朗的心胸。心胸開闊，豁達大度是一種友善的態度，在人際交往中能與他人和諧相處，包容異己，互通有無，理解關懷，如尊重、真誠、信任、讚美等。再次，堅忍不拔的毅力。繁重艱鉅的教育工作要求教師有良好的、堅強的毅力，即教學工作中明確目的性和堅定性，處理問題時決策的果斷性和堅持性，面對矛盾沉著冷靜的自制力，以及給予愛和接受愛的能力。最後，廣泛的興趣。表現為始終保持旺盛的求知欲與廣泛的興趣，擁有廣博的知識和深厚的教學功底，並善於捕捉新信息，如饑似渴地追求新知識，能夠傾聽不同意見，同時勇於表達自己的看法，熱衷於社交活動，能適當地自我表現，即在各方面顯現出高度的積極性和主動性。

第四節　教師專業發展

新時代對教育提出了更新的要求，作為知識傳承者和創新者的教師，只有不斷進行與時俱進的教育改革，才能符合時代的需要。越來越多的研究者以提高教育質量為目的，開始關注教師的專業發展。這一概念自20世紀80年代被提出以來，已然成為世界許多國家教育研究共同關注的課題，並對其重要性達成共識：對教師專業發展的關注是整個教育發展和改革的原動力——沒有它，改革策略就僅僅只是理想而不能變為現實[2]。教師的專業發展狀況直接影響教育的質量與信譽，是教育質量提高的根本保證。

> 【名人名言】
> 教育改革的核心在於課程改革，課程改革的核心在於課堂改革，課堂改革的核心在於教師專業發展。
> ——鐘啓泉

一、教師專業發展標準

談到教師專業發展標準，首先應該厘清專業、專業發展以及教師專業發展的概念。關於專業的形成和特性、專業與職業的評判標準等研究源於1893年法國社會學家涂爾

---

[1] 黃和林. 教師心理健康的現狀分析與促進措施 [J]. 寧波教育學院學報, 2000 (4)：38-41.
[2] 周青, 楊妙霞, 楊輝祥. 美國科學教師專業發展標準及其啟示 [J]. 高等教育研究, 2005 (5)：62-66.

干（E. Durkheim，1858—1917）寫下的博士論文《社會分工論》[1]。但時至今日，關於「專業」的概念界定依然莫衷一是。目前，採用較多的專業概念有兩個，一個是卡爾-桑德斯的觀點，即專業是指一群人在從事一種需要專門技術的職業。專業是一種需要特殊智力來培養和完成的職業，其目的在於提供專門性的服務。另一個是日本學者石村善助的觀點，即專業是「通過特殊教育或訓練掌握了業經證實的認識（科學或高深的知識），具有一定的基礎理論的特殊技能，從而按照來自非特定的大多數公民自發表達出來的每個委託者的具體要求，從事具體的服務工作，借以為全體社會利益效力的職業」[2]。

由此我們可以認為，專業首先是一種職業，但它又不同於一般以謀生為目的的職業，它應具備某些特徵，符合某種標準。因此，專業發展可指「一個普通的職業群體在一定時期內，逐漸符合專業標準、成為專門職業並獲得相應的專業地位的過程」[3]。專業發展強調的是一個持續不斷發展的過程，在這個過程中逐漸實現專業標準、提高職業群體的社會地位。這就意味著教師專業發展是指教師在整個專業生涯中，依託專業組織，通過終身專業訓練，習得教育專業知識技能，實施專業自主，表現專業道德，逐步提高自身從教素質，成為一個良好的教育專業工作者的專業成長過程。

那麼，教師職業是不是專業呢？根據已有的標準[4]，教師職業在當前專業化水準不高，只是半專業性或準專業性行業。因此，為了提高教育質量，提高教師的社會地位和物質待遇，吸引更多優秀人才從事教師職業，就必須使教師職業不斷接近並符合已有的專業發展標準，進而被接納為一種專業，實現教師專業發展。那麼，教師專業發展有哪些標準可資借鑑呢？

（一）澳大利亞的教師專業發展標準[5]

1999年，澳大利亞聯邦政府創建了「面向21世紀的教師——開創不一樣的未來」（Teachers for the 21st Century：Making the Difference）計劃。該計劃由聯邦政府醞釀出抬並承擔資金籌備，目的就是要提高和改善教師的專業素質，使越來越多的學校朝著高效化方向發展，從而盡最大可能提高學生的學業成就。在此基礎上，澳大利亞聯邦政府在2010年正式公布了新的《全國教師專業發展標準》，從專業知識、專業實踐和專業發展三要素、七個標準為教師發展提供了統一框架，以提高學生的學業成就。

1. 專業領域三要素

教師專業發展標準確立是促進高質量教學的保障。教師專業發展必須依據相互聯繫、依存、交叉的專業知識、專業實踐和專業發展三個要素領域的要求來證明自己是否達到標準。在這三要素中，學生發展的主題始終貫穿在論述中。

（1）專業知識。教師應該很好地瞭解學生以及影響教和學的各種因素；熟悉學生在不同發展階段的特徵；掌握有效的教學方法支持學生的學習。

（2）專業實踐。使用豐富的教學策略和資源使學生的學習結果最大化；通過分析

---

[1] THOMAS R, GUSKEY. 教師專業發展評價 [M]. 方樂，張英，等譯. 北京：中國輕工業出版社，2005.
[2] 劉慧. 教師職業專業性的思考：基於專業標準的分析 [J]. 遼寧教育，2011（9）：10-11.
[3] 胡志堅. 專業特徵和專業標準的研究與教師專業化 [J]. 師資培訓研究，2003（1）：7-11.
[4] 同[3].
[5] 俞婷婕，肖甦. 推動中小學教師專業發展的一項新舉措：評述澳大利亞政府優秀教師計劃及其進展 [J]. 外國中小學教育，2007（9）：13-17.

學生的學習成績促進對教學實踐的評估和改進。

（3）專業發展。教師主動發展的內部動力指向其反思提高的意願和能力；外部促進指向在專業團體中的相互學習和激勵。

2. 七項標準

七項標準具體包括：①瞭解學生及學生如何學習；②瞭解所教內容並知道如何教；③計劃並實施有效的教學與學習；④創造並維持一個安全而富有支持性的學習環境；⑤對學生學習情況進行評估、反饋和匯報；⑥積極進行專業學習與反思；⑦為學校和專業團體做出貢獻。這七項標準可劃分為受教育者知識、學科內容及學科教學法知識、教學過程管理、環境管理、評價與教師專業發展策略幾個維度，從教師實際參與的專業行為對教師專業發展內容要素提出了一套具體要求。其中多數維度直接與受教育者相關，而教師專業發展策略也間接地為促進受教育者服務。

（二）英國的教師專業發展標準[①]

2016年7月，英國教育部同樣公布了「教師專業發展標準」，從學校領導者、教師以及教師專業發展的提供者三個維度提出了教師專業發展五個方面的要求。教育部與此同時也頒布了「應用指南」，闡釋了概要、應用、對專業發展的界定以及五部分標準釋意，該標準的頒布對英國學校領導、教師和教育機構推進教師專業發展具有實踐指導意義。

英國的「教師專業發展標準」認為有效的教師專業發展要以學生發展為目的，標準通篇圍繞促進學生成就來建構教師專業發展的路徑，要求學校各項教育教學活動的設計都圍繞學生發展目標進行，其綱要為：

（1）教師專業發展應著眼於提高和評價學生的學業成績。它包括：活動設計要圍繞個體教師已有的經驗、知識和需求以及教師和他們所在學校環境和日常經驗等方面進行；確保每個活動項目與預期的學生學業成績有邏輯關聯性；正在開展的教學實踐變化對學生學業成績產生影響。

（2）教師專業發展應以堅實的理論和專業知識為基礎。它包括：教學實踐和理論水準同步發展；教學知識與專業知識相結合；引用論證信息，包括高水準學術研究、評估方法和教學資源；得到專業技能和知識豐富的專家幫助，提高參與者的理論理解力；激發教師對教學和學生學習的信念和期望。

（3）教師專業發展應包括專家合作及其建議指導。它包括：基於解決問題的同行支持；關於教學實踐有的放矢的討論，幫助有相似需求的學生通過提高期望值和引進新理念，挑戰現存的教學實踐；來自培訓或指導人員的支持，有名師的榜樣作用，也有建議和指導。

（4）教師專業發展規劃應具有長遠性和延續性。有效專業發展要包括互補性的單次活動，涵蓋在系列連貫性的活動項目中；有效專業發展要用實驗、反思、反饋和評價。

（5）學校領導必須優先考慮教師專業發展。它包括：清楚地瞭解如何提高學生的學業水準；為學生的成功不斷完善清晰可見的高遠願景；領導人的榜樣與支持有效專

[①] 李繼紅. 譯解英國最新頒布的「教師專業發展標準」[J]. 大連教育學院學報, 2016 (9): 19-21.

業發展的所有願望；確保充足的時間和資源；平衡學校、學科和教師的當務之急；培養真正的職業信任感。

二、教師專業發展階段

教師專業發展具有階段性，自1969年美國學者富勒（Fuller）首次提出了教師專業發展的關注階段論以來，國外的學者對此進行了大量的研究，不同的學者站在不同的視角提出了不同的教師發展階段理論（見表6-4）。

表6-4　國外研究中的教師專業發展階段論[1]

研究者	教師專業發展階段論
富勒	任教前關注階段、早期求生階段、關注教學情景階段、關注學生階段
卡茨	求生階段、鞏固階段、更新階段、成熟階段
卡魯索	焦慮/歡快期、混亂/清晰期、勝任/不勝任期、批判/新意識期、更有信心/更不勝任期、失敗/緩解期
亞格爾、默滕斯	師資生前階段、師資生階段、初任教師階段、發展中教師階段、實務教師階段、資深教師階段
薩克斯、哈林頓	預想期、進入實習期、定向期、試誤期、整合/鞏固期、掌握期
伯登	求生階段、調整階段、成熟階段
斯特菲	預備生涯階段、專家階段、退縮階段、更新階段、退出階段
麥克唐納	過渡階段、探索階段、創新和實驗階段、專業教學階段
休伯曼	入職期、穩定期、實驗和歧變期、重新估價期、平靜和關係疏遠期、保守和抱怨期、退休期

國內學者也從不同角度提出了教師專業發展階段論，如2013年康翠、劉美鳳按照國內學者連榕等人提出的「新手—熟手—專家」的教師成長觀，以及參考國內小學教師職稱評定制度，將教齡、職稱、教研情況三個方面確定為新手教師、熟手教師和專家教師的選取標準，如表6-5所示。

表6-5　研究對象選取的標準[2]

標準	新手教師	熟手教師	專家教師
教齡	1~5年	6年及以上	10年及以上
職稱	二級教師、一級教師	一級教師及以上	高級教師及以上
教研	一般參與	一般參與	學段/學校教研負責人

除此之外，葉瀾等從「自我更新」取向角度對教師專業發展階段進行的深入研究也是其中比較有代表性的研究，她把教師專業發展階段劃分為「非關注」階段、

---

[1] 劉昀. 中學教師專業發展研究［D］. 武漢：華中師範大學，2004：9-11.
[2] 康翠，劉美鳳. 不同專業發展階段教師教案編製的質性研究［J］. 中國電化研究，2013（11）：66-73.

「虛擬關注」階段、「生存關注」階段、「任務關注」階段和「自我更新關注」階段，如表 6-6 所示。

表 6-6 「自我更新」取向教師專業發展階段論及其特徵[1]

階段名稱	時限	主要特徵
「非關注」階段	正式教師教育之前	無意識中以非教師職業定向的形式形成了較穩固的教育信念，具備了一些「直覺式」的「前科學」知識以及與教師專業能力密切相關的一般能力
「虛擬關注」階段	師範學習階段	從對合格教師的要求開始思考，在虛擬的教學環境中獲得某些經驗，對教育理論及教師技能進行學習和訓練，有了對自我專業發展的反思
「生存關注」階段	新任教師階段	在「現實的衝擊」下，產生了強烈的自我專業發展的憂患意識，特別關注專業活動中的「生存」技能，專業發展集中在專業態度和動機方面
「任務關注」階段		隨著教學基本「生存」知識、技能的掌握、自信心日益增強，由關注自我的生存轉到更多地關注教學，由關注「我能行嗎」轉到關注「我怎樣才能行」
「自我更新關注」階段		不再受外部評價或職業升遷的牽制，自覺依照教師發展的一般路線和自己目前的發展條件，有意識地自我規劃，以謀求最大限度的自我發展，關注學生的整體發展，累積了比較科學的個人實踐知識

【知識考查】
師範學校的學生即「準教師」處於教師專業發展的（　　）階段。
A.「非關注」　　B.「虛擬關注」　　C.「生存關注」　　D. 自我更新關注
答案：B

三、教師專業發展途徑

從準教師轉變為合格教師、優秀教師甚至是專家教師，實現教師的專業發展是一個複雜的、持續的過程。這個過程是個體以受教育者身分逐步實現對教育、教學規律深度認知的過程，單憑一己之力很難實現這個過程的順利轉變。

20 世紀 30 年代以前，西方一些發達國家把培養教師的活動稱之為「師範教育」。形式上，「師範教育」主要是教師的職前教育，培養幼兒園、中小學教師；內容上，「師範教育」主要側重於所教學科的專業教育；辦學模式上，「師範教育」主要由中師、師專、師範本科院校承擔。隨著教育普及率提高，教師地位不斷提升，西方國家在教師培養上把教師職前培養和職後培訓同時提上日程，「師範教育」這一概念逐漸被「教師教育」取代。這不僅僅是簡單的概念替換，而是標誌著教師培養進入了一個新的

---

[1] 根據葉瀾等著的《教師角色與教師發展新探》第十章整理而成。

歷史階段[1]。

　　長期以來，中國教師培養分為兩大主要任務，即職前培養與職後進修培訓。這兩大任務一直由兩個聯繫不夠緊密的機構來承擔。也就是說，師範院校承擔著職前教師學歷教育，而教育學院系統側重的是在職教師的學歷達標教育。這一模式不僅造成教師職前培養和職後培訓之間缺乏過渡性與延續性，使教師成長的連續進程被人為地割裂和孤立，也造成教師教與學的脫節，並不利於教師的專業成長與發展。入職培訓制度的建立與教師培養、培訓三個階段的教師教育體系連接起來之後，就使得師資培養和提高真正成為一個連續的和不間斷的過程。因此，對任何一個教師來說，其專業成長與發展應是一個連續的過程，要貫穿於自己職業生涯的全過程。加強教師職前培養、入職培訓和職後培訓的有機整合，實現教師教育一體化，是教師專業發展的主要途徑。

（一）師範教育

　　在中國，師範教育可以說就是一種「培養師資的專業教育」[2]。它一般同教師的培養、訓練和提高有著直接聯繫，是一種專業性質的教育。職前師範教育階段是為培養教師專業人才服務的，是師範生進行專業準備與學習，初步形成教師職業所需要的知識與能力的關鍵期，也是教師專業發展的起始和奠基階段。師範教育的質量直接決定新教師的質量，並影響教師今後的發展。因此，師範教育必須強化其培養教育專業人員的職能，把學術性、師範性和服務性結合起來；注重師範專業信念體系的形成和敬業精神的培養；建構反應教師專業所需要的知識和技能的課程體系；加強教育理論與實踐的聯繫，建立有效的教師教育一體化制度。

（二）入職培訓

　　從入職培訓的對象和時間看，主要是針對剛從師範學校獲得合格教師資格的新教師，培訓時間可視具體情況而定。在整個培訓過程中，要始終貫徹兩個重要的內容。一是對新教師進行監督和支持。新教師開始從事教學工作後會遇到一些問題困難。因此，必須在學校中挑選具有豐富教學經驗的老教師擔任新教師的指導教師，對其進行日常的監督和輔助。指導教師根據新教師任教情況、專業發展情況、專業領域的掌握情況等，制訂適應新教師專業成長的目標和計劃，並據此展開指導工作。二是對新教師表現的評估。在入職培訓期間，對新教師進行評估，是整個入職培訓過程中的一個重要階段，借以確保合格的新教師從事教學工作。入職培訓評價體系主要包括兩種評價形式，一種是形成性評價，它是以滿足教師不斷完善自我的需要為目的所編製的評估測試；另一種是終結性的評估，評審結果用來指出並糾正新教師自身存在的專業缺陷，並對新教師以後的資格認證做出判斷。

（三）在職培訓

　　教師在職培訓，可以稱為教師繼續教育培訓，是在職前教師教育、教師入職教育的基礎上，通過提供完整的、連續的學習經驗和活動來促進教師專業發展的繼續教育培訓。教師的在職培訓主要是為了適應教育改革與發展的需要，為在職教師提供適應於教師專業發展不同階段需要的繼續教育。科學合理的在職教育培訓是提升教師專業

---

[1] 周洪宇. 教師教育論 [M]. 北京：北京師範大學出版社，2010：2-3.
[2] 胡喬木. 中國大百科全書・教育卷 [M]. 北京：中國大百科全書出版社，1985：78.

發展的重要方式。1999 年，中國教育部頒布的《中小學教師基礎教育規定》中強調：參加繼續教育是中小學教師的權利和義務，並提出為教師適應崗位要求而設置的培訓，培訓時間每五年累計不少於 240 學時。2012 年頒布的《國務院關於加強教師隊伍建設的意見》將每五年為一個週期的教師全員培訓提高到 360 學時。中小學教師參加由政府主導的教師培訓已日趨制度化和常態化。

教師的在職培訓包括培訓目標、對象、內容、模式、時間等多項具體實施方案，主要採取「理論學習、嘗試實踐、反省探究」相結合的方式，引導教師掌握不斷湧現的現代教育理論，培養教師研究教育對象、教育問題的意識和能力。現代的教師在職培訓非常注重喚醒教師的主體性、教師自身的研究者意識，培訓教師不再是單純地成為培訓的被動接受者，而是培訓的真正「參與者」。「參與式培訓」是目前國際上普遍倡導的一類進行培訓、教學和研討的方法，它不同於以往聽講和觀摩式培訓，它要求培訓者和受教育者共同承擔學習任務，共同承擔責任，強調的是學而不是教。通常使用的方法有小組研討、案例分析、課例研究等。

(四) 教師學習共同體

作為社會學概念，「共同體」一詞源於德國學者滕尼斯。滕尼斯 1887 年指出，「共同體」應強調人與人之間的緊密關係、共同的精神意識及對「共同體」的歸屬感、認同感[1]。而作為教育學概念的「學習共同體」由博耶爾在 1995 年《基礎學校：學習的共同體》這一報告中提出。他認為，在有效的學校教育中首要的是建立真正意義上的學習共同體，為了達到這個目的，學校必須有共同的願景，能夠彼此交流，人人平等，有規則紀律約束，關心照顧學生，氣氛是快樂的。區別於傳統行政力量的硬性主導和機械控制，「教師學習共同體」意在形塑「教師群」軟文化，以維繫教師間的情感和促進集體智慧共享。教師學習共同體是教師自發組織的，以提高教師專業能力和促進教師專業發展為根本宗旨，它積極嘗試多種自主學習形式，注重成員之間的經驗分享，實現一種互促共進的教師學習型組織（或者團體）[2]。簡言之，「教師學習共同體」力倡基於共享的目標、願景與價值觀，在平等、民主的關係下學習與交流，分享知識與經驗，促進教師個體與整體的共生專業發展。

【案例分析】

「溫馨學習單」

Q 校英語組是 Q 校教師專業學習共同體實現程度較高的教研組，針對家長沒有能力輔導的情況，英語組為學生及家長設計了「溫馨學習單」，供家長瞭解學生每一天的英語學習進度和要求，也方便學生回家復習。

「溫馨學習單」從單個教師的自主實驗到推廣到群體分享幾經沉浮，隨著研究的深入和發展逐漸發生著改變：

（1）2009 年我們剛開始嘗試做起時，目的就是幫助學生知道每一個英語單詞和句子的中文意思，也方便學生完成抄寫作業。

---

[1] 斐迪南·滕尼斯. 共同體與社會——純粹社會學的概念 [M]. 林榮遠, 譯. 北京: 商務印書館, 1992: 52-65.

[2] 魏會廷. 教師學習共同體: 促進教師專業發展的新途徑 [M]. 武漢: 武漢大學出版社, 2014: 41.

（2）施行一階段後，我們發現部分學生只是在等待教師給予中文意思，沒有主動去預習生詞和句子。我們覺得這個純粹給的方式需要改變。

（3）我們意識到溫馨學習單必須是建立在學生自我預習的基礎上……於是結合我們對語篇教學研究的深入，在溫馨學習單中呈現了一些再構文本，將學生新舊知識進行合理融合……回家後只要通過對溫馨學習單的再次鞏固，學生就能輕鬆地掌握所學英語語言知識點。

資料來源：林美. 教師專業學習共同體的非制度化互動研究——基於案例的分析［J］. 當代教育科學，2014（16）.

請思考： 如果你是教師，基於案例你如何看待教師學習共同體？

（五）自我教育

教育家蘇霍姆林斯基指出：真正的教育乃自我教育。自我教育是一種持久地體現人的責任感和使命感的教育，是指作為主體的個人，自己對自己的教育，即把自己作為教育對象的教育。在大力發展學生主體性的理論背景下，教師主體性的提高不應該放到被忽視的地位，其主體性必須要受到充分的重視。只有如此，教師才能積極地提高自己的教學能力，改進教學方式。而任何形式的教師教育，都要由教師發揮主觀能動性，這種能動作用即是教師的自我教育。教師的自我教育是各種教育發揮作用的基礎，教師只有不斷地進行自我教育，發展和完善自己，才能具備教育學生的能力和資格。而教師的自我教育，就是對問題的自我發現、自我反思、自我探究、自我體驗、自我提高的過程。這是一種實現自我價值、實現自身專業發展的重要體現，它促使教師職業發展呈現出更強大的主動性和自覺性，促使教師職業煥發更加旺盛的生命力。

▎理解與反思 ▎

1. 現代教師的職業角色有哪些？
2. 基於對教師職業特點的理解，談談如何更好地促進教師專業發展。

▎拓展閱讀 ▎

［1］葉瀾. 教師角色與教師發展新探［M］. 北京：教育科學出版社，2001.

［2］蓋伊·格朗蘭德，瑪琳·詹姆斯. 早期學習標準和教師專業發展［M］. 劉昊，譯. 北京：北京師範大學出版社，2014.

［3］王帥. 教師專業發展：標準、內容與向度［M］. 北京：科學出版社，2018.

第七章　學生

■學習導航

（1）瞭解學生身心發展規律，理清學生觀的歷史演變過程，並準確把握新時代的學生觀。（重點）

（2）從各項法律法規中理解學生的權利和義務。（難點）

（3）把握師生關係的特點以及良好師生關係的構建策略。（重點）

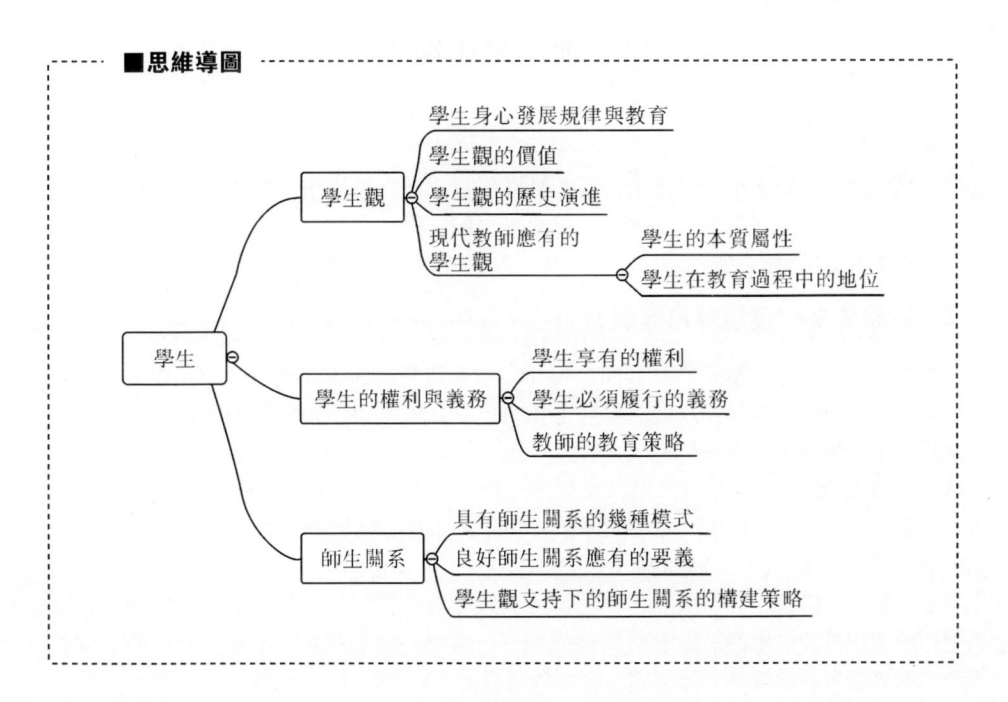

■思維導圖

```
               ┌─ 學生身心發展規律與教育
               ├─ 學生觀的價值
       學生觀 ─┤─ 學生觀的歷史演進
               │                        ┌─ 學生的本質屬性
               └─ 現代教師應有的學生觀 ─┤
                                        └─ 學生在教育過程中的地位

               ┌─ 學生享有的權利
學生 ─ 學生的權利與義務 ─┤─ 學生必須履行的義務
               └─ 教師的教育策略

               ┌─ 具有師生關係的幾種模式
       師生關係 ─┤─ 良好師生關係應有的要義
               └─ 學生觀支持下的師生關係的構建策略
```

> **■教育瞭望**
>
> 　　著名數學家華羅庚上初中時，接受、理解數學知識比較慢，以致數學考試常常不及格。老師認為他已經無可救藥，一次在班上公然宣稱，假如你們當中將來會有一個同學沒出息，那麼這個人必定是華羅庚。結果華羅庚通過自己的勤奮自學，刻苦鑽研，奮力拼搏，最終成為享譽世界的數學大師。
>
> 　　詩人臧克家，1930年參加國立青島大學入學考試時，數學得零分，作文也只寫了三句雜感：「人生永遠追逐著幻光，但誰把幻光看成幻光，誰便沉入了無底的苦海。」這獨具異彩的三句話「雜感」，短小精悍卻極富哲思，立即打動了主考官聞一多，聞一多詠誦再三拍案叫絕。結果，雖然臧克家數學考試吃了「零蛋」，還是被青島大學文學院破格錄取了。最終，他成為一代傑出詩人、著名作家。
>
> 　　資料來源：《小學教育理論綜合》歷年真題匯編。
>
> 　　**請思考**：作為教師，我們應樹立什麼樣的學生觀？

　　種莊稼，首先要知道各種作物的生長發育特點，才能適時適量地施肥澆水；治病，首先要瞭解病人的具體病情，才能對症下藥；教學，必須首先瞭解我們的教育對象——學生，才能選擇恰當的教育的方法和措施，走進學生的心靈，點亮學生的人生。

第一節　學生觀

　　在教育活動中，學生既是教育的對象，又是學習的主體。教師的教育活動必須以正確認識學生為前提。學生一般指在各級各類學校或教育機構中專門從事學習活動的人。把握學生身心發展的規律，樹立正確的學生觀，對良好師生關係的構建、對教師的有效教學有著舉足輕重的作用。

一、學生身心發展規律與教育

　　學生的身心發展遵循著某些共同的規律，這些規律制約著我們的教育工作。遵循這些規律，利用這些規律，可以使教育工作取得良好的效果；否則可能事倍功半，甚至挫傷學生學習的積極性。

（一）順序性

　　學生的身心發展是按照一定的順序進行的，是一個由簡單到複雜、由量變到質變、由低級到高級的過程，且發展的順序是不可逆的，不可逾越的。如身體的發展遵循從上到下、從中心向四肢的發展順序；記憶方面遵循從機械記憶到意義記憶的順序；思維發展遵循從具體思維到抽象思維的發展順序；情感的發展總是先有喜、怒、哀、懼等一般情感，再有理智感、道德感、美感等高級情感。

　　學生身心發展具有順序性，就要求教育工作必須循序漸進，教學過程中要做到由淺入深、由易到難，不能拔苗助長、陵節而施。

(二) 階段性

學生的身心發展是一個分階段的連續過程，在每個階段，身心的發展都呈現出不一樣的特點，且前一個階段為後一個階段的發展奠定了基礎。如美國心理學家埃里克森就提出，人格的發展必須經歷一系列階段，每一階段都有一種特定的危機和任務，危機的解決標誌著前一階段向後一階段的轉化，後一階段發展任務的完成依賴於前一階段衝突的解決。埃里克森把人的一生分為八個階段[1]：

乳兒期（0~1歲）——信任感對懷疑感；
嬰兒期（1~3歲）——自主性對害羞疑慮；
學前期（3~6歲）——主動自發對退縮愧疚；
學齡期（6~12歲）——勤奮進取對自貶自卑；
青年期（12~20歲）——自我同一對角色混亂；
成年早期（20~24歲）——友愛親密對孤僻疏離；
成年中期（25~65歲）——精力充沛對頹廢遲滯（繁殖感對停滯感）；
成年晚期（65歲以後）——自我完善對悲觀沮喪。

學生在不同的階段也有不同的危機和任務，因此教育要根據不同年齡階段的不同特徵採取不同的教育方法，培養學生的不同方面，不能搞一刀切、一鍋煮。

(三) 不均衡性

學生發展的不均衡性強調學生在不同階段的發展速度有快有慢，不是勻速的。這種不均衡性表現在：

（1）同一方面的發展在不同的年齡階段是不均衡的。比如身高、體重有兩個高速發展的時期，第一個高速期是出生後的第一年，第二個高速期是青春發育期。再比如，兒童大腦發育的高峰期有三個，第一個是出生後5~10個月，第二個是5~6歲，第三個是13~14歲，其他時期大腦也在發育，只是速度相對平穩。

（2）不同方面在不同發展時期也具有不均衡性。有的方面在較早的時期就已經達到較高的發展水準，有的方面則要到較晚的時期才能達到較為成熟的水準。如知覺、記憶一般在10~17歲就達到了一個較成熟的水準，而比較與判斷、動作反應與速度要到18~29歲才能達到一個比較成熟的水準[2]。

【資料連結】

印刻實驗

奧地利生物學家洛倫茲通過小鴨子的印刻實驗，提出了關鍵期的概念。剛剛破殼而出的小鴨子，會本能地跟在它第一眼看到的鴨媽媽後面。但是，如果它第一眼看到的不是自己的母親，而是洛倫茲，於是有趣的事情發生了，洛倫茲在前面走著，後面跟著幾隻小鴨子，小鴨子把洛倫茲當成了自己的母親。這個活的物體還可以換成一隻貓或電動玩具。但如果在出生後的20小時內小鴨子接觸不到活的物體，過了一兩天後，不論是洛倫茲還是鴨媽媽，再怎麼努力與小鴨子接觸，小鴨子都不會跟隨。這20個小時，就是「認母關鍵期」。

---

[1] 郭成，劉衍玲. 教育心理學教程 [M]. 成都：四川教育出版社，2012：37-38.
[2] 馮文全. 現代教育學 [M]. 北京：北京師範大學出版社，2012：82-83.

關鍵期指學習某一方面最敏感的時期。有關研究表明，孩子4~6個月是吞咽咀嚼關鍵期；7~10個月是爬的關鍵期；10~12個月是站立行走的關鍵期；2~3歲是口頭語言發育的關鍵期；3歲之前是培養性格的關鍵期；4歲以前是形象視覺發展的關鍵期；4~5歲是開始學習書面語言的關鍵期；5歲是掌握數學概念的關鍵期；5~6歲是掌握語言詞彙能力的關鍵期等；學習外語應在10歲之前開始。

學生的身心發展具有不均衡性，因此，在教育教學中教師要抓好學生發展的關鍵期，適時施教。

(四) 個別差異性

學生的身心發展在遺傳、環境、學校教育和個體的主觀能動性等方面的影響下，表現出個體不同於他人的特點，這就是個別差異性。這種個別差異性主要表現在以下幾個方面：

（1）同一年齡階段的學生在同一方面的發展有差異。兩個同為八歲的學生，一個身高只有130厘米，而另一個身高卻有145厘米；一個學生的抽象思維已有很大發展，已經掌握數的概念並利用概念進行運算，而另一個卻還不能脫離實物運算。

（2）同一年齡階段的學生在不同方面的發展也有差異。同一個班的學生，有的擅長音樂，有的愛好體育；有的語言能力超群，有的動手能力強；有的善於觀察，有的喜歡思考。

（3）學生在某方面的才能展現的時間早晚不同。有的學生天資聰穎，聰明早慧，有的學生卻大器晚成。如方仲永五歲就能作詩，駱賓王七歲時就寫出了《咏鵝》；而陳子昂早年卻沒有專心讀書，「年十八未知書」，齊白石27歲才開始學畫，40歲才表現出非凡的繪畫才能。

教育教學工作要充分重視每個學生的個別差異，做到有的放矢、因材施教，使每個學生的潛能都得到充分發揮。

(五) 穩定性和可變性

在一定社會環境和教育的影響下，學生身心發展的順序、階段大體相同，這是穩定性。如小學生的發展相對平穩，初中生的身心發展出現急遽變化等。

同時，我們還應注意到，隨著物質生活水準的提升，教育條件的改善，處於不同時期的同一年齡階段的學生在身心發展水準上發生了一定變化，如目前青少年學生的身高和體重遠遠超過中華人民共和國成立之初的青少年的身高和體重，這就是可變性。

在教育工作中，一方面，我們要注意學生身心發展的穩定性，按照學生發展的穩定的特性，選擇科學的內容和方法；另一方面，我們又要重視學生身心發展的可變性，根據時代的變化及時更新教育觀念和模式，更好地促進青少年學生的健康發展。

總之，教育要適應年青一代身心發展的規律，從學生身心發展的實際出發，不斷提高他們身心發展的水準。

【知識考查】
1. 王陽明4歲還不會說話，但卻能默背祖父家眾多藏書，表明其身心發展具有（　　）。
A. 階段性　　B. 差異性　　C. 不平衡性　　D. 互補性
答案：C
2. 有的人聰明早慧，有的人大器晚成，說明人身心發展具有（　　）。
A. 不平衡性　　B. 差異性　　C. 階段性　　D. 順序性
答案：B
3. 「雜施而不遜，則壞亂而不修」，體現了身心發展的（　　）。
A. 順序性　　B. 差異性　　C. 互補性　　D. 不平衡性
答案：A
4. 個體身心發展的某一方面機能和能力最適宜形成的時期是（　　）。
A. 關鍵期　　B. 機能期　　C. 發展期　　D. 差異期
答案：A

二、學生觀的價值

學生觀是教師對學生的本質屬性和地位所持的認識和看法，它是教師教育觀的重要組成部分，直接支配著教師的教育行為，決定著教師的教學態度、教學方式和教學效果。教師只有樹立正確的學生觀，才能與學生形成良好的師生關係，更好地促進學生的發展。

（一）有助於學生的健康成長

古希臘神話故事中，塞浦路斯的國王皮格馬利翁雕刻成一尊女神像後，竟然愛上了這位女神，整天含情脈脈地註視著她。後來，他的痴情感動了上天，女神竟然神奇地復活了，並成為他的妻子。這就是心理學上著名的「皮格馬利翁效應」。在教育工作中，也有「皮格馬利翁效應」。教師有什麼樣的學生觀，就會在教學中不自覺地將自己的學生觀傳遞給學生，學生獲得這樣的暗示後，就會成為教師所期望的樣子。教師不經意的一個眼神、一個動作、一句話、一點情緒，都會對學生產生潛移默化的影響。「正確的學生觀有利於形成教師期望—學生信念—獲得成功—新的教師期望的良性循環」[1]。在正確學生觀的影響下，學生會沿著教師期望的方向，在智力水準、人格養成、創新能力等方面獲得相應的發展。

---

[1] 陳耀東，於偉. 樹立正確的學生觀 [J]. 中國成人教育，2001，(9)：14-15.

【資料連結】

　　語文界的泰鬥錢夢龍曾經說過：「我上學時留了三次級，大家都認為我無藥可救了。這時，學校來了一位吳老師，他說：『錢夢龍，我只教你查四角號碼字典，如果你能學會，你肯定是一個非常聰明的孩子。』當我用四角號碼查出我的名字時，我非常高興，對查字典有了極大興趣。以後，每當進行新課之前，吳老師總是讓我把該課的生字查出來寫在黑板上，我高興得不得了，我崇拜吳老師，也愛上了國文課。學期結束時，在吳老師給我寫的評語中有這樣一句話：『該生天資聰穎。』這讓我受益無窮，終生難忘。今天我做教師了，我對我的每一個學生也要影響一輩子，所以，一走進教室，面對45個學生，我感到他們都能成才。」

　　資料來源：陳耀東，於偉. 樹立正確的學生觀［J］. 中國成人教育，2001（9）：47.

（二）有助於教師有效教學的實現

　　一切教育活動，都是圍繞學生組織和實施的，教師的教學質量與效果也只有從學生身上才能體現出來。所謂「有效」，主要是指通過教師一段時間的教學後，學生獲得了具體的進步或發展。判斷教學是否有效的標準是學生學得如何，而不是教師教得如何。教師教得認真，但學生不想學或學無所得，這是無效或低效教學。有效教學的要義在於承認學生的主體地位，促進學生全面、個性地發展，而正確認識和對待學生，對有效教學的實現是極為重要的①。盧炳惠、張學華認為正確的學生觀有利於教學的正常運行，有利於學生創新精神和創新能力的培養，有利於學生健全人格的形成，有利於發展學生的智力水準，有利於學生的各項發展②。

（三）有利於和諧師生關係的構建

　　和諧師生關係的前提是相互尊重。只有在正確的學生觀的引領下，教師才會真正把學生當作大寫的「人」來看待，才會充分尊重學生，把學生當成學習的主體，努力為學生營造一種民主、和諧、寬鬆的學習氛圍，促進學生主體性的發揮。在這一過程中，民主、平等、和諧的師生關係也就自然而然地構建起來了。

【名人名言】

　　在教師與學生兩人之間，不需要第三者參加，常常在一起成為偉大而精選的伴侶。

　　　　　　　　　　　　　　　　　　　　　　——［德］赫爾巴特

（四）有利於學生管理的順利進行

　　教師只有樹立正確的學生觀，把學生作為平等的尊重的主體，才能避免學生被看作被管理的對象，避免教師體罰、諷刺和侮辱學生的現象發生。張香蘭認為只有在中小學德育管理創新中樹立正確的學生觀，才能樹立正確的管理指導思想和實施恰當的

---

① 金柱偉，高原. 學生觀研究述評［J］. 教育科學論壇，2013，(6)：77-79.
② 盧炳惠，張學華. 論新的學生觀［J］. 教育探索，2004，(6)：29-31.

管理措施，以促使德育管理工作收到成效①。

三、學生觀的歷史演進

在不同時期，受當時政治、經濟、文化等方面的影響，人們形成了不同的學生觀。這裡，我們對幾種典型的學生觀進行歸納和總結②。

（一）在對學生天性的認識上

在對學生天性的認識上存在兩種不同的觀點。一種是原罪論、性惡論，代表人物是赫爾巴特。持這種觀點的人認為兒童生來就有一種盲目衝動的種子，處處驅使他不馴服，以致經常擾亂成人的計劃，也把兒童的未來人格置於許多危險之中。另一種觀點是性善論，代表人物是盧梭。他認為人的天性是善的，在人的心靈中根本沒有什麼生來就有的邪惡，是複雜的社會使人墮落，對兒童產生惡劣的影響。這突出表現於他的一句名言，「出自造物主之手的東西都是好的，而一到了人手裡，就全變壞了」。

（二）在對學生地位的認識上

一種是以赫爾巴特為代表的「教師中心論」，他認為教師在教育過程中，處於中心地位，具有絕對的權威，學生必須服從教師。另一種觀點是以杜威為代表的「兒童中心論」，他認為兒童在教育過程中處於中心地位，教育的措施應圍繞他們組織起來，教師在這一過程中處於次要地位，是以諮詢者和輔導者的身分出現的。兩種對學生地位認識思想的比較見表7-1。

表7-1　赫爾巴特與杜威教育思想之比較

內容	赫爾巴特	杜威
地位	教師中心論的代表人物	兒童中心論的代表人物
	傳統教育學的代表人物	現代教育學的代表人物
	科學教育學之父	實用主義哲學的創始人
三中心	教師中心、教材中心、課堂中心	兒童中心、經驗中心、活動中心
教學方法	四階段教學法（明了、聯想、系統、方法）	五步教學法（創設疑難、確定疑難、提出假設、推斷假設、驗證假設）
課程觀	學科課程	經驗課程
	間接經驗	直接經驗
	掌握人民文化知識精華	滿足兒童的興趣和需求
	注重知識的邏輯聯繫	從做中學

（三）在對學生身分的認識上

赫爾巴特、斯賓塞等人把學生當成小大人看待，主張向學生傳授成人的知識，為完滿的生活做準備。而盧梭、杜威等則主張從兒童的天性出發，從實際出發，把兒童看作獨特的、處於特定階段的人，讓他們適應生活而不是為生活做準備。

---

① 張香蘭.中小學德育管理創新需要什麼樣的學生觀［J］.教育科學研究，2010（1）：23-26.
② 趙雪霞.學生觀綜述［J］.教書育人，2000（10）：6-7.

(四) 在知識方面

英國教育家洛克曾提出著名的「白板說」，認為兒童就像一塊白板，可任由教師塗抹。據此理論，許多人把學生的大腦當成知識的容器或倉庫，主張向學生灌輸系統的知識，學生則是被動地接受。而杜威等人則反對把學生當成知識的容器，反對系統的知識的傳授，主張兒童從生活中、從活動中學習。與知識相比，他們更強調能力的發展。

(五) 在對學生的管理方面

赫爾巴特提出了管理先行的思想，主張對學生施行嚴格的管理，以防止兒童現在和未來的反社會傾向的發展，從而達到維持學校和社會秩序的目的。而盧梭、杜威等人則主張對兒童實施順從其天性的、自然的、自由的教育，反對嚴酷的紀律和懲罰。

以上從不同方面介紹了歷史上有關的學生觀，很明顯，它們既有可取的積極的一面，又有不合理之處，我們對此應持揚棄的態度，取其精華，去其糟粕，為我們形成當代的正確學生觀服務。

四、現代教師應有的學生觀

德國作家海涅說過：「對教師來說，每個學生都是十分複雜、非常豐富的世界，每個學生心靈深處都有根獨特的琴弦，教師的教育活動只有與學生的心靈對準音調，才能發生共鳴。」[①] 學生是教育過程中最基本的要素之一，是教師工作的對象，教師必須充分瞭解學生的本質屬性與地位，這是教師有效促進學生發展的條件與保障，更是踐行「以人為本」的學生觀的前提與基礎。

(一) 學生的本質屬性

學生作為教育的對象、學習的主體，具備一切人皆有的共同屬性，但又具有不同於社會群體中其他人的特徵。我們只有弄清學生的本質屬性，才能更好地詮釋教育。學生的本質屬性，包括五個方面。

1. 學生是人

學生是人，看似是一個無須證明的命題，但卻是一個現實中經常被忽略的存在。在傳統教育中，由於受到功利主義和拜金主義的影響，一些教師沒有把學生當作「人」來培養，學生成了教育物化的對象，教師就像對待物體一樣來對待學生，使學生成了被物化者，也就是事實上的「學習工具」或「讀書機器」。現代學生觀要求，學生首先是人，他們有著自己的思想、自己的意志、情感、個性和尊嚴，需要從教師那裡獲得充分的尊重和滿滿的關愛。

2. 學生是獨特的人

每個學生都有自身的獨特性。他們由於遺傳素質、社會環境、家庭條件和生活經歷的不同，而形成了個人獨特的「心理世界」，他們在興趣、愛好、動機、需要、氣質、性格、智能和特長等方面是各不相同、各有側重的。「人心不同，各如其面」，獨特性是個性的本質特徵。珍視學生的獨特性和培養具有獨特個性的人，應成為我們對

[①] 唐秀玲. 樹立正確的學生觀 [J]. 大連教育學院學報, 2002 (12): 71.

待學生的基本態度。獨特性也意味著差異性，不僅要認識到學生的差異，而且要尊重學生的差異。差異不僅是教育的基礎，也是學生發展的前提，應視為一種財富，使每個學生在原有基礎上都得到完全、自由的發展。

【案例分析】
欣賞「每一個」學生——刺叢中也有花

花園裡，同學們都紛紛說了自己喜歡的花，這時全校聞名的「調皮大王」李剛發話了：「老師，我最喜歡的是仙人掌，它雖然全身長滿了刺，但它的生命力最旺盛，而且刺叢中還能開出美麗的花兒呢！」他的話立即遭到同學們的反駁。

「你們就看到它的刺了！你仔細看看人家刺中也有花，也值得我們去喜歡呀！」平時從不受歡迎的調皮大王，見同學們都不讚同他，便據理力爭。

「刺中有花！刺中有花！」調皮大王的話如一股電流觸動了我的神經，賞花與育人不也一個道理嗎？我激動地走到李剛身邊，摟著他的肩對同學們說：「李剛說得對，仙人掌雖然渾身是刺，但是它刺中也有美麗的花，我們不能只看到它的刺，就看不到它的花啦；更不能因為它刺多就不喜歡它的花。我們對待同學也應像賞花一樣，特別是對缺點多一些的同學，更應該正確對待他身上潛在的閃光點。『花』有千萬種，各有優缺點，你們說對不對？」說著我拍了拍李剛的肩，我的話贏得了一片掌聲，李剛也不好意思地低下了頭。

資料來源：2012年教師資格證考試《中學教育知識與能力》試卷真題。

請思考：對個別學生的轉化，你認為應從哪些方面著手？

3. 學生是發展中的人

學生是處在發展中的未成年人，這一時期，是一個人的生理、心理發展和定型的關鍵時期，是一個人從不成熟到基本成熟、從不定型到基本定型的成長發育時期，也是一個人生長發育特別旺盛的時期。對學生來說，他們身心各個方面都潛藏著極大的發展可能性，在他們身心發展過程中所展現出的各種特徵都還處在變化之中，具有極大的可塑性。對那些暫時落後的或犯錯的學生，教師不能嘲諷、挖苦、歧視他們，而要用寬容和鼓勵的態度引導他們，幫助他們樹立自信，實現成功。

學生是發展中的人，不是成人。學生和成人之間是存在很大差別的，學生的觀察、思考、選擇和體驗，都和成人有明顯不同。所以，我們「應當把成人看作成人，把學生看作學生」。正是由於學生處在發展之中，有很多不成熟的表現，因此需要教師給予他們必要的引導，以促進他們自由、健康、快樂地成長。

【名人名言】
你的教鞭下有瓦特，你的冷眼裡有牛頓，你的譏笑中有愛迪生。

——陶行知

4. 學生是具有主體性的人

學生不是被動接受影響的對象，他們具有主體性，有著自己的意志、情感和尊嚴。教師要想讓學生掌握其所教的知識，就必須給知識注入生命，充分調動學生學習的積極性和主動性，點燃學生的求知慾望，把學生當作發展的主體、學習的主人，引導他們自覺參與到教育過程中來，讓學生在獨立探索中收穫成長，在自主發展中走向成熟。

【資料連結】

陶行知強按雞頭啄食的故事

一次，陶行知應邀到某大學演講。他走進教室，就把一只大公雞往講臺上一放，抓起一把米讓它啄食。可是，公雞驚慌不肯啄食。陶先生見它不吃，就強按雞頭「請」它吃，可公雞拼命往後退，仍然不肯吃。陶先生乾脆掰開公雞的嘴使勁往裡塞米，公雞拼命掙扎，死也不肯吃。之後，陶先生鬆開手，後退數步。公雞稍稍平靜，徘徊一陣後，慢慢靠近米粒，繼而悠閒地啄起米來。

陶先生用實際行動告訴我們，「填鴨式」教學是行不通的，每一位學生都是學習的主人，有著自己的主觀能動性，教師應當充分尊重學生的主體性，以引導和鼓勵為主，幫助學生成長。

資料來源：李吉川. 創新教學模式 激活學生主體參與意識 [J]. 河南教育，2011（5）：64.

5. 學生是以學習為主要任務的人

學生的主要任務是學習，在學習中認識世界、改造世界，並從中獲得身心的發展。學生的學習是在教師的指導下進行的規範化學習，這也是學生的學習與社會中其他群體學習的區別所在。教師的指導可以使學生少走彎路，加快學習進程，提升學習效率。

學生以學習間接經驗為主。知識的學習有兩種方式：一種是學習直接經驗，一種是學習間接經驗。學生的學習是要在盡可能短的時間內掌握大量人類已有的知識，以便認識世界並更好地去改造世界，因此，間接經驗的學習就是最便捷、最高效的方式。

（二）學生在教育過程中的地位

學生在教育過程中的地位一直是教育史上爭論的重大問題，其中主要有兩種對立的觀點。一種是以赫爾巴特為代表的「教師中心論」，它把學生看成是可以隨意塗抹的一張白紙，一個可以任意填灌的裝知識的容器，教師在教育教學過程中起主宰作用和權威作用，學生處於從屬地位。另一種是以杜威為代表的「學生中心論」，它重視學生學習的主動性和積極性，把學生視為教育過程的中心，「兒童變成了太陽，教育的一切措施應圍繞著他們轉動，兒童是中心，教育的措施便圍繞著他們而組織起來」[1]，全部的教育教學都要從學生的興趣、需要出發，教師只能處於輔助地位，整個教育要圍繞學生進行。這兩種觀點各執一端，都沒有準確回答學生在教育過程中的地位。現代教育理論認為，在教育過程中，學生既是教育的對象，又是學習的主體。

---

[1] 趙祥麟，王承緒. 杜威教育論著選 [M]. 上海：華東師範大學出版社，1981：32.

1. 學生是教育的對象

從學生的特點來看,學生的身心發展還不夠成熟,在教育過程中,學生主要聽從教師的指導,模仿教師的言行,接受教師的教育和幫助,年齡越小的學生,對教師的模仿性就越強。因此,從這一角度講,學生在教育過程中充當了教育的對象,是教育的客體。

從學生學習的過程來看,學生的學習是一個特殊的認識過程,在這一過程中,學生知識的獲得、技能的掌握、品德的形成,都離不開教師的指導。教師在教育過程中發揮著主導性的作用,教育內容的加工、教學方法的選擇都由教師完成。因此,學生只能處於教育對象的客體地位。

2. 學生是學習的主體

雖然學生是作為教育對象存在的,但是學生又是有著自己主觀能動性的成長主體。外界的一切影響都必須經過學生主體主動思考、體驗、吸收和轉化,才能內化到學生頭腦中,成為學生自己的知識經驗和精神財富。離開學生這一主體的主動性,教師的教育目標就無法達成。教師的教學成效,很大程度上取決於學生這一主體學習主動性的發揮程度。在教育過程中,教師應承認學生的學習主體地位,給學生這一主體極大的尊重,充分調動學生學習的主動性和積極性,為學生搭建展示自己的舞臺,引導學生去實現自己的人生價值。

【名人名言】
　　讀書和學習是在別人思想和知識的幫助下,建立起自己的思想和知識。
　　　　　　　　　　　　　　　　　　　　　　　——［俄］普希金

教育過程離不開教師的「教」和學生的「學」,我們強調學生是教育的對象,是為了突出教師在學生成長過程中的引導性作用。我們強調學生是學習的主體,是看到了學生是具有主觀能動性的個體,是學習的主人,任何外界影響不經過學生的主動學習都不能被學生真正領會和掌握。因此,在教育過程中,學生既是教育的對象,又是學習的主體。

第二節　學生的權利與義務

學生應享有的權利和應履行的義務通過法律來體現。法律意義上的學生是指在各級各類學校及其他教育機構中登記註冊並有其記錄學業檔案的受教育者,學生的法律地位是指學生以其權利能力和行為能力在具體法律關係中取得的一種主體資格。學生的法律地位有三種體現。

首先,學生是國家公民。《憲法》(2018年修訂)第三十三條規定:凡具有中華人民共和國國籍的人都是中華人民共和國公民。因此,具有中國國籍的學生也都是中華

人民共和國的公民。

其次,學生是受教育者。作為學校這一特定環境中的一員,學生具有不同於一般國家公民的地位。《教育法》第三十六條第一款規定:「受教育者在入學、升學、就業等方面依法享有平等權利。」《義務教育法》也規定:「各級人民政府及其有關部門應當履行本法規定的各項職責,保障適齡兒童、少年接受義務教育的權利。」這些規定,反應了學生作為法律主體的地位和權利,可以區別於工人、農民等身分。

最後,大多數中小學生還是未成年人。18週歲以下學生的法律地位,由中國未成年人保護法所確立。《未成年人保護法》第三條規定:「未成年人享有生存權、發展權、受保護權、參與權等權利,國家根據未成年人身心發展特點給予特殊、優先保護,保障未成年人的合法權益不受侵犯。未成年人享有受教育權,國家、社會、學校和家庭尊重和保障未成年人的受教育權。未成年人不分性別、民族、種族、家庭財產狀況、宗教信仰等,依法平等地享有權利。」

學生的法律地位也決定了學生應享有法律所規定的權利,履行相應的義務。

一、學生享有的權利

學生的權利指學生依照國家法律法規擁有的一切正常權利。學生的權利是法律規定的,受到國家和法律的確認和保護。學校應保證學生在校期間享有各項合法權利,任何侵犯學生權利的做法都是違法行為。

(一) 生存權

生存權是公民最基本的權利,學生自然也享有這項權利,父母或其他監護人應該保護學生的生存權。《憲法》第四十九條規定:「父母有撫養教育未成年子女的義務。」《未成年人保護法》第十條規定:「父母或者其他監護人應當創造良好、和睦的家庭環境,依法履行對未成年人的監護職責和撫養義務。禁止對未成年人實施家庭暴力,禁止虐待、遺棄未成年人,禁止溺嬰和其他殘害嬰兒的行為,不得歧視女性未成年人或者有殘疾的未成年人。」

(二) 人身權

人身權是指沒有直接的財產內容,與公民的人身不可分割的民事權利。學生依法享有人身權。具體來說,人身權又包含身體健康權、人格尊嚴權、人身自由權、隱私權、姓名權、肖像權和榮譽權等。

(1) 身體健康權。身體健康權是公民依法享有的身體健康不受侵害的權利,它是學生人身權的重要內容。《教師法》第八條規定:「制止有害於學生的行為或者其他侵犯學生合法權益的行為,批評和抵制有害於學生健康成長的現象。」《未成年人保護法》第二十二條規定:「學校、幼兒園、托兒所應當建立安全制度,加強對未成年人的安全教育,採取措施保障未成年人的人身安全。」

(2) 人格尊嚴權。學生的人格尊嚴神聖不可侵犯。《義務教育法》第二十九條規定:「教師應當尊重學生的人格,不得歧視學生,不得對未成年人實施體罰、變相體罰或者其他侮辱人格尊嚴的行為,不得侵犯學生合法權益。」《未成年人保護法》第二十一條規定:「學校、幼兒園、托兒所的教職員工應當尊重未成年人的人格尊嚴,不得對

學生實施體罰、變相體罰或者其他侮辱人格尊嚴的行為。」《未成年人保護法》第五十五條規定：「公安機關、人民檢察院、人民法院辦理未成年人犯罪案件和涉及未成年人權益保護案件，應當照顧未成年人身心發展特點，尊重他們的人格尊嚴，保障他們的合法權益，並根據需要設立專門機構或者指定專人辦理。」

（3）人身自由權。所謂人身自由，一般是指按照自由的意志支配自己的身體活動的自由。人身自由權利是憲法賦予公民的重要的人身權利，是公民參加國家管理和社會活動以及行使其他權利的必要條件。學生也享有人身自由權。中國《憲法》第三十七條規定：「中華人民共和國公民的人身自由不受侵犯。任何公民，非經人民檢察院批准或者人民法院決定，並由公安機關執行，不受逮捕。禁止非法拘禁和以其他方法非法剝奪或者限制公民的人身自由，禁止非法搜查公民的身體。」一些學校的管理人員和教師法制觀念淡薄，當學生有違法違紀行為時，不使用正確的教育手段，也不依靠司法機關，而是擅自關人，捆綁吊打，非法拘禁，私立公堂，不僅侵犯他人人身自由，甚至會導致被害人自殺等嚴重後果。此外，非法搜查學生身體也構成對學生人身自由權的侵害。有時班級裡學生財物被偷，班導師為了搜尋被偷財物，而對學生非法進行搜查，不論教師動機如何，此種行為屬違法行為。學校裡應避免出現此類行為。

（4）隱私權。《未成年人保護法》第三十九條規定：「任何組織或者個人不得披露未成年人的個人隱私。」《未成年人保護法》第五十八條規定：「對未成年人犯罪案件，新聞報導、影視節目、公開出版物、網絡等不得披露該未成年人的姓名、住所、照片、圖像以及可能推斷出該未成年人的資料。」《未成年人保護法》第六十九條規定：「侵犯未成年人隱私，構成違反治安管理行為的，由公安機關依法給予行政處罰。」

【知識考查】
1. 10歲的小學生琳琳因信件被媽媽陳某私自拆閱感到不悅，可媽媽說這樣做是為了關心她，陳某的做法（　　）。
A. 合法，父母擁有監護未成年子女的權利
B. 合法，父母具有教育未成年子女的責任
C. 不合法，父母不得擅自拆閱子女的信件
D. 不合法，任何組織和個人不得拆閱未成年人的信件
答案：D
2. 某校在期末考試後，將學生的考試成績排名張榜公布，該校做法（　　）
A. 體現了學校的管理權　　B. 體現了學校的教育權
C. 體現了學生的受教育權　D. 侵犯了學生的隱私權
答案：D

（5）姓名權、肖像權與榮譽權。學生享有姓名權。姓名是每個人區別於其他人的標誌，中國關於姓名權的規定主要體現在民事法律規範中。《中華人民共和國民法通則》（以下簡稱《民法通則》）第九十九條規定：公民享有姓名權，有權決定、使用和依照規定改變自己的姓名，禁止他人干涉、盜用、假冒。不能隨意給學生起綽號、利

用學生名字的諧音開玩笑、未經同意在不當場合使用學生名字。學生也享有肖像權。《民法通則》第一百條規定：「公民享有肖像權，未經本人同意，不得以營利為目的使用公民的肖像。」學生享有榮譽權。《未成年人保護法》第四十六條規定：「國家依法保護未成年人的智力成果和榮譽權不受侵犯。」《民法通則》第一百二十條規定：「公民的姓名權、肖像權、名譽權、榮譽權受到侵害的，有權要求停止侵害，恢復名譽，消除影響，賠禮道歉，並可以要求賠償損失。」

（三）受教育權

受教育權是中國公民的一項基本權利。《憲法》第四十六條規定：「中華人民共和國公民有受教育的權利和義務。」《未成年人保護法》第十三條也做出規定：「父母或者其他監護人應當尊重未成年人受教育的權利，必須使適齡未成年人依法入學接受並完成義務教育，不得使接受義務教育的未成年人輟學。」《未成年人保護法》第十八條規定：「學校應當尊重未成年學生受教育的權利，關心、愛護學生，對品行有缺點、學習有困難的學生，應當耐心教育、幫助，不得歧視，不得違反法律和國家規定開除未成年學生。」具體來說，學生的受教育權體現在以下方面：

（1）平等接受教育的權利。《教育法》第九條規定：「中華人民共和國公民有受教育的權利和義務。公民不分民族、種族、性別、職業、財產狀況、宗教信仰等，依法享有平等的受教育機會。」

（2）參加教育教學計劃安排的各種活動，並使用教育教學設施、設備、圖書資料的權利。

（3）按照國家有關規定獲得獎學金、貸學金、助學金的權利。

（4）在學業成績和品行上獲得公正評價，完成規定的學業後獲得相應的學業證書、學位證書的權利。

（5）對學校給予的處分不服向有關部門提出申訴，對學校、教師侵犯其人身權、財產權等合法權益，提出申訴或者依法提起訴訟的權利。

（6）法律、法規規定的其他權利，如受教育的選擇權、上課權、考試權等。

【案例分析】

出租學生為家具城裝飾門面

某城鎮一所中心小學，經費比較緊張。該校領導為此十分發愁，正在想方設法搞創收，以改善辦學條件、提高教師待遇之際，恰好本鎮一家具城準備開業，其老板想用100名學生來裝點門面。老板主動找上門來，學校與老板雙方一拍即合，決定出100名五年級學生，老板給每個學生一頂帽子，付學校500元勞務費。10月10日上午8時，由兩名教師帶隊，100名學生來到了家具城，先清理已擺好的各種家具。10點鐘時，隨著聲聲爆竹，開業慶典開始，學生們又手持鮮花歡迎前來祝賀的來賓，一直干到中午11點30分，學生才回家。爾後，500元的收入被學校平均分給了學校26名教師。

請思考：這一做法侵犯了學生的哪項權利？

針對特殊學生群體的受教育權，相關法律也有相關規定：

（1）針對義務教育階段學生，《義務教育法》第四條也規定：「凡具有中華人民共和國國籍的適齡兒童、少年，不分性別、民族、種族、家庭財產狀況、宗教信仰等，依法享有平等接受義務教育的權利，並履行接受義務教育的義務。」

（2）針對女童，《教育法》第三十七條也有規定：「受教育者在入學、升學、就業等方面依法享有平等權利。學校和有關行政部門應當按照國家有關規定，保障女子在入學、升學、就業、授予學位、派出留學等方面享有同男子平等的權利。」

（3）針對經濟困難學生，《教育法》第三十八條規定：「國家、社會對符合入學條件、家庭經濟困難的兒童、少年、青年，提供各種形式的資助。」

（4）針對殘疾學生，《教育法》第三十九條規定：「國家、社會、學校及其他教育機構應當根據殘疾人身心特性和需要實施教育，並為其提供幫助和便利。」《義務教育法》第十九條也規定：「普通學校應當接收具有接受普通教育能力的殘疾適齡兒童、少年隨班就讀，並為其學習、康復提供幫助。」

（四）財產權

財產權是指以財產利益為內容，直接體現財產利益的民事權利。它包括物權、債權、繼承權、知識產權中的財產權利（著作權）等。《民法通則》第七十五條規定：「公民的合法財產受法律保護，禁止任何組織或者個人侵占、哄搶、破壞或者非法查封、扣押、凍結、沒收。」學校為了維護正常的教學秩序，通常會採取一些管理手段，如有些學校會搜查學生的物品或者暫時扣押學生的手機、游戲機等，有些學校甚至出現教師對學生罰款的情況。在一些教師看來，這是很正常的管理手段，事實上這種行為侵犯了學生的財產權。

【案例分析】

某小學五年級學生楊某在上語文課時，偷看課外書，被王老師發現。王老師以楊某在課堂上偷看課外書為由，將該小說收繳後放在講臺上。下課後，王老師忘記將該書帶走，結果造成該書丟失。次日，當楊某向王老師要書時，王老師告知他書已丟失，但王老師說楊某上課看課外書是違紀行為，書是在被沒收的狀態下丟失的，因此拒絕賠償。

請思考：此案例中，王老師是否該承擔賠償責任呢？

【知識考查】

小學生王玲的作文被老師推薦發表，所獲稿酬應歸（　　）。

A. 學校　　　B. 推薦老師　　　C. 班導師　　　D. 王玲

答案：D

二、學生必須履行的義務

沒有無權利的義務，也沒有無義務的權利。學生作為法律關係的參加者，在享受法定權利的同時，也要承擔相應的法定義務。學生的義務就是指學生必須依法行為或不行為的範式。學生義務是法律規定的；學生義務具有無條件性；學生義務不能放棄和轉嫁；學生義務是與其身心和認知特點相適應的義務；學生不承擔義務，也要受到相應的懲處。

《教育法》第四十四條明確規定學生應當履行下列義務：

（1）遵守法律、法規。這是公民必須履行的基本義務。學生作為國家公民，遵守法律、法規是一項基本要求。遵守法律、法規是《憲法》賦予每個社會公民的義務，是合格公民的基本素養。《憲法》第三十三條規定，「任何公民享有憲法和法律規定的權利，同時必須履行憲法和法律規定的義務。」學生作為公民，履行遵守法律、法規的義務是不可推卸的。這裡的法律、法規是指憲法、法律、行政法規、部委規章、地方性法規和規章，當然也包括有關教育的各種法律、法規、規章，要做到「有法必依」，「違法必究」。

（2）遵守學生行為規範，尊敬師長，養成良好的思想品德和行為習慣。這是國家對學生在政治、思想、品德、學習及行為等方面的基本要求。學生行為規範特指國家教育行政管理機關制定、頒發的關於學生行為準則的統一規定，它包括《小學生日常行為規範》《中學生日常行為規範》《高等學校學生行為準則》以及《小學生守則》《中學生守則》《高等學校學生守則》等。這些規章集中體現了國家對學生不同階段，即小學生、中學生和高等學校學生政治、思想、品德等方面的基本要求，各級各類學校的學生應當遵守相應的行為規範。

（3）努力學習，完成規定的學習任務。這是學生在校期間的主要任務。學習科學文化知識，完成規定的學業，以便使自己成為德智體等方面全面發展的社會主義事業的建設者和接班人，是學生的首要任務，也是學生區別於其他公民的一項主要義務。

（4）遵守所在學校或者其他教育機構的管理制度。這裡所說的「管理制度」是指學校或其他機構的思想政治教育管理制度、教育管理制度、學籍管理制度和體育管理、衛生管理、圖書儀器管理、校園及宿舍管理等方面的管理制度。學生有遵守所在學校相關管理制度的義務。

當然，權利和義務從來都是統一的，不可分割的，學生享有權利的同時必須承擔相應的義務，即「沒有無義務的權利，也沒有無權利的義務」。學生的權利可以放棄，義務不能放棄；有些權利本身也是義務，如學生擁有的受教育權中的上課權，同時又有完成規定學習任務的義務。

【知識考查】
初中生王某迷戀上網，有時甚至幾天不回家，把學業荒廢了。老師批評他，他說：「我又沒干違法的事，也不犯罪，誰也管不著。」對這件事認識正確的是（　　）。
A. 王某上網是個人私事，老師不應干涉
B. 網絡傳播許多不健康的東西，學生不能上網
C. 適齡少年兒童必須依法完成規定年限的義務教育，老師的批評是正確的
D. 受教育是王某的權利，王某可以放棄
答案：C

三、教師的教育策略

尊重和保障學生的合法權利，是依法執教、依法治校的重要方面，也是轉變教育觀念、推進教育改革與發展的重要舉措。學生作為教育中重要的權利主體，其權利受侵、其義務拒不履行的現象時有發生。作為教師，應該從以學生為本的角度出發，自覺維護學生的合法權利，督促學生積極承擔相應的義務。

（一）準確把握學生的身分和法律地位，樹立現代學生觀

教師應該認識到學生雖然是受教育者，但是學生和教師都是國家公民，在法律面前，他們的地位是平等的，依法享有公民應該享有的一切權利。教師作為教育者，在學生成長過程中發揮著不可替代的作用，因此，教師擁有什麼樣的學生觀就顯得至關重要。在教育教學中，教師必須做到熱愛學生，始終把學生作為學習的主人來看待，認識到每個學生都是處於發展之中的活生生的、有獨立意識的生命體，才有可能尊重學生所擁有的權利。

（二）自覺增強自身的法律素養，做到依法執教

教師對各項法律法規的把握程度和遵守程度很大程度上決定了學生權利能否順利得到保障。因此，教師需要專門學習各項法律法規，尤其是教育方面的法律法規，如《教育法》《義務教育法》《中華人民共和國高等教育法》《教師法》《未成年人保護法》《中華人民共和國民辦教育促進法》《預防未成年人犯罪法》等，準確把握學生的各項權利和義務，並在自己的教學過程中嚴格遵守法律法規，自覺維護學生的權利，督促學生履行好自己的義務，謹防教師、學校或其他機構侵犯學生權利的行為發生。

（三）遵循學生身心發展的規律和特點，促進學生全面和諧發展

不同年齡階段的學生有不同的身心發展特點及規律，作為教師，應當根據不同階段學生身心發展的特點，對他們進行社會生活指導、心理健康輔導和青春期教育，全面貫徹國家的教育方針，提高教育質量，注重培養學生獨立思考能力、創新能力和實踐能力，促進學生在德智體美勞等方面全面發展。

（四）增強學生的身分意識，尊重學生的人格尊嚴

教師在教育教學過程中要引導學生對自己的學生身分充分認同，讓學生在明晰自己權利的同時，能主動承擔起自己的義務，自覺遵守相關法律法規，遵守基本的學生

行為規範，尊敬師長，養成良好的思想品德和行為習慣，努力學習，做好學生的分內之事，並遵守學校的管理制度。

教師應當關心、愛護學生，不得對犯錯學生實施體罰、變相體罰或者其他侮辱人格尊嚴的行為；不得歧視品行有缺點、學習有困難的學生，應當給予他們耐心的教育和幫助。

（五）轉變傳統觀念，努力構建民主、平等、和諧的師生關係

教師應當徹底摒棄「師尊生卑」的傳統觀念，把學生當成主體來對待，讓學生主動參與到班級管理當中來，尊重學生個體的各項權利，通過「師愛」架構起師生之間溝通的橋樑，努力構建民主、平等、和諧的師生關係。良好師生關係的構建，對學生權利的保護和義務的履行埋下了溫情的伏筆。

（六）加強與家長的溝通，共同維護學生的健康成長

教師應當通過家訪、電話、微信或QQ與學生父母或者其他監護人及時溝通學生的家校表現，密切配合，督促學生形成良好的學習習慣和生活習慣，保證學生的睡眠、娛樂和體育鍛煉時間，讓學生健康成長。

第三節　師生關係

學校中存在多種人際關係，如學生與學生之間的關係、教師與教師之間的關係、學校領導與教師之間的關係等，但在這諸多的人際關係中，師生關係是學校中最核心、最基本的人際關係。正如讚科夫所說，「就教育工作的效果來說，很重要的一點是要看教師和學生之間的關係如何。」大量事實表明：良好的師生關係對教師的教和學生的學都有著極大的促進作用，能使師生雙方在認知上彼此認同，情感上相互愉悅，行為上目標趨同，從而營造出一種心情舒暢、氣氛融洽的心理環境，有利於師生積極性的發揮與教育教學質量的提高。正所謂「親其師，信其道也」，不親其師，自然也就難信其道。

一、現有師生關係的幾種模式

當前的師生關係類型主要有專制型、放任型和民主型三種（見表7-2）。不同的師生關係有不同的表現，究其原因，是由不同的學生觀導致的。

（一）專制型的師生關係

在專制型的師生關係中，教師過分強調自己的權威，把學生視為命令的執行者，學生在這樣的關係中只能被動服從教師的領導，毫無主動性可言。

（二）放任型的師生關係

在放任型的師生關係中，教師只顧完成教學任務，對學生採取放任自流的態度，學生處於無序的發展之中。

（三）民主型的師生關係

在民主型的師生關係中，教師既尊重學生，又嚴格要求學生，既注意發揮自己的引導性作用，又關注學生的主體性，師生之間關係平等、和諧，是一種理想的師生關係類型。

表 7-2　中國目前存在的師生關係類型①

關係類型	師生相互態度	師生感情關係	師生在課堂合作狀態	效果
專制型	教師以領導者自居，學生採取服從態度	師生之間感情平穩，無衝突	教師包攬一切活動，學生跟著教師設計的路子走，明顯缺乏學習的主動性、創造性	從知識的掌握看，有一定的教學效果，但學生獨立思考、獨立解決問題的能力差
放任型	教師對學生沒有嚴格要求，放鬆指導責任，學生對學習採取自由態度	課堂氣氛淡漠	教師讓學生自主學習，學生各行其是；教師能解答學生的問題，但不能給予及時的正確指導，不認真檢查學習效果	教學效果明顯下降
民主型	教師對學生嚴格要求，熱情、公正、尊重學生，發揚教學民主；學生尊敬老師，接受指導，主動自覺進行學習	情緒熱烈、和諧，課堂氣氛活躍	師生之間呈現積極的雙向的交流，學生積極思考、提出問題、各抒己見；教師認真引導	教學效果良好

二、良好師生關係應有的要義

良好的師生關係對教師的教和學生的學都有非常重要的意義。那麼，良好的師生關係應該具備哪些特點呢？

（一）民主平等

民主平等是民主型師生關係的基礎。在現代教學中我們倡導師生雙方在平等的基礎上相互尊重、相互理解、相互包容。存在主義哲學家馬丁・布貝爾曾經指出，師生關係在本質上就是一種人格對等的「我—你」式對話關係，這種「人格對等」是良好師生關係尤其要追求與期待的。「一切為了學生，為了學生的一切，為了一切學生」是新時代學生觀的新要求。「一切為了學生」倡導的是教師的奉獻精神；「為了學生的一切」倡導的是一種全面發展的學生觀；「為了一切學生」倡導則是一種民主精神，以學生為本，尊重學生的人格，信任學生，對學生一視同仁，把學生作為學習的主人，教學過程要適應學生的身心發展規律，重視學生素質的提升，注重培養學生的創新意識和創新能力。師生在課堂上是一種民主對話、平等溝通的關係，教師走下講臺後，虛心向學生學習，教師不再是真理的代言人，學生可以有不同意見，可以質疑教師。師生在共同參與的教育過程中形成和諧、融洽的心理關係，營造民主平等的學習氛圍，實現師生的共同成長。

（二）尊師愛生

尊師愛生是民主型師生關係在教育過程中的具體體現。學生尊敬教師，教師熱愛學生，師生之間相互尊重、相互關愛。尊師是愛生的結果，愛生是尊師的前提，沒有

---

① 傅道春. 教育學：情境與原理 [M]. 北京：教育科學出版社，1999：162-163.

尊重和愛，就沒有教育。陶行知先生曾說，「愛滿天下，愛生如子」，教師要盡可能地利用各種機會，主動接近學生，瞭解學生，做學生的貼心人和知心朋友，全身心地關愛學生，從而贏得學生對自己的尊重。學生尊敬教師，對教師的教學進行支持、鼓勵，促使教師更加熱愛工作、熱愛學生；教師對學生的熱愛，也進而促使學生更加尊敬教師，認真向教師學習。當然，教師愛護學生也不是對學生無原則的遷就，而要認真教學，對學生嚴格要求；學生尊師，是尊其誨人不倦、尊其學識淵博，對於教師教學中的糟粕和錯誤部分，則敢於提意見，或展開辯論。

（三）教學相長

教學相長是民主型師生關係的目標。教師既是教育者，也是受教育者；學生是受教育者，也可以是教育者。一方面，教師要幫助學生獲取前人留下的知識財富，促進學生道德提升與個性發展；另一方面，通過師生之間的對話和交流，教師也可以從中收穫成長，實現自己的人生價值和專業發展。現代學生在某些方面完全可以超過老師，尤其是在計算機或前沿科技等方面，學生已掌握的信息量和接受能力遠遠超過了教師，因此，教師在這些方面應該虛心向學生求教。另外，教師在教學中要不斷啟發學生的積極性，善於聽取學生的意見，鼓勵學生在學習中不斷向教師提出一些值得思考的問題，幫助自己改進教學。在這個過程中，師生雙方是作為利益共同體而存在的，不但教師的學識水準和教學水準得到了提高，學生的知識和學習能力也不斷得到提高。

三、學生觀支持下的師生關係的構建策略

師生關係作為一種關係，需要師生雙方共同努力才能得以構建。僅有教師努力或僅有學生努力都是遠遠不夠的。

從教師角度來講，教師應對良好師生關係的構建從以下方面做出努力。

（一）教師要樹立正確的學生觀

有什麼樣的學生觀，就會有什麼樣的教育活動，就會有什麼樣的師生關係。樹立正確的學生觀，教師可以從如下四個方面著手。第一，教師必須正確認識學生的本質屬性及其在教育過程中的地位。學生是人，是獨特的人，是發展中的人，是有主體性的人，是以學習為主要任務的人；學生是教育的對象，同時又是學習的主人。教師必須清楚地認識到，在現代師生關係中，師生在教學中的地位是平等的。以往教師常說自己是「三尺微命，一介書生」，但對學生卻往往是居高臨下，學生想向老師請教問題，老師門檻多半有「三尺」之高，很難邁過。如今，「三尺」之上的高貴和神聖已經不符合時代需求了，現代教師應該擺正心態，把學生當成學習的主角，努力為學生答好疑，解好惑。第二，教師要深入瞭解每位學生的內心世界，關注他們的興趣愛好、氣質秉性、知識水準、身體狀況、道德品質，以便更好地與學生進行交流。第三，尊重學生，公平公正地對待每一位學生。每位學生都是獨特的個體，都有自己的閃光之處，教師不能以成績論英雄，要善於發現每個學生的閃光點，鼓勵並幫助每位學生獲得合適的發展。只有教師尊重學生，學生才會尊重教師。李鎮西在《愛心與教育》一書中提道：「教師對學生具有了真誠的信任和尊重，學生會感到人格的尊嚴，又會對老師產生朋友般的信賴。」被尊重是學生內心的需要，是學生進步的內在動力。「理解是

教育的前提，尊重是教育成功的基礎。」第四，寬容學生。學生是處於發展之中的個體，在發展過程中難免犯錯，教師不能用粗暴的態度對待學生，而應該用寬容的態度對待犯錯的學生，給他們一個改正的機會。

【資料連結】
你的同桌今天哪兒去了？
　　一位學生在作文裡敘述了一件事：我是一位不被人關注的學生，我在班裡似乎是不存在的。老師不關心我，同學也從來不理我，甚至連我分給他們的糖果都不吃，我感到很孤獨、很無助……一次上課時，老師朝著我的座位走來。我想，老師一定是來關心我的，他也許會問我學習遇到困難了嗎？作業會做嗎？甚至是今天早上你吃飯了嗎？我滿心歡喜。可是，老師走到我的身邊，平靜地問了我一句話，差點沒把我給氣死——「你的同桌今天哪兒去了？」從此，我恨這位老師，也開始恨他所教的課程。——被人需要和關注是人的天性，教育者應該有意識地去關注每一位學生，愛護每一位孩子。
　　資料來源：林華民. 世界經典教育案例啟示錄 [M]. 北京：農村讀物出版社，2010：119.

(二) 教師要樹立自己的威信
　　教師威信是構建和諧師生關係的必要條件。教師的威信，是指教師具有使學生感到信服的精神感召力量。教師的威信是一種強有力的教育手段，它能使人親而近之，因此，有威信的教師往往更受學生歡迎，更能使學生信服。如果教師沒有威信，那教師的教學也就無法正常開展，教師和學生之間也不可能存在真正民主、平等、和諧的師生關係。教師以身作則、言行一致、率先垂範、樂於奉獻、學識淵博、舉止端莊等行為舉止都是在學生面前樹立自己威信的有效方式，教師做到這些，自然會贏得學生的尊敬和愛戴，在學生心目中樹立起真正的威信，從而順利完成教書育人的神聖使命。

(三) 教師要提高自身素養
　　教師的素養是建立和諧師生關係的基礎，有紮實學識和過硬教學本領的教師是學生最為佩服的教師。現代社會發展迅速，學生所面臨的問題也更加複雜，這就要求教師具有更全面的綜合素養。教師的綜合素養具體表現為知識素養、能力素養和品德素養。教師要把課堂當成自己生長的地方，在輸出知識的同不斷更新自己的知識結構，提升自己的教育教學能力，錘煉自己的思想品德，不斷改進教學方法、提升授課藝術，用廣博的知識和高超的教學藝術贏得學生的尊敬，用高尚的師德感染學生，用創新型的教學方法引領學生，真正喚醒學生的主體意識，促進學生個性的充分發展，為良好師生關係的構建打下堅實的基礎。

(四) 教師要正確處理師生矛盾和衝突
　　師生之間的矛盾和衝突是引起師生關係緊張的重要因素，教師處理這些矛盾和衝突的方式，很大程度上會對師生關係產生直接影響。面對師生間的矛盾衝突時：首先，教師要控制好自己的情緒，切勿將矛盾激化；其次，教師要冷靜分析矛盾產生的原因，

找出合適的解決辦法；再次，教師要始終堅持啟發、疏導、調節、控制矛盾發展的方向。最後，教師要多與學生溝通，與學生形成相互理解的良好局面。

【案例分析】

老師該不該砸周同學的手機？

2016年3月23日9點半左右，某中學高二學生周同學與另一男生在上英語課時低頭玩手機，被正在上課的英語老師發現後，要求周同學站起來，並走到周同學身邊，從他課桌裡摸出手機直接摔向地面。不知是老師覺得不解恨還是什麼原因，老師把地上的手機撿起來，連砸了3次，直到手機屏幕粉碎，後蓋與機體分離。據悉，這部摔壞的手機，是周同學過年剛買的。對於該英語老師的行為，大家眾說紛紜，學生認為有點過。李同學是周同學的同班同學，他說，此前，學校和老師多次強調，學生上課不能玩手機，也收繳過一些學生的手機，但收繳的手機全都放進了學校德育辦的保險櫃，「砸手機還是第一次」。「上課玩手機確實不應該，老師可以沒收，這也是保證課堂紀律，為了大家好。」李同學說，在他看來，把學生手機砸了還是有點過頭，「我們很多同學都這樣認為。」

資料來源：寧雅舟. 關於師生衝突的案例分析［J］. 當代教育理論與實踐，2016：(11).

請思考： 上述案例中，學生課上玩手機事實上已經造成了師生之間的矛盾和衝突，該英語老師顯然採用了不當的方式來處理這一衝突，結果，衝突非但沒解決，反而更激化了師生之間的矛盾。如果你是這位英語老師，你會如何緩解這場矛盾和衝突呢？

（五）教師要發揚教學民主

課堂教學不僅僅是知識傳遞的過程，也是師生之間人際交往、情感交融、思想共鳴的過程。這就要求教師在課堂教學中充分發揚教學民主，努力營造一種寬鬆、和諧、高效的課堂氛圍，讓學生從心理上感受到自由與安全……[1]在課堂教學中，教師引導學生參與到教學中來，鼓勵學生大膽提出自己對教學的各項安排，對於切實可行的學生建議，應當認真聽取，給予充分肯定，並全面履行。在這樣一種寬鬆的氛圍中，融洽的師生關係更容易得以構建。

（六）教師要善於與學生溝通

教師作為學生成長的引路人，對良好師生關係的建立應當負有主要責任。在教學過程中，教師要關注學生的情感體驗和人格養成，懂得和學生溝通和對話的藝術，對學生嚴而有格，寬嚴相濟，多一點理解，少一些嘲諷；多一點讚許，少一些批評；多一點微笑，少一些打擊；多一點幽默，少一些冷漠，相信學生會在這樣的師生交往中感到溫馨愜意，良好的師生關係也就因此建立起來了。

---

[1] 李全波. 發揚教學民主 培養創新精神［J］. 吉林教育，2011（6）：42.

【案例分析】

有一次，教我高中語文的陳佑國老師布置了一篇作文，題目是「我的家鄉」。我在習作中寫道：「……家鄉門前的大海上，一條條紫菜種植網，仿佛就是一座座橫跨在大海上的綠色浮橋……」這段現在看來很一般的描述，陳老師卻給我打了一個「優」，還把我的作文當作範文貼在教室的學習園地裡，供全班同學欣賞。從那以後，我特別喜歡陳老師，喜歡上語文課，作文水準也有了明顯提高。

資料來源：林華民.世界經典教育案例啟示錄［M］.北京：農村讀物出版社，2010：117.

請思考：案例中陳老師給「我」並不算優秀的作文打「優」的做法高明在哪裡？

【資料連結】

教師微笑的力量

在我的記憶裡，至今仍保留著小學時陳老師的那次微笑。時隔久遠，可它仍常常不請自來，使我沉浸在一種對於生命、工作的美好體驗之中。

那年我讀五年級，由於家裡窮，經常用表哥寫剩的鉛筆頭。那時我真的很希望自己能擁有一支嶄新的筆。一天下午，我吃過午飯就來到學校。當時同學們還沒來，老師們也在午休。教師的講桌上，放著陳老師那支鍍金的鋼筆，我偷偷地把它放進自己的書包裡。

下午第一節語文課上，陳老師找起了她的鋼筆，從不說謊的我把答案寫在了臉上。放學後，老師叫我去她辦公室一趟。到現在我還清楚地記得，那時我的心就像要赴刑場似的狂跳。一路上，老師的冷言冷語不斷閃現在我的腦海裡。我不敢想像老師會怎樣懲罰我。到了她的辦公室門前，我所有的感官全都緊張地張開了。門開了，露出了老師的臉，令我震驚的是，她竟是嘴角彎彎地微笑著的。一剎那間，我只覺得仿佛是陰沉的天空被捅出了一個窟窿，光芒四射的陽光瀑布般地傾瀉而下，暖人心腑。我緊張害怕的心一下子鬆弛了下來。也許太出乎意料，那一刻定格在我腦海裡，成為永恆，至今我仍可栩栩如生地把它再現出來。

談話幾乎是在老師的微笑中進行的。在她的微笑中，我認識到了自己的錯誤；在她的微笑中，我看到了為人師者的博大胸襟。她教育了我，但並沒有使我感受到生活的寒冷。那個下午，對我而言，依然是生命中一個陽光燦爛的時分。那陽光，就是陳老師的微笑。

如今，我選擇了和陳老師同樣的職業。每當站在學生面前時，我總不忘微笑著面對他們。

教師的微笑是對學生懂事乖巧時的欣賞，無知犯錯時的寬容，不知所措時的愛心，困難挫折時的勇氣。如今的我也對微笑產生的力量折射的光芒深有體會。當我每天伴著朝陽，帶著微笑，踏著鈴聲走進教室時，我會在快樂中教學。當我把自己的微笑帶給學生，學生同樣把微笑返還給我，他們會在快樂中學習。有時會發現學生上課只盯著你的臉僅僅是因為有微笑的存在。儘管在課堂我們不可能一種表情，

但是微笑著走進課堂算是給學生最好的問候。有時想想，作為老師，我們不願看到課堂上繃著臉的學生，同樣，學生也不願看到課堂上繃著臉的老師。優秀的教師課堂上常常魅力四射，賦有感染力，微笑則是點燃激情的「鑰匙」。其實，嚴肅的面容不代表老師的嚴謹治學，嚴厲的措辭不代表老師過人的才智。相反，老師的「凶巴巴」會使學生緊張，和老師產生距離，只有微笑才能顯示出老師的寬容和深厚。

　　老師的微笑可以和學生拉近距離，走進學生的心裡；老師的微笑可以感染學生，讓學生也微笑起來，使班級形成良好的氛圍；老師的微笑是班級情感的源泉，教會學生健康快樂地成長；老師的微笑是溫暖的雙手，拂去學生心頭的傷痛。

　　資料來源：蘋果教育網。

　　從學生角度來講，學生也需要對良好師生關係的構建做出努力。

　　(1) 學生要尊敬教師。學生尊敬教師這是對學生最起碼的要求。學生作為受教育者，教師是其在學校中接受教育的主渠道，教師將自己所學的知識毫無保留地教給學生，並希望學生成人成才，於情於理，學生都應該對幫助自己成長的教師表示尊敬，具體表現為：第一，尊重教師的勞動成果。上課認真聽講，課後認真完成作業，遵守課堂紀律，不遲到、不早退、不無故曠課，用自己的學習表現去回饋教師。第二，尊重教師的人格、不隨意給教師起綽號，不以不恭的言行侮辱教師，見到教師主動上前打招呼。

　　(2) 學生應主動與教師交往。增進師生關係，主動交流是前提。作為學生，主動接近教師並與教師進行交往是增進師生之情的重要途徑；在學習過程中，有不懂的知識點應虛心向教師求教，做到勤學好問，不僅掌握了知識，還能增進師生之間的情感，無形中縮小了和教師之間的距離；在學習之餘，也可以多關心教師，如主動幫助教師做一些力所能及的事情，遇到教師生病學生能做到主動問候，噓寒問暖，這都是和教師主動交往的重要途徑。相信在學生的積極努力之下，良好的師生關係會更快建立起來。

　　(3) 學生要學會感恩教師。教師不僅幫助學生掌握科學文化知識和技能，還教給學生做人的道理。當學生成功之時，教師和學生一起分享成就的喜悅；當學生犯錯之時，教師耐心細緻地撥正學生前進的航向；在學生因取得一點成績而驕傲之時，教師是學生的清醒劑。教師既是學生的良師，又是學生最真摯的朋友。因此，學生應對教師心懷感恩之情，感恩教師無私的付出，感恩教師對自己的幫助。

【資料連結】

會答就舉左手，不會答就舉右手

　　一位老師講上課時，他向學生提問，發現一個學習成績最差的學生也舉手了，他就讓他起來回答，結果這個學生卻一個字也答不上來。他沒有當即批評他，而是下課後把他請到了辦公室，問他為什麼不會答卻還要舉手時，這個學生低下頭說：「老師，別人都會，如果我不舉手其他同學會笑話我的。」於是他和這名學生悄悄「約定」：今後你會答就舉左手，不會就舉右手。此後，每當看到這名學生舉起左手時，老師都盡量讓他來回答；而舉右手時，就不點他了。一段時間後，這個成績最差的學生變得開朗了，學習也有了很大的進步。

　　資料來源：林華民.世界經典教育案例啟示錄 [M]. 北京：農村讀物出版社，2010：116.

只有通過師生雙方的共同努力，民主平等、尊師愛生、教學相長的良好師生關係才有望形成。

理解與反思

1. 學生身心發展有哪些規律？教師在教育教學中應該如何遵循這些規律？
2. 現代教師應該樹立什麼樣的學生觀？
3. 良好的師生關係應該具備哪些特點？應該如何構建？

拓展閱讀

［1］熊和平. 學生身體與教育真相［M］. 杭州：浙江大學出版社，2014.

［2］李榮蘭. 教師如何尊重學生［M］. 長春：東北師範大學出版社，2010.

［3］李曉燕. 學生權利和義務問題研究［M］. 武漢：華中師範大學出版社，2008.

［4］俞海燕，鄭金洲. 故事中的師生關係調整［M］. 福州：福建教育出版社，2008.

［5］王旭東. 國外師生關係研究［M］. 海口：海南出版社，2000.

［6］賀斌. 零距離施教：名師和諧師生關係的構建藝術［M］. 重慶：西南師範大學出版社，2008.

第八章

課程

■ **學習導航**

(1) 理解課程的內涵，並掌握課程的類型，形成自己關於課程的定義。(重點)
(2) 理解課程組織的四個環節。(難點)
(3) 瞭解課程改革的影響因素和中國課程改革的基本情況。(難點)

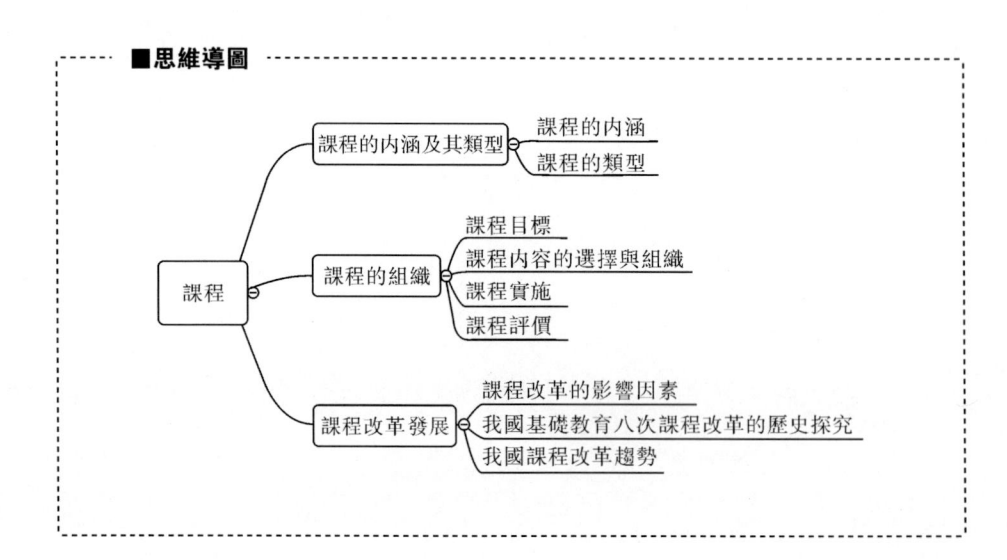

■ **思維導圖**

- 課程
  - 課程的內涵及其類型
    - 課程的內涵
    - 課程的類型
  - 課程的組織
    - 課程目標
    - 課程內容的選擇與組織
    - 課程實施
    - 課程評價
  - 課程改革發展
    - 課程改革的影響因素
    - 我國基礎教育八次課程改革的歷史探究
    - 我國課程改革趨勢

■教育瞭望

什麼是課程？

收到浙江省臺州市東方理想學校的入學通知後，糾結了很長一段時間，管樅屹媽媽最終下定決心，把孩子送到這所剛剛「借著別人的房子」辦起來、幾乎不為人知的民辦學校。

成績一向優秀的管樅屹原本有許多選擇，可以任意挑選臺州最好的中學，即便去杭州、寧波等教育資源更豐富的地方，對他而言也並不費力。

管樅屹起初並不理解媽媽，這不是把我當小白鼠嗎？就是在這樣的猜疑中，他跨入了東方理想學校的大門。漸漸地，他發現這扇大門背後，是一個與自己的想像完全不同的世界。3 年後，他很慶幸自己沒有步入一所傳統學校，整天為分數和名次掙扎，而是過上了真正意義的「學校生活」。

「這不是一所死盯成績的學校。」在越來越多東方理想學校家長眼中，校長盧獻當初向他們描述的辦一所「身體比成績重要、閱讀比做題重要、能力比分數重要、成長比成功重要」的學校並不是一句空話，而是慢慢變成了現實。

比如，在東方理想學校，每天管樅屹要拿出兩個小時「浪費」在運動場上，包括雷打不動的 2,000 米跑步、練武術與體育舞蹈；每天拿出 9 個半小時「浪費」在床上，包括晚上 8.5 小時和中午 1 小時的睡眠時間；每週拿出 3 個小時「浪費」在看電影上；每週還要拿出 90 分鐘「浪費」在社團選修課⋯⋯更讓他驚喜的是，學習也並不是「天天在學校」。按照學校的課程計劃，管樅屹登上了學校所在區域的最高峰「老人尖」，參加了外來務工子女教育調查；暑假期間，他還與老師、同學一起外出遊學，登臨武昌黃鶴樓，走進西安古城，感受「走進現場學習」的無窮魅力⋯⋯看上去與學習並無多大關聯，但在東方理想學校，這些內容被稱為學校的「必修課」，每個人都必須參與。

在盧獻看來，一個人從立足社會到走向成熟所需的素養，絕不是簡單的「條塊狀」語文、數學、科學等學科素養，必定是指向一個完整的「人」所需要的綜合素養。因此，他倡導「用課程重新定義學校」。

「最好的知識是關於方法的知識」，在東方理想學校，所有文化學科都統整到「閱讀—思考—表達」這一基礎課程裡——衡量教學的一個重要標準就是看「閱讀—思考—表達」發生了沒有。在此基礎上，學校提出了自己的課改策略：建立自主學習「雙通道」，一是個體「閱讀—思考—表達」，二是從個體學習走向合作學習。為了使改革有效推進，東方理想學校在「內容」與「方法」整合的基礎上，各學科開展了基於學科素養的整合行動。

以語文學科為例，執行校長譚淑雲領銜啟動了「三課制」改革——教材學習課、閱讀拓展課、實踐活動課。比如八年級上學期說明文單元，按常規共 10 課時，通過「一帶多」整合教學，語文組將教材內容用 4 課時完成；餘下的 6 課時，其中 2 課時用來拓展閱讀《北京園林》等課外文章，2 課時讓孩子們集體展示分享「說不盡的橋」，2 課時結合北京遊學進行遊記展示。譚淑雲的想法是，通過大量的閱讀與思考，系統的體驗與表達，全面提高學生的語文素養。

資料來源：黃浩. 用課程打造「東方理想園」[N]. 中國教師報, 2016-11-16 (6).

第一節　課程的內涵及其類型

一、課程的內涵

「課程」是教育的「心臟」，有什麼樣的「課程」就有什麼樣的教育活動，就有什麼樣的學生發展。

「課程」概念的界定是我們研究課程的首要問題，但是，要為「課程」下一個精確的定義卻是一件非常困難的事情。人們在不同場合、不同語境下，以不同方式使用著這一概念，正如聖·奧古斯丁所言：「時間是什麼？如無人問我則我知道，如果我欲對發問者說明則我不知道。」個體在使用這一概念的時候，可能都是無意識或在文化慣性之下賦予課程一定的含義，而未真正厘清、思考自己言辭中的「課程」含義。美國學者斯考特曾說，「課程」是一個使用的最為普遍，但是定義最差的教育術語。雖然，課程論早已是教育理論中公認的重要學科，但目前為止，課程概念卻至今沒有達成能夠得到人們公認的結果，甚至也沒有形成若干便於人們使用和溝通的工具性定義。但尚未形成一個普遍公認的課程定義，並不影響課程研究的推進，實際上對各種課程定義的使用方式及其含義的辨析，正是我們逐步深化課程研究的一條重要途徑。

（一）課程詞義的歷史溯源

據考證，「課程」一詞最早出現在中國唐宋時代。唐代孔穎達在《五經正義》裡為《詩經·小雅·小弁》中的「奕奕寢廟，君子作之」做註釋時曾使用「課程」一詞，他寫道：「維護課程，必君子監之，乃依法制。」但這裡的「課程」與今天所用之義相差甚遠。宋代朱熹在《朱子全書·論學》裡，多次使用「課程」一詞，如「寬著期限，緊著課程」「小立課程，大做功夫」。雖然朱熹並未對「課程」一詞做出明確界定，但其含義還是較為清晰的，即指功課及其進程安排。這裡的「功課」作為學生的學習內容涵蓋範圍非常廣泛，既包括禮、樂、射、御、書、數等六藝，又包括孝、悌、忠、信等倫理道德，還包括灑掃、應對、進退之節，正心、誠意及修己治人之道。該含義與我們現在研究的課程概念有相似之處，但這裡是指學習內容的安排次序和相關規定，較少涉及教授方法上的要求和規範，因此它只能稱得上「學程」。到了近代，班級授課制開始廣泛實行，加之赫爾巴特學派「五段教學法」的引入，人們開始關注教學的程序和設計，於是課程的含義便從「學程」變成了「教程」。中華人民共和國成立以後，由於受蘇聯凱洛夫教育學的影響，到20世紀80年代中期以前，「課程」一詞在中國還很少出現，且常與教學計劃、教學內容同等看待。

英國哲學家、教育家斯賓塞（H. Spencer）在1859年發表了一篇著名的文章《什麼知識最有價值》（What Knowledge is of Most Worth）中提出了「課程」（curriculum）一詞，意指「教學內容的系統組織」。從英語詞源分析，「課程」（curriculum）一詞來源於拉丁文詞根「currere」，意思是指「跑道」（racecourse），由此理解，課程就是為學生設計的「跑道」，是一種傳統的靜態課程體系。後來，人們認識到這種課程含義的局限性，從而提出更加偏向動態的「奔跑」，如此，課程的著眼點就會根據每個人認識

和學習的獨特性以及經驗的動態建構性，呈現出不同樣態的課程理論和實踐。伴隨著現代教育的深入推進，「課程」逐步成為一個獨立的研究領域，人們對於課程的認識和理解也在不斷深化和發展。

(二) 課程含義的多樣性及其把握

對「課程」一詞，不同的歷史階段、不同的民族文化、不同的社會背景中的人們根據自我經驗及其對於社會、知識、教育等的理解，形成了多種多樣的「課程」觀點。美國學者魯爾於 1973 在其博士論文《課程含義的哲學探討》統計，當時的課程定義至少已有 119 種①。時至今日，課程的定義可能更是多樣，而這些還尚未包括沒有清晰呈現給他人或沒有以學術發表等方式表述出來的實然狀態的不同個體持有的「課程」觀。在眾多的課程定義中，以下六個觀點較具代表性。

1. 課程即學問和學科

把課程理解為學問（discipline）和學科（subject）是最早出現的，且是流行甚廣的一種觀點。中國古代的「六藝」（禮、樂、射、御、書、數）、「五經」（詩、書、禮、樂、春秋），以及「四書」（《論語》《孟子》《大學》《中庸》）等都是典型的學問性分科課程。歐洲中世紀初的「七藝」（文法、修辭、辯證法、算術、幾何、天文、音樂等科目）被公認為是西方現代學校課程體系形成的基礎。美國哥倫比亞大學名譽教授費尼克斯（P. H. Phenix）在《課程面臨的抉擇》一文中明確指出，「我的主題，說的簡潔些，一切的課程內容應當從學問中引申出來。或者換言之，唯有學問中所包含的知識才是課程的適當內容……未被學問化的知識，無論對於教授還是學習，都是不適宜的。……一切的教授應當是以學問為中心的」②。

把課程等同於「學問和學科」，基本上代表了中國學術界的權威觀點。

但是，如果「課程」研究只關注學問和科目容易造成學生學習範圍狹窄，不利於學生的心智發展、情感陶冶、創造性表現等，很難保證學生形成全面成長所需的各種素養。實際上，當前很多學校為學生提供的學習遠遠超出了正式列入課程的學科範圍。中國最近一次課程改革把綜合實踐課列入課程，說明把課程等同於學科是不完全的。

2. 課程即學習經驗

20 世紀 30 年代以後，把課程視為「學生在學校所獲得的全部經驗」這一觀點受到人們的廣泛重視，對課程理論與實踐產生了較為深遠的影響。它不再立足教師教授的角度定義課程，而是從學生學習的角度確定課程內涵。美國教育家杜威的實用主義經驗論是其淵源。20 世紀初，杜威反對「課程是活動或預先決定的目的」這類觀點，強調課程應與兒童生活相溝通，應把教材引入兒童生活，讓兒童直接去體驗。到了 20 世紀 30 年代，在經驗主義哲學、完形心理學和進步主義教育運動的衝擊下，人們更加關注學生的興趣、需要和個性發展。

---

① 喬治・A. 比徹姆. 課程理論 [M]. 黃明皖，譯. 北京：人民教育出版社，1989：169.
② 鐘啓泉. 現代課程論 [M]. 上海：上海教育出版社，1989：115.

> 【名人名言】
> 　　學校科目相互聯繫的真正中心，不是科學，不是文學，不是歷史，不是地理，而是兒童本身的社會活動。
> 　　　　　　　　　　　　　　　　　　　　　　　　　——［美］杜威

這種課程觀把學生視為具有很大獨特性和潛力的受教育者，因此學生的經驗是最重要的。學生的學習取決於他自己做了什麼，而不是教師做了什麼。也就是說，只有學生獲得的經驗才是課程。當前，西方一些人本主義課程論者都趨向於這一觀點，把課程從學科、教材轉向學生。

這一課程定義實現了視角轉換，從教師、教材、學科等轉向到了學生、經驗等，試圖把握學生實際學到些什麼——因為經驗是學生在從事的學習活動中經過體驗和反思而獲得的意義。此時，教師的工作主要是為學生提供獲得經驗的環境，在同樣的環境中，每個學生獲得的經驗都是不同的。

從理論上講，這一課程觀似乎很有吸引力，但在實踐中卻很難落實。首先，把課程定義為學生的經驗，經驗的範圍過於廣泛且容易引起歧義。學生獲得的經驗哪些應該由學校提供，哪些可以校外獲得，哪些應該是有計劃的，哪些可以是散亂無計劃的，這些都無從界定。其次，每個人的學習經驗不同，經驗只有學生才能知曉和把握，教師提供了環境，學生是否獲得經驗，難以有效監測。最後，在班級授課制背景下可能面臨為班級學生提供統一經驗和個體性經驗的巨大矛盾。

3. 課程即文化再生產

鮑爾斯和金蒂斯被認為是這一主張的重要代表人物。他們認為任何文化中的課程，事實上都是該種社會文化的反應，學校教育的職責就是要再生產對下一代有用的知識和價值，課程就是從某種社會文化中選擇出來對下一代有用的知識、技能等。該觀點具有一定的現實意義，從教育的文化功能來看，傳承文化是教育活動的重要功能，促使社會實現文化在新生代身上的再生，也是教育目的保守功能的重要體現。但是，課程如果不加批判地再生產社會文化，可能就會導致不合理的社會文化因素或現存偏見永久化，無法培養具有批判和改造社會文化能力，推動社會變革、發展、進步的社會新人，社會發展可能就會停滯不前。

4. 課程即社會改造的過程

教育系統具有一定的穩定性，有學者認為，課程是一個「懶惰的巨人」，它總是落後於社會上洶湧的變革流。一些激進的教育家認為，課程不是要使學生適應或順從於社會文化，而是要幫助學生擺脫社會制度的束縛，課程應該有助於學生在社會方面得到發展，幫助學生學會制定社會規劃，培養學生的批判意識和能力，從而對「學校敢於建立一種新的社會秩序嗎」的命題做出積極回應，通過學生批判、改革社會的意識和能力的培養，推動社會的變革和不斷進步。

巴西的弗雷爾（P. Freire）是這一觀點的典型代表，他批評資本主義社會的學校課程已經成了一種維護社會現狀的工具，使人民大眾甘心處於從屬地位，或歸咎於天性無能，所以，他主張課程應該使學生擺脫盲目依從的狀態，即要使學生在規劃和實施

課程的過程中起主要作用。

這一觀點過分誇大了學校和教育的作用。任何國家的課程都是一個國家在主流價值觀的指導之下，對現存知識總體進行篩選的。學校課程無法突破國家主流價值導向，實現社會秩序的巨大變革，學校也未在政治上強大到足以促使社會發生重大革命的程度，通過教育實現社會秩序的重建似乎也有些天真。但是，該觀點強調對於學生批判和改造社會意識和能力的培養對課程設計和實施也具有較大積極價值。

需要指出的是，進入20世紀70年代以後，課程內涵呈現出一些新的變化和發展趨勢。例如，從強調學科內容及其對於師生的控制到強調受教育者的經驗和體驗，再到強調課程的會話本質；從強調目標、計劃的預設性到強調過程本身的價值；從強調教材這一單要素到強調教師、學生、教材、環境四要素的整合；從只強調顯性課程到強調顯性課程與隱性課程並重；從強調「實際課程」到強調「實際課程」與「空無課程」並重；從只強調學校課程到強調學校課程與校外課程的整合。

面對眾多課程定義，我們就會發現每一種課程定義或多或少都有某些積極特徵，但是也有明顯不足之處。那麼，如何把握課程定義的多樣性呢？

首先，我們要理解課程定義多樣性的原因。盲人摸象的故事中，眾多盲人從不同角度去觸摸大象，從而給出大象形象的不同表述。課程定義之所以複雜多樣，原因主要有兩個：一是課程自身的複雜性所致。課程雖是隸屬教育系統的概念範疇，但課程面對著學生、知識、社會三個核心要素，三個要素之間關係又相互錯綜複雜，使其猶如盲人所摸的「大象」，充滿複雜性。二是課程研究者的出發點和角度不同。不同時代、社會、文化背景之下，人們所持哲學觀、知識觀、學生觀等不同，對於課程總會給出不同的理解。

其次，我們要合理把握課程定義的多樣性。

一是我們要注意到課程定義的歷史性。不同歷史時代，人們賦予課程的內涵不同。如在中華人民共和國成立初期，為掃除文盲、半文盲，提高人們知識和文化素質，中國把課程定義為教學科目。隨著時代的發展，我們通過課程所希望達成的學生素養標準已經發生重大變化，那麼課程定義變化也在情理之中。

二是我們應注意課程定義背後的知識觀。傳統觀點認為知識是靜態的，具有放之四海而皆準的普適性和統一性，人們在任何時間和地方都不可能以任何方式改變它。動態知識觀則認為知識是個人主動建構的東西，具有變化性、個體性、生成性。兩種不同的知識觀之下，就會產生不同的課程定義。持有不同的課程定義可能就會形成不同的知識觀指導下的課程實踐。

三是課程的層次不同。美國學者古德萊德（J. I. Goodlad）認為，基於課程的不同意義和不同層次，存在以下五種不同類型的課程。第一種是理想的課程，是一些研究機構、學術團體和課程專家基於自己的思考和研究，提出的學校應該開設的課程。但是專家的觀點只有被國家認可，才能轉化為第二種課程形態。第二種是正式的課程，即由教育行政部門規定的課程計劃、課程標準和教材，也就是列入學校課程表中的課程。第三種是領悟的課程，是指任課教師所領會、理解的課程。每個人對同一文本的理解可能都會不盡相同，教師對於課程的理解與理想、正式課程存在一定差異。第四種課程是運作的課程，即教師在課堂上實際實施的課程。第五種是經驗的課程，指學

生實際體驗到的東西①。每個人對於課程概念的界定和使用可能會在層次上有所區別。

四是教育工作者應注重課程定義所要面對的問題。每一個課程定義都有一定的時代指向，也都是為了解決一定的問題而出現的。對於教育工作者，重要的不是選擇這種或那種課程定義，而是在眾多的課程定義中，明辨各種課程定義所要解決的問題以及由此而帶來的新的問題，以便能夠根據自身課程實踐的要求，做出明智的課程決策。

二、課程的類型

課程類型是指課程的組織方式或設計課程的種類。因課程觀不同，學校的實際情況不同，課程工作者設計的課程類型也會有所差異。根據不同標準，我們可把課程分成不同類型。

（一）根據課程的組織方式分類

臺灣學者林本在總結他人分類的基礎上，將現代學校課程分六類。

（1）科目本位課程，又可稱為分科課程。這類課程以學科為中心而設計，分科課程是從有關科學中選取一定的材料，組成不同學科，分科進行教學。分科課程是一種單學科的課程組織模式，它強調不同學科門類之間的相對獨立性，強調一門學科的邏輯體系的完整性。各教學科目分化孤立；知識之間界限清晰、明確，如六藝、七藝課程等。

分科課程有助於突出教學的邏輯性和系統性，有助於體現教學的專業性、學術性和結構性，易於學生分門別類地學習不同知識，效率較高，也有助於教學的組織與評價。但它較少考慮學科之間的相互聯繫，把每一門學科看成與其他學科互不關聯的實體，不利於學生形成整體的知識視野，且容易導致輕視學生的需要、輕視經驗和生活，忽略當代社會生活的現實需要，不利於培養學生多維思維能力和綜合實踐能力。

（2）相關課程，又稱關聯課程。為增強各教學科目之間的聯繫，克服學科本位課程的不足而把兩門或以上的學科課程在教學中加強相互聯繫，但是並未形成新的學科。這種課程改變分科課程的分割狀況，加強科際間的聯繫，同時又較容易納入現有體系中，教師相對願意接受，實施起來也較為容易。

【資料連結】

盧灣中學的「無邊界教學」

「一線校長和教師，太需要跨出自己的學校和教室，跨出自己的定式思維和學科。」一位參會代表發出感嘆。當天，這場由中國教師報主辦，上海市黃浦區教育學院、上海市黃浦區教育學會承辦的2016全國中小學深化課程改革研討會暨「突破邊界」黃浦現場會，吸引了來自全國20個省份的600餘名代表前來參會。

跨界為豐富課程育人而「突破」

氣溫越高，氣壓越低還是越高？早晨太陽距離地球近，還是中午距離地球近？
……

---

① 鐘啓泉．國外課程改革透視［M］．西安：陝西人民教育出版社，1993：22-23．

這些看似簡單的問題，一旦突破學科邊界，便能生發出更多的意義。於是，物理教師找到地理教師，共同研討氣溫與氣壓的問題；語文教師與地理教師合作，用地理知識解讀《兩小兒辯日》的「難題」……在盧灣中學，學科跨界的校本研修課已經成為常態，學校嘗試的「串門式教學」允許教師走進其他學科教師的課堂講課，多位教師同上一節課。

　　當天在會議現場，盧灣中學教師帶來的展示課上，幾位不同學科教師相互配合，適時現身引領；學生或合作研討，或動手演練；信息技術的有效融合，既可以輔助呈現學習內容，又可以即時展示學習成果。不管是音樂與數學的奇妙「相遇」，還是語文、歷史、化學「複雜」的整合「問鼎」，都在挑戰我們的傳統思維，「突破」課堂的邊界。

　　資料來源：http://www.sohu.com/a/119636581_372546.

　　(3) 融合課程，或稱合科課程，更強調各學科間的聯繫，把部分學科統合兼併於範圍較廣的新科目中。它不同於相關課程之處就是將同一領域的或不同領域的某些學科加以合併，編製成為新的學科。例如，把物理學和地理學的某些領域合併成地球科學課程。

　　(4) 廣域課程。廣域課程與融合課程相比，只是在綜合的範圍上的差別。廣域課程比融合課程更為寬泛，往往包含某一完整的知識分支或知識領域，如綜合理科、綜合社會科學等，但是學科組合併非簡單的知識拼湊，而是把各個學科實現有機整合。美國的「跨學科入門化學」（IAC）由引論、有機化學、物理化學、環境化學、核化學等單元組成，旨在促使學生理解物理、化學、生物學、核科學、環境科學、地學等之間的密切關係。

　　(5) 核心課程。核心課程以重大社會問題為中心，組織教學內容的綜合課程。它是在廣域課程的基礎上，為使教育內容充分發揮其統一性，把比較價值上最為重要的領域作為中心，其他領域則為周邊與中心發生聯繫，在社會改造主義教育觀指導下而形成的以社會中重大問題為核心的課程。如香港中學曾經開設的「國事課程」。

　　(6) 經驗本位課程。經驗本位課程比廣域課程及核心課程更進一步，而特別重視學生的直接經驗，由學生自由地選擇並組織知識與經驗，來解決其日常生活的問題。經驗本位課程是以兒童的主體性活動的經驗為中心組織的課程，也叫生活課程、活動課程、兒童中心課程，它源於杜威的進步主義教育思想。

　　從目的而言，學科課程更加注重種族間接經驗的傳遞，而活動課程更加強調個體直接經驗的獲得；在編排方式上，學科課程更強調知識的系統性，而活動課程更強調活動的系統性；從教學方式中的師生地位而言，學科課程往往以教師為主導，而活動課程更加強調學生自主獲得經驗；從課程評價來看，學科課程更加注重課程結束之後的終結性評價，而活動課程更加注重活動過程的評價。

　　經驗本位課程的顯著優點是貼近生活，打破學科界限，容易激發學生的學習興趣，形成較為完整的知識圖景，具有較強的實踐應用性。其缺點為不利於系統知識的學習。學生在實際活動中獲得的知識可能是較為散亂的，而且課程質量和實施成效往往受到

學生學習狀態的影響，從而出現較大差異性，難以形成國民統一的素養規格。

以上六種課程形態，越往後面課程的綜合性越強，越偏重於綜合課程的類型。綜合課程與分科課程相對應，它是一種雙學科或多學科的課程組織模式，它強調學科之間的內在聯繫，強調不同學科的相互整合。例如，中國新一輪基礎教育課程改革在義務教育階段設置了品德與生活（1~2年級）、品德與社會（3~6年級）、科學（3~6年級）、歷史與社會（7~9年級）、科學（7~9年級）、藝術（1~9年級）和體育與健康（7~9年級）等綜合課程。中國新一輪基礎教育課程改革在課程結構方面的要求如下：小學階段以綜合課程為主；初中階段設置分科與綜合相結合的課程；高中以分科課程為主。

綜合以上六種課程形態，從效率和效益的角度分析，分科課程易於編訂、便於教學且易於考查，是高效率的課程類型，但因破壞知識的整體圖景、脫離社會生活和學生的興趣、心理發展，呈現出較低效益；而其他的課程類型因其可以克服知識割裂的局限性，所以呈現高效益特徵，但是核心課程和經驗課程難以編寫，師資不足，實施有難度，評價不易，呈現出低效率。然而，知識取向的綜合課程（相關課程、融合課程、廣域課程）則兼備分科課程的高效率和綜合課程的高效益，但實施仍然有一定難度。

（二）根據課程哲學觀分類

課程主要面對三個核心要素，學生、知識和社會。對於這三個因素的哲學理解和位置把握就形成了相應的課程哲學觀。根據課程哲學觀的不同，可以把課程分成學生中心課程、學科中心課程和社會中心課程。其中，學生中心課程更加強調課程滿足學生需要、興趣；學科中心課程認為課程主要是傳承知識的載體，實現人類文化的代際傳遞是課程的主要功能，那麼課程就應該以學科知識為中心進行組織和實施；社會中心課程強調課程服務社會的價值，強調培養適應或改造社會的人。

（三）根據課程的呈現或表現形式分類

根據這一標準可把課程分成顯性課程和隱性課程。顯性課程又被稱為正式課程。隱性課程又可被稱為潛在課程、潛課程、隱蔽課程。顯性課程是指一個教育系統內或教育機構中用正式文件頒布而提供給學生學習，通過考核可獲取特定教育學歷或資格證書的課程，表現為課程方案中明確列出和有專門要求的課程。隱性課程是指以間接方式呈現的課程，是顯性課程以外學生所獲得的所有學校教育的經驗，不作為獲得學歷或證書的必備條件。

隱性課程最早可溯源於杜威提出的附帶學習。19世紀20~30年代，杜威認為學生學習的不只是顯性的正規課程，學生從顯性課程中學到的知識或經驗，只是學習的一部分，並不是全部。而且還存在著有關於情意方面的學習，即「附帶學習」。他曾說「也許當今教學上最大的失敗是：僅在特定時間教給學生特定的東西。附帶學習（指態度、喜好）可能比學校中有關閱讀、地理、歷史的學習更重要，因為這些態度是面對未來生活最根本的」。隱性課程一詞最初是由杰克遜（P. Jackson）使用。杰克遜在他的《教室中的生活》（1968）中首先使用了隱性課程一詞。他分析了教室中的團體生活、報償體系和權威結構等特徵，認為這些不明顯的學校特徵形成了獨特的學校氣氛，從而構成了隱性課程。隱性課程也就是由規則、法規和常規構成，對學生的社會化發

生著不可避免的影響。杰克遜的研究主要揭示學校是如何隱性地傳遞和強化各種態度和行為的。

學校和教師更加容易關注顯性課程，但實際上隱性課程在教育實踐中隨處可見。隱性課程可分為觀念性隱性課程、物質性隱性課程、制度性隱性課程和心理性隱性課程。觀念性隱性課程主要有校風、班風、教育理念、價值觀、知識觀等。物質性隱性課程主要包括學校建築、教室設置、校園環境等。制度性隱性課程包括管理體制、學校組織機構、班級管理方式等。心理性隱性課程包括人際關係狀況、師生特有心態和行為方式等。

隱性課程與顯性課程的主要區別如下：從影響方式和機制上，顯性課程是直接的、外顯的、明確的方式，引發的是學生有意識的心理反應；隱性課程是間接的、隱性的、不明確的方式，主要是通過引發學生無意識的心理反應而發生作用。從內容上而言，顯性課程一般是經過預先設計，精心組織和編排，系統性和邏輯性較強，隱性課程則設計性稍差或者課程實施者沒有意識到，更難以有效、精心設計和編排。

隱性課程和顯性課程也有相互聯繫，主要表現為兩者總是相伴相隨，相互轉化。首先，顯性課程的實施總是伴隨著隱性課程的存在，隱性課程有時會對顯性課程的運作產生正向的積極促進作用，有時又會起到消極阻礙作用。為發揮隱性課程的促進作用，教師需要有意識地對隱性課程進行編排、設計和建設。其次，隱性課程與顯性課程可能會相互轉化。如顯性課程有時如果能夠轉化為隱性課程，可能就能起到教育「潤物細無聲」的功效。

【知識考查】

牆上所貼的課程表屬於（　　　）課程。

A. 隱性課程　　　B. 國家課程　　　C. 顯性課程　　　D. 合作課程

答案：A

（四）根據權利主體不同分類

根據課程的權利主體所享有的權利和承擔的職責可把課程分為國家課程、地方課程、校本課程。

國家課程是由國家規定的課程，它集中體現一個國家的意志，是國家根據人才質量培養的目標而設置的，具有統一性和規範性的特點。國家課程一般是依靠自上而下的推行方式，由教育行政部門委託、組織課程專家編訂。因其統一性和規範性特點容易形成國家統一的國民素質規格，如當前中國中小學語文、歷史、道德與法治三個學科教材實行統一的國家部編教材，就是典型的國家課程。國家課程因其統一性可能會出現不能很好適應每一個地方實際情況的現象。

中國1999年提出試行國家課程、地方課程、學校課程（校本課程），並在2001年《基礎教育課程改革綱要（試行）》中明確提出試行三級課程、三級管理，為地方課程和校本課程的開發和發展提供了政策支持。

地方課程和校本課程就是地方和學校根據自身實際情況而在國家課程的基礎上編排、設計的具有地方和學校特色的課程。地方課程是在國家規定的各個教育階段的課

程計劃內，由省一級教育行政部門或其授權的教育部門依據當地的政治、經濟、文化、民族等發展需要而開發的課程。如重慶曾啟動普通高中課程改革，在普高引入一門全新課程——「通用技術」，課程教學內容包括修馬桶、做凳子、換燈泡等生活常用技術，並且是會考科目，任何學生都不得免考。校本課程是以學校為課程編製主體，自主開發和實施的一種課程形態，是在具體實施上述兩類課程的前提下，通過對本校學生的需求進行科學評估，充分利用當地社區和學校的課程資源而開發的多樣性的、可供學生選擇的課程。當前很多學校都開發出了如魔術揭秘、戲評易中天等不同類型、不同內容的校本課程。

【知識考查】
（　）具有較強統一性和規範性特徵。
A. 校本課程　　　B. 地方課程　　　C. 國家課程　　　D. 選修課程
答案：C

第二節　課程的組織

課程的開發與組織是課程領域的基本問題之一。對於課程開發與組織影響最大的當屬美國教育學家拉爾夫·泰勒，他在其著作《課程與教學的基本原理》（1949）提出了課程開發的經典模式——目標模式，這一模式對後世課程開發、設計產生了極為重要的深遠影響，拉爾夫·泰勒因此被稱為現代課程理論之父，他提出的目標模式又被稱為泰勒模式。

目標模式（the objectives model）是以目標為課程開發的基礎和核心，圍繞課程目標的確定及其實現、評價而進行課程開發的模式，其課程設計主要圍繞著四個問題展開：一是學校應該達到哪些教育目標？二是提供哪些教育經驗才能實現這些目標？三是怎樣才能有效組織這些教育經驗？四是我們怎樣才能確定這些目標正在得到實現？四個問題可以簡化為課程目標制定、課程內容選擇、課程內容組織和課程評價。這些都是課程的重要組成要素。泰勒的目標模式已經涵蓋課程組織工作中絕大多數的核心和關鍵組成環節。

課程組織就是在特定教育價值觀的指導下，將所選出的各種課程要素組織成課程結構，使各種課程要素在動態運行的課程結構系統中合理產生，以有效地實現課程目標。課程組織涉及課程目標、課程內容、課程實施以及課程評價等相關工作，複雜而又非常關鍵，直接關係到課程改革與實施的成效。

一、課程目標

課程目標是課程本身要實現的具體目標和意圖。課程是教育活動的關鍵環節，從某種意義上來說，所有的教育目的都要以課程為仲介才能得以實現。課程目標可以說是對某一個教育階段的學生在課程學習之後，德、智、體、美、勞等方面期望實現程

度的規定。課程目標是指導整個課程編製過程中最為關鍵的準則。

(一) 課程目標的特徵

(1) 整體性。各級各類課程目標都是相互關聯，而非彼此孤立。

(2) 階段性。課程目標是一個涵蓋多層次和全方位課程範圍的系統，如小學課程目標、初中課程目標等。

(3) 持續性。高年級的課程目標往往是低年級課程目標的延續和深化。

(4) 層次性。課程目標可逐步分解成總目標及其從屬目標。

(5) 遞進性。低年級課程目標是高年級課程目標的基礎。

(6) 時間性。課程目標會隨著時間推移和時代變遷而進行相應調整和變革。

(二) 課程目標的取向

課程目標總是在一定價值觀基礎上形成的目標和意圖，總會通過一定的形式表現出來，使課程目標總會具有不同的價值和形式取向。

課程目標的價值取向主要體現為課程目標在知識、學生和社會三個核心要素的重要性及其位置確定方面。知識本位的課程目標認為課程應該反應學科（人類文化遺產中的最具學術性的文化知識）價值，作為課程重要因素。學生本位課程目標重視課程對促進個體成長的價值——情感、認知、行動的整合，選擇此類課程要素作為課程核心。社會本位課程目標認為課程對社會發展的促進更為重要，圍繞當代重大的社會問題來認識課程，幫助學生學會如何參與制定社會規劃。

課程目標形式取向主要表現為課程目標的性質選擇及表述方式體現。主要有以下幾種類型：

1. 行為目標

美國博比特（F. Bobbitt）1918 年出版了《課程論》一書，標誌著課程成為一個獨立的領域。他在書中提出了課程科學化的問題。他認為科學的時代要求精確性和具體性，課程目標必須具體化、標準化。在他所提出的課程編製的五個步驟中，有四個步驟是關於如何確定目標的。在他 1924 年的著作《怎樣編製課程》一書中，他曾經具體列舉了 10 個領域中的 800 多個目標。這與當時美國流行的刺激-反應學習理論形成呼應。在刺激-反應心理學學習觀點下，人們認為學習是通過一系列細小的步驟，按照一定的順序逐步達成目標的，細小的步驟首先達成小的目標，一個又一個小的目標最終就形成了個人發展的大的目標。人類區別於動物的高明之處就在於人類可以形成非常多的刺激-反應聯結，一個受過教育的成年人可以達到數百萬個聯結。桑代克當時也曾經為小學算術列舉出 3,000 個目標，這在當時被看作一種時髦之舉。

課程目標的長處在於具體性和可操作性，行為課程目標一旦確定，就為師生課程實施提供了極其明確的、具有很強可操作性的行為指南，而且在課程評價過程中，師生也容易以外在行為是否發生以及達成預定行為的程度來對照課程目標。但是，這種課程目標的缺陷也非常明顯。它強調可以明確識別的行為目標要素，就很容易把那些難以測評，很難被轉化為行為的內容排斥在課程領域之外，如人情感意志領域中的許多高級心理素質（價值觀、態度、審美情趣等）是很難用外顯的、可觀察的行為來具體化的。行為目標認為一個人的素質發展目標可以逐次進行分解，一個又一個小的目

標達成之後就可以實現大的目標,這樣把人的個體行為進行了分解,分解成了零零散散的獨立部分,最終導致只見樹木,不見森林,不利於通過各種教學科目整體性地陶冶學生的個性。行為目標是在課程制定和實施之前預先設定的,這種預設性的課程目標,控制了課程的所有環節,能夠確保課程的方向性,但是容易限制課程開發和實施過程中的創造性,師生無法根據實踐需要靈活性地添設新的目標,以及增加事先並未關注,但是實踐中確實發生而對於學生成長來說意義重大的課程內容。不僅如此,預設性的課程目標如果最初制定得並不科學,可能就會導致課程的整體失敗。

2. 生成性課程目標

施良方把其譯為展開性目標。生成性課程目標是在教育情境中隨著教育過程的展開而自然生成的課程目標。它更加注重學生的經驗和能力,強調培養受教育者的完整人格和自主能力。生成性課程目標來源於杜威的教育思想。杜威認為目標是不能外在於教育經驗而預設的,在他看來,教育是兒童經驗的不斷改造,是兒童的生活和生長,生活、生長以及經驗的改造本身即構成了教育的目的。

生成性目標取向聽起來非常好,但人們批評它過於理想化了,它需要教師能與學生進行有意義的對話,要求教師不僅要熟悉各門學科體系和學生身心發展的特徵,而且要有很強的研究和觀察能力,工作量大;不適合像語法、代數、物理學等學科。

【資料連結】

《鬆鼠》的結尾是不是不和諧的音符?

講授法國作家布豐的《鬆鼠》時,在指導學生反復朗讀課文的基礎上,我讓他們提出自己的疑難問題或是自己感興趣的問題。「老師,我認為文章最後一個自然段的最後兩句話,是這篇文章中的一個不和諧的音符。」

我笑著問:「為什麼你會得出這樣的結論呢?」

「我沒有親眼見過鬆鼠,讀了這篇文章,瞭解到鬆鼠原來是個漂亮、馴良、乖巧的小動物,我感覺自己很喜歡它。可是,文章最後卻說『鬆鼠也是一種有用的小動物。它們的肉可以吃,尾毛可以制成畫筆,皮可以制成皮衣。』我在讀到此處時,感到很別扭。如果我們真心喜歡一個小動物,比如說小狗,我們在誇獎它一番後,會告訴別人它的肉可以吃,皮可以制成皮襖嗎?」

......

我進一步鼓勵道:「你敢於向課本挑戰,很了不起。同學們,你們當中有沒有人同意這位同學的觀點,認為這是不和諧的音符呢?」

學生1:本單元的單元主題中有這樣幾句話:「你一定很喜歡動物吧?動物和人類一樣,是地球這個大家庭的成員……瞭解這些動物的外形、特點習性,將喚起我們對動物世界生存狀態的關注,激發我們關愛動物、保護動物的熱情。」我認為課文的結尾與本單元的主題是不吻合的。

學生2:布豐生於1707年,死於1788年。可能在18世紀人們還沒有環保的意識。今天我們讀這篇文章的時候,我們讀到鬆鼠的肉可以吃,感覺別扭,可能是我們在感情上已經把鬆鼠當作了我們的朋友。

學生3:《鬆鼠》是本單元的第一課,《鬆樹金龜子》是本單元的第二課。在單元預習課上,我曾經比較著閱讀兩篇文章的結尾,坦率地說,我更喜歡後一篇文章的結尾:「……鬆樹金龜子的危害,照我看來,成不了災……如果我是鬆樹林主人的話,我對它造成的小損失不會太放在心上。茂密的鬆林被吃掉些樹葉,損失點鬆針,算不得重大事件。別去打擾它吧!它是暑天暮色的點綴,是夏至那天鑲在天幕上的漂亮首飾。」
　　這位學生讀得很動情,讀完後,教室裡爆發出一陣熱烈的掌聲。
　　突然,一個學生把手高高舉起。
　　學生4:我不同意以上幾位同學的觀點。今天剛開始上課的時候,老師就告訴我們,這篇課文是一篇科學小品。我想科學小品屬於說明文,說明文是給人以知識的。這樣結尾,既照應開頭的「很討人喜歡」,又點出鬆鼠的用途,加深人們對可愛的小鬆鼠的瞭解,首尾呼應,結構嚴密,介紹完整。
　　學生5:我想,有些同學認為這篇課文的結尾是不和諧的音符,可能是因為他們太喜歡小鬆鼠了,擔心人們一旦知道鬆鼠的肉可以吃,就會去捕殺鬆鼠。如果僅僅是因為這個原因而不願讓作者說實話,那不是在搞「愚民政策」嗎?其實,當瞭解到鬆鼠不僅漂亮、馴良、乖巧,而且它還是一種有用的小動物時,你不覺得更喜歡它們了嗎?
　　資料來源:單咏梅.《鬆鼠》的結尾是不和諧的音符嗎?[J]. 語文建設,2002(12):32-33.

3. 表現性目標

　　美國學者艾斯納(E. W. Eisner)在批判行為目標的基礎上提出了表現性目標,他認為行為目標「可能是適合於」某些教育目的,但是不適合用來概括我們所珍視的大多數教育期望。表現性目標是指學生在活動中表現出來的某種程度上首創性的反應的形式,而不是事先規定的結果。它一般給學生一個具體的教育情境,而追求學生在此情境中反應的多元性而非行為目標中統一性的結果,也就是說結果是開放性的。如想像自己躺在浮力很大的死海上,描述下悠閒的情景;如果把死海交給你的話,你怎麼開發死海?

　　艾斯納是在自己所從事的藝術教育領域裡發現預定的行為目標不適用的,從而提出表現性目標作為補充。的確,表現性目標非常有助於培養學生發散思維和創新性特質,但是因其過於模糊,很難起到課程指南的作用。而且,各門學科都有其自身的特點,對於某些學科,表現性目標並不適合,也很難保證他們掌握必需的內容。

(三)確定課程目標的方法

1. 篩選法

　　篩選法由美國北加州大學課程開發中心研製,後來被許多教育機構模仿。
　　第一,預定若干設計課程的各個方面的課程目標。如培養吃苦耐勞的性格。
　　第二,書面徵求有關人員對預定課程目標的意見,並允許他們補充其他課程目標。
　　第三,把預定課程目標的和補充的課程目標匯總起來。
　　第四,請有關人員根據匯總的課程目標,依次選出若干最重要的課程目標。

第五，根據統計結果，確定名次靠前的若干課程目標。

2. 參照法

課程制定者參考過去的課程目標和其他國家的課程目標，並根據本國國情和教育狀況、本地和本校實際情況，確定符合實際需要的課程目標。這種剪刀加糨糊式複製、拼接而成的課程目標方法歷來受到批評，但是如果課程目標制定者能夠在分析過去和其他國家的課程目標時，以一種科學的分析態度，比較過去和現在、其他國家和自我制定主體的不同實際情況，從中借鑑和參考有用信息，也能起到「他山之石，可以攻玉」的成效，這就不失為一條便捷有效的途徑。

二、課程內容的選擇與組織

課程目標一旦確定，就需要從人類文化經驗庫中選擇出一定的經驗作為課程內容，而且為了達成課程內容組成要素之間的協調配合及功能最優化，課程制定者必須對課程內容進行相應的組織。這就涉及課程內容的選擇和組織問題。

(一) 課程內容的主要體現

課程內容不僅指教育過程中師生教學所用的教材，其包含的內容遠遠超出這一範圍。課程內容通常包括課程標準、教材、教師用書、練習冊等。

1. 課程標準

課程標準是各學科的綱領性指導文件，發揮著教學工作的「組織者」作用。課程標準的統一性可以確保不同教師以有效、連貫的方式，目標一致地開展教育教學工作。課程標準一般包括說明部分和本文部分。

說明部分簡明扼要地說明本學科開設的意義，對教學的目的、任務和指導思想進行規定，並提出教材選編的原則以及教學法的建議等。

本文部分是課程標準的中心或基本部分。它主要系統安排一個學科全部教材的主要課題、要目或章、節，規定每個課題教學的要點和時數，並編有練習、實習、實驗、參觀等實際作業的要求以及其他教學活動的時數。有些課程標準還列出教師參考用書、學生課外活動、教學儀器、直觀教具和視聽教材等。教師要研究課程標準，在充分理解、準確把握學科開設意義和價值的基礎上，對各個階段教學的目的和任務以及實施要求進行深度解讀。

2. 教材

教材又稱課本，是依據課程標準編製的，系統反應學科內容的教學用書。它是課程標準的具體化，它區別於一般書籍，往往按照學年或學期分冊，劃分單元或章節。它主要由目錄、課文、習題、實驗、圖標、註釋和附錄等部分構成，其中課文是教材的主體部分構成。隨著科學技術的發展及與教育的深度融合，教材形式越加多樣化。

教材是師生開展教育教學活動的重要媒介，其作用體現為以下幾個方面。

教材是教師進行教學的主要依據，它為教師備課、上課、布置作業、評定學生學業成績提供了基本材料依據。讀懂、吃透、熟練和準確把握教材是教師順利進行教學，完成教學任務，達成教學目標的重要前提條件。

教材是學生在學校獲得系統知識的主要載體。它可以幫助學生掌握教師講授的主要內容，而且也是學生根據自己的學習習慣展開預習、復習和做作業的重要材料。教

材內容一般都是編製者精心選擇和編排而成的基礎性知識，掌握這些知識有助於學生以此為基礎拓展知識領域。教師要引導學生合理、有效使用教材，並以教材為工具實現素養的全面提升。

教材是教師分析本學科的教學目標、內容範圍和教學任務的主要依據和參考。

教材是教師研究和確定本學科在整個學校課程中的地位，以及本學科和其他學科關係，合理安排本學科的主要教學活動、課外活動、實驗活動或其他社會實踐活動的主要依據。

為了使教材功能最大限度地發揮出來，教材編排要符合衛生學、美學和心理學要求。教材內容要層次分明，文字表述簡練、準確、生動、流暢；篇幅詳略得當；標題和結論要用不同字體醒目標出；封面、圖標、插圖等要力求美觀、清晰；字體大小合適，裝訂堅固，規格大小、薄厚要合適，便於攜帶。

(二) 課程內容選擇的原則

人類社會累積起來的知識和經驗浩如菸海，現有的學科門類就有數千門之多。當前，知識更新速度日益加快，美國未來學家托夫勒20世紀70年代就曾經預測，就知識增長的速度來講，今天出生的小孩到大學畢業時，世界上的知識總量將增加4倍。當這個小孩50歲時，知識總量將是他出生時的50倍，而且全世界97%的知識都是在他出生以後才研究出來的。據一位德國科學家估計：「今天一個科學家，即使夜以繼日地工作，也只能閱覽有關他自己這個專業的世界上全部出版物的5%。」美國曾有資深學者風趣地說：「人類的慾望無窮，而世界上的財富無限，為解決這個矛盾，經濟學橫空出世；知識日新月異，而學生的時間和精力終究有限，為解決這個矛盾，課程論應運而生。」課程內容的選擇可遵循以下原則：

1. 課程內容應注意基礎性

從當前時代發展來說，課程內容應注重基礎性。斯賓塞曾言：「教育是為未來美好生活做準備的活動。」在知識更新速度極慢的時代發展背景下，教育通過一定的課程內容為學生準備未來生活所需要的所有知識是可能的。但是，知識更新速度的加快以及知識儲量的顯著增多，使得教育為未來生活準備所有知識已經完全不可能了。那麼，此時我們應該給學生準備什麼樣的知識呢？這就是課程內容選擇時應考慮的第一個問題。知識更新速度的加快使得一個人必須具有終身學習素質才能適應社會的發展，而人的學習總是需要已有知識經驗作為基礎，只有具備紮實的基礎知識才能更好地拓展和習得更多知識，形成終身學習素養。從這個方面來說，課程內容應該選擇對於學生終身學習來說尤為重要和基礎的知識。同時，我們也應該認識到知識學習並非學生發展的全部，聯合國教科文組織曾提出教育的四大支柱，即學會求知，學會做事，學會共處，學會做人。為使學生更好適應動態社會對人的素養要求，課程內容應從各個方面為學生打下厚重堅實的素養基礎。

從學生所處的年級階段來說，基礎教育階段是人成長的關鍵時期，猶如雄偉大廈不能建築在鬆軟沙灘上一樣，基礎教育階段就應該為學生的後繼學習以及成人時期的個人發展打下堅實的基礎。

中國基礎教育一直以來都較為注重課程內容的基礎性，如中華人民共和國成立之後的很長一段時間，中國非常注重雙基教育，即基礎知識和基本技能，這在一定歷史

時期，對教育發展起到了重要作用。中國《基礎教育課程改革綱要（試行）》明確提出要改變課程過於注重知識傳授的傾向，強調形成積極主動的學習態度，使獲得基礎知識與基本技能的過程同時成為學會學習和形成正確價值觀的過程。這是對傳統雙基教育的進一步發展。2016年9月，中國學生發展核心素養研究成果發布，在梳理中國歷史、借鑑他國經驗並對不同人群進行廣泛調研的基礎上，把中國學生核心素養確定為文化基礎、自主發展、社會參與三個方面，綜合表現為人文底蘊、科學精神、學會學習、健康生活、責任擔當、實踐創新6大素養，具體細化為國家認同等18個基本要點。

2. 課程內容應貼近社會生活

教育內容脫離社會實際，歷來是教育受到批判的焦點之一，在世界各國均是如此。學生是在學校裡接受教育的，但是學校也是社會大系統的組成部分，學生成長也逃離不了社會的影響。只有課程內容貼近社會生活，才能使學生直觀體驗到知識的價值，從而生發學習動力。只有課程內容貼近社會生活，才能培養學生的問題解決能力和社會實踐素養。

但是，貼近社會生活這一原則的細化和落實也容易出現一些問題。如20世紀初，一些教育家曾注意到課程內容貼近社會生活的需要，可他們只是根據報刊的常用書籍，以及書信來選擇常用詞彙，甚至以此來選擇歷史、地理課的內容，這種做法不利於學生掌握學科的基礎知識和基本技能，因而很快就被遺棄了。

當我們考慮到課程內容與社會生活之間關聯的時候，我們不僅要培養學生適應現在社會所需的能力，教育效果的滯後性特徵使得我們既要關注當前社會需要，還要考慮到將來社會的需要；不僅要考慮讓學生適應未來社會的需要，還要注重培養學生影響和改造社會的素養。

3. 課程內容要與學生和學校教育的特點相適應

課程內容總是為一定教育階段的學生服務的，如果選擇出來的課程內容不能被學生同化，無法內化為他們的自身素質，那麼課程內容對他們的行為、態度、個性等都不會帶來什麼影響，也就是說，這對他們來說都是無用的客觀外在物質。因此課程內容應符合學生的興趣、需要和能力，符合學生的認知發展規律。

同時，中小學教育是基礎教育，要為學生將來的發展打基礎。課程內容要考慮到他們德、智、體、美、勞等方面的發展，為他們提供完整的教育。但是我們也要認識到在基礎教育階段實現的程度和側重的方面。

（三）課程內容的組織原則

為了使各種課程內容要素有效聯繫起來，形成有機整體，產生累積效應，需要對選擇出來的課程內容進行組織和編排。關於課程內容組織的問題，泰勒提出三個基本原則：連續性——直線式地陳述主要的課程要素；順序性——強調每一後繼內容要以前面內容為基礎，又對有關內容加以深入、廣泛地展開；整合性——強調各種課程內容之間形成橫向聯繫，以有助於學生獲得一種統一的觀點，並把自己的行為與所學的課程內容統一起來。在實際工作中，我們可以以泰勒的觀點為指導，處理以下幾種關係。

1. 縱向組織與橫向組織

教育史上，最有影響的是課程內容組織的縱向組織原則，也稱序列組織，就是按照某些準則以先後順序排列課程內容。古語「不陵節而施」「先其易者，後其節目」，

誇美紐斯告誡教師要按由簡至繁的序列安排內容，這些都強調了課程內容組織的縱向原則。一般縱向原則組織注重內容排列從已知到未知，從具體到抽象，從簡到繁。

20世紀70年代以後，一些教育家開始強調課程內容組織的橫向組織原則，要求打破學科的界限和傳統的知識體系，以便讓學生有機會更好地探索社會和個人最關心的問題。這種觀點注重知識和知識之間的交叉與相互聯繫，旨在打破學科之間的相互割裂，給學生形成一個完整的知識圖景。這與20世紀60年代自然科學與社會科學匯流，社會科學內部各學科日趨綜合的知識發展態勢相適應。但是，橫向組織在當前也出現了較多的實際問題，如任課教師要精通或熟悉多門學科的內容，目前的教師隊伍尚不具備這些條件。同時，學校的課程表安排以及考試評價等方面都會遇到一些障礙。

2. 邏輯順序與心理順序

課程內容是按邏輯順序組織還是按心理順序組織，或許是教育史上爭論最激烈的課程問題，也是所謂的「傳統教育」與「新教育」的最大分歧所在。邏輯順序是根據學科本身的系統性和內在聯繫來組織課程內容；心理順序就是指按照學生心理發展的特點來組織課程內容。傳統教育就是指根據學科本身的系統和內在的聯繫來組織課程內容；新教育強調要根據學生身心發展的特徵，以及他們的興趣、需要、經驗背景等來組織課程內容。

現在幾乎沒有人會固執一端，越來越多的人傾向於兩者之間的統一。一方面，課程內容應考到學科本身的體系。學科體系是客觀事物的發展和內在聯繫的反應，學科體系的呈現可以使學生較好地瞭解自然界和人類社會的發展過程，況且每門學科各部分內容之間確實都有內在的邏輯關係，某一內容總是要以另一部分內容為基礎，同時又是其他部分內容學習的基礎。另一方面，課程內容服務於學生發展，如果不符合學生認知和學習特點，學生就難以接受，那麼再科學的內容也是無效的。

但是，邏輯順序和心理順序的統一在課程實踐中還會遇到許多具體的問題。比如，不同的人對某門學科的邏輯順序會有不同的看法，如對於先學習拼音還是先學習漢字，不同的人會持有不同的觀點。

3. 直線式與螺旋式

直線式把一門課程的內容組織成一條在邏輯上前後聯繫的直線，前後內容基本不重複。螺旋式（或圓周式）則要在不同階段使課程內容重複出現，但逐漸擴大範圍和加深深度。

蘇聯教育家讚科夫主張教師所講的內容，只要學生懂了就可以往下講，不要原地踏步。因為過多地重複同一內容會使學生感到厭倦，只有不斷呈現新的知識才能使學生保持對內容的新鮮感和對學習的興趣。美國教育心理學家布魯納則主張以螺旋式組織課程內容。他認為課程與教學內容的核心是學科的基本結構，應該從低年級開始教各門學科最基本的原理，隨著學年的遞升而螺旋式地反復並逐漸提高課程難度。也就是說，課程與教學內容主要是要向學生呈現學科的基本概念和原理，以後不斷在更高層次上重複它們，直到學生全面掌握該門學科為止。

實際上，這兩種編排方式各有利弊。直線式可以避免不必要的重複，有利於加大學習容量，加快學習進度、節省教學時間，教學效率高。由於學生不斷接受新知識，因而也有利於提高學習的興趣。但是，這種體系比較適合於思維能力較強的學生。學

習能力較弱的學生可能無法順利掌握應有知識，從而造成學生學習的「兩極分化」現象。螺旋式則注重課程內容的由簡到繁，由易到難，重學科基本概念基本原理，適應了學生的認知結構及其發展階段，使學生能夠較好地掌握知識。但是，這種方式教學效率低，內容重複，浪費時間，容易影響部分學生的學習興趣。綜合以上可見，兩者各自的長處也正是對方的短處。此外，兩種課程組織方式對於學生思維的訓練有不同作用，直線式要求邏輯思維，而螺旋式則要求直覺思維。為兼顧兩種方式的優點，全面提升學生思維品質，課程組織中一般強調直線式與螺旋式兩種方式並重。

三、課程實施

課程實施通常是指把新的課程計劃付諸實踐的過程，也就是說把書面的課程計劃變為現實的過程。一般而言，課程設計得越好，實施起來越容易，效果可能越好。20世紀70年代以前的課程文獻中，很少有對於「課程實施」的專門研究。研究者普遍認為只要精心設計課程計劃，課程改革就一定能夠取得良好效果。課程改革的倡導者往往過多地沉醉於描繪改革的理想或藍圖，而對課程計劃的實施過程極少關注。但是在20世紀50~60年代，布魯納領導美國學科結構運動失敗以後，人們發現許多重大的甚至影響深遠的課程改革計劃不是曇花一現、中途夭折，就是其實施結果與原先的理想相去甚遠。反思其中原因，課程計劃在實施過程中「走樣」，課程方案沒有得到很好實施是重要原因。自此，課程實施引發研究者的廣泛關注。

課程實施取向是指教師在課程實施過程中的態度及其行為傾向。一般而言，教師課程實施存在以下幾種取向。

（1）得過且過取向。這是課程實施中最保守的做法。持有這種取向的人，往往對課程計劃的重要性和實現預期的課程目標持懷疑和悲觀態度。基於此，他們把課程實施當成討價還價的過程，他們的行動更多的是避開問題，而非朝向目標。他們付出了點兒的努力，就想著要有可靠的保障。這種課程實施結果無法事先預料。

（2）忠實取向。忠實取向課程實施即忠實地執行課程計劃的過程。教師應忠實地、亦步亦趨、循規蹈矩地嚴格執行課程計劃。課程實施就類似於建築工人依照圖紙蓋房子，課程專家以學術權威繪製圖紙，教師無條件地接受「圖紙」，忠實執行方案，教師課程實施質量的判斷標準就是教師是否忠實執行課程方案。這是一種典型的「防教師」的課程，防止教師對課程計劃做出任何的改變。但是，要求教師絕對忠實執行課程方案，從教師的意願、能力以及課程理解的多樣性上來說，都是不可能的，也束縛了教師課程實施的創造性。

（3）適應或改編取向，又可以稱為相互調試取向。它把課程實施視為一個連續的動態發展過程，是課程設計者和課程實施者互動協調的過程。課程實施可以類似於球賽過程，比賽之前，教練員和球員一起制定方案，但是在比賽過程中，球員要對方案和賽場動態的變化情況進行相互調試。據此理解，教師的課程實施也要在課程設計方案和課程實施實踐中進行相互調試。教師對預定課程計劃進行積極的、理智的改造是課程實施成功的基本保證。規定的課程和實施的課程可以有差距，完全照搬、不按具體教學情境取捨的課程實踐並不一定是好的課程實踐。特別是在中國幅員遼闊、情況差異性大的情況下更是如此。

（4）創生取向。創生取向認為教師和學生具有創造性，猶如面對同樣的樂譜，個人經驗、情感等的融入可以使不同人有不同的演奏效果一樣，不同的教師和學生面對同樣的課程計劃文本可能會生發出不同的理解、體會、感悟，形成不同的經驗。

課程的四種取向中，得過且過取向是最不可取的，因為課程總是走在日趨完善的路上，尤其是時代發展的加快需要世界各國每隔一段時間進行一次課程變革。忠實取向在需要向學生傳遞精確、客觀知識時是可取的，如在地震災難來臨時的應急舉措等知識。當然，一般而言，我們主張教師採取適應或改編取向以及創生取向。但創生取向可能對於教師和學生的素質要求較高，具有較強的理想化色彩，在實踐中可能遇到較多問題。

四、課程評價

課程評價概括起來說，是指評價主體基於自己的需要、理想及價值觀等而確定一定的評價標準，依據課程與教學目標，採用合適的方法與手段搜集、整理、分析必要的課程與教學信息，並根據一定的評價標準對課程與教學的設計、活動實施過程及結果等問題進行價值判斷的活動。這裡，課程評價中的「課程」是指涵蓋教學的「大課程」。

課程評價是課程的重要環節，指引和規定著課程活動的目標走向及其各個環節的實施。課程評價有許多不同類型，評價依據不同，其分類就會不同。

（一）課程評價的主要類型

1. 以評價標準為依據進行分類

根據評價標準的不同，課程評價可以分成相對評價、絕對評價、個體內差異評價三種類型。

相對評價，又稱常模式參照評價，是指以評價對象群體的平均水準或其中的某一對象的水準為參照點，確定評價對象在群體中的相對位置或與群體中某一個體之間的差距的一種評價。在這種評價中，評價對象所在的群體的整體狀況，影響著每個群體成員的水準。群體變化或群體標準變化，個體水準都會發生變化。在現實生活中，智力測驗和標準化測驗是常見的相對評價。

絕對評價又稱為目標或標準參照評價，是指在評價對象群體之外，以某一預定的目標或標準為客觀參照點，確定評價對象達到標準絕對位置的一種評價。絕對性評價標準較為客觀，特別適用於旨在鑒定資格和水準的課程評價活動。一般來說，只要評價過程科學合理，絕對評價就能在很大程度上判斷出對象達到客觀標準要求的水準。在實際工作中，確保評價標準的穩定性、客觀性和準確性，是提高絕對評價科學化水準的關鍵。

個體內差異評價是把評價對象群體中每個評價對象個體的過去與現在進行比較，或者把個體的有關側面相互進行比較，從而得到評價結論的評價類型。它以評價對象個體的自身狀況作為參照系，可以照顧到評價對象的個體差異，也不會給被評價對象造成競爭壓力，從而能夠綜合、動態地考察評價對象的發展變化。實踐中，它常常會被當作改變差生、促進教師和改善材料的措施被使用並收到較好效果。但由於不存在客觀標準，又沒有外部比較，很難準確確定評價對象的真實水準，因此提供給對象或主體的有效反饋信息也較為有限。

2. 根據評價主體不同進行分類

根據評價主體的不同，課程評價可以分成自評價與他評價兩種類型。

自評價是根據評價指標，參照一定的標準，課程設計和實施主體自己對自己評價。自我評價的過程有時是內隱性的，它通過思想內部的「反省」「自查」「檢討」「總結」「自判」等方式來進行。對於某些較為隱性的評價內容，他人從外在進行評價往往難以發現，只有自評價才能反應出來。理性的自評價一般有較高準確性，有利於培養自我判斷和自我發現能力，增強自我評價意識和能力，及時調節和改進工作，從而促進自我教育和自我完善。當然，自我評價因為缺少外界參照系，評價者往往高估或低估自己，使評價者對成績與問題的估計與客觀實際發生偏差。評價者自我評價時也可能存在自我要求不高的現象，當發現問題時會有更多的自我保護心理和行為傾向，為自己的不足尋找借口。

他評價，是指作為評價對象之外的其他主體對評價對象進行評價。他評價是一種外部的顯性評價，它主要通過外人對評價對象進行明顯的（或看得見的、眾所周知的）統計分析或文字描述來開展評價。這種評價比較客觀、真實，可信度較高，以旁觀者視角更容易看到成績與問題所在。同時，同行之間的他評價有助於評價對象總結經驗及相互學習，達到共同提高之效。

3. 根據評價關注點不同進行分類

根據評價關注點的不同，課程評價可以分為內部評價和結果評價。

內部評價指評價者在課程評價時更多側重對課程計劃本身的評價。對此，美國學者斯克里文用評價斧頭進行比喻。人們在評價斧頭時可能會有兩種傾向，一是考查斧頭的設計、所選用的材料、重量的比例、把手的形狀和合適性。人們這樣假定，設計良好和選材合適的斧頭一般來說砍柴效果更好，人們一般不會去直接測量砍柴這個事實。同樣，課程內部評價更多關注課程計劃所包含的各個要素及其結構安排的科學性、合理性。也有人認為課程評價更應關注課程實際達到目標的效果如何，這就是結果評價。結果評價更加關注課程實施的結果。評價者通常是通過課程實施之前和之後的前測與後測之間，實驗組與控制組之間或其他標準參數之間的差異來做出判斷。

兩種評價方式各自具有自身合理性及局限性。

4. 以評價作用為依據的分類

依據評價所起的主要作用的不同，課程評價可分為診斷性評價、形成性評價與終結性評價三個類型。

（1）診斷性評價。課程診斷性評價是在一門課程或一個學習單元開始之前，對受教育者認知、情感和技能方面的條件、基礎和狀況進行的評估，旨在瞭解和掌握被評價對象原有的基礎和狀況，提高課程方案對於學生學習的適應性，從而為先決學習條件不佳或缺失的學生設計一種可以排除學習障礙的課程方案，為那些已掌握一部分或全部教材內容的學生設計一些發揮其長處並防止其厭煩和自滿情緒的學習方案。

（2）形成性評價。課程形成性評價又稱過程評價，是指在課程研製、課程與教學過程和學生學習過程中對課程編製、教師的教學和學生的學習的動態狀況進行的系統性評價。這種評價的目標在於改進工作，通過評價活動提供頻繁而及時的反饋信息，幫助被評價者發現問題，促使課程工作者改進課程，教師改進課程與教學方案及其實

施，學生改進自我學習。

（3）終結性評價。課程終結性評價是在課程活動告一段落時，為瞭解並確定其成果而進行的評價。課程實施一段時間之後，對於課程方案的有效性程度進行評價以及教育教學實踐中的期末考試、年終考評等，都可以看成是終結性評價。它的目的是以預定目標為標準評定和判斷課程的整體效果，或者檢測學生學習成效，對教師課程舉措進行實施成效的檢測，並對其做出結論。這是一種典型的事後評價，可為下一步活動方案設計提供一定的反饋信息。

5. 以評價的方法為依據的分類

按照評價方法的不同，課程評價可以分為定量評價和定性評價。

定量評價是指搜集數據資料，通過教育測量與統計、模糊數學等方法，用精確數字描述對評價對象的評價結論。定性評價是指搜集資料和現象，採用系統分析、哲學分析等方法，用語言文字描述對評價對象的評價結論。

（二）課程評價的功能

1. 導向功能

判斷課程目標是否實現以及在多大程度上已經得以實現，需要課程主體開展相應的課程評價活動。課程評價過程中，評價主體通常會以教育目的、評價目的和評價理論作為價值判斷的標準，設置評價指標體系，然後根據評價標準進行評價。課程評價標準就像課程活動的方向盤，指導著課程開發和使用的方向及所有過程，左右著師生活動的準備、展開和結果。

2. 診斷功能

有效的課程評價不僅可以幫助師生瞭解教學進展和變化，還能夠幫助師生發現課程活動中可能存在的問題，而這些問題就是教師思考課程改進的重要依據。

評價者根據評價標準搜集和整理課程相關的各種信息，能夠發現課程方案、教學計劃、教學方法與手段、學生學習中的優缺點和存在的問題，從而為修改課程方案，選擇適當的教材、方法、手段，改善學生的學習提供材料儲備。評價就能對課程的各個要素或方面的優良程度進行鑒定，從而產生診斷功能。

3. 激勵功能

課程評價要對課程要素多方面做出等級或水準高低的評論結果，就會直接影響被評價對象的形象、利益、榮譽等，從而可以在一定程度上激發評價對象的成就動機，激勵他們全力以赴地做好工作，研製出更好的課程方案，設計出更好的教學計劃，進行更高質量的課程實施。

4. 調節功能

課程評價能夠整理並獲得相應的反饋信息，被評價者可以此為依據及時調整課程各個要素，對形成有效的課程方案、教學設計、教學材料與工具等發揮積極作用。

5. 鑒定功能

課程可以區別、鑒定一定的組織（學校）、方案（課程與教學計劃）和個體（學生、教師）等對象的某些方面或各方面水準的優劣程度，確定其價值有無與大小，衡量其是否達到應有標準、是否實現國家和社會所賦予的任務，為其評定相應的等級。科學、合理、公正的課程評價確定的不同等級可為教育管理科學化提供前提和基礎。

第三節　課程改革發展

【問題情境】

　　一次，著名物理學家朗之萬給居里夫人的女兒等一批科學家的孩子們上課時，向孩子們提出了一個問題：根據阿基米德定理，物體浸入水中，必須排出相同體積的水。可是，為什麼金魚放到水裡卻不會排出水呢？孩子們個個都想找到問題的答案。有的說，金魚的鱗片有特殊的結構；有的說，因為金魚的身體到水裡會收縮；還有的說，阿基米德定理只適用於非生物，不適用於生物。此時，居里夫人的女兒綺瑞娜不滿意這些答案，她開始懷疑老師出錯了題目，她找來一條魚，通過親手實驗加以證實──金魚在水裡也是要排出水的。孩子們醒悟了，不是他們回答得不對，而是老師問得不對。是不是朗之萬的粗心而致呢？不是，他是有意出錯題，為的是讓孩子們在錯誤的迷宮中自己跑出來。他認為，這樣做比塞給他們一大包知識更有好處。

　　朗之萬的這種教學理念和教學方式，向廣大教育者提出了如下問題：在教育教學過程中，是要教給學生大量的書本知識，還是要引導學生發展？是以知識為課程目標和教學目標，還是以學生的發展為課程目標和教學目標？

　　21世紀以來，世界各國有識之士都普遍認識到，高素質的人才是知識經濟時代國家最重要的資源。高素質的人才需要通過教育來培養。當前，教育在提高國民素質、增強綜合國力中發揮著越來越重要的作用。為了提高教育質量，更好發揮教育在增加國家核心競爭力的重要作用，世界上200多個國家和地區中，無論發達國家還是發展中國家都會每隔一段時間進行一次課程改革。

一、課程改革的影響因素

　　從系統論觀點而言，社會是一個大系統，教育是社會中的一個子系統，它一方面以特定的社會結構要素的形式存在著，另一方面又不斷與社會中其他要素，如政治、經濟、文化等相互作用。課程作為教育活動的核心，其發展變革也自然會受到這些因素的影響與制約。

(一) 政治因素與課程變革

　　布魯納（Bruner, 1915—）曾言：「不顧教育過程中的政治、經濟和社會環境來論述教育學理論的心理學家和教育家，是自甘淺薄，勢必在社會上和教室裡受到蔑視。」政治因素對課程變革的影響是多方面的，也是非常深遠的。尤其是政治變革影響到教育的根本性質之時，這種影響就尤為強烈、明顯和直接。從方向上來說，政治對課程變革的影響並非總是積極進步的，可能也會產生消極抑制作用，甚至使課程發展走向倒退。政治對課程變革的影響主要體現為以下幾個方面。

1. 課程目標

在教育目標體系中，課程目標是國家的教育目的和各級各類學校培養目標的具體化。統治階級都會根據自己的利益、願望和政治要求制定相應的教育目的和培養目標，從而使得課程目標受到政治因素的強烈影響。美蘇爭霸期間，蘇聯第一顆人造衛星上天，給美國朝野帶來了極大的政治恐慌。為此，美國頒布了《國防教育法》(1958) 等系列文件，並在全國開展了轟轟烈烈的課程現代化運動。

2. 課程變革的內容選擇

課程內容的選擇總是要服務於一定的課程目標，課程目標的政治制約性決定了課程內容的選擇。面對人類文化知識寶庫，選擇什麼及不選擇什麼作為課程內容都是受國家統治階級意志的影響和控制的，都在一定程度上體現著國家的意識形態。

3. 課程的編製過程

課程規劃、課程標準和教材都是課程內容的具體化。課程規劃、課程標準和教材的編寫過程都具有強烈的政治性，否則統治階級難以實現教育目的和培養目標，國家和社會所需要的人才也難以培養。

(二) 經濟因素與課程變革

經濟因素對教育變革尤其是學校課程變革起著直接推動作用。現代以來，伴隨著科技發展，生產過程日漸複雜，社會生產領域需要具有較高科技文化素質的人才，為此，學校課程也在發生相應變化，表現為課程門類日益增多，課程內容更加貼近經濟發展需求，科技知識含量加重。經濟因素對課程變革的影響主要體現在以下幾個方面。

1. 經濟發展所需勞動力的素質要求制約著課程目標的設定

現代社會，經濟發展對勞動力的素質規格提出了新的要求。勞動力不僅要具備較強的基礎知識和基本技能，還需要具有健全的心理品質，在認知、情感、意志、道德、審美等方面符合現代社會的發展需要。中國改革開放以來，20世紀70年代末，學校偏重知識教學，課程目標重知識的學習和掌握；20世紀80年代上半期，學校課程目標受國際課程變革的影響，較為重視能力訓練和智力開發；20世紀90年代以來，學校課程開始重視知識與能力、過程與方法、情感態度與價值觀等多方面素質的綜合發展。

2. 國家經濟體制會影響課程變革

中國以往實行計劃經濟模式，由政府統一對資源進行配置，這種經濟體制下，中國課程價值取向更加傾向於為國家意識形態服務。實施市場經濟體制以來，市場在資源配置中發揮重要作用，促進了生產的多樣性、產業的多元化，對人才的需求也日趨多樣化。市場經濟體制對於課程變革的影響主要體現為課程價值取向、課程目標和課程結構的優化三個方面。

就課程價值取向而言，市場經濟的發展打破了計劃經濟體制下片面強調整齊劃一、追求共性的人才培養模式，而更加注重培養學生的主體意識，重視學生的個性發展。

就課程目標而言，市場經濟體制之下，人們的就業出現了多樣性和流動性特徵，人們很難預料將來會從事什麼工作，狹窄的知識面妨礙和削減了其就業的適應性。長期以來，中國基礎教育「應試」色彩濃厚，高考成了基礎教育一切工作的指揮棒。學校課程從編製到實施更多都是為了在升學考試中獲取優勢，課程注重知識傳授，忽視學生素質的全面培養和發展。市場經濟的運行，影響著人們的基礎教育價值觀。如在

沿海經濟發達地區，人們更為注重全面提高公民素質，更加強調系統知識的基礎、一般的學習能力基礎、方法的基礎、使用工具的基礎等多個方面素養的培養。

就課程結構而言，「信息爆炸」時代，在市場經濟帶來的就業不確定面前，人類適應當前和未來社會最好的辦法不是被動收藏知識，而是具備自學能力、科學研究能力和創造能力等。以往學校課程的學科壁壘將被打破，實現各種課程的有機組合和優化。如必需課程和選修課程的結合，分科課程與活動課程相結合等。

（三）文化因素與課程變革

學校課程總是在一定社會文化資源庫中，經由教育機制篩選出一定的內容，組織和編排而成的。文化對於學校課程變革的影響主要體現在以下幾個方面。

1. 文化模式影響課程變革

文化模式通常是指民族各部分文化內容之間彼此交錯聯繫而形成的一種系統的文化結構。文化是民族存在的最核心因素，不同民族因生存條件和方式不同，就會有不同文化，不同文化就會有不同的文化特質，課程設置就應該充分考慮民族特色，設置與不同民族文化相適應的課程。以往，中國中小學課程建設忽視文化模式對於課程的影響，課程高度集中統一，較少考慮民族差異，脫離民族地區的生產生活實際。近年來，中國課程變革逐步認識到這一問題，在課程計劃中推行一綱多本，實施雙語教學，並強調鄉土教材的補充，取得了較好成效。

2. 文化變遷影響課程變革

文化變遷是指文化內容或結構的變化。文化只有在變遷中才能得以創新和進步，才能推動社會發展。學校課程並不是簡單的傳遞、傳播和創新文化的載體，它應隨著文化變遷做出相應的調整和變革，如增減科目、刪減內容或重新組合課程結構。尤其是當前知識更新速度日新月異，科技迅猛發展，文化變遷也更為激烈，學習課程也會面對較大變革。

3. 文化多元影響課程變革

文化多元是指社會內部多種文化並存的狀態。文化多樣共存是當下世界的基本樣態。1988年，社會學家費孝通先生提出中華民族多元一體的想法，認為五十多個民族，這是多元；中華民族，這是一體。學校課程如何體現文化間差異，尊重各少數民族文化，實現課程文化的多元與一體的整合，成為課程面臨的一個實際問題。

（四）科技革新與課程變革

科技的進步和變革以及與教育的深入融合，對學校課程影響日益加劇，主要體現在以下幾個方面。

1. 科技革新制約課程目標變革

傳授知識和發展能力是學校課程的兩大重要主題目標。科技在兩大目標的複雜演變過程中發揮著決定性作用。當前，科學技術發展的加快，使得傳授知識和發展能力的重心又發生了變化，培養學生能力成為課程的首要目標。《學會生存——教育世界的今天和明天》一書中說道：「科學技術的時代意味著：知識正在不斷地變革，革新正在不斷地日新月異。所以大家一致同意：教育應該較少地致力於傳遞和儲存知識（儘管我們要留心，不要過於誇大這一點），而應該更努力尋求獲得知識的方法（學會如何學習）。」

2. 科技革新推動課程結構變革

科技革新首先影響著人文科學與自然科學在課程系統中的地位和相互關係。近代科技迅速發展使得近代學校課程的科目從單一的人文學科向人文學科與自然學科並重轉變。學校理科課程的科目構成也與科學技術門類演變直接相關。17~19世紀，科學發展呈現出縱向分化的基本趨勢，學校理科課程門類與科學領域的門類幾乎是一一對應的。

(五) 學生發展與課程變革

學校的課程變革不僅要考慮政治、經濟、文化和科技等發展的需要，而且要充分考慮到學生發展狀態及其需求，根據學生智力、能力等的發展水準及其傾向、潛力進行課程內容的選擇、組織和變革。

1. 學生身心發展特徵與課程變革

課程最終是為學生服務的，學生對課程改革的反應也是最敏感的，課程變革如果符合學生身心發展的實際情況，滿足了學生成長需求，學生就會對課程持歡迎態度，才會有較強學習興趣和動力；否則，課程變革脫離了學生實際，課程就可能會受到學生的反對，甚至排斥，從而影響其學習情緒、狀態和成效。

學生身心發展的特性主要表現為整體性、連續性、階段性和個別差異性。

首先，課程變革要考慮學生身心發展的整體性，對學生的品德、才智、審美、體質、勞動素養等方面進行培養，為此，課程變革要注重各門課程之間的相互協調，課程結構的整體優化以及課程整體功能的全面發揮。

其次，課程變革要尊重學生身心發展的連續性和階段性。課程變革尤其是課程內容等方面，應該充分注意到課程內容促進學生連續性發展時的相互銜接性，同時也要注意到不同階段的學生身心發展的不同特點和需要。

最後，學生身心發展具有個別差異性，其個性心理特徵和個性傾向性表現出種種差異，如興趣、需要、動機、氣質、性格、能力等方面。有些學生喜歡自然科學類科目，有些學生對社會科學類科目更感興趣，有些學生則偏好音體美等課程，為了促進學生在全面發展的基礎上能夠實現差異性的發展，課程變革就應優化課程結構，在設定一定必修課程的基礎上，設置一定的選修科目，以適應不同個性學生的成長需要。

2. 學生需要與課程變革

杜威曾言，教育是經驗的不斷改造。人的成長尤其是心智功能的發展受外部環境和教育的影響極大。學生與外界相互作用之後獲得的經驗體系不斷發展，而發展起來的思維、能力、態度等又會反過來成為外部環境、教育能否對其產生影響的重要制約性條件。課程對學生發展的影響效果，不僅取決於課程本身的質量，還取決於學生內部的具體發展狀態。因此，課程改革必須激發學生身心發展的內在動力，促使學生掌握教學內容。

一般認為，兒童新的需要和已有的心理水準之間的矛盾運動是兒童心理發展的最根本動力。伴隨兒童的成長，他所面對的內部和外部環境不斷發生變化。這對兒童的成長也提出越來越高的要求，兒童產生新的更高水準的成長需要。這個矛盾促發而成的動力就會推動兒童心理持續發展。學校的課程變革必須滿足學生身心發展的全面需要，通過科目本位課程、融合課程等不同課程形式為學生提供書本知識式的間接經驗以及

體驗式等形式的直接經驗，滿足學生不同層面的成長需要。

3. 課程變革應著眼於為學生發展創設「最近發展區」

蘇聯心理學家維果茨基提出「最近發展區」概念。他認為學生在發展過程中有兩種發展水準，一是學生現有的發展水準，由一定的已經完成的系統所形成的兒童心理機能的水準；二是即將達到的發展水準。兩種水準之間的差距成為最近發展區，在兒童發展中主要表現為「在有指導的情況下，憑藉成人的幫助所達到的解決問題的水準與在獨立活動中所達到的解決問題的水準之間的差異」[1]。

最近發展區理論告訴我們，教育並非亦步亦趨地被動跟在學生現有發展水準的後面，可以通過創設符合最近發展區水準的目標及其教育影響，促進學生身心發展。課程作為教育活動的重要和核心組成要素，更應著眼於學生的最近發展區，選擇課程內容，創設課程影響。也就是說，課程既要超越學生已有的發展水準，又必須經過教師指導，使學生憑藉已有知識、經驗和能力素養，瞭解問題的主要癥結並加以分析，以此促進學生的成長和進步。

二、中國基礎教育八次課程改革的歷史

自中華人民共和國成立以來，中國共經歷八次基礎教育課程改革，每次課程改革呈現出不同的特點與特色。根據每次基礎教育課程改革的特點，可以分為四個重要階段[2]。

1. 第一階段：經濟恢復與發展階段的課程改革（1949—1966年）

這一階段是中華人民共和國成立後恢復經濟與發展經濟階段，其經歷三次課程改革。這三次改革為中國基礎教育的發展與改革奠定了堅實的基礎。

第一次課程改革（1949—1952年）確定的方針是「吸收舊教育有用經驗，借助蘇聯經驗，建設新民主主義的教育」。這次改革初步確立了中國中小學新課程體系。中學主要設置政治、語文、數學、自然、生物、化學、物理、歷史、地理、外語、體育、音樂、美術等課程，小學設語文、算術、自然、歷史、地理、體育、圖畫、音樂等課程。1950年9月成立人民教育出版社，承擔編寫國家統一教材的任務，1951年出版了第一套中小學通用教材。1951—1952年，教育部還提出全國統一教學計劃、統一教學大綱與統一教科書的「大一統」課程模式。

為適應中國第一個「五年計劃」與改變第一次課程改革中的結構單一、學生掌握知識片面等問題，中國又進行了第二次課程改革（1953—1957年）。課程改革的重點是整頓、鞏固和發展中小學，初步形成了比較全面的中小學課程體系，有計劃地修訂教學計劃、教學大綱和教科書，為教師編寫專門的教師參考用書等。

隨著1957年中國教育方針的轉變，教育部又進行了第三次基礎教育課程改革。這次課程改革經歷了調整時期、「大躍進」時期及調整與反思時期。調整時期強調知識教學和勞動教學有機地結合；「大躍進」時期改革的主題是縮短學制年限、精簡課程；調整與反思時期主要對上個時期的教育改革進行相應調整，制定並頒布新的教學計劃和

---

[1] 朱智賢. 心理學大辭典 [M], 北京：北京師範大學出版社, 1989: 1007.
[2] 王桂豔. 中國基礎教育八次課程改革的歷史研究及啟示 [J]. 遼寧教育行政學院學報, 2011 (9): 13-15.

教學大綱，起草並編寫了第四套全國通用教材。

這個階段的課程改革主要受蘇聯教育與教學的影響，模仿痕跡明顯；由國家控制課程管理與編製，統一科目與內容，課程結構單一；初步形成了比較全面的中小學課程體系。但全國統一的課程內容推行過程中困難重重。

2. 第二階段：「文革」時期課程改革（1963—1976年）

「文革」前期繼續深化課程改革，改變教材內過深、過難問題，1963年人民教育出版社編輯出版了第四套全國通用的中小學教材，強調了「雙基」，並適當反應了科技新成就。隨後「文革」爆發，課程改革停止，革命成為當時最重要的課程。

3. 第三階段：改革開放後的基礎教育課程改革（1978—1996年）

這段時期的基礎教育課程改革主要有三次，主要內容包括教育的撥亂反正、課程設置的多元化與教育體制改革三個方面。這個階段的改革讓我們在重視本國課程變化的同時，開始關注國外課程。

第五次課程改革（1978—1980年）主要確定中小學實行十年制，頒布了統一的教學大綱，集中編寫了第五套全國通用的十年制中小學教材，出抬了《全日制中學暫行工作條例（試行草案）》和《全日制小學暫行工作條例（試行草案）》。

第六次課程改革（1981—1985年）是在國內與國際形勢變化巨大，人才競爭激烈的情況下拉開序幕的。這次課程改革重新編製五年制小學和五年制中學的教學計劃，組織編寫了第六套教材，頒發了中小學各科教學大綱，對課程計劃進行調整：適當設置綜合課，調整各學科課時比例，提前自然科學的起始年級，地方有一定的自主權，學校課程中包括活動課和學科課。

中國的第七次課程改革（1986—1996年）主要針對撥亂反正時期教育中出現的一些問題，如政府有關部門對學校統得太死，學校缺乏活力，教育結構不合理，普及義務教育，教育體制僵化等問題，有針對性地改革。改革的主要內容有：第一次把「教學計劃」更名為「課程計劃」；在這個計劃中，將課程表分為「六三制」和「五四制」兩種；在課程表中將所有課程分為兩大類，即學科類和活動類，課程表中還留有空間讓地方安排課程；允許一些地區和單位按大綱初審稿編寫教材，在實驗教材的基礎上，對大綱不合適的地方進行修改，形成了24個學科義務教育教學大綱（試用）。

這個階段的基礎教育課程改革關注的視野擴大，借鑑國際上的先進經驗，開始注重地區差異，廢除了課程行政管理「集權制」的領導地位，確立了「一綱多本」課程改革方略。這一時期課程改革仍然以學科中心課程為主，課程內容偏深、偏難、偏重。

4. 第四階段：新世紀教育創新階段的基礎教育課程改革（1996年至今）

與世界教育接軌後，中國學生在國際性大賽中智力表現成績突出，但令人擔憂的是中國培養的學生缺乏創新精神與動手能力。近二十年的經濟與政治的改革，需要的社會人才的質量與規格也發生了最大的變化，教育學者開始思考中國新世紀基礎教育未來發展趨勢及人才培養的質量與規格。由教育部牽頭的教育調查表明中國基礎教育存在著教育觀念滯後、人才培養目標與時代發展需求不能完全地適應等問題，於1999年開啓中國新一輪的基礎教育課程改革。這次課程改革主要內容有：①改變以往課程中知識傳授的單一目標，形成知識與技能、過程與方法、態度與價值觀三位一體的課程目標；②改變過去學科中心課程理論指導的學科課程重視社會中心課程理論指導的

綜合課程強調學生的經驗與經歷，重視學生學習過程中的參與意識；③轉變學生觀，關注學生學習過程中創新精神與實踐能力培養的教學方法與手段；④改變課程評價過分強調甄別與選拔的功能發揮評價促進學生發展、教師提高和改進教學實踐的功能；⑤改變課程管理過於集中的狀況實行國家、地方、學校三級課程管理增強課程對地方學校及學生的適應性。這一時期課程改革的特點是國際視野與中國特色相結合、課程的繼承與創新相結合、注重營造一種新的課程文化。

三、中國課程改革趨勢

縱觀全國各地的課程改革，結合國際課程改革經驗，中國課程改革的未來發展應朝著以下幾個方面發展：

第一，提升課程改革的理念水準和理論品位。第二，在課程政策上，要實現國家課程、地方課程與校本課程的整合。第三，在課程內容上，要實現學科知識與個人知識的內在整合。第四，在課程結構上，要更新課程種類，恰當分析必修課程與選修課程的關係，努力實現課程的綜合化。第五，在課程實施上，要超越忠實取向，走向相互適應取向和課程創生取向。第六，在課程評價上，要超越目標取向的評價，走向過程取向和主體取向的評價。

在課程改革的指導思想上，強調大眾教育，即「教育為大眾」「科學為人人」。在當今科學技術廣泛應用的時代，人人都要懂得科學技術才能適應時代的發展。當然，大眾教育並不意味著排除培養少數精英，使他們站在科學技術發展的前沿，創造更新的技術。但是，我們必須意識到，培養少數精英也需要建立在提高大眾教育水準的基礎上。為此，課程要有靈活性，把必修課的標準定在大多數學生能接受的水準上，同時為不同的學生設置各種選修課，允許學生選學不同的課程。

在課程設置上，以往過分強調課程的工具性，強調課程要適應經濟建設的需要、為社會服務，而現在則更強調課程對人的發展的促進作用。教育最直接面向的是人，教育的本質是提高人的素質，即個體的發展。教育促進個人的發展與教育服務社會發展和經濟建設並不矛盾，只有個體獲得良好的發展，才能更好地服務於社會的發展。也就是說，整個國家的國民素質提升，自然有利於經濟建設和社會進步。因此，要把教育為人的發展服務與為社會發展和經濟建設服務兩方面的功能統一起來，要重視學生的個性發展，因材施教。

在課程目標上，過去強調掌握知識和發展能力，而現在則更強調培養學生對事物的情感、態度、價值觀。知識並非不重要，而是知識學習的出發點不同。不是為知識而學習，而是要在知識學習的基礎上，建立起必要的情感認識和價值觀。如學習地理知識後，學生就應該具備環保意識；學習了抗日戰爭的歷史，就要激發學生的愛國主義情感等。

在課程編製上，以往課程是以學科系統為依據，現在則以社會實際為依據。以往學生的學習可能更多指向升學的目標，現在學習則是為了走向社會以及更好地適應未來的生活。因此，課程設置除了學科課程外，還應強調設置實踐性課程，通過實踐活動培養學生綜合運用在學科課程中學到的知識與能力，培養他們的創新精神和實踐能力。

在知識內容上，過去強調學習各學科的系統知識，現在更強調知識的綜合性、整合性，強調學科間的相互聯繫。許多國家都設置了綜合學習課程，把自然科學和人文社會科學結合起來。如此，在教學過程中，以往可能是以教師為中心，現在則更加強調學生的自主性。網絡化時代的到來必然會引起教學的變革，變革的趨勢是學生自主學習將加強，學生對教師的依賴性將降低。因此，無論是在課程設置上還是在教學中，都要注意給學生留有自主學習的空間。

總之，時代的發展、科技的進步、社會的變革要求學校課程不斷改革，而課程改革又勢必會引起教學過程的一系列變革。時代和社會的發展變革必將催生課程領域隨之而變，課程的不斷改革將成為教育發展過程中的常態。

理解與反思

1. 談談你對課程內涵的理解。
2. 談談對不同類型課程的優缺點的認識，分析其適應情形。
3. 如果讓你組建團隊，開發校本課程，你會在課程目標、課程內容、課程實施、課程評價方面有什麼樣的選擇？談談你的理由。
4. 課程的變化，教師的教育教學也需隨之發生變化。課程的未來發展趨勢，對教師都提出了哪些要求？教師應如何適應課程改革的未來發展？

拓展閱讀

[1] 施良方. 課程理論：課程的基礎原理與問題 [M]. 北京：教育科學出版社, 1996.

[2] 張華. 課程與教學論 [M]. 上海：上海教育出版社, 2000.

[3] [美] 威廉·F. 派納, 等. 理解課程（上、下）[M]. 張華, 等譯. 北京：教育科學出版社, 2003.

[4] 王本陸. 課程與教學論 [M]. 北京：高等教育出版社, 2004.

[5] 鐘啟泉. 課程論 [M]. 北京：教育科學出版社, 2007.

[6] 徐文森. 課程與教學論 [M]. 福州：福建教育出版社, 2015.

第九章

課堂教學與課外活動

■學習導航

(1) 理解教學的內涵，明確教學的任務和作用。
(2) 理解教學過程的本質，運用教學過程的基本規律解決教學過程的實際問題。(重點)
(3) 掌握並運用教學過程的原則與方法組織教學。
(4) 運用教學原理設計並組織教學。(難點)
(5) 理解課外活動的含義，能設計與組織實施課外活動。

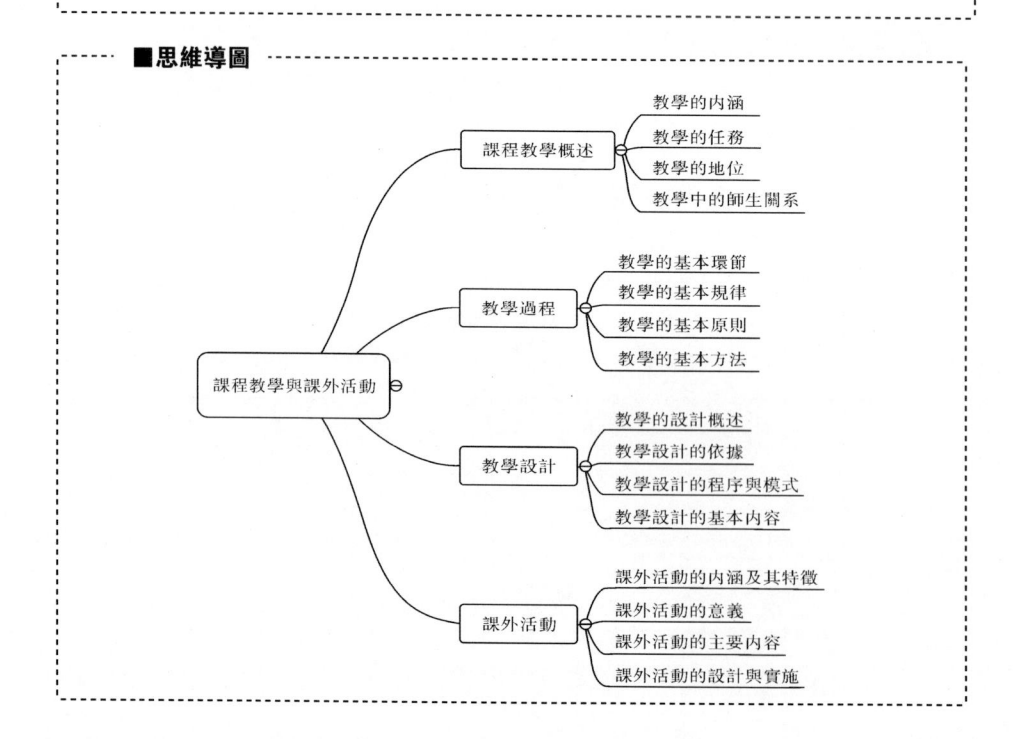

■思維導圖

- 課程教學與課外活動
  - 課程教學概述
    - 教學的內涵
    - 教學的任務
    - 教學的地位
    - 教學中的師生關係
  - 教學過程
    - 教學的基本環節
    - 教學的基本規律
    - 教學的基本原則
    - 教學的基本方法
  - 教學設計
    - 教學的設計概述
    - 教學設計的依據
    - 教學設計的程序與模式
    - 教學設計的基本內容
  - 課外活動
    - 課外活動的內涵及其特徵
    - 課外活動的意義
    - 課外活動的主要內容
    - 課外活動的設計與實施

> ■教育瞭望
>
> **知識與能力的關係**
>
> 　　最近幾年，我在小學高年級語文教學中對蘇霍姆林斯基關於「不要讓能力和知識關係失調」的論述進行了探討和研究，有了較深的體會。
>
> 　　中小學教育是基礎教育，而小學則是基礎的基礎。這不單是就小學生所學習的知識而言的，還要考慮小學生在學習知識的過程中應該培養的良好學習習慣和能力。也就是說，在教育過程中教師不但要考慮學生學會了什麼，更應該深思學生掌握了哪些學習方法，是否為今後在中學或者更遠時候的繼續學習奠定了基礎，鋪好了路。蘇霍姆林斯基說得好：「教師在教學和教育工作中是首創精神的締造者。小學面臨著許多重要的任務，而其中占據首位的就是要教會兒童學習。教師主要操心的事情之一，就是在兒童應當掌握的理論知識分量跟實際技能技巧之間確定的相互關係。」
>
> 　　資料來源：陳旭遠. 課程與教學論 [M]. 北京：高等教育出版社，2012：220.

　　教學是學校的中心工作，課堂教學與課外活動是學校實施全面發展教育的主要途徑。經驗證明，只有堅持以教學為中心，教育質量才會提高；否則，教育質量就沒有保障。而要搞好學校教學工作，就必須理解教學的基本含義，掌握教學的基本規律，遵循教學的基本原則，運用教學的基本方法，設計並有效地組織實施教學過程，將課堂教學與課外活動結合起來，共同促進學生的全面發展。

第一節　課堂教學概述

一、教學的內涵

　　「教學」一詞在英語中常常被寫成「teach」「learn」「instruct」，其意思是「教授、學習」，同時 teach 也與「信號」有所聯繫。其實不論是以「學習」「教導」所指向的教學內容，還是以「信號」「符號」為仲介來進行的教學，都說明「教」與「學」是密不可分的。

　　中國古代殷商時期的甲骨文中分別出現過「敩」和「學」兩個字。一般認為「教」字來源於「學」字（「爻」），兩個字最早同時出現則是在《尚書·兌命》中的「敩學半」（敩，xiao，同「教」）。據宋朝蔡沈註解：「敩，教也……始之自學，學也；終之教人，亦學也。」在《禮記·學記》「建國君民，教學為先」中，教學的含義卻極為廣泛，幾乎是「教育」的同義語。

　　到底什麼是教學呢？

　　蘇聯教育家斯科特金（1900—1991）認為：「教學是一種傳授社會經驗的手段，通

過教學傳授的是社會活動中各種關係的模式、圖式、總的原則和標準。」① 美國教育心理學家布魯納認為：「教學是通過引導受教育者對問題或知識體系循序漸進地學習來提高受教育者正在學習中的理解、轉換和遷移能力。」② 王策三認為：「所謂教學乃是教師教、學生學的統一活動。」③ 李秉德認為：「教學就是教的人指導學的人進行學習的活動。進一步說，指的是教和學相結合或相統一的活動。這裡要注意的是『結合』或『統一』二字。就是說，只有教或者只有學的片面活動，或者只是這兩項活動的簡單相加而沒有什麼『結合』或『統一』，都不是我們所說的嚴格意義上的教學活動。」④

可見，人們對教學的表述並不完全一致，但它們都體現了教學所具有的共同特徵。第一，教學是有目的的活動。無論是提升能力，還是獲得經驗，或是形成某種品德，都說明教學具有明確的目的性，即使沒有指明教學的目的性，其目的性都始終存在。第二，教學是教與學相統一的活動，只有教或只有學，都難以構成教學活動，教與學具有相互依存性。正如杜威所言：「教之於學就如同買之於賣。」⑤ 第三，都關注教師與學生在教學中的地位和作用。教師與學生是教學過程中的兩個主體，教師是教的主體，學生是學的主體。教的主體地位體現在教師在教學過程中的主導作用，學的主體地位體現在學生在教學過程中學的主動性。教與學相輔相成，學生主動的效果，取決於教師的主導；教師主導的設計，取決於對學生主體的認知。教與學在教學過程中的地位和作用同等重要，既不能因為學生是學的主體而去削弱教師的主導作用，也不能因為教師的主導作用，剝奪了學生的學習主體地位。

【名人名言】
　　教學是一種傳授社會經驗的手段，通過教學傳授的是社會活動中各種關係的模式、圖式、總的原則和標準。

——斯科特金

二、教學的任務

1995 年《教育法》規定：「教育必須為社會主義現代化建設服務，必須與生產勞動相結合，培養德、智、體等方面全面發展的社會主義事業的建設者和接班人。」該法明確了中國的教育目的，規定了中國人才培養的質量規格要求，也為教師確定教學任務指明了方向。因此，中國教學的基本任務主要表現在以下幾個方面：

第一，加強道德教育。教學是學生思想品德形成的重要途徑，可以把學生培養成具有愛國主義、集體主義精神和社會責任感，熱愛社會主義，具有社會主義民主法制意識，遵守國家法律和社會公德，能夠繼承和發揚中華民族的優秀傳統和革命傳統，

---

① 顧明遠.教育大辭典（上）［M］.上海：上海教育出版社，1998：711.
② 同①.
③ 王策三.教學論稿［M］.北京：人民教育出版社，1985：88-89.
④ 李秉德.教育學［M］.北京：人民教育出版社，1991：2.
⑤ 中央教育科學研究所比較教育研究室.簡明國際教育百科全書.教學（下）［M］.北京：教育科學出版社，1999：233-240.

從而形成正確的世界觀、人生觀、價值觀的社會主義建設者和接班人。教學使人具有崇高的思想品德和高尚的審美情操,確保了人才培養的性質與方向。

第二,掌握基礎知識,培養基本技能。基礎知識指在一個人的知識系統中具有奠基作用的知識,在學科中表現為基本概念、基本原理、基本公式等,在生產、生活中表現為人們應對生產、生活問題的基本常識。基本技能指一個人應對學習、生產、生活時所必須具備的能力,沒有這種能力,一切活動都難以正常進行,比如學習能力、交往能力、分析解決問題的能力、探究創新的能力等。基本能力因學科而異,如語文中的識字、閱讀、寫作、交流的能力,數學中的邏輯思維能力,自然科學的實驗操作能力等。基礎知識、基本技能之所以重要,是因為它對一個人的學習、生活、工作具有奠基作用,中國具有重視「雙基教學」的傳統。事實證明,基礎不牢地動山搖,基礎打得好,學生的發展就更加順利。

第三,發展學生智力,增強學生體力。智力是人們在認知過程中所表現出來的基本能力,包括觀察能力、記憶能力、思維能力、想像能力等。學生的學習活動主要是以獲得經驗為主的認知活動,無論是獲得間接經驗還是直接經驗都需要良好的智力條件,發展學生的智力不僅可以提高學生的發展水準,更是促進學生持續發展的重要保障。體力是學生認識和發展的物質基礎,沒有強健的體魄,學生的一切活動都難以正常進行。學生的活動以學為主,但不能因為學習而忽視了對學生的健康關懷,更不能因為學習而影響學生的身心健康。

第四,提升綜合素養,促進全面發展。全面發展是中國教育目的的價值追求,說明教學的任務不僅要關注學生發展的某一方面或某幾方面,而是要關注學生的一切發展。新課程改革提出了教學的三維目標,中國學生發展核心素養圍繞學生的全面發展提出了三大領域、六大方面、十八個核心要素,力求盡可能全面地描述學生的全面發展,為教學任務的確定指明方向,並在教學任務中具體化。提升綜合素養,必須綜合自然與社會的因素、先天與後天的因素、主觀與客觀的因素,為學生身心健康、和諧發展,創造一切條件,提供一切可能。

三、教學的地位

教學在學校工作中處於核心地位,這是由教學的主要作用所決定的。

教學是教育目標達成的最基本的途徑。學生的全面發展有多種途徑,課外活動、生產勞動、社會實踐、環境熏陶,都有利於促進人的全面發展,但這些都無法與教學的重要作用相提並論。教學是有目的、有計劃、有組織的活動,能最大限度地滿足個體發展與社會發展的需要;教學是由專業人員組織開展的專業化活動,遵循了個體發展與教育發展的規律,能為人的發展創造最佳條件,提供最大可能性;教學是按課程計劃組織實施的系統活動,為學生的發展提供了完整的課程體系,能最大限度地滿足學生全面發展的需要。教學的這一系列特性決定了它比其他教育途徑作用更大,在教育中的地位更高。

以教學為中心是學校的基本職能所決定的。學校是人才培養的專門場所,無論是基礎教育還是高等教育,學校都以培養人為第一要務。而培養人不是一個單一的個體活動,而是一個龐大的系統工程,就教育空間而言,有學校教育、家庭教育、社會教

育，就學校教育而言，有教學工作、學生管理、安全保衛、後勤保障、家校合作、社會參與等系列活動。在學校開展的眾多活動中，教學無疑是最核心的工作，其他工作要麼為教學保駕護航，要麼配合教學工作完成育人的任務。

四、教學中的師生關係

教學活動是教師教與學生學相統一的活動，在教學活動中師生是一種什麼樣的關係呢？不同學者觀點不同。如「教師主導，學生主體論」，細思之下，這個觀點總有不妥之處。

因為「主導」是教師作為教的主體所發生的行為，是一個動詞，而學生「主體」所發生的行為是什麼則不清楚，並且「主體」是一個代詞，把一個動詞和一個代詞並列，顯然是牛頭不對馬嘴。那麼，教學中師生到底是一種什麼關係呢？

把教與學分開來看，教師是教的主體，學生是學的主體。教師是教的行為的執行者，學生是學的行為的執行者。教的行為不能取代學的行為，學的行為也不能取代教的行為。教的任務是確定教學目標、整合教學資源、選擇教學方法、設計教學過程、組織教學實施、評價教學效果。學的任務是確定學習目標、選擇學習內容、運用學習方法、規劃學習過程、檢驗學習效果。這兩個主體都有屬於自己的主體活動，都要承擔主體責任，都要承受主體活動後果。

把教學作為一個整體活動來看，教師與學生共同構成教學活動的主體。教學既是師生共同建構的活動，師生也必然共同成為教學活動的主體，不存在誰是「主體」、誰是「主導」。兩個主體在教學活動中分別扮演不同的角色，承擔不同的責任。教的主體履行教的職責，承擔主導的責任，學的主體履行學的職責，承擔主動學習的責任。兩個主體充分履行職責，教學任務就能順利完成。

同時，教師與學生互為客體。教學活動中教師與學生是一對矛盾統一體。他們互為主客體，教師是教的主體時，學生就是教的客體，學生是學的主體時，教師就是學的客體。並且，這一對主客體相互制約、相互影響，教的主體服務於學的主體，教師教什麼、如何教，都取決於對教的客體，即學的主體的認知。相應地，學的主體學什麼、如何學、學習效果如何，也取決於對學的客體，即教的主體的理解。兩個主客體相互理解愈深，彼此關照愈切，教學關係就會愈融洽，教學合作就會愈成功。

第二節　教學過程

一、教學的基本環節

教學活動是由一系列相互銜接的環節構成的，教學活動成功離不開每一個環節的成功及各個環節之間的相互協調與配合。一般而言，教學過程都比較注重備課、上課、作業布置與批改、輔導、學業成績檢查與評定。

（一）備課

備課就是為上課做準備。教學是有目的、有計劃的活動，只有對教學目標、內容、

過程、方法等進行精心的規劃、設計，教學才有針對性、預見性。對教師而言，一堂課準備愈充分，實施才會愈從容；對學生而言，教師備課愈充分，愈能滿足學生的學習需求。同時備課的過程也是一個教師累積知識，提升教學設計能力，不斷促進專業成長的過程。

1. 備課的內容

教師備課備什麼呢？一般說來，教學需要什麼，老師備課時就準備什麼。教學是一個複雜的系統工程，構成教學的基本要素及其相互關係，都是備課需要考慮的因素，不僅如此，教學還受到來自外部各種因素的影響，因此，備課還要學會睜眼看世界，考慮教學內外各種制約因素及其相互關係。具體說來，備課的內容主要包括：對象認知、內容選擇、方法運用、過程設計等。

一是瞭解學生。學生是教學的對象，是教學的出發點，也是教學的歸宿。教師只有充分瞭解學生，才能準確定位教學目標，合理選擇教學內容，恰當運用教學方法，有效組織教學活動。瞭解學生既要瞭解學生的群體特性，也要瞭解學生的個別特性，瞭解群體特徵有利於班級教學，為學生提出共同的學習目標，滿足學生群體的學習需求；瞭解個別特性，便於因材施教，滿足不同學生個別化的學習需求。既要瞭解學生的學習起點，也要瞭解學生的發展目標。瞭解學生是全方位的，既要瞭解學生的學習態度、動機、方法、水準，還要瞭解學生的性格特徵、成長過程、家庭環境、人際關係等，瞭解愈深刻，教學的針對性就愈強，就能從實際出發，最大限度地滿足學生的學習需求。

二是內容準備。教學內容是達成目標的重要依據。教學內容有多種存在形式，最常見的是教材，教材以外的內容則是浩如煙海、包羅萬象，哪些內容可以進入課堂，都需要教師的精心篩選、用心開發。

內容準備包括三個方面：理解課程標準、讀懂教材、開發其他課程資源。理解課程標準是內容準備的前提，正因為教學內容漫無邊際，才需要有選擇的標準。課程標準規定了學科的性質，闡明了學科教學的基本理念，規定了教學達成的基本目標，提出了教學實施的建議，為目標定位、內容選擇、方法運用指明了方向。教材是教學的依據，讀懂教材要正確理解教材編寫意圖，準確把握教材的重點與難點，教材內容發掘要與課程標準相一致。隨著教育改革的不斷深入，教學主張從課本走向生活、從學校走向社會，聯繫學生實際、聯繫社會實際組織教學，教學內容準備也要聯繫生產、生活實際開發課程資源，滿足學生的學習需求。

三是方法準備。選擇什麼樣的教學方法跟學生交流，直接影響教學效果。備課時，教師常常根據教學內容與教學環境的實際，選擇教學方法。

2. 備課的形式

教師備課有多種表現形式：課時計劃、單元計劃、學期或學年教學計劃。

課時計劃也稱教案，它是為教師直接準備的教學方案。其一般包括：教學對象、學科名稱、授課時間、教學內容、教學目的、教學方法、教學重難點、教具準備、教學過程設計等。

課時計劃有詳略兩種，可根據教師本人的教學經驗決定其詳略。課時計劃不僅可供教師教學參考，也為總結和研究教學工作提供了資料。許多教師在教學結束後，還

要進行教學反思，這也是課時計劃的組成部分，這對促進教師的反思性成長也是很有幫助的。

單元計劃也稱課題計劃，指教師針對一個課題或教學單元所做的教學計劃。課題計劃的內容包括課題名稱、課題教學目的、課題劃分、主要教學方法、教具準備等。制訂單元計劃時教師應明確本單元在學科知識體系中所處的地位和作用，正確處理本單元與前後課題之間的關係。

學期或學年教學計劃指學期或常年開始前教師對本學期或本學年度教學工作所做的計劃安排。其內容包括：學生基本情況分析，本學期或學年教學總體目標，教學內容構成，各單元在學期或學年中的時間安排等。

3. 備課的方法

根據參與備課的人的情況不同，可以把備課分為獨立備課、小組備課和集體備課三種。

獨立備課是指任課教師自己根據教學需要，根據自己的教學經驗進行備課。小組備課是指同一學科的教師或同一個學習小組的教師，針對同樣的教學內容或教學情境進行的備課。集體備課是指教師集體針對同一堂課所做的教學準備，可以不受學科、年齡和職務等限制，不同的人從不同的視角對一堂課進行教學設計，提出自己的見解，小組備課也可以看作是一個小型的集體備課，小組或集體備課有助於同行之間的學習交流，尤其在研究課或競賽課的教學準備中較為常用。

(二) 上課

上課是教學的實施環節，是整個教學工作的中心環節。上課是教師實現教學目標、學生達成學習目標的重要途徑，能否實現教學目標最終取決於上課的效果。一般說來，教師上課都是參照課時計劃進行的，但課時計劃不應成為教師教學能力發揮的束縛，教師應根據教學情境的變化，靈活地使用課時計劃。上課是教師綜合素養的體現，教師的教育觀念、道德情操、專業知識、專業能力、教育技術在上課的過程中都能得到充分體現。

雖然人們對一節好課的評價標準不盡相同，但是，不同觀點都共同指向以下標準：

(1) 教學目標明確。教學主體對一節課所要達到的教學目標都應當明確。目標明確包括兩層含義：一是指教學目標要求要正確，既符合課程標準的要求，也符合學生的實際、教材的實際。按照新課程教學目標的要求，教學目標應包括知識與技能、過程與方法、情感態度與價值觀三個維度。雖然每一個維度在一堂課中的表現各不相同，但目標確定是否全面、是否具體、是否切合學生實際，都是衡量目標是否明確的依據。二是要讓學生明確教學目標的要求，把教學目標轉化成學生的學習目標。這樣，教學目標對學生的學習行為才具有導向作用。

(2) 教學內容正確。即保證教學內容的科學性與思想性。教學內容的來源有兩個方面，一是教材的內容，二是教材外的內容。教學內容正確包括兩個方面：一方面是指正確解讀教材的內容，對教材的理解沒有知識性的錯誤；另一方面是指對教材外內容的開發利用正確。教師無論從何處選擇教學內容，必須首先保證內容的科學性與思想性，同還要注意內容的適合性。並非沒有知識性錯誤的內容都是正確的，分量是否適中，難易是否適度，引用是否及時都是考察內容正確與否的標準，只有內容理解

正確與選擇使用正確才是真正的內容正確。

（3）教學方法恰當。教學方法的選擇與使用，受教學主體、內容、環境、設備等因素的制約。教師要科學選擇與使用教學方法，有效協調教學要素之間的關係，保障教學實施順利進行。教學方法本身沒有好壞之分，恰當的方法就是好的教學方法。

（4）過程設計合理。教學具有歷時性，一切教學目標的達成都是通過師生的教學活動過程實現的。一堂好課就像一齣好戲，不僅跌宕起伏、情節生動，每一個角色都能在劇中實現自身的價值，良好的教學過程往往兼具流暢性、靈活性、趣味性色彩，既讓人感到輕鬆，又讓人收穫滿滿。

（5）教學氛圍良好。教學氛圍是由教育主體之間相互作用而建構的教學情境或教學氣氛。良好的教學氛圍表現在三個方面：一是民主、平等的人際關係。師生之間、同學之間在人格上是平等的，都享有充分參與教學活動的自由。二是自由、開放的學習氛圍。課堂不是學生思想的禁地，而是自由開放的樂土，教師應引導學生自由思考、勤於探索、勇於創新、敢於質疑，把學生從已知的世界引向無限廣闊的未知世界。三是接納相融的心理氛圍。每個人在課堂上都在追求真理，儘管在認知上不能達成共識，但在心理上不能排斥他人，應形成對強者欣賞、對弱者支持、對異者理解與包容的氛圍。

（6）教學效果良好。衡量教學效果主要看教學目標達成度。在教學目標合理的前提下，如果預期的教學目標完全實現了，無疑會是一堂好課。除此之外，良好的教學過程和積極的自我評價也是教學效果良好的表現。

此外，一堂好課的觀察點還有很多，教師的形象氣質、教師的語言、板書設計、時間分配、環境布置等都可以成為評價的標準。站在社會的角度還可以從社會目標達成度來評價一堂課，是否聯繫社會實際，是否滿足社會需求等。

（三）作業布置

作業布置是在理論聯繫實際的原則下，教師培養學生的問題解決能力、鞏固知識的重要手段。作業因時間不同可分為課內作業與課外作業，因空間不同可分為學校作業與家庭作業，因形式不同可分為口頭作業、書面作業與實踐操作性作業。

作業布置不能隨心所欲，應考慮教學目標要求與學生學習的實際。作業布置不當不僅達不到學習效果，反而會造成學習傷害。因而，作業布置應遵循下列四個基本原則：

一是難易適度、分量適中的原則。難易適度指作業布置應以學生的一般水準為準，它主要檢查學生掌握基礎知識與基本技能的情況，看普通學生是否達到了學習的基本要求。分量適中指作業完成不會造成學生過重的學習負擔，應在普通學生完成作業的同時有比較充足的休息時間。

二是理論聯繫實際的原則。作業的布置有助於加深學生對基本公式、基本原理的理解，應聯繫實際注重問題解決。

三是差異性原則。為滿足不同學生的學習需求，作業布置也應體現個體差異，即分別對學習困難的學生、學習優秀的學生和中間狀態的學生提出不同層次的作業要求，使每一類學生都能經過努力完成作業，如可以給學習成績好、學習能力強的學生適當布置少量難度較大的作業。

四是典型性原則。作業的選擇應具有代表性、典型性，能承載相關學科的基本原理，能使學生通過完成作業達到觸類旁通的效果，避免題海戰術加重學生的學業負擔。

（四）課外輔導

課外輔導是上課的一種補充形式，它是在學生上課之餘，對學生進行的學習幫助。課外輔導有個別輔導和集體輔導兩種形式。個別輔導主要是針對個別學生的學習問題給予的輔導，可以是教師單獨進行的輔導，也可以是在集體中針對個別學生的問題進行的輔導。集體輔導是針對學生集體存在的問題進行的輔導。輔導不是上課的延續或重複，而是對課堂上或課後發現的問題的及時解決。

（五）學業成績檢查與評定

學業成績檢查與評定是測試教學效果、調控教學行為的一個重要環節。一方面，教師通過成績檢查與評定可以瞭解學生的學習情況，為學生的學習及時提供反饋信息，幫助學生查漏補缺；另一方面，成績檢查評定有利於教師全面瞭解自己的教學效果，反思教學過程，改進教學措施，提升教學質量。另外，學業成績的檢查與評定還是高一級學校選拔人才的有效措施。

科學合理的檢查與評定對教學能起到積極的促進作用；反之，則不僅不利於教學，而且會挫傷學生學習的積極性與自尊心，阻礙學生發展。

檢查與評定學業成績必須堅持科學性、有效性和可靠性的原則，能通過測評瞭解學生學習的真實水準，診斷教學問題，累積教學經驗，評價內容力求全面，評價方式靈活多樣。

常用的評定方式有考查和考試兩種。考查是在教學過程中為及時掌握學生學習情況而使用的學業成績檢查評定方式，有日常觀察、課堂提問、檢查作業和書面測驗等。考試是對學生學業成績進行總結性檢查的一種評定方式，包括筆試、口試和實踐操作等多種形式。

成績評定有評分和評語兩種形式。常用的記分法有百分制和等級制。評語是用語言對學生的學習做性狀描述，指出優勢與不足，還可以針對問題提出改進措施，指導學生學習。

教學工作的各個環節相互聯繫、相互促進，共同構成了完整的教學活動系統。每個環節在教學活動中的地位和作用雖不相同，但都是不可或缺的，只有充分發揮各個環節的作用，才能保障教學活動的全面實施。

二、教學的基本規律

規律是事物本身所固有的、內在的、本質的、必然的聯繫。在教學活動中也有很多此類的聯繫，我們把這些聯繫稱為教學活動的基本規律。

（一）知識性與思想性相統一

在教學過程中傳授知識與對學生進行思想品德教育是不可分離的。知識是思想的載體，無論何種思想都會以知識的形式表現出來。任何知識，無論是科學的還是人文的，都具有思想教育的功能，脫離思想教育的純粹的知識教學是不存在的，這便是教學的教育性原理。

首先，知識是思想品德形成的基礎。學生思想品德的形成必須先有道德認知，然

後才有道德行為，學生道德認知的過程就是掌握知識的過程。不僅如此，其他認知活動，即使不是思想道德內容的認知，也具有道德教育的功能。因為任何認知能力的提升，都有利於提升學生的道德認知。同時，學生知識獲得的過程，也是學生學習動機激發、學習態度養成、學習習慣形成的過程，本身就具有思想品德教育的價值。

思想品德的形成對學生知識的獲得具有促進作用。學習是有目的的活動，需要受教育者明確學習目標，端正學習態度，激發學習熱情，才能克服學習困難，取得學習成功。思想品德高尚的人會志存高遠，激發強大的學習動能，為獲取知識、勇攀科學高峰而努力學習。心胸狹隘的人，心裡只有自己，不考慮國家、民族、社會、他人，其學習潛能也難以得到有效開發，知識學習也不會取得好的成果。

傳授知識與思想教育結合要防止兩種傾向，一是只強調傳授知識而忽視思想品德的教育；二是脫離知識單純地強調思想品德教育，使思想品德教育流於一句空話。

(二) 直接經驗與間接經驗相統一

教學過程是學生經驗獲得的過程，也是師生之間經驗交流的過程。其中既有直接經驗，也有間接經驗，而且這兩種經驗在教學過程中相輔相成，不可或缺。

直接經驗是個體在自身的實踐活動中獲得的經驗。間接經驗是從他人處獲得的或其他途徑獲得的他人的經驗。這兩種經驗對學生的學習都很重要。直接經驗是間接經驗的基礎，沒有絲毫直接經驗的人，是不可能獲得間接經驗的，因為一切新經驗的獲得都以原有的經驗為基礎。學生的學習以獲得間接經驗為主，學校教育中學科知識的教學幾乎都是在傳授間接經驗，並且是經過提煉、篩選後的成熟的經驗。

獲得直接經驗需要漫長的時間，獲得間接經驗省時高效，學生的學習需要把兩種經驗結合起來，既要防止脫離學生實際一味傳授間接經驗，又要避免過度強調自主探索實踐，花費過多時間去獲得直接經驗。

(三) 掌握知識與能力相統一

教學活動中學生掌握知識需要借助一定的能力來完成，如觀察力、記憶力、思維能力、想像能力等，離開能力參與，知識無從獲得。同時，能力的提升也必然伴隨知識獲得的過程。教學中知識與能力不可分離。

首先，知識是能力形成的基礎。能力是運用已有知識經驗解決問題的過程中，表現出來的心理特徵。知識愈貧乏，愈難以把握問題的實質、發現事物的內在聯繫、找到解決問題的辦法。知識豐富的人常常辦法比問題多，表現在能力上也是比較強的。

其次，能力影響獲取知識的速度、深度與廣度。觀察能力強，可以眼觀六路、耳聽八方；記憶力強，可以過目不忘；思維能力強，可以一針見血、入木三分。因此，教學過程也是師生能力展示的過程。

尊重知識與能力相統一的規律，要防止兩種傾向：一是片面地強調知識的重要性，尤其在片面追求升學率的背景下，課堂教學具有明顯的知識中心傾向，師生共同關注的重點是知識，而不是受教育者本身。二是片面地強調能力的重要性，從一個極端走向另一個極端，脫離知識教學，搞所謂專項的能力訓練。

(四) 教師主導與學生主動相統一

教學過程是師生共同參與的教與學相統一的過程。教師的教與學生的學共同建構了完整的教學活動，離開任何一方，教學都不完整。

教學過程離不開教師的主導作用。教師主導使教學有方向、有目標、有組織、有效率。教學是一個專業性比較強的活動，必須由專業人士來設計與實施。教師受過教學的專門訓練，掌握了教育規律及學生身心發展的規律，瞭解國家的教育方針及社會對人才培養的要求。教師主導直指教學目標，避免了學生盲目探索，避免課堂各行其是，保障了教學的有效運行。

教學過程離不開學生的主動學習。主動學習有兩層含義，一是指學習態度主動，學生有內在的學習需求；二是指學習的行動，與主導相對應。教學效果最終取決於學生的學習行動，學生學習行動的動機較強、行動的方法好、行動的習慣好，教學的效果自然就會好。

在主導與主動的關係中，兩者互為主客體，教師是主導的主體，學習的客體；學生是主動學習的主體，主導的客體，兩者共同構成教學的主體。主導與主動是相互制約、相互影響的。教師的主導以學生的主動為基礎，為學生主動服務。學生的主動以教師的主導為引領，同時反作用於教師的主導，對主導提出要求，給主導提出改進的意見。

三、教學的基本原則

教學原則是教學活動應遵循的基本要求，是人們教學實踐經驗的概括和總結。它反應了人們對教學活動本質性特點和內在規律性的認識，是指導教學工作有效進行的指導性原則和行為準則①。常用的教學原則有下列幾種：

（一）科學性與思想性相統一

科學性與思想性相統一是指在對學生進行科學知識傳授的過程中，應加強對學生思想、政治與道德的教育。

貫徹這一原則，是中國教育目的的基本要求，我們的教育目的是培養社會主義的建設者和接班人，只掌握先進的科學知識，沒有堅定的政治信念、良好的道德素養，都不能勝任這一要求。在學校教育中，教學的科學性與思想性歷來是一致的、統一的，沒有科學性，就沒有思想性。教學的思想性取決於教學的科學性，同時思想性也是提高教學的科學性的重要保證。貫徹這一原則要求：

第一，教師要確保教學的科學性。教學內容正確，教學方法恰當，程序設計合理。

第二，教師要深入發掘教學中的思想性因素，自覺對學生進行思想品德教育。

第三，教師要將思想性貫穿教學過程始終。

第四，教師要不斷提高自己的思想道德修養，以身作則，達到身教重於言教的效果。

（二）理論聯繫實際

理論聯繫實際是指在教學過程中要把理論知識的學習與社會實踐或學生的直接經驗結合起來，以加深對理論的理解，增強學生運用理論解決實際問題的能力。

這一原則符合認識發展的規律，一切理論都來源於實踐，並且要接受實踐的檢驗。同時，這一原則也符合學生的學習特徵，學生學習以獲得間接經驗為主，但離不開學

---

① 王策三. 教學論稿 [M]. 北京：人民教育出版社，1985：147.

生的直接經驗。貫徹這一原則要求：

第一，教學過程要注重對學生系統理論知識的傳授。

第二，教學要豐富學生實踐經驗。

第三，教學要聯繫學生實際、聯繫社會實際，從而理解相關的理論知識。

(三) 因材施教

因材施教指在教學過程中教師要尊重學生的個體差異，根據學生學習的不同需求及學生學習的實際，對學生施加不同的教育影響。

這一原則符合學生身心發展規律，個體發展具有差異性與不平衡性，只有根據學生發展的實際水準進行有針對性的教學，才能收到預期的教學效果。貫徹這一原則要求：

第一，教師要瞭解學生的個體差異，尊重每一個學生。

第二，教師要設計個性化的教學，盡可能滿足學生個性化學習的需要。

第三，教師要對學生的學習進行個性化評價。

【資料連結】

孔子因材施教的故事

子路問：「聞斯行諸？」子曰：「有父兄在，如之何聞斯行之？」

冉有問：「聞斯行諸？」子曰：「聞斯行之？」

公西華曰：「由也問聞斯行諸，子曰：『有父兄在』；求也問聞斯行諸，子曰：『聞斯行之』；赤也惑，敢問。」

子曰：「求也退，故進之；由也兼人，故退之。」

資料來源：《論語·先進篇》。

(四) 循序漸進

循序漸進指教學活動要遵循學生的認識發展規律，由淺入深、由近及遠、由低級到高級設計和組織教學，引導學生一步步地獲得知識、習得技能，形成良好的思想品德。

《拔苗助長》的寓言故事告訴我們，農作物的生長也有特定的過程，違背自然規律就會遭到懲罰。循序漸進的原則符合事物發展的基本規律，任何事物的發展都要經歷從量變到質變逐漸演化的過程。人們對客觀事物的認識，也有一個由簡到繁，由低級到高級，由直觀到抽象的循「序」過程，人們對任何事物不可能一步就達到對其本質的認識。技能形成也有一個從不熟練到逐漸熟練的過程，再好的方法都不可能一蹴而就。貫徹這一原則要求：

第一，教師要認識事物發展規律，找到事物發展的「序」。

第二，教師在教學過程中需要把握學生的發展順序與知識的邏輯順序。

第三，教師要建立教學內容與學生之間的連結，按照學生的發展順序，安排教學的邏輯順序。

(五) 直觀性

直觀性指在教學過程中，教師要利用直觀手段，通過引導學生開展多種形式的感知，豐富學生的感性認識，發展學生的觀察力和形象思維，並為學生形成正確而深刻

的理性認識奠定基礎。

這一原則反應了認識發展從感性認識到理性認識的基本規律。人們總是透過事物的現象才能看到事物的本質。遵循這一原則能促使具體形象與抽象概念相結合，減少理解抽象概念的困難；能激發學生的學習興趣和熱情；有助於發展學生的觀察能力、形象思維能力，促進對知識的理解鞏固。

貫徹這一原則要求：

第一，直觀的類型多種多樣，有實物直觀、模型直觀、語言直觀，教師使用最方便的是語言直觀。

第二，直觀手段的選用要符合教學的目的要求和各科教學的特點。

第三，直觀教具的選用要符合學生的年齡特徵和認識水準。

第四，運用直觀手段，要與教師適當的講解相配合。

第五，教師要合理考慮使用直觀教具的數量、時間和地點，使用不當可能對教學產生消極影響。

(六) 啟發性

啟發性指在教學中教師要承認學生是學習的主體，注意調動他們的學習主動性，引導他們獨立思考，積極探索，生動活潑地學習，自覺地掌握科學知識和提高分析問題及解決問題的能力。

這一原則是由學生的特點所決定的。古希臘有位哲人說過：「頭腦不是一個要被填滿的容器，而是一把需要點燃的火把。」學生是學習的主體，是具有能動性的主體，總是帶著經驗進入課堂，任何外在經驗只有經過學生的消化吸收才能轉化為學生的個體經驗。因此，教學要尊重學生的經驗，引導學生主動思考。貫徹這一原則要求：

第一，教師要樹立正確的學生觀，承認學生是教學活動的主體，讓學生成為學習活動的主人。

第二，教師要充分調動學生的學習積極性和主動性。

第三，教師要創設問題情境，引導學生質疑問題和學會思考。

第四，教師要發揚民主教學。在教學中教師應注意建立民主平等的師生關係和生生關係，創造民主和諧的教學氣氛，鼓勵學生敢於發表自己的獨立見解。

(七) 鞏固性

鞏固性指教學中使學生在理解的基礎上，將知識、技能牢固地保持在記憶中，達到熟練程度，需要時能及時、準確地再現。

鞏固性原則是學生順利接受新知識，累積所學知識，並運用於實際的必要條件，沒有知識的鞏固就沒有知識的累積。古今中外的教育都非常重視知識鞏固的作用。孔子說「學而時習之」「溫故而知新」，俄國教育家烏申斯基提出「復習乃學習之母」，都是在強調鞏固在知識獲得過程中的作用。

貫徹這一原則要求：

第一，任何新知識的獲得都需要鞏固，忽視這一環節就會產生遺忘。

第二，理解是鞏固的基礎。心理學研究表明，理解記憶比機械記憶更容易保持而不易遺忘，教學過程應引導學生加強對學習內容的理解。

第三，根據遺忘的規律組織及時復習與循環復習有利於知識的鞏固。

第四，實踐與綜合運用有利於加強對知識的理解與鞏固。

第五，知識或技能鞏固的方式多種多樣，多種方法靈活運用能收到理想的效果。

四、教學的基本方法

(一) 教學方法概述

1. 教學方法的含義

對於教學方法，不同的人給出了不同的定義。西方學界具有代表性的說法有：「教學方法是教師為達到教學目的而組織和使用教學技術、教材、教具和教學輔助材料以促成學生按照要求進行學習的方法。」[1]「教學方法是指大多數教師能夠充分加以運用並適合於多學科反覆使用的教學步驟或程序。」[2] 中國學者王策三認為，「教學方法是指為達到教學目的，實現教學內容，運用教學手段而進行的，由教學原則指導的一整套方式組成的、師生相互作用的活動」[3]。李秉德認為，「教學方法，是在教學過程中，教師和學生為實現教學目的，完成教學任務而採取的教與學相互作用的活動方式的總稱」[4]。

不難看出，這些定義雖然在用詞上各不相同，但所反應的主體思想是一致的。

第一，明確了教學方法是為教學目的服務的，沒有目的就沒有方法。

第二，教學方法具有可操作性。無論是教學技術與手段，還是教學的步驟與程序，教學方法都具有可操作性。

第三，教學方法都是伴隨一定的主體而存在的，沒有教師與學生的存在，也就沒有教學方法的存在。

綜合以上幾個特徵，我們可以把教學方法定義為：教學方法是教學活動的主體為實現一定的教學目的，借助一定的教學資源而採取的教與學的活動方式、手段及程序的總稱。

廣義的教學方法包括教師的教法、學生的學法及教學合作的方法。

狹義的教學方法指師生共同參與完成教學活動所使用的方法。

2. 教學方法的特點

教學方法的特點是在教學實踐中表現出來的教學方法的一系列外部特徵。一般認為教學方法具有如下幾方面的基本特點：

(1) 實踐性。教學方法注重教學實際問題的解決，具有可操作性，其運用程序、實施要求、影響媒介等都與教學實踐緊密相連。同時，教學方法的實踐效果又是檢驗其優劣的重要指標。

(2) 多樣性。教學方法是教師和學生在教學實踐過程中探索出來的活動方式的概括和總結。由於教學方法受多種因素的制約，構成教學的任何一個因素的改變都可能導致方法的更新，教學要素組合的多樣性，必然導致教學方法的多樣性，即使同一個老師教同樣的內容、面對一樣的學生，教學情境發生變化，教學方法也會隨之發生變

---

[1] CLARK L H, STARR I S. Secondary School Teaching Methods, Third Edition. London: Macmillan Publishing Co, Inc. 1977: 25.
[2] DEJNOZKA E L, KAPEL D E. American Educator Encyclo-Pedia. New York: Greenwood Press. 1982: 519-520.
[3] 王策三. 教學論稿 [M]. 北京: 人民教育出版社, 1985: 244.
[4] 李秉德. 教學論 [M]. 北京: 人民教育出版社, 1991: 197.

化，一個教師只有形成自己的教學方法體系，建立屬於自己的教學「方法庫」，才能在方法選擇上隨機應變，使用時遊刃有餘。

（3）整體性。教學是一個系統工程，無法用一個萬能的方法來解決所有的教學問題，任何一種方法都必須與其他教學方法密切配合、互相補充，才能發揮方法的整體性功能，再好的方法，如果只是孤立地使用，沒有其他方法的配合與點綴，都難以收到理想的教學效果，從這個意義上說，就整個教學過程而言，根本就沒有一種「最好的教學方法」。

（4）繼承性。教學方法也和其他教育現象一樣，具有歷史繼承性。自從有了教學實踐活動，人們就開始了對教學方法的探討。千百年來，人們在教學實踐活動中探索出許許多多行之有效的教學方法，累積了豐富的教學實踐經驗，許多方法流傳千古，至今還保持著旺盛的生命力，如蘇格拉底的「產婆術」，今天仍為廣大教學工作者所推崇。即使要進行教學方法創新，也不可能從零開始，都必然要從多方面吸收和利用傳統教學方法中一切有價值的成分。

（5）發展性。教學有法，但無定法。任何教學方法都不是一成不變的。隨著科學技術的進步，教育觀念的不斷變革，古老的教學方法必然滲入今天的時代元素。不僅如此，教學條件的變化也必然催生新的教學方法不斷湧現。

（二）教學方法的分類

教學方法的數量有很多，千百年來，人們在教學活動實踐中總結出不計其數的教學方法。僅目前中國中小學常用的教學方法就有講授法、討論法、談話法、讀書指導法、演示法、實驗法等數十種方法。對如此眾多的教學方法進行分類不僅有助於教學方法科學體系的建立，更有助於師生科學有效地選擇和使用教學方法，提高教學效率。

1. 國外教學方法分類模式

（1）桑代克的教學方法分類。

桑代克把教學方法分為讀書教學法、討論教學法、講演教學法、練習教學法、實物教學法、實驗教學法、設計教學法、表演教學法、自動教學法。對於上述分類，桑代克並未指明分類標準，有的是依據各種教學方法所使用的手段（工具）和動作，如讀書、討論、表演等；同時，他似乎又要在分類中體現從被動到主動、從簡單到複雜、不斷提高活動水準的性質變化特點。

（2）巴班斯基的教學方法分類。

巴班斯基依據對人的活動的認識，認為教學活動包括三種成分，即知識信息活動的組織、個人活動的調整、活動過程的隨機檢查，並依此把教學劃分為三大類。

第一大類：組織和自我組織學習認識活動的方法。其中有口述法、直觀法、實踐法，這是根據教材的邏輯保證學生一定的思維活動的方法，根據學生如何掌握教材保證學生獲得教材知識的方法。

第二大類：激發學習和形成學習動機的方法。其中包括刺激學習興趣及引起學習動機的方法、刺激學生學習義務以引起學生學習動機的方法。

第三大類：檢查和自我檢查教學效果的方法。其中包括口頭檢查法、直觀檢查法、實習檢查法。

(3) 拉斯卡的教學方法分類。

拉斯卡依據新行為主義的學習理論，即刺激-反應聯結理論，把學習刺激分為 A、B、C、D 四種，據此相應地把教學方法分為四種基本類型，分別是：呈現的方法、實踐的方法、發現的方法、強化的方法。

2. 中國教學方法分類模式

(1) 李秉德的教學方法分類。

李秉德教授按照教學方法的外部形態，以及相對應的這種形態下學生認識活動的特點，把中小學教學活動中常用的教學方法分為五類。

第一類方法：以語言傳遞信息為主的方法，包括講授法、談話法、討論法、讀書指導法等。

第二類方法：以直接感知為主的方法，包括演示法、參觀法等。

第三類方法：以實際訓練為主的方法，包括練習法、實驗法、實習作業法。

第四類方法：以欣賞活動為主的教學方法，如陶冶法等。

第五類方法：以引導探究為主的方法，如發現法、探究法等。

(2) 黃甫全的教學方法分類。

黃甫全教授認為，從具體到抽象，教學方法是由三個層次構成的。

第一層次：原理性教學方法。該類教學方法解決教學規律、教學思想、新教學理論觀念與學校教學實踐直接的聯繫問題，是教學意識在教學實踐中方法化的結果，如啟發式、發現式、設計教學法、注入式方法等。

第二層次：技術性教學方法。該類教學方法向上可以接受原理性教學方法的指導，向下可以與不同學科的教學內容相結合，構成操作性教學方法，在教學方法體系中發揮著仲介性作用。例如，講授法、談話法、演示法、參觀法、實驗法、練習法、討論法、讀書指導法、實習作業法等。

第三層次：操作性教學方法。該類教學方法指學校不同學科的教學中具有特殊性的具體方法，如語文課的分散識字法、外語課的聽說法、美術課的寫生法、音樂課的視唱法、勞動技術課的工序法等。

目前，中國不少教育學教材根據學生獲取知識的主要來源和教學活動的方式，把教學方法分成四類：一是語言的方法，包括講授法、談話法、讀書指導法；二是直觀的方法，包括演示法、參觀法；三是實習的方法，包括練習法、實驗法、實習法、作業法；四是研究的方法，包括討論法、發現法等。

(三) **課堂教學常用方法**

課堂教學的教學方法多種多樣，這裡所闡述的是其中最常用的一些方法。

1. 以語言傳遞為主的教學方法

以語言傳遞為主的教學方法主要包括講授法、談話法、討論法、讀書指導法等。

(1) 講授法。

講授法是教師運用口頭語言系統地向學生傳授知識的方法，是一種最古老的教學方法，也是應用最廣泛的一種教學方法，基本的形式是教師講、學生聽，分為講述、講解和講演三種。

講述是指教師運用口頭語言向學生敘述、描繪事物或現象。講解是指教師向學生

解釋、說明、論證概念、原理、公式等。講演是指當眾演說，發表自己的見解。

三種講授方法之間沒有嚴格的界限，在教學活動中常常結合使用。講授法的優點在於，可以使學生在比較短的時間內獲得大量的、系統的知識，有利於發揮教師的主導作用，有利於教學活動有目的有計劃地進行。不足之處在於，方法的運用主要依賴教師的語言素養，講授過程容易滿堂灌，不利於照顧學生的個體差異，難以調動學生自覺主動學習的積極性。

運用講授法的基本要求：

①教師應保證講授內容的科學性和思想性。教師講授的概念、原理、事實、觀點必須是正確的。

②講授過程要條理清晰，重點突出，便於學生理解。

③講究語言藝術。首先，要做到語言準確、簡明、清晰；其次，要形象生動，富有感染力，符合學生的年齡特徵；最後，還要講究語速、語調，以提供適宜的聲音刺激。

④注意與其他教學方法配合使用。完全採用講授法，容易使學生進入疲勞狀態，不能收到理想的教學效果，實踐證明：講授法與其他方法交替使用，教學效果良好。

（2）談話法。

談話法是教師根據學生已有的知識經驗，借助問題，通過口頭交談的方式，引導學生進行比較、分析、判斷、推理等思維活動，從而獲得知識的方法。

談話法的優點在於，能充分發揮教師的主導作用，調動學生學習的積極性、主動性，引導學生跟著老師的節拍積極思考問題，同時也有利於學生交往能力與語言表達能力的培養。不足之處在於，參與談話的學生多了，時間就沒有保障，參與談話的學生少了，又不能滿足多數學生的學習需求。

運用談話法的基本要求：

①做好談話前的準備。談話的目的是什麼？確定什麼話題？設計哪些問題？提問哪些學生？針對學生可能談到的問題教師有怎樣的應對策略？這一系列的問題在談話前，教師都應該胸有成竹。對於課堂生成的談話內容，教師應當因勢利導，靈活應對，使之與談話主題相結合。

②面向全體，提高談話的參與度。談話法表面上是教師與個別學生之間的交流與對話，但教學影響是面向全體學生的。因此，一方面，談話的內容應適合全體學生學習的需要，應是教學中帶有普遍性的問題；另一方面，談話的對象也應具有代表性，不能只關注學習成績優秀的少數學生，而應該對不同層次、不同類型的學生都有所涉及。

③注重談話藝術。談話是老師主導下的師生互動、生生互動的交流活動。教師首先要引導談話的方向，使談話目標明確，主題鮮明。其次，激發學生參與的熱情。學生參與熱情愈高，談論的話題愈深入，愈有利於對學生分析解決問題能力的培養。

④及時對談話進行歸納總結，突出談話主題，幫助學生形成良好的知識結構。

（3）討論法。

討論法是學生在教師的指導下為解決某個問題而進行探討、辨明是非真偽以獲取知識的方法。其優點在於討論法能充分地給予每個學生表達自己觀點的機會，能更好

地發揮學生的主動性、積極性，有利於培養學生獨立思維能力、口頭表達能力，促進學生靈活地運用知識。討論法的不足之處在於，受學生已有經驗和主觀態度的影響，容易出現流於形式或偏離主題等現象。

運用討論法的基本要求：

①確定討論主題。第一，要選擇那些有討論價值的內容作為討論的主題，比如，與教學內容密切相關的概念、原理或事實。第二，討論的主題應與學生的已有認知水準相適應，過難的話題，學生會覺得無話可說；過於簡單的話題，又沒有討論的必要。

②加強討論管理。討論雖然是各抒己見，但總是圍繞一定的主題、指向一定的目標的。老師應在討論時加強巡視，注意傾聽，收集學生討論的信息，捕捉學生討論中出現的問題與閃光點。當學生遇到問題，討論難以持續時，及時給予點撥；在討論偏離主題時，及時給予提醒；在討論熱烈、成效顯著時，及時給予鼓勵。討論的形式靈活多樣，可以在班級內自由展開，可以分小組進行，還可以同桌結伴討論。一般說來，自由討論的結果更具開放性，分小組討論的問題更具規範性與深入性。目前，分組討論作為一種較為常用的合作學習的教學組織形式，受到師生的廣泛歡迎。

③做好評價總結。運用討論法是為了集思廣益，但討論的結果常常很難獲得一個固定的答案。這就要求教師及時對討論做出評價總結。對討論過程中學生的積極行為及時給予肯定，對討論的結果及時做出評價，即使沒有統一的標準答案，教師也應該在廣泛聽取學生討論意見的基礎上給出自己的結論。

(4) 讀書指導法。

讀書指導法是教師指導學生通過閱讀教科書、參考書以獲取知識或鞏固知識的方法，包括指導學生預習、復習、閱讀參考書、自學教材等。培養學生閱讀課外書和教材的能力是教學的基本任務之一。有學者指出「未來的文盲，不是目不識丁的人，而是沒有掌握學習方法，不會鑽研問題的人」。培養學生自己探索、獨立實踐、解決問題的能力是我們進行讀書指導法教學的核心。

這一方法的優點是：有利於發揮老師的主導作用，也能充分體現學生的學習主體地位；有利於教會學生學習，培養學生主動分析問題、解決問題的能力，養成良好的學習習慣。其缺點在於，由於學生閱讀能力存在差異，課內閱讀難以保持相同的閱讀進度，在一定程度上制約著教學進程的推進。

讀書指導教學法的基本要求：

①激發學生讀書的熱情，培養良好的讀書習慣。俗話說興趣是最好的老師，無論閱讀課內的還是課外的書籍，學生必須對閱讀的書籍有興趣，有較強的閱讀動機，這樣才能有閱讀的主動性與積極性。

②指導讀書的內容。讀書指導法既適用於課內閱讀，也適用於課外閱讀。課內閱讀指導應明確教學目標，注重問題牽引，有利於培養學生的閱讀能力、分析解決問題的能力及合作交流的能力。課外閱讀，浩瀚無邊，讀書指導應結合學生的課內學習，指向學生的全面發展，做到有的放矢，課內與課外結合，主導與主體互動。

③指導學生讀書的方法。根據對書本內容的理解程度，讀書分為粗讀、細讀和精讀三種。粗讀瞭解教材結構，便於理解知識框架，初步瞭解各部分之間的相互關係；細讀厘清事實，明確相關的基本原理；精讀把握重難點，加深對內容的整體理解。

④教會學生使用工具書，培養學生借助工具書閱讀的習慣。
⑤引導學生做讀書筆記，加強與書本的交流與對話，把學習引向深入。
2. 以直接感知為主的教學方法
以直接感知為主的教學方法主要有演示法和參觀法。
（1）演示法。
演示法是教師根據教學目的和內容，通過呈現實物、模型、圖片等直觀教具或通過示範性操作實驗和電教手段，指導學生獲得知識或鞏固知識的教學方法。它常與講授法、談話法等結合使用。演示法的優點在於具有很強的直觀性，有利於克服單純理論講授的不足，有利於教學重點和難點的突破，尤其符合小學生的認識發展規律，不足之處是演示要受條件的限制，如細胞分裂的演示實驗只能在實驗條件下進行。
演示法教學的基本要求：
①明確演示目的。學生學習是有意識、有目的的活動，目的不明確，學生的行為易受無意注意影響，觀察教師示範操作時常常被一些非關鍵情境所吸引，而忽視了應觀察的主要內容。這就要求教師在運用演示教學時，應先向學生交代演示目的，並要求他們注意觀察演示對象的主要特徵和主要方面，從而對所演示的知識技能形成鮮明而深刻的印象。
②演示與解說指導相結合。演示教學不是單純的操作表演，教學過程中要邊演示邊講解，要告訴學生觀察什麼、注意什麼，使學生能夠集中注意力觀察重點，避免注意力分散。解說語言要準確、簡明、精煉，表達要生動、形象，有利於學生形成表象。同時，要引導學生在獲得感性經驗的基礎上，對觀察的現象進行分析、歸納、概括、總結，形成對事物的理性認識，培養學生的思維能力。
③注意演示方法。演示常常是由一系列動作組成的一個過程，這一系列的動作是有序的、相互聯繫又相互制約的。因此，演示首先要進行活動分解，把整個演示分解為幾個相互聯繫的環節。教師把環節進行分解逐一演示，學生從局部觀察到整體感知，從而獲得對事物的整體認識。其次，要把握好演示的進度，比如，操作技能通常是個連續的過程，假如教師只做一般性的示範然後就讓學生簡單地模仿，學生往往只能是比比畫畫並不能真正掌握技能。但如果改進演示方法，借助「慢鏡頭」把操作過程按順序逐一展開，學生就易於觀察從而掌握要領。最後，操作要規範。學生的技能一旦形成，往往相伴終身，不易更改，因此教師在演示中一定要注意動作規範、標準、前後一致，以免誤導學生，影響教學效果。
（2）參觀法。
參觀法是教師根據教學實驗的需要，組織和指導學生到實地直接觀察客觀事物，從而獲得知識的教學方法。參觀法的優點在於，能使學生獲得豐富感性知識，加強理論和實際的聯繫，提高興趣，發展能力，培養積極情感。參觀法的不足之處在於易受參觀條件的限制，尤其是組織校外參觀牽涉面廣，難以成行。
參觀法的基本要求：
①做好參觀的準備工作。教師要明確參觀的目的和對象，確定參觀的形式和方法，做好參觀的組織和指導工作。
②引導好學生的參觀。教師要向學生提出注意事項，指導學生注意觀察主要事物

和現象，要求學生認真聽取介紹和解釋，收集有關資料，做好參觀記錄。同時，教師要做好參觀的組織紀律教育和安全教育。

③做好參觀總結。參觀結束後，及時指導學生把參觀所得的感性認識上升為理性認識，並與所學的理論知識結合起來，寫好參觀報告，做好參觀總結。

3. 以實際訓練為主的教學方法

以實際訓練為主的教學方法包括練習法、實驗法、實習作業法等。

(1) 練習法。

練習法是學生在教師指導下運用知識進行一定的操作，從而消化鞏固知識，並形成技能、技巧的教學方法。練習法是各年級、各學科普遍採用的方法之一。練習法按性質和特點可分為心智技能的練習、動作技能的練習和文明行為習慣的練習等，按練習方式可分為口頭練習、書面練習、實際操作練習等。練習法在各科教學中得到了廣泛的應用，尤其是工具性學科（如語文、外語、數學等）和技能性學科（如體育、音樂、美術等）。

練習法的優點在於，能充分體現學生的學習主體地位，有利於鞏固知識；在引導學生把知識應用於實際、發展學生的能力及形成學生的道德品質等方面具有重要的作用。但運用不當會加重學生的學習負擔。

練習法的基本要求：

①明確練習的目的和要求。練習雖是多次地完成某種活動，但並不是簡單、機械地重複，而是有目的、有步驟、有指導地形成和改進學生技能、技巧，發展學生能力的過程。因此，在練習時，教師不僅要有明確的目的，而且也要使學生瞭解每次練習的目的和具體要求，並使他們依靠對教材的理解自覺地進行練習。

②精選練習材料。練習材料要根據練習目的、學生實際情況及學習和生活上的實際需要加以選擇；要加強基本技能的訓練，把典型練習、變式練習和創造性練習密切結合起來，努力促進學生技能的積極遷移，使學生能舉一反三，觸類旁通，發展他們的實際操作能力和創造能力。

③指導練習方法。練習方法要按照確定的步驟進行，不管何種練習，都要求學生積極思考。練習方法與任務難度及任務的多少有關，有的練習材料可採用全部練習法，有的練習材料可採用分段練習法（又稱單項或分步練習體系），即把某種複雜的操作活動，分解為幾個部分，先專門練習其中的某一部分，然後再過渡到綜合練習。練習開始時，教師通過講解和示範，使學生獲得有關練習的方法和實際動作的清晰表象，然後再讓學生進行練習，先求正確，後求熟練。練習的方式要適當多樣化，以提高學生練習的興趣和效果。

④適當分配練習的分量、次數和時間。技能、技巧或習慣的形成，都需要足夠的練習，但是，練習的分量和次數，要根據學科的性質、練習的材料和學生的年齡特徵來確定，不是越多越好。就練習的時間分配而言，一般說來，適當的分散練習比過度的集中練習效果更好。在開始階段，練習的次數要多些，每次練習的時間不宜過長，然後可逐漸延長練習的時距，每次練習的時間略可增加。

⑤瞭解練習的結果。每一次練習之後，檢查哪些方面有成效，哪些方面存在缺點或錯誤，讓學生及時知道練習結果，保留必要的、符合目的的動作，捨棄多餘的動作，

或組織一些矯正性的練習。當學生出現高原狀態時，教師要幫助學生分析原因，指導他們改變舊的活動結構，採用新的方式，並提高他們的信心，鼓勵他們突破高原狀態，爭取更大的進步。

（2）實驗法。

實驗法是學生在教師指導下，運用一定的儀器設備進行獨立操作，觀察和研究這種操作引起的現象和過程，以獲取知識的教學方法。實驗法的優點在於，學生通過實驗活動既能獲得感性經驗，又有利於形成理論認識。實驗的過程不僅有利於培養學生的動手能力、觀察能力、獨立思考能力，也有利於培養學生的科學態度、探究精神。不足之處在於，實驗法要受實驗條件的限制，目前，中小學師生的科學實驗觀念還比較淡薄，實驗教學法運用還不夠廣泛。

運用實驗法的基本要求：

①實驗準備。實驗之前，教師要準備好實驗器材，並就實驗的目的、內容、步驟、儀器的使用操作要領等向學生做簡要說明。

②實驗指導。中小學生實踐經驗貧乏，難以獨立完成實驗，教師除了在實驗之前做必要的實驗說明之外，還要在實驗過程中對學生的實驗做跟蹤指導，比如，及時提醒實驗及操作方法，規範動作要領，搜集實驗素材，根據學生實驗中出現的問題，加強對學生的集體指導或個別指導。

③實驗總結。中小學生容易被實驗的外在因素和表面因素吸引，從而忽略對實驗重要現象的觀察與分析，忽略對重要實驗素材的搜集與處理。因此，教師要及時引導學生做好實驗總結，交流實驗結果，匯報實驗情況，或寫出實驗報告。

（3）實習作業法。

實習作業法是學生根據教師布置的任務，在課內或課外進行實際操作，將已學知識運用於實踐的教學方法。實習作業法的基本形式是學生在教師的指導下，運用所學知識解決實際問題。實習作業法的優點在於，通過將所學知識運用於實際，把理論與實踐結合起來，不僅有利於加深對知識的理解，而且有利於學生通過實踐獲得新的知識，還有利於培養學生的實踐能力與創新精神。

實習作業法的基本要求：

①做好實習的準備。教師要讓學生明確實習的目的與任務，增強實習的目的性與自覺性；制訂詳細的實習計劃，並明確提出具體可操作的步驟和要求；準備好實習器具，編好實習小組。

②操作過程中加強集體和個別指導，使學生明了操作方法及有關注意事項，在必要時教師先給以示範。同時教師應要求學生獨立操作，及時小結各步驟的操作情況，及時檢查階段性結果。

③選擇恰當的實習方式。實習作業的方式多種多樣，如測量、製作、栽培、飼養等，教師要根據學生知識的性質和特點選擇相應的實習方式。

④做好實習總結。實習結束後，教師應要求學生做好總結評定，並寫出實習工作總結，以鞏固操作的收穫，幫助學生養成良好的實習習慣，培養實事求是的科學精神。

（四）教學方法的選擇和運用

教學方法的選擇和運用要受多種因素制約。

巴班斯基認為，影響教師選擇教學方法的六項主要度量因子包括：①教學規律及由此引申出的教學原則；②教學目的和任務；③具體學科的內容和方法；④學生的學習可能性，如年齡方面的可能性（體力、心理方面）、原有的準備水準、班集體的特點；⑤外部條件的特徵；⑥教師本身的可能性，如教師的經驗、對教學過程典型情景的瞭解（在該情景中，某種方法可能更為有效）教師的理論修養與實際準備水準、運用某些方面的特點、選擇最佳方案的技能、個性品質等。清楚地把握和科學地分析教學過程中的眾多複雜因素及相互關係，構成了教師正確選擇教學方法及與此相關的實際方式的科學基礎。一般說來，選擇和運用教學方法，下列五項因素是必須考慮的。

一是依據教學目標確定教學方法。教學目標不同所借助的教學方法與技術也不相同。不同的學科領域和不同的學習階段，教學目標各不相同，教師可依據具體的可操作性目標來選擇和確定具體的教學方法。知識性的目標重思維與理解的方法，能力與技能性的目標重實踐訓練的方法，情感性的目標重體驗與熏陶的方法。

二是依據教學內容特點選擇教學方法。不同學科的知識內容與學習要求不同，所用的教學方法也不相同；不同階段、不同單元、不同課時的內容與要求也不一致，這些都要求教學方法的選擇要兼具多樣性和靈活性的特點。科學類的課程常用觀察實驗的方法，藝體類的課程常用示範與操作性的方法，文史類的課程常用閱讀推理的方法。

三是根據學生實際特點選擇教學方法。教學過程受學生自身特點的制約，不同的學生有不同的學習基礎、不同的學習習慣、不同的學習風格，在學習方法的選擇上也有各自的喜好。有的學生長於機械記憶，有的長於邏輯思維，有的長於動手操作，有的長於形象感知。教學方法的選擇貴在因材施教，滿足學生對學習方法的需求。

四是依據教師的自身特點選擇教學方法。任何一種教學方法，只有適應了教師的自身條件，並能為教師充分理解和把握，才有可能在實際教學活動中有效地發揮其功能和作用。不同的教師有不同的教學風格，在教學方法的使用上有各自的優勢，也有自己的不足，有人長於邏輯推理，有人長於形象思維，有人長於操作演示，有人長於情境創設。因此，教師在選擇教學方法時，應當根據自己的實際優勢，揚長避短，選擇與自己優勢匹配的教學方法。

五是依據教學環境條件選擇教學方法。教師在選擇教學方法時，要受時間、空間、教學設備與環境的制約。尤其在教學設施與環境方面，目前城鄉之間、區域之間還存在較大差異，因此教學方法的選擇和運用要因地制宜，要根據教學環境提供的條件與可能性來選擇。

教師選擇教學方法的目的，是要在實際教學活動中有效地運用。有效運用教學方法必須遵循下列四項基本原則：

一是思想性原則。教學方法的選擇和運用必須有先進的教學思想做指導，有利於使教學過程簡單化、趣味化，有利於促進學生的全面發展。

二是綜合性原則。教學方法不具有排他性，高效的教學常常是多種方法綜合運用的結果。方法的多樣性可以使教學過程變得生動有趣，有效防止學生學習倦怠。

三是靈活性原則。教學方法常常在教師備課的時候就已經預選了。但教學實施具有靈活性與生成性。教學方法的運用應根據生成的教學實際靈活多變，而不是固守預設的方法。

四是主體性原則。教學方法包括教師教的方法與學生學的方法。教師與學生都是教學方法使用的主體，且隨著教學改革的不斷深入，學的方法更加受到重視。

教學方法的選擇和運用應更多地關注學生的學習方法，關注學生在教學過程中的參與度，使學生從教學活動的「看客」，真正成為教學活動的「主人」。

第三節　教學設計

一、教學設計概述

（一）教學設計的含義

美國行為主義心理學家馬杰（R. Mager）認為，教學設計由三個基本問題組成：首先是「我要去哪裡」，即教學目標的制定；其次是「我如何去那裡」，包括受教育者起始狀態的分析、教學內容的確定、教學方法與教學媒介的選擇等；最後是「我怎麼判斷我已達到了那裡」，即教學評價與監控。

迪克（W. Dick）和凱瑞（L. Carey）以系統觀看待教學設計，認為「教學設計過程本身可以視為一個系統。系統的目的是引發和促進教學。這一系統中的成分包括受教育者、教師、教學材料及學習環境」。他們說：「教學過程應該怎樣準備呢？教師如何確定自己應該做什麼？何時做？毫不令人奇怪的是，堅持教學系統觀的人，會把教學準備、實施、評價及教學的修改視為一個整體過程。」所以他們把教學設計定義為「用系統方法描述教學、分析、設計、開發、評價和修改的全過程」[1]。

史密斯（L. Smith）和雷根（T. J. Ragan）在其《教學設計》一書中指出：教學設計指將學習與教學的原理轉化為教學材料、教學活動、信息資源和教學評價計劃的系統化和反思性過程[2]。這一定義除了體現系統與反思的思想，還強調教學設計是從學習原理和教學原理轉化而來的，即教學設計是學習與教學原理的具體運用。

鄔美娜將教學設計定義為：教學設計是運用系統方法分析教學問題和確定教學目標，建立解決教學問題的策略方案，試行解決方案，評價試行結果和對方案進行修改的過程。它以優化教學效果為目的，以學習理論、教學理論和教育傳播學理論為基礎[3]。路海東將教學設計定義為：教學設計是指在實施教學之前由教師對教學目標、教學方法、教學評價等進行規劃和組織並形成設計方案的過程[4]。

（二）教學設計的特徵

根據對教學設計的理解，我們可以歸納出教學設計典型特徵如下：

（1）教學設計有明確的目的性，且常常指向最優化的教學效果。

（2）教學設計受多種因素的制約，需要考慮教學的各構成要素及相互關係，任何一個教學因素都可能成為影響教學的關鍵因素。

---

[1] 迪克，凱瑞. 系統化教學設計［M］. 龐維國，等譯. 上海：華東師範大學出版社，2007：2-4.
[2] 史密斯，雷根. 教學設計［M］. 龐維國，等譯. 上海：華東師範大學出版社，2008：4.
[3] 鄔美娜. 教學設計［M］. 北京：高等教育出版社，1994：11.
[4] 莫雷. 教育心理學［M］. 北京：教育科學出版社，2011：312.

（3）教學設計的主體主要是教師，但也不排除其他相關人士（如學生、教學設計專家等）的參與。

（4）教學設計主要在教學活動實施前進行，也可以在教學實施的過程中或教學實施後進行。

基於對以上特點的分析，我們可以將教學設計定義為：為實現理想的教學目標，教學設計的主體基於對教學構成要素與制約因素及其相互關係的理解，而對教學活動進行的系統規劃與組織，以尋求理想教學目標實現的過程。

二、教學設計的依據

俗話說，教學是一門科學，更是一門藝術。因此，成功的教學不是教學要素的隨意拼湊，必須遵循教育教學規律，根據教學對象和教學目標的要求，確定合適的教學起點與終點，將教學諸要素有序、優化地安排，以實現教學過程與教學效果的最優化。教學設計也不是設計者隨意杜撰教學的過程，其必然有一定的理論與現實依據。

（一）理論依據

1. 傳播學理論

傳播是人類社會普遍存在的信息交流的社會現象。傳播學是一門研究人類傳播行為的科學，是隨著廣播、電視、雜誌、報紙等傳播媒體的發展，逐步從社會學、心理學、政治學等學科中分離出來的一門學科。從某種意義上來說，教育也是一種傳播活動，它是按照確定的教育目標，通過教育媒體，將相應的教育內容傳遞給特定的教育對象。它與大眾傳播有許多共同之處，兩者關係密切，可以把傳播理論的研究成果應用到現代媒體教育中來，提高教育質量和效率。

香農認為，傳播過程是「信源」（即傳者）把要提供的信息經過「信道」傳遞給「信宿」（即受者），「信宿」接收這些經過「譯碼」（即解釋符號）的信息符號的過程。有效的信息傳播需要傳者的經驗與受者的經驗有一部分重疊，否則受者難以理解或正確認識。拉斯韋爾認為信息傳播關注五個關鍵因素：誰（who）→說什麼（says what）→通過什麼渠道（in which channel）→對誰（to whom）→取得什麼效果（with what effects），即「五 W 理論」。

2. 學習理論

學習理論是研究人類學習過程中的心理機制的一門學問，主要是對於學習的實質、學習的過程和規律及制約學習的各種條件和因素等理論的探討和解釋。目前，影響較大的有行為主義、認知學派、人本主義以及建構主義的學習理論。行為主義強調學習過程中外力的作用；認識學派強調受教育者對知識的理解；人本主義強調學習的內在需求；建構主義強調對話與生成。不同理論指導下的教學設計各有側重。

3. 教育理論

教育理論是關於教育基本問題的理論概括，是對教育現象及其本質規律的認識。其包括教育本質論、目的論、價值論、主體論、過程論、方法論等。對每一個問題論述的不同理論流派都有不同的觀點，比如對教育價值的論述就有社會本位論、個體本位論、個人與社會相結合等不同的觀點。不同教育價值觀念主導下的課堂教學設計在目標定位、內容選擇、方法運用、過程設計上都會有自己的特點。

此外，任何一個先進的科學理論，都可能與教學設計建立聯繫，運用這些理論設計與組織教學，都可能為教學設計帶來新的視覺，找到新的依據。

（二）現實依據

教學所面臨的現實複雜多樣，任何一種現實對教學的組織實施都具有制約作用，因此教學設計必須基於現實、尊重現實，最終實現改變現實的目的。

1. 學生

學生是教學的對象、學習的主體，是教學的起點，也是教學的歸宿。教學設計必須瞭解學生，做好學情分析。教學設計要瞭解學習起點，明確教學起點；瞭解學習需求，確定教學目標；瞭解學習特點，設計教學過程；瞭解集體水準，確定統一要求；瞭解個體差異，設計因材施教。任何脫離學生現實的教學設計，都可能使教師的教學成為自娛自樂的舞臺劇。

2. 教師

教師是教的主體，在教學活動中發揮主導作用。教師為何主導？主導什麼？如何主導？這些不僅受外在因素制約，更要受自身素養的影響。教學設計對教師而言，要突出自身優勢，體現自身風格，盡可能開發自身教育資源，把言教與身教結合起來，追求理想的教學效果。

3. 教材

教材是教學的重要依據，自然也是教學設計的重要依據。教師理解教材的過程，就是將理想的課程轉化為現實課程的過程，沒有教師對教材的發掘、理解、加工、重塑，就不能找到教材與學生、教材與生活的結合點。

4. 教學條件

教學總是處在一定的現實環境中，要受到人、財、物、時間、空間、信息等資源的制約。時間與空間條件，技術與設備水準都對教學設計與實施有直接的影響，教學設計要因地制宜，充分利用現有資源優勢，開發利用一切可用資源，使教學更貼近生活，更符合學生的實際，更能滿足學生的學習需求。

5. 社會現實

教育具有社會制約性，受社會政治、經濟、文化、科學等制約，同時反作用於社會生活的各個方面。教學雖在課堂進行，但不受空間制約，它能突破時空的界限，讓學生在知識的海洋裡翱翔。教學設計要聯繫社會實際，尊重歷史，找準教育發展的根基；認識時代發展的特徵，定位人才培養的標準；瞭解國家教育方針，明確人才發展方向。當人類進入智能社會的時候，教學設計應明確智慧比知識更為重要。

三、教學設計的程序與模式

教學設計模式是人們教學實踐經驗的概括與總結，根據教學對象和教學目標，確定合適的教學起點與終點，將教學諸要素有序、優化地安排，形成教學方案，是每一個教學設計都不容迴避的問題。為回答這類問題提供的參照樣式和指導的方法論就是教學設計的模式。

教學設計模式雖然多種多樣，但影響較大的卻是幾種經典的教學設計模式。

（一）迪克和凱瑞模式

迪克和凱瑞教學設計模型（即迪克和凱瑞模式）是迪克與凱瑞在 20 世紀 60 年代創建的，其採用了系統化方法。系統化的方法強調任務中各環節之間的關係，任務過程中的每一步作為下一步的條件，對於是否達到目標要求，通過反饋進行檢測，如果沒有達到要求，就要對該過程進行反復修改直至達到既定教學目標。迪克和凱瑞模式的結構流程如圖 9-1 所示。

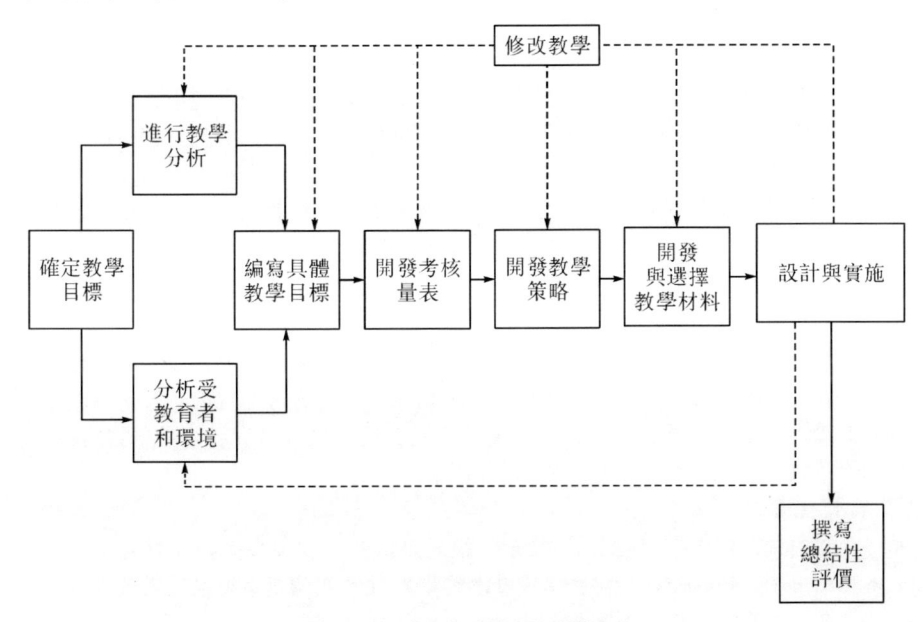

圖 9-1　迪克和凱瑞模式的結構流程

這一模式十分注重教學過程的系統性。迪克和凱瑞認為教學過程是將教學看成一個系統的過程，這一過程的每一個成分對成功的學習而言都是至關重要的。這一模式包括十個相互聯繫的組成部分，這些組成部分是教學設計人員用來設計、開發、評價和調整教學的一系列步驟（程序）和技術。

（1）確定教學目標。教學活動的首要任務是確定教學目標，即教學設計者要明確受教育者在完成教學任務後應該學會什麼。

（2）進行教學分析。分析實現學習目標所需要的步驟，分析下位技能，確定實現這些步驟所必須掌握的技能。

（3）分析受教育者和環境。受教育者是教學活動的出發點與歸屬。對受教育者學習起點及個別差異的瞭解是教學設計的重要依據。要更好地瞭解受教育者和學習環境，就必須在教學中進行受教育者分析，從而更準確地把握影響受教育者學習績效的因素。根據這些因素對受教育者進行分析，制定出相應的教學策略，從而促進教學效果的提高。

（4）編寫具體教學目標。教學目標是關於受教育者在完成一個教學單元後能夠做什麼的描述，是教學設計的關鍵。教學目標的編寫不僅僅是為了明確學生的學習目的，更重要的是可以給設計者選擇教學內容、運用教學策略、評估教學效果提供依據。

（5）開發考核量表。教師通過開發標準化的考核量表，可以對受教育者的學習結

果進行標準化評價。受教育者通過標準參照考試，可以對自己的學習結果進行評價，對自己的學習情況做出分析總結，調整學習行為，提高學習的有效性。教師通過考試，可以充分瞭解受教育者對學習目標的掌握情況。根據這些反饋情況，對教學設計做出補充和修改，從而使整個教學更加完善。

（6）開發教學策略。開發教學策略包括教學內容的安排順序和組織形式，並對受教育者的學習活動順序和組織及教學和學習活動的傳遞方式等進行規劃設計。

（7）開發與選擇教學材料。開發與選擇教學材料包括對教學材料的搜集、分析、處理，以及對教學材料的呈現方式與受教育者學習方式的指導等。

（8）設計與實施形成性評價。教學設計無論多麼完美，在教學實踐中總會出現這樣或那樣的問題，要想在教學材料的開發過程中及早發現這些問題，就要實施形成性評價來搜集用來改善教學材料的信息。

（9）修改教學。教育通過對形成性評價的數據分析，及時發現先前教學設計環節存在的問題，並及時改進，使教學設計各環節目標趨於一致。

（10）撰寫總結性評價。在教學設計開發完成之後，就要通過總結性評價對所開發的教學活動和程序進行最終評價，以確定它在現實教學中是否具有有效性。

以上十個步驟代表了迪克和凱瑞倡導的運用系統方法設計教學的程序。這些程序之所以被看成是系統方法，是因為它們是由一組相互作用的成分構成的，每一個成分都有各自的輸入和輸出，整合之後產生預期的產品。這一模式有利於明確學習目標，對學生的學習與教師的教學具有明確的導向作用。

（二）肯普模式

這一模式由肯普在1977年提出，後來又經過多次修改才逐步完善（見圖9-2）。該模式的特點可用三句話概括：在教學設計過程中應強調四個基本要素，需著重解決三個主要問題，要適當安排十個教學環節。

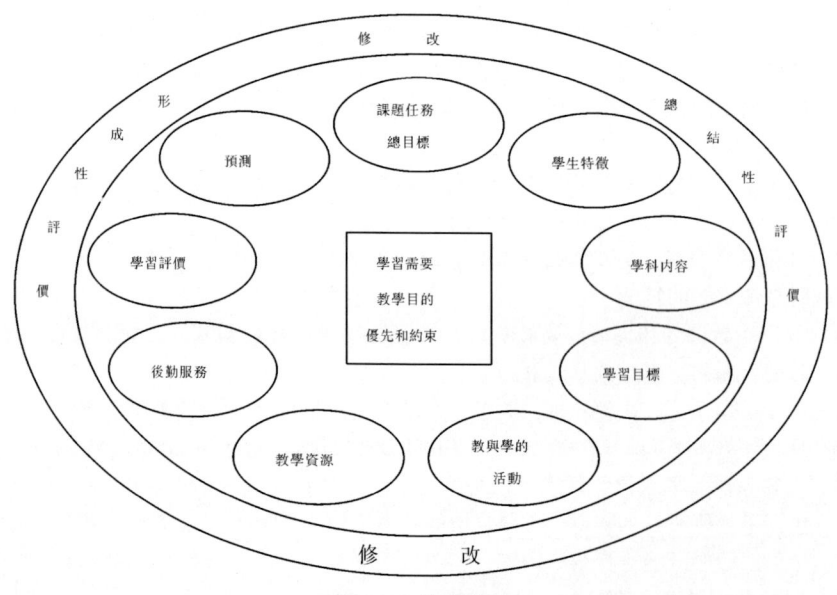

圖 9-2　肯普模式

四個基本要素主要指教學目標、受教育者特徵、教學資源和教學評價。差不多在任何一個教學設計模型中都可以見到其蹤影。這四個最基本的成分形成系統的教學規劃的框架。

　　三個主要問題為：①學生必須學習到什麼（確定教學目標）；②為達到預期的目標應如何進行教學（即根據教學目標的分析確定教學內容和教學資源，根據受教育者的特徵分析確定教學起點，並在此基礎上確定教學策略、教學方法）；③檢查和評定預期的教學效果（進行教學評價）。

　　肯普認為，一個綜合性教學設計有十個成分：①確定學習需要與學習目的；②分析受教育者特徵；③分析學科內容；④向受教育者闡明教學目標；⑤選擇課題與任務；⑥預測學生的準備情況；⑦實施教學活動；⑧利用教學資源；⑨提供輔助性服務；⑩進行教學評價。

　　肯普認為，雖然十個成分構成一個邏輯的、順時針的序列，但教師在操作每一個成分時不一定非要按此順序。這也是使用這一橢圓形模型的其中一個原因。一個橢圓沒有一個特定的起點。每個人都可以按照自己的意願實施這一教學設計過程，不管從哪裡切入，都可以根據他們認為符合邏輯的或合適的順序進行設計。在橢圓形模型圖示中，這些要素之間並不是用直線或箭頭相連的。一般來說，事物的前後銜接表明的是一種序列、線性秩序。雖然肯普使用橢圓形模型的目的是想傳遞一種靈活性，但也不否認十個成分也可以有某種序列聯繫。使用橢圓形模型的另一個原因是十個成分之間存在較高的相互依賴性，對一個成分做出的決定可能會影響其他的成分。例如，儘管已經陳述了教學目標，但學科內容的具體項目可能會增加或重新排序，或者，當教學傳遞方法被選定之後，教學目標的意圖會比最初陳述時更為清晰，這就需要對目標進行修改。因此，這一橢圓形的外層伴隨著評價與修改兩個程序，即在具體的教學設計與實施過程中，任何一個教學環節都可以根據對其過程或結果的評價做出適當修改。

（三）史密斯-雷根模式

　　史密斯和雷根提出的教學設計過程模式把受教育者的特點、教學目標、教學資源和策略、教學評價和修改按照四個基本問題劃分為三個階段進行具體化。這三個階段分別是教學分析階段、教學策略設計階段、教學評價階段。如圖9-3所示。

　　在第一階段，分析學習環境、受教育者、學習任務，制定初步的設計欄目；在第二階段，確定組織策略、傳遞策略，設計好教學過程；在第三階段，進行形成性評價，對預期的教學過程予以修正。這三個階段或三個設計活動是絕大多數教學設計模式都予以強調的。

　　1. 教學分析階段

　　設計人員要盡可能多地瞭解受教育者所處的環境，瞭解受教育者本身的特點及要求受教育者完成什麼樣的學習任務；還要瞭解學習任務本身，瞭解受教育者究竟需要掌握多少知識技能才能完成學習任務。教學分析階段設計人員要回答的問題主要有：

　　（1）受教育者所處的學習環境是什麼樣的？

　　（2）學習大概需要花費多長時間？這些時間是否有保障？

　　（3）受教育者是否有實際操作的學習機會？

　　（4）受教育者對參加學習的興趣有多大？他們將得到什麼樣的回報？

```
┌─分析────────────────────────┐
│      ┌──學習環境──┐         │
│      ├──學習────┤          │
│      ├──學習任務─┘ ┌─編寫考試題─┐│
│                    └───────┘│
├─策略────────────────────────┤
│              ┌──決定──────┐ │
│              │ *組織策略   │ │
│              │ *傳遞策略   │ │
│              │ *管理策略   │ │
│              └──────────┘ │
│              ┌─編寫制作教學資料─┐│
│              └───────────┘│
├─評價────────────────────────┤
│              ┌─進行形成性評價─┐│
│              └──┬────────┘│
│                 ┌─修改教學─┐   │
│                 └──────┘   │
└───────────────────────────┘
```

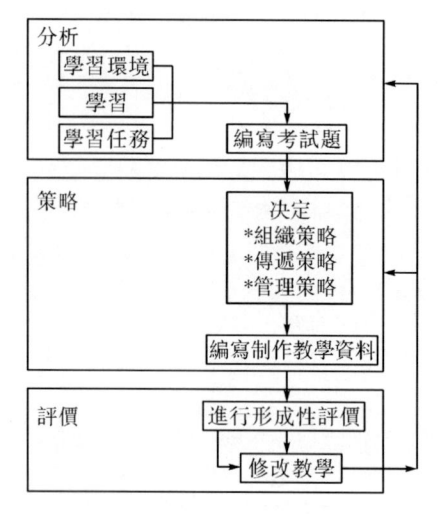

圖 9-3　史密斯-雷根模式

（5）哪些人是預期的受教育者？是什麼吸引著他們？他們有什麼樣的教育背景？
（6）所有的受教育者都需要達到相同的目標嗎？
（7）為了掌握新的知識技能，受教育者需要有什麼樣的基礎？
（8）受教育者需要掌握什麼樣的知識技能？
（9）如何評估受教育者是否達標？

2. 教學策略設計階段

教學策略是教學實施的關鍵，教學效果必須注重三類教學策略的設計。

教學組織策略：這是指有關教學內容應按何種方式組織、次序應如何排列及具體教學活動應如何安排（如何做出教學處方）的策略。

教學內容傳遞策略：為實現教學內容由教師向學生的有效傳遞，應仔細考慮教學媒體的選用和教學的交互方式。傳遞策略就是有關教學媒體的選擇、使用及學生如何分組（個別化、雙人組、小組或是班級授課等不同交互方式）的策略。

教學資源管理策略：這是指在前面兩種策略已經確定的前提下，如何對教學資源進行計劃與分配的策略。

3. 教學評價階段

教學評價既包括對受教育者的評估，也包括對教學的評估。在設計評價活動時，設計人員要明確下列四個問題：

（1）教學內容是否準確無誤？
（2）為了得到改進教學的信息，我們需要什麼樣的反饋？我們是否需要安排試驗教學？是一對一試教還是小團體試教？
（3）為了瞭解教學中還存在哪些不足，我們需要提出怎樣的反思性問題？
（4）在實際教學中應該做出哪些調整？

史密斯和雷根的教學設計模式突出的特點是強調三類教學策略的設計，並把重點放在教學組織策略上，而教學內容的組織和有關策略的制定，必須充分考慮學生原有

的認知結構，這與認知學習理論密切相關，是對行為主義教學設計理念的重大改進。

四、教學設計的基本內容

教學活動是由構成教學的基本要素及其相互關係組成的複雜系統，要取得良好的教學效果需要對系統運行的各個環節進行精心設計，主要包括對教學目標、教學內容、教學方法、教學結構與教學評價的設計。

（一）教學目標設計

教學目標是教學活動的預期結果，對教學活動具有導向和激勵作用。

1. 教學目標的類型

以布魯姆（B. S. Bloom）為首的一個委員會，從 20 世紀 50 年代起，用分類學的方法分析學生在課堂中發生的各種學習，並在此基礎上將教學目標分為認知領域、情感領域和動作技能領域。

美國心理學家加涅將教學所能產生的結果分為五類：言語信息、智慧技能、認知策略、運作技能和態度。

中國的教學目標分類源於全面發展的教育方針，過去強調基礎知識、基本技能，基礎教育新課程改革提出了知識與技能、過程與方法、情感態度與價值觀念三個維度的目標。現在圍繞學生的全面發展，提出了中國學生核心素養，包括三大領域、六大要素、18 個核心素養。

2. 如何進行教學目標設計

教學目標的確定受多種因素制約，設計教學目標應遵循科學性、系統性、層次性與具體性的原則，由近及遠、由內而外，既要考慮學生的學習需求、教學的條件，也要考慮國家的教育方針、文化傳統與時代特徵，具體包括下列四個環節：

（1）教學目標分解。

（2）教學任務分析。

（3）教學起點確定。

（4）教學目標表述。

（二）教學內容設計

教學內容，是指教學過程中同師生發生交互作用、服務於教學目的達成的動態生成的素材及信息，教師給學生傳授的知識和技能、灌輸的思想和觀點，學生培養的習慣和行為等的總和，有人也把它叫作課程。

教學內容雖然以教材為主要依據，但教材之外的內容卻是浩瀚無邊的。即使使用同樣的教材，使用的主體不同，對教材內容的開發與組織也會大相徑庭。充分發揮教學內容的育人功能，離不開教學內容設計。

教學內容設計包括下列兩個環節：

1. 教學內容的選擇

教學內容的存在方式有兩種：一是內容，主要是教材；二是可能的內容，也就是說，教材之外，凡是有利於達成教學目標的內容都可能成為真實的教學內容。選擇教學內容應遵循科學性、教育性、發展性與可接受性原則，使內容真正為目的服務。

2. 教學內容的組織編排

不同的教學內容之間總存在一定的邏輯關係，相應地，人的認識發展也存在一定的邏輯順序，教學內容的組織與編排會直接影響到教學效果。教學內容只有與人的認知發展的邏輯順序一致，才能被學生接受。為此，布魯納提出了螺旋式編排理論、加涅提出了直線式編排理論、奧蘇貝爾提出了漸進分化和綜合貫通理論。編排教學內容的基本要求有：

（1）知識順序與認知順序相結合。
（2）理論與實踐相結合。
（3）統一要求與因材施教相結合。
（4）預設與重組相結合。

（三）教學方法設計

教學方法設計是指根據教學實踐的需要選擇和使用教學方法的過程，具體包括：

（1）瞭解教學方法的基本類型。
（2）依據教學目標確定教學方法。
（3）依據教學內容特點選擇教學方法。
（4）根據學生特點選擇教學方法。
（5）依據教師的自身特點選擇教學方法。
（6）依據教學環境條件選擇教學方法。

（四）教學結構設計

何克抗教授認為，「所謂教學結構是指在一定的教育思想、教學理論和學習理論指導下的、在某種環境中展開的教學活動進程的穩定結構形式，是教學系統四個組成要素（教師、學生、教材和教學媒體）相互聯繫、相互作用的具體體現」[1]，教學是由多種要素構成的複雜的結構系統，包括教學的目標結構、主體結構、內容結構、時空結構、教學節奏與教學環節（教學過程）構成等。根據教學活動主體參與教學活動的差異，可以將教學結構分為教師中心型、學生中心型和師生合作型三種基本類型。教學結構不同必然帶來教學效果的差異。當前，教學結構設計的發展趨勢包括：

（1）從依據個別因素到依據綜合多種因素設計教學結構。
（2）從教學結構模式化到結構多樣化。
（3）從主體單一化到主體多元化。
（4）教學結構設計科學化趨勢明顯。

（五）教學評價設計

教學評價對教學具有甄別、選拔、反饋、調控、促進發展等多種功能，評價設計是教學設計的重要環節。所謂教學評價設計是指在教學活動實施之前，教師對學生課堂學習行為做出價值判斷設計的過程。這一過程需要回答諸如評價什麼，依據什麼評價及如何評價等問題，以便在課堂教學評價實施的過程中有的放矢，發揮評價促進學生發展的功能。

教學評價設計包括下列五個方面的內容：

---

[1] 何克抗. 教學結構理論與教學深化改革（上）[J]. 電化教育研究，2007（7）：6.

1. 教學評價內容設計

一般說來，在對學生進行課堂教學評價時以下四個方面的內容是不容忽視的：

(1) 學習情感與態度的評價。
(2) 學習內容的評價。
(3) 學習方式方法的評價。
(4) 學習效果的評價。

2. 教學評價標準設計

對學生課堂學習的評價，很難確定一個統一的標準，這是由教學活動的情境性與學生發展的差異性所決定的。因此，在確定評價標準時必須立足於特定的教學活動情境，並隨著評價的不斷深入、評價者水準的不斷提高或者其他評價約束條件的變化，評價標準也要進行相應的調整，而不是一成不變地應用於整個教學任務的始終。

3. 課堂評價主體設計

傳統的課堂評價主體單一，教師是評價的絕對權威，學生在課堂上很少有發言權。新課程實施強調評價主體多元化，課堂活動的參與者都可以成為課堂評價的主體。

4. 課堂評價方式設計

課堂評價的方式多種多樣，主要包括言語評價、體態語評價和物化評價三大類。每一種評價方式都有自身的優勢與不足，與其他評價方式結合使用，可以揚長避短。

5. 課堂評價方法設計

教師要在課堂上對學生做出準確的評價，必須借助一定的評價工具，科學運用評價方法。常用的課堂評價方法有：觀察法、測驗法、調查法、競賽法、作品分析法。

第四節 課外活動

一、課外活動的內涵及其特徵

(一) 課外活動的含義與分類

課外活動簡言之是課堂教學之外所開展的活動。廣義的課外活動泛指課堂教學之外的一切活動。狹義的課外活動是指在課程教學計劃和教學大綱之外，由學校組織指導或由校外教育機關組織、指導、發動學生開展的有計劃的教育活動。它是整個教育系統的一部分，與課程教學相輔相成，共同促進學生的全面發展。

根據課外活動組織者的不同，可將課外活動分為校內活動與校外活動。校內活動指由學校領導、教師或學生自主組織開展的活動，其活動地點可在校內，也可在校外。校外活動指由校外教育機構組織開展的活動。

校內活動根據參與面的大小，又分為校級活動、年級活動、跨年級活動、班級活動、小組活動與獨立活動等，如升旗儀式、團隊會、校園文化節、陽光體育活動、班會活動、社團活動、興趣小組活動等。

校外活動包括政治教育活動、科技活動、文藝活動、體育活動、公益勞動等。

校外教育機構有綜合的與專門的兩類。綜合的校外教育機構承擔多種任務和活動

內容，如少年宮、青少年活動中心等。專門的校外教育機構專為開展某項活動而設。如青少年圖書館、閱覽室、少兒科技站、少年兒童廣播站等。

(二) 課外活動的特徵

課外活動與課堂教學雖然都是實現教育目的的重要途徑，但由於課外活動在活動內容、組織形式、活動方式上等又不同於課堂教學，因此，其又具備了它自身的特點。

1. 自主性

課外活動是在課堂教學以外進行的活動，組織者根據教育教學的實際需要，可隨時隨地地經常組織形式多種多樣、內容豐富多彩的活動，課外活動有時是學校或校外教育機關統一組織的活動，更多時候是在學校或校外教育機關的指導下，教育者根據自己的興趣、愛好、特長以及實際的需要，自願地組織、選擇和參加的活動。課外活動不僅能發揮受教育者的積極性和主動性，而且能使受教育者的才能、個性得到充分發展，有利於受教育者的優良個性品質的培養。

2. 靈活性

課外活動的開展，可以根據學校的實際情況和受教育者的身心發展狀況等來確定。活動規模的大小、活動時間的長短、活動內容的選擇等都可以靈活掌握，沒有固定模式，生動活潑，靈活多樣。

3. 實踐性

課外活動與課堂教學相比，具有很強的實踐性。課堂教學中，受教育者可以獲得知識，培養思想品德，提高審美能力等。在課外活動中，受教育者有直接動手的機會，在其親自參與、組織、設計的各項實踐中，能獲得實際知識，提高思想品德和身體素質，各方面的能力都能在實踐活動中獲得發展。

二、課外活動的意義

課外活動具有區別於課堂教學的獨有的特點。在整個教育活動中，它的影響是廣泛而深刻的。作為教育途徑中一條十分重要的途徑，課外活動在人的身心發展中有著重要的意義和作用。

首先，課外活動可以促進學生的全面發展及社會化。課外活動由於強調學生自主參與、自願組合，充分發揮了學生的個性。在活動過程中，學生的主體作用得到了充分發揮，才能得到了施展，學生的獨立性、責任心、參與意識等也進一步增強。校內外活動為學生提供了一個理想的環境，在這裡，學生漸漸習得一些成人社會的行為，同時，學生還要解決一些與同伴相處的問題，這些都有助於學生從童年向成人轉化。

其次，課外活動可以促進學生在社會化過程中的個性化。沒有個性化，所謂個性的社會化就失去了現實意義，甚至是不可能的。社會要求各種各樣的人才為它服務，在這一點上，個體的社會化與個性化是一致的，課外活動恰好能夠在促進個體社會化的過程中最大限度地滿足個體在個性化方面的需要。

再次，課外活動給學習生活增添了樂趣。一般來說，課外活動是學生自願參加的，他們沒有多少心理負擔，有的只是探索的愉悅；另外，相對於課內學習，課外活動內容比較新穎，容易給人以新鮮刺激，使人身心得到享受；課外活動也能幫助學生學會利用閒暇培養健康的興趣愛好，豐富其精神生活。

最後，課外活動在發揮學生特長發面也有重要作用。在普及層次的課外活動中，通過有計劃的豐富多彩的活動，每個學生都能找到發展自己特長的領域，尤其對一些差生來說更是如此。另外，在提高層次的課外活動中，一部分學生可以脫穎而出。國內外許多著名的科學家、學者都有這樣的經歷：學校教育雖然給他們的發展奠定了堅實的基礎，而專業方面的成就，往往是與他們在青少年時代的課外興趣和活動相聯繫的。

三、課外活動的主要內容

課外活動由於不受課程計劃和教學大綱的限制，具有較大的自由性和靈活性，其內容包羅萬象，只要有利於促進學生的全面發展，活動條件具備，都可以組織和開展課外活動。一般說來，常見的課外活動有下列五種類型：

1. 課外德育活動

德育是全面發展教育的重要組成部分，包括對學生的思想、政治、道德與法律方面的教育。課外活動是德育的重要途徑。因為其形式多樣、內容豐富，充分體現了學生的學習主體地位，使學生在活動中具有較強的自主性與能動性，因而，其具有課堂教學無可比擬的優越性。課外德育的形式多種多樣，一是結合節日、紀念日，組織學生開展各種教育活動，如利用國慶節、中秋節、勞動節、母親節等進行歌詠賽、詩歌朗誦賽等活動，加強對學生的愛國主義、集體主義、傳統美德等教育。二是結合國內外、校內外大事及學生發展的需要，設計各種專項教育活動，如普法專題教育活動、心理健康專題活動、以班級為單位的主題班會活動等。

2. 科技活動

科學技術日新月異，增強學生的科技意識，培養學生的創新精神，課外活動發揮著不可替代的作用。科技活動可以通過科技興趣小組、科技競賽、科技發明、科技參觀等活動進行。其目的是幫助學生認識科學技術的價值，培養他們對科學技術的興趣、樹立科學的態度、掌握科學的方法，從而激發他們立志為科技進步做貢獻的熱情。

3. 文化體育活動

學校是文化培育、交流、傳播、創新的主要場所，一切文化都在這裡聚會，無論是傳統文化、現代文化、外來文化、本土文化、社區文化還是校園文化都會在這裡以不同的形式表現出來。文體活動的形式豐富多彩，如文藝會演、聯歡會、辯論賽、演講賽、體育競賽、生日聚會、親子活動等，以此達成文化交流、強身健體、陶冶性情的目的。

4. 課外勞動

勞動教育是對學生進行勞動觀念、勞動技能培養的教育。學生的課外勞動包括校內和校外兩種。校內勞動主要是校園公共衛生及個人內務衛生，有的學校還有勞動教育基地，可供學生勞動實習。校外勞動有兩種，一種是有組織的校外生產勞動，一種是學生自主的校外勞動，如家務勞動、社區志願者行動等。無論何種勞動，只要學生主動參與勞動過程，就能形成勞動觀念，獲得勞動技能，收穫勞動成果。

5. 其他課外活動

除以上課外活動以外，課外活動的內容還有許多，如課題研究、社會調查、研學

旅行、綜合實踐等，只要是學生力所能及的、條件允許的活動，都有利於促進學生的全面發展。

四、課外活動的設計與實施

（一）課外活動的設計原則

1. 目的性原則

課外活動要有具體明確的目的，避免形式主義。其目的的確定應考慮學生發展的需要，考慮活動的條件與可能性，考慮教育目的的總體要求。

2. 自主性原則

課外活動不像課堂教學那樣是學生必須參與的活動，是對學生學習活動的基本要求。它往往考慮學生的個體差異，尊重學生的興趣愛好與自主選擇權利，同時在活動過程中，學生是絕對的活動主體，教師應盡可能地給學生的自主活動創造條件，並給予適當指導，而不是取代學生活動。

3. 靈活性原則

課外活動的內容、形式多種多樣，除了以學校、班級為單位的大型課外活動有統一的要求，一般的課外活動，學生都可以根據自身的需要，選擇適宜的內容與形式，尤其是個體的課外活動，則具有更大的自由度與靈活性。

4. 協作性原則

課外活動常常需要主體之間的相互協調與配合，尤其是集體性或小組性的活動，一般都具有明確的分工，活動主體之間只有密切配合、相互支持，才能取得理想的活動效果。協作不僅在同學之間進行，尤其是需要教師指導的活動，更需要師生之間的相互協作。

（二）課外活動設計與實施步驟

1. 確定選題

活動沒有主題，就沒有目標，也就沒有意義。主題選擇的依據：一是集體的奮鬥目標與發展計劃對活動內容的需要；二是班集體的現實情況是否有需要解決的熱點、難點問題；三是學校教育教學工作的計劃與安排；四是學生主體的活動需要；五是社會現實的發展需要，即社會熱點問題在學校中的反應。

2. 制訂活動計劃

活動計劃包括活動的目的和內容、活動的基本方式和程序、活動時間地點安排、具體準備工作及組織管理等。校級活動計劃由學校制訂，班級活動計劃由班導師、班委會或全體同學共同制訂。個體活動計劃，主要由自主確定。活動設計應有利於最大限度地調動學生參與活動的積極性，最大限度地考慮學生的個體差異及活動需求，最大限度地開發利用當地的活動資源，以便取得最佳活動效果。

3. 實施與總結

活動實施是課外活動的中心環節，活動開始前，教師應做好充分準備，讓活動參與者明確活動要求，做好物質上與精神上的準備。活動中教師應充分調動學生參與的積極性，充分體現學生的活動主體地位、發揮其主體作用，教師還應根據需要對學生的活動做必要的指導，把活動引向深入，活動過程還應做好記錄。活動結束，教師應

引導學生及時總結，認真反思，為提升活動水準、提高效率累積經驗。

理解與反思

1. 陳述教學過程的基本規律。
2. 教學設計的依據是什麼？簡要說明社會現實對教學設計的影響。
3. 選擇和使用教學方法的依據。
4. 簡要說明教學設計的內容與基本程序。
5. 簡要說明課外活動的意義。

拓展閱讀

［1］古德，布羅菲. 透視課堂［M］. 陶志瓊，王鳳，鄧曉芳，譯. 北京：中國輕工業出版社，2002.

［2］加涅 R M，布里格斯 L J，韋杰 W W. 教學設計［M］. 皮連生，龐維國，等譯. 上海：華東師範大學出版社，1999.

［3］馮克誠. 課外活動的整體設計與實施［M］. 北京：中國物資出版社，1998.

［4］張華. 體現時代精神的綜合實踐活動課程：理念與實踐［J］. 人民教育，2017（22）：40-43.

第十章 學校德育

■學習導航

(1) 理解品德的內涵與結構。(重點)
(2) 掌握德育的內容。(重點)
(3) 掌握德育的原則、途徑與方法,並在實踐中運用相關德育原理開展教育教學活動。(重點、難點)

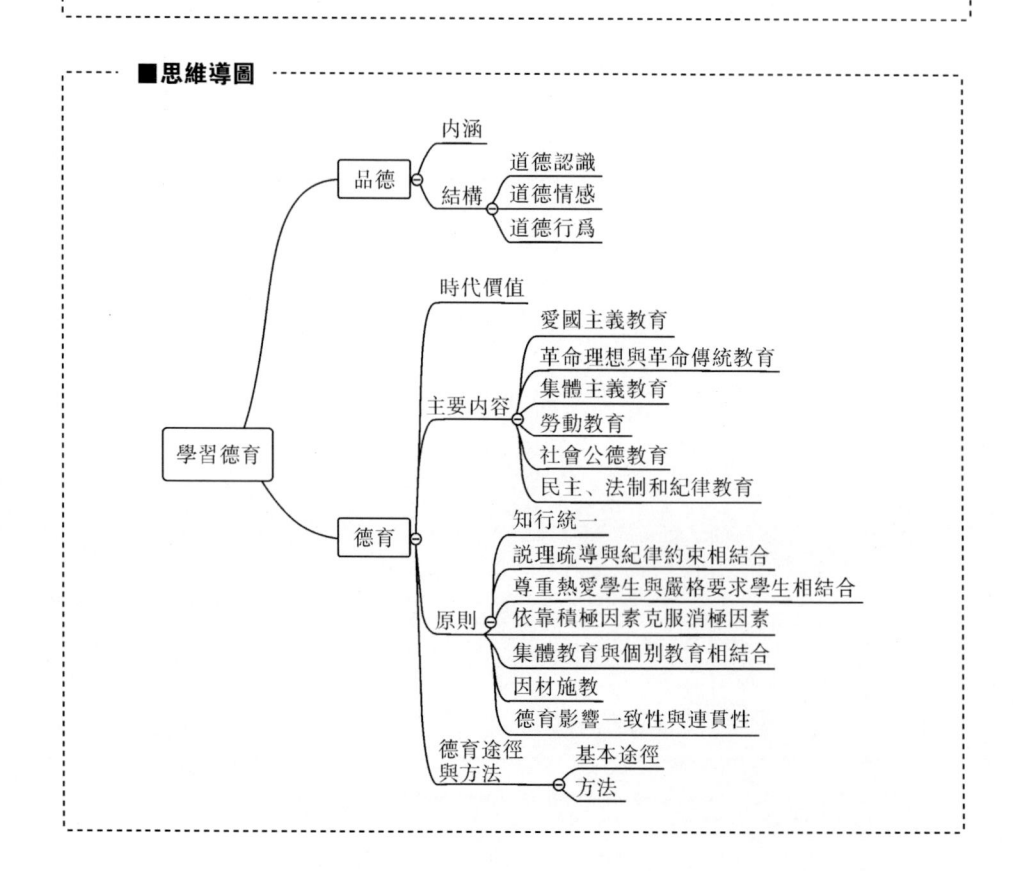

■思維導圖

學習德育
- 品德
  - 內涵
  - 結構
    - 道德認識
    - 道德情感
    - 道德行為
- 德育
  - 時代價值
  - 主要內容
    - 愛國主義教育
    - 革命理想與革命傳統教育
    - 集體主義教育
    - 勞動教育
    - 社會公德教育
    - 民主、法制和紀律教育
  - 原則
    - 知行統一
    - 說理疏導與紀律約束相結合
    - 尊重熱愛學生與嚴格要求學生相結合
    - 依靠積極因素克服消極因素
    - 集體教育與個別教育相結合
    - 因材施教
    - 德育影響一致性與連貫性
  - 德育途徑與方法
    - 基本途徑
    - 方法

■教育瞭望

把德育課堂開在花園裡

在河北省廊坊市，廊坊第一中學的「花園課堂」遠近聞名。

「花園課堂」就開在學校的教學樓下。這裡有48個花壇和成片的綠地花園，過去常有「雜草與鮮花爭寵，垃圾與落葉共存」的雜亂景象。從去年9月開學以來，2013級一個班的學生自發分成7個組，從週一至週日輪流將這些花壇、綠地花園清理得干乾淨淨，節假日各小組也自發安排成員來校維護。沒多長時間，這些花壇、綠地就「舊貌換新顏」。

從學生的做法出發，我們開始反思學校德育教育：「教」的本質是為「學」創設情境。就德育課程來說，傳統的說教早已過時，體驗式德育課程的成效正逐漸顯現，生活本身就是豐富的德育資源，學校也正應該「處處是課堂，事事是課程，人人是師生」。在這樣的思考下，我們把學生自發的活動精心打造成為「校本特色課程」，並將「花園課堂」的關鍵詞總結為「持守」。

「持守」，一是有時間長度保持的含義，二是有守望最高精神境界目標的含義。為什麼要用這個詞？我認為需從課程、德行、傳承三個關鍵詞去理解。

就課程而言，我們做的是體驗式德育課程，而不僅僅是一項階段性活動。我們要讓學生在「花園」這個具體的教育情境中完成陪伴他們高中三年的德育自修，感受花草榮枯、感悟生命真諦，100個孩子三年持守可能會有100種個性化的感悟。這種體驗課程的自修是在每天、每季、每年的周而復始中完成的。

就德行而言，從持續做好小事、具體事中育德，一天是拔草、兩天是拔草，日月持守，一定會拔升孩子們的德行。持守「花園課堂」一年多來，同學們的學習品質、日常行為表現都發生著顯著的變化，孩子們也體驗著沒有物質獎勵、純公益的德行修煉。

就傳承而言，「花園課堂」作為廊坊一中打造的校本特色課程，由2013級一個班發端，由他們持守三年、傳承下去。在高一階段，同學們在每天收拾教學樓花壇，打掃綠地衛生，除草、撿垃圾的同時，發起了向高二、高三年級學長的宣講活動，深入每個班演講，在國旗下講話，在教學樓大屏幕播放「花園課堂」PPT，讓「花園課堂」的公益理念傳遍整個校園。今年，新生入學了，他們又走入高一各班，向學弟學妹宣講，很快就有高一新同學申請加入「花園會」。一屆一屆學生的傳承，他們在「花園課堂」中修為的德行、內化的精神就一定會向外拓展、向社會滲透。

由此，我們試著反思我們的學校德育工作。當下的教育背景早已不允許我們簡單地用說教來進行德育，必須努力探索新途徑，創設德育情境，為學生提供豐富的體驗場，讓學生本身成為道德教育的主體，達到道德自育的效果。這就需要我們創設一個個的德育情境，給學生一個個體驗場，不再用教養、馴化的方法去做，而是把學生推到前臺。

現在，體驗式德育課程已經成為我校德育新陣地，孩子們在持守「花園課堂」的同時，還在打造食堂課程、宿舍文明就寢課程，堅持開設週一升旗課程、每天早操課間操課程等一系列課程，這是在初步嘗試著情境化的德育教育新途徑，也是廊坊一中德育新途徑的常態實施過程。

資料來源：許長虹. 把德育課堂開在花園裡 [N]. 光明日報，2016-01-13 (15).

第一節　品德

人作為社會實體，本質上是一切社會關係的總和。為了使青少年學生更好地適應一定的社會關係，就需要對其進行德育教育。學校是專門從事培養人的工作的社會機構。以德育等工作為抓手，促進學生養成良好的思想品德，是學校教育的重要任務。

一、品德的內涵

品德或道德品質（moral trait）是指個人根據一定的道德行為準則行動時所形成和表現出來的某些穩固的特徵。它是內在的心理傾向與外在行為的統一，也就是說品德是內在的心理傾向，但在實踐中往往會表現出某種與之相對應的外在顯性行為。外顯行為與內在心理傾向並非一一對應，有某種品德還需有外在情境呈現才可能有相應外顯行為發生。如我們常說「拾金不昧」是道德品質的表現，但是具有這種品德的人必須在有金可拾的情境中才可能表現出來。因此，外顯行為是評價個人道德品質的重要指標，但它並不代表個人道德的全部，也不能僅僅把它作為評價道德的唯一指標。

二、品德的結構

道德品質包括道德認識、道德情感和道德行為三種基本心理成分，也可以稱為品德的基本結構。一個人是否具備某種道德品質，就要看他是否已經具備構成品德的這三個基本要素。學校德育的實質就是通過一定的教育影響形成一定社會所要求的品德結構。

1. 道德認識

道德認識是人們內心對於是非、善惡、美醜等的認識和評價。個體做出一定道德行為，總會依據一定的行動準則，而這個準則總是在個體對於善惡標準及其意義的認識和把握基礎上而建立起來的，這種認識和把握就是道德認識。道德認識的形成主要體現為對一定道德知識的領會以及內化這些知識變為自我道德實踐中的行動指南，甚至成為堅定的道德信念以此來評價自己和別人的道德行為。

2. 道德情感

道德情感是伴隨著道德認識而產生的，是對人的道德需要是否得到實現所產生的一種內心體驗。道德情感總是和道德認識相聯繫的，一般而言，道德認識越深刻，道德情感就會越鮮明和強烈。有些人可能也知道生活中要助人為樂，具有相應的道德認識，但是如果面對自己或他人沒有表現出助人為樂行為情境時沒有產生任何情感波動，可能就說明其道德認識並不深刻。當然，如果個體在道德認識的基礎上，產生深刻、強烈的道德情感，道德情感就會成為道德行為的巨大推動力量。道德情感的產生和變化，需要依賴道德認識的提高，也需要長期的道德實踐體驗。道德認識和道德情感緊密結合，就構成人的道德動機。

3. 道德行為

道德行為是基於一定的道德認識和道德情感，而在行動中表現出的對他人或社會

的反應，它是道德動機的具體表現與外部標誌，也是個體實現道德動機的重要手段。學校德育成效的較為顯性的標誌可能就是學生表現出的道德行為。面對道德情境，學生僅有某種道德認知，而缺乏某種道德行為表現，不能說是成功的德育。因此，學校德育要教育學生控制行為、選擇行為、評價自己和他人的道德行為，從而使道德行為變成自然而然的道德習慣。

道德認識、道德情感和道德行為作為道德品質的基本組成部分，三者缺一不可且相互關聯。德育活動中，必須充分將這三者整合起來，避免讓學生簡單記憶某種社會規範，也不能僅僅依靠紀律、懲罰等手段約束學生的行為。學校德育必須積極提高學生個體的道德認識水準，以形成其強烈的道德情感，促使其道德行為變為道德習慣。

第二節　德育的內容

一、德育的時代價值

國無德不興，人無德不立。在社會發展的各個歷史階段，尤其是階級社會中，統治階級都十分重視德育，重視把受教育者培養成具有本階級價值觀、道德和世界觀等素養結構的人。德育的內容及其價值導向直接決定著教育「為誰培養人」的方向問題。中國歷來重視德育，尤其是重視青少年德育。2004年，中國頒布了《中共中央國務院關於進一步加強和改進未成年人思想道德建設的若干意見》。習近平總書記一貫高度重視培養社會主義建設者和接班人，把立德樹人作為教育的重要任務和中心環節。

【名人名言】
　　因為道德是做人的根本。根本一壞，縱然使你有一些學問和本領，也無甚用處。

——陶行知

二、德育的主要內容

德育內容具體規定學生發展的政治方向和應掌握的思想觀點與道德規範，是完成德育任務、實現德育目的的一個重要保證。因此，全面而正確地確定青少年學生德育的內容是一個極其重要的問題。中國中小學德育主要包括以下一些內容：

（一）愛國主義教育

愛國主義教育是指在祖國土地上長期生活、勞動和奮鬥中形成的熱愛祖國並為之獻身的思想教育。愛國主義是一面具有最大號召力的旗幟，是中華民族的優良傳統。

幾千年來，中國人民的愛國主義精神就是推動歷史前進的一種巨大力量。它是在中華民族悠久歷史文化的基礎上產生和發展起來的，反過來又給予中華民族的歷史發展以重大的影響。

世界範圍內，不同國家因文化內容不同，社會發展狀況不同，可能會在愛國主義

的內容和形式上有所不同，但是幾乎沒有任何一個國家不對青少年學生進行愛國主義教育。

目前，中國愛國主義教育的主要內容如下：

1. 培養熱愛祖國的深厚感情

德育工作者要引導學生從小熱愛家鄉、學校、親人、師友，從祖國的錦綉河山、國旗、國徽等周圍的具體事物開始，逐步瞭解祖國的光榮歷史、燦爛的文化、傑出的英雄和偉大、智慧的人民，從而熱愛無數先烈為之流血犧牲、無數普通人民艱苦奮鬥創立的社會主義新中國。

2. 增強國家和民族的意識

「國家興亡、匹夫有責」，每個人的命運都和國家的發展息息相關，只有國家強大，才有幸福感飽滿的個體。德育工作者要引導和教育學生，不要忘記自己是中國人，培養學生的中華民族自豪感，以維護民族團結、祖國統一為己任，為實現中華民族的偉大復興而奮鬥。

3. 為實現社會主義現代化建設而奮鬥

個人發展與國家前途命運關係密切。德育工作者要教育學生關心地方和國家大事，關心祖國的前途與命運，為了個人成長，為了祖國的繁榮昌盛，為了中華民族偉大復興的實現，努力學習，立志獻身於祖國的社會主義現代化建設。

4. 發揚國際主義、維護世界和平

隨著科技和互聯網的發展，地球已經成為世界上不同國家命運緊密聯繫的村落，人類已經成為休戚與共的命運共同體。愛國主義和國際主義兩者並不衝突。德育工作者要在培養學生愛國主義情感的同時，注重學生國際視野及其情感的發展，要讓學生認識到中國的發展和進步，是世界發展和進步的部分，我們同世界各國人民和平友好、平等互利、互相支持與學習，為反對霸權主義、維護世界和平、爭取人類進步而鬥爭。

（二）革命理想與革命傳統教育

理想是人們在認識過程中形成的一種信念、一種希望和追求。理想是青少年積極進取的精神動力。沒有理想或缺乏正確而遠大的理想，一個人可能就會無所作為或者為追求個人私利而走向邪路。德育工作者要引導學生樹立遠大、科學的理想，確保其發展的正確方向，為其成長提供巨大力量。每個青少年都有自己的理想，但是只有當個人理想志願與國家前途、民族命運結合起來，把個人理想追求融入國家和民族事業中，青少年學生才能不負韶華，成就自己，貢獻祖國。為使學生能夠繼續發揚老一輩為國奮鬥的優良革命傳統，把個人理想和革命理想及國家發展的理想充分結合起來，德育工作者要對學生進行革命理想和革命傳統教育。

1. 激勵學生有個人的理想和追求

學生的個人理想應該和社會理想結合起來。

學生個人的理想不可能也不應當脫離社會的共同理想這一基礎。青少年的個人理想，應該是將社會的公同理想轉化為學生個人的各種各樣、絢麗多彩的理想。

如果只有共同理想，學生的理想就顯得很虛幻。只要求學生樹立共同理想，忽視學生個人具體的理想與追求，學生就會缺乏實際理想和個性特徵，這是極其片面的，也難以有效、持續對學生成長提供動力支持。社會是由一個又一個的人組成的，沒有

一個又一個個人理想的實現，社會共同理想就會落空。德育工作者要引導學生實現個人理想和社會理想的有效融合。

2. 引導學生分辨科學理想和錯誤想法的能力

學生在青少年時代，會產生很多天真爛漫的理想遐想，如想當飛行員、探險家等。隨著年齡增長，他們的理想會逐步趨向現實，根據自己的實際情況和現實可能，確定比較穩定而具體的奮鬥目標。德育工作者要對這一過程進行引導，使學生能夠在客觀認識自己的優勢和不足的基礎上，審時度勢，制定出具有個性色彩的具體理想目標。同時，隨著社會的發展與改革，人們的思想呈現出多元化特徵，德育工作者也需要引導學生在確立理想的過程中，不斷提高自我鑑別能力和思想修養，使他們懂得人們的追求和理想有正確和錯誤之分，也有高尚和庸俗之別；要教會他們反思自己的追求和理想，不斷修正和完善自己的理想，抵制不良影響，克服錯誤看法，把個人追求與國家、人類利益聯繫起來。

3. 繼承和發揚革命傳統

老一輩革命者在為祖國的解放和發展打拼、奮鬥過程中，形成了良好的革命傳統。雖然時代已經迭易，但有些革命傳統對於今天青少年的成長仍然有很大啓發。德育工作者要引導學生具體認識和深刻感受老一輩革命者的理想樹建和拼搏實現的奮鬥過程，以使他們能夠把那些對於自己為理想而奮鬥的過程具有重要指導價值和意義的光榮傳統發揚下去。

(三) 集體主義教育

集體主義是道德教育中一個極為重要的內容。馬克思主義認為：「只在集體中，個人才能獲得全面發展其才能的手段，也就是說，只有在集體中才可能有個人自由。」①這裡，集體主義是主張個人從屬於社會，個人利益應當服從集團、民族和國家利益的一種思想理論，是一種精神，最高標準是一切言論和行動符合人民群眾的集體利益。習近平總書記在黨的十九大報告中指出，要加強思想道德建設，加強集體主義教育。集體主義並非忽視個人價值，而是強調國家利益、集體利益和個人利益相結合。當集體利益和個人利益發生衝突時，一切從大局出發，犧牲個人利益，把集體利益擺在首要位置，優先滿足集體利益。

1. 培養學生正確處理集體利益和個人利益的關係

集體主義與利己主義觀點是相對立的。利己主義者一切從個人利益出發，當個人利益與集體利益發生矛盾時，首先考慮的是個人利益，自私自利、損公肥私。如果集體中每個人都是利己主義者，那麼就會出現一盤散沙的局面，每個人都去竭力維護個人的自我利益，最終導致每個人的利益都在相互爭奪、明爭暗鬥的群體中喪失殆盡。集體主義堅決反對這一極端的利己主義，倡導把集體利益放在首位，當國家和人民的利益與個人利益發生衝突時，首先要考慮維護國家和人民利益。如此，集體利益的「先期」保證才能為個人利益的「後期」的可能獲得提供條件。德育工作者要教育學生先人後己，公而忘私，為集體的利益心甘情願犧牲個人的利益，至少不能為了個人

---

① 中共中央馬克思恩格斯列寧斯大林著作編譯局. 馬克思恩格斯選集（第一卷）[M]. 北京：人民出版社：1972：82.

的利益而損害集體的利益。

2. 關心熱愛集體

集體主義是一種崇高的精神風範。要教育學生處處關心、熱愛集體，個人服從集體，少數服從多數。愛護集體財產，維護集體榮譽，不做有損集體的事。

3. 成為集體中的積極成員

集體是具有一定目的的個人集合體，每個人都應當成為集體中的積極成員。只有如此，眾多積極成員的共同努力才能形成具有凝聚力、向心力，具有良好的團體風氣和文化的集體組織。「集體是個人的教師」，一個人只有在良性集體中才能懂得個人與集體、自由與紀律、權利與義務等關係，才能在集體中與他人友好相處、互相幫助，在集體的運行中獲得自我成長的正能量。

4. 克服狹隘的「小團體主義」思想

集體主義的著眼點是全局，如果說一個小組、一個班是一個小集體，而一個學校乃至整個社會、國家就是一個大集體，當小集體和大集體利益發生衝突時，要以大集體的利益為重。德育工作者要讓學生意識到可能的「小團體主義」思想，引導學生顧全整個大局的利益。

(四) 勞動教育

勞動是人類生存和發展的首要條件，勞動創造了人類的物質文明和精神文明。勞動是一切美好生活的源泉，沒有勞動就沒有人類的良好生存，更沒有社會的良性發展。勞動是每一個社會成員應盡的責任和義務，勞動也應是光榮的。德育工作者要讓學生懂得勞動是一切財富的源泉，養成勞動的習慣和能力。

1. 樹立勞動觀念

勞動創造了人，創造了物質財富和精神財富。德育工作者要引導學生充分認識勞動的偉大價值和意義，認識到勞動是光榮和神聖的，從而自覺培養勞動的習慣和能力。

2. 養成勞動習慣

勞動習慣只有通過具體的勞動才能養成。教育者應鼓勵學生根據自己的年齡特徵和能力大小，參加各種力所能及的勞動，如打掃房間、清潔教室、為學校修理草坪、在家做家務活等。勞動能夠讓學生體會到勞動的樂趣，激發他們參加勞動的願望，並逐步養成勞動的良好習慣。勞動習慣的養成可以使學生受益無窮，將來他們會懂得用勞動去創造社會文明，用勞動去獲得個人的幸福，用勞動去創造美好的明天。

3. 培養學生良好的勞動風尚

在勞動中，勞動者之間的相互協作對於勞動的順利進行和勞動成果的取得非常重要，由此勞動也是培養學生與他人交往以及合作能力的重要途徑。德育工作者要引導學生在勞動過程中學會分工合作，學會一絲不苟的認真態度，學會與他人團結互助、相互協作的合作精神，學會吃苦耐勞，培養堅忍不拔的勞動品質以及參與勞動競爭的意識。

4. 勤奮學習

學習是學生的主要任務，學習活動也是一種勞動，而且是每個學生必須參與的勞動。今天的學生是未來社會建設的棟梁，為了成為社會主義社會的合格建設者和接班人，青少年學生必須勤奮學習，掌握各種知識和技能。德育工作者、班導師、任課教

師等都應注重培養學生勤奮刻苦、不畏困難、大膽探索、積極進取的學習態度和精神。

（五）社會公德教育

社會公德是指人們在現實生活中應當共同遵守的行為規範和準則，它對人們的言行起一定的約束作用。法律是社會外在對於個人行為的強制性要求，道德是個人內在對於自我行為的自覺規範。一個人離開了道德約束，可能就會任性胡為，而一個社會離開了道德的約束就會變得雜亂無章。自古以來，社會公德對社會的穩定和進步有很重要的作用，在今天的社會中，它更具有深刻的意義。

物質文明的發展使人類物質生活水準大大提高，但是利己主義、金錢至上的思想也開始泛濫，加之不同社會思潮的泛濫和廣泛傳播，使得社會出現了較多違反社會公德的行為，引發了人民普遍的憂慮。為此，人們呼喚講公德、充滿愛心的社會，許多國家都在中小學階段開設了道德課、公民課、倫理課等，希望提升本國國民的社會公德水準，創造一個充滿溫暖和愛心的美好國度。

1. 培養學生的社會公德意識

社會公德是每一個公民必須遵守的，公民遵守社會公德是一個社會進步、文明的重要標誌。中國素有「禮儀之邦」的雅稱，但是隨著社會環境的變化，人們的社會公德意識水準有所變化。2019年10月，中共中央、國務院印發了《新時代公民道德建設實施綱要》，明確指出：在國際國內形勢深刻變化、中國經濟社會深刻變革的大背景下，由於市場經濟規則、政策法規、社會治理還不夠健全，受不良思想文化侵蝕和網絡有害信息影響，道德領域依然存在不少問題。一些地方、一些領域不同程度存在道德失範現象，拜金主義、享樂主義、極端個人主義仍然比較突出；一些社會成員道德觀念模糊甚至缺失，是非、善惡、美醜不分，見利忘義、唯利是圖，損人利己、損公肥私；造假詐欺、不講信用的現象久治不絕，突破公序良俗底線、妨害人民幸福生活、傷害國家尊嚴和民族感情的事件時有發生。為此，加強公民道德建設是一項長期而緊迫、艱鉅而複雜的任務，要適應新時代新要求，堅持目標導向和問題導向相統一，進一步加大工作力度，把握規律、積極創新，持之以恆、久久為功，推動全民道德素質和社會文明程度達到一個新高度。

德育工作者要引導正處於成長發展中的青少年學生，自覺抵制社會中某些不良道德風氣，以社會主義核心價值觀為導向，培養自身的社會公德意識。

2. 養成學生文明行為習慣

中國社會公德中包含講禮貌、尊敬長者、扶助弱者、遵守公共秩序和紀律、講衛生等一些基本的準則。講禮貌是一個人文明程度的首要表現，德育工作者要教育學生對人有禮貌、說話和氣、舉止大方、待人真誠友善、尊敬師長、幫助老弱病殘。在公共場合要自覺遵守秩序，遵守學校的紀律和各種規章制度，敢於同一切違法亂紀的行為做鬥爭；愛護公物，維護公共場所的衛生，講究個人衛生。要使學生摒棄不良行為習慣，做到語言美、儀態美和行為美。

3. 塑造學生的優良品質

品質是道德規範、規則被個體認識、接受、接納、內化而形成的個人內在素質。良好的品質是一個人文明程度的標誌。一個具有良好品質的人，在社會上更容易與他人相處、合作、共贏，從而更容易獲得成功，為社會做出更大貢獻。教育者要培養學

生具備正直、誠實、樂於助人、勇敢、樸素、謙虛等優良品質。要求學生在日常生活中，以社會道德規範來約束自己，不損害公眾利益，不破壞社會秩序，與人建立起相互尊重、相互依賴的關係，成為具有良好社會公德的新時代公民。

（六）民主、法制和紀律教育

民主與法制的建立是人類社會進步的象徵。在充滿壓迫和專制的社會中，人們飽受屈辱和身心折磨，為爭取一個民主、法制的社會，無數人經過了長期不懈的鬥爭和努力，甚至犧牲了自己的生命。在社會主義中國，人民當家做主，享有充分的民主權利，同時也用法律來維繫揚社會之善，懲社會之惡，確保整個社會的安定團結、和諧有序。法制和紀律是規範、約束個體行為的重要途徑，是確保社會民主的有效武器。因此，對青少年學生進行民主、法制和紀律教育有助於青少年學生的自我規範和保護，同時也是確保社會有序推進和發展的重要保障。

1. 培養學生民主參與意識

民主是指人們平等地享有參與國事、對國事自由發表意見的權利。這是人們對於集體發展的主人翁意識的表現。德育工作者要培養學生關心時事政治、積極參與民主監督與管理的意識。讓學生主動關心自己生活的社區、所在學校發生的事情，並開展自己獨立的思考，對問題解決提出合理化建議。要使學生瞭解行使正當民主權利的途徑和方式，養成他們通過民主方式來處理和解決問題的意識和能力。

2. 加強法制觀念

法制是一個社會安定團結的保證。當前，社會上先進與落後、真理與謬誤、美好與醜惡、真實與虛假雜糅並存，成長中的青少年往往對此感到迷惑，無所適從，一部分人常因法制觀念不強，而產生犯罪心理和行為。因此，在青少年成長的「拔節孕穗期」，對學生進行法制教育是十分必要的，也是非常迫切的。教育者可以通過多種途徑向學生宣傳法律知識，增強他們的法制觀念，避免一些人走上犯罪道路。同時，教育者也要讓學生懂得用法律來保護自己的正當權益，維護自己的切身利益。

3. 教育學生自覺遵守紀律

法制是靠法律制度本身具有的強制力來規範個體行為的，而紀律是靠人們自覺遵守來發揮作用的。遵守紀律就是要遵守社會、團體所制定的規章制度和秩序。紀律教育要從學生的日常學習和生活抓起，要求學生遵守學校的作息制度，遵守學校、社會的規章制度和秩序，並敢於與破壞紀律的現象做鬥爭。同時，在紀律教育的過程中，教育者還要積極引導學生正確認識紀律和自由的相對關係，並在此認知的基礎上，養成學生自覺遵守紀律的習慣。世間沒有絕對的自由，真正的自由都是在紀律遵守保障下的有限自由。自由和紀律並非對立的，只有在紀律的保障下，學生才可能享有真正的自由。認識到一點，才能讓學生自覺養成遵守紀律的習慣。

第三節　德育的原則

一、德育原則概述

德育原則是教育者對受教育者實施德育時必須遵循的基本準則，是處理德育過程中的基本矛盾和關係，提高德育質量和成效的基本要求。它是根據教育目的、德育目標和德育活動的基本規律提出的，是長期以來人們處理德育過程中普遍存在的教育者與受教育者之間的矛盾、德育要求與受教育者之間的矛盾以及受教育者自身思想品德形成過程中存在矛盾的實踐經驗概括和總結。德育原則指導著德育工作的各個方面及其進程，對德育工作者制定德育目標、確定德育內容、選擇德育方法和途徑等都具有一定的指導規範價值。正確理解和在實踐中合理貫徹德育原則，對提高德育工作者的質量和水準，推動德育工作科學化、取得良好的德育效果具有重要意義。

（一）知行統一原則

這一原則是指教育者在實施德育過程中，既要重視對學生進行系統的理論知識教育，又要重視對學生進行實際鍛煉，把提高學生的思想認識和培養學生的道德行為習慣聯繫起來，使其言行一致。

1. 提出依據

在知、情、意、行的品德心理要素之中，知往往是品德形成的先導，在深刻的道德認識的基礎上更容易產生強烈的道德情感、堅定的道德意志和穩定的道德行為習慣。行是品德發展的核心目標。沒有正確的「知」就很難有正確的行動，只有正確的「知」沒有實際訓練，也難以形成自然的道德行為和穩定的道德習慣。知行結合才能確保道德知識和實際訓練的良性互動和相互提升。因此，德育既要提高學生的品德認識水準，以指導學生的道德實踐、規範其道德行為的方向性，以促進學生表現出正確的道德行為，避免盲目或錯誤的道德行為。同時，德育也要加強實際道德行為的鍛煉和訓練，以便使學生在「行」中不斷鞏固、加深和發展道德認識，避免道德認識流於形式或變成空洞教條，以「知」「行」之間的相互統一促進學生道德品質的提升。

【名人名言】

　　道德準則，只有當它們被學生自己去追求、獲得和親自體驗過的時候，只有當它們變成學生獨立的個人信念的時候，才能真正成為學生的精神財富。

　　　　　　　　　　　　　　　　　　——〔蘇聯〕蘇霍姆林斯基

2. 貫徹要求

德育工作者在實踐中貫徹這一原則時應做到：

（1）聯繫實際進行道德理論教育，曉之以理。

道德理論教育如果只是單純講述是非、善惡、榮辱、美醜等的標準，缺乏與學生直接經驗的關聯，就會非常抽象、空洞，難以有效進入學生知識結構之中，在學生面

對道德情境之時也難以對其分析社會現實、選擇道德行為、評價自我和他人道德行為產生實質性的指導價值。因此,道德理論教育要結合學生的社會生活實踐,政治課、思想品德課以及其他學科相關內容等的教學要尋找與學生直接經驗的契合點,激發學生的學習興趣,促使其感知道德理論的實踐指導意義,加深對理論的理解、認同,使其自覺指導道德實踐。

(2) 組織學生參加各種社會實踐活動,導之以行。

道德本質上就是個體對實踐中人與社會關係的處理方式,道德自身就具有很強的實踐性。同時,活動、交往等實踐也是個體道德形成和發展的最根本動力和途徑。學校既要通過學習活動和各種集體活動,提高學生道德水準,還要組織學生參加工農業生產活動、公益勞動以及其他各種類型的有益社會實踐活動。道德教育工作者要充分利用這些實踐活動資源,使學生提高道德認識、陶冶和形成道德情感、鍛煉道德意志、堅定道德信念、培養良好的道德行為習慣。

【資料連結】

撿硬幣

據報載,美國加利福尼亞州有的小學自1990年以來,在學生中開展「撿硬幣」活動,借此教育學生珍惜每一分錢。吉爾羅伊的一所小學四年來共拾得100萬枚1分硬幣,由學校統一存入銀行,加上利息,共創造11,114美元的財富。銀行為鼓勵孩子們將這件有意義的活動繼續進行下去,專門派車裝上100萬枚硬幣拉到學校展出。校方決定將這筆錢作為獎學金,獎勵品學兼優的學生。

資料來源:紀大海. 德育新視點 [M]. 成都:四川教育出版社,1996:117.

(3) 教師榜樣示範。

言傳身教是教師對學生施加教育影響的主要方式。對學生而言,教師是學生在學校生活中接觸較多且具有一定教育權威的榜樣人物。道德教育中,教師言傳與身教的結合,將極大增強道德教育的影響力和感染力,其作用和成效遠遠超出言教。

(二) 說理疏導與紀律約束相結合原則

這一原則是指在德育工作中,教育者要循循善誘,以理服人,疏通引導,啓發自覺,調動學生接受教育的內在積極性,同時輔之以必要的紀律約束,兩者結合共同促進學生品德健康發展。

1. 提出依據

學生是德育活動的主體,只有學生自覺把道德理論內化為自己的道德行為指南,才能真正產生道德教育成效。但是,青少年學生知識經驗少,自控能力相對較弱,對於社會現象中的是非、美醜等的辨別能力相對較差,德育工作既要注重發揮學生主觀能動性,啓發其自覺性,同時又要從外部加以引導、約束。因此,德育工作首先要注意正面教育,說理服人,切不可命令、強制,啓發學生學習和內化理論的自覺性,調動其道德形成過程中的主觀能動性。尤其是對青春期時期的學生來說更是如此,如果德育的方式、方法不恰當,可能事倍功半甚至事與願違。同時,青少年學生自控能力還未得到很好的發展,需要德育工作者從外部通過紀律等方式給予一定的約束。

2. 貫徹要求

（1）正面說理，疏通引導，啓發自覺。德育工作者要通過擺事實、講道理等方式，啓發學生自覺辨析是非、真假、善惡、美醜，能夠知理、明理、講理，形成正確的觀念，以此杜絕不良行為。命令、強制等方式，可能會導致學生口服而心不服，不能真正解決品德形成過程中出現的諸多問題，因此應盡量避免。學生即使一時失足犯了嚴重錯誤，德育工作者也要堅持說服教育，讓他們從內心深處真正認識到自己的錯誤之處，在此基礎上才有可能更好地改正錯誤。

（2）以激勵為主，堅持正面教育。青少年在成長過程中總會出現一些錯誤，教師面對學生應堅持正面教育，善於發現學生的閃光點，以表揚鼓勵為主，批評處分為輔，引導他們逐步糾正自己的錯誤認識和不良行為。

（3）樹立先進典型，用正面榜樣教育引導學生成長。為學生成長樹立榜樣，容易使學生在具體、生動的榜樣人物形象和行為案例中認識到是非、善惡、美醜等的標準，知道哪些是對的，哪些是錯的，什麼事情應該去做，什麼事情不該去做。在樹立榜樣的時候，德育工作者既要向學生宣傳各條戰線上的英雄模範人物，還要特別注意宣傳學生群體中的先進典型，用身邊的榜樣人物教育引導學生成長，激勵學生向善的上進心。

（4）建立必要的規章制度，把曉之以理、動之以情的說理疏導和必要、嚴格的紀律約束結合起來。規章制度是思想道德規範的具體化，它既是一種正面引導的手段，也是具有一定強制性的約束方式。說理疏導與規章制度約束學生是相輔相成的，說理疏導強調通過教師的外在說理手段，激發學生形成道德的自覺性和主動性；規章制度強調使用強制性手段對於自覺性缺失或缺乏必要自控能力的學生進行管理和規範。沒有必要的規章制度，說理疏導就會變成空洞說教，沒有說理疏導，啓發自覺，規章制度就難以發揮良好的規範作用。

（三）尊重熱愛學生與嚴格要求學生相結合原則

這一原則是指進行德育工作時，既要熱愛、尊重學生，同時又要合理、嚴格要求學生，將兩者結合起來，對學生品德發展進行引導。

1. 提出依據

蘇聯教育學家馬卡連可曾經說過，要盡量多要求一個人，也要盡可能地尊重一個人。德育工作中，教育者和受教育者應是民主平等的關係，在德育工作中熱愛、尊重學生與嚴格要求學生是辯證統一的。熱愛、尊重、信任是嚴格要求的前提條件，缺乏愛心、信任的嚴格要求容易變成無理、無度，甚至可能變成刁難、苛求；熱愛是嚴的基礎，嚴格是教師對學生熱愛的體現，失去嚴格要求的熱愛，容易變成放任自流的溺愛，兩者緊密結合，才能取得最佳的教育效果。

2. 貫徹要求

（1）熱愛、尊重和信任學生。上海市特級教師於漪說過「熱愛學生是教師的天職，是做好教師工作的基礎和前提。沒有這個基礎，師生就缺少共同的語言，感情就不能融洽，教育就難有成效」。教師熱愛學生，才會把熱愛的情感變為想方設法促進學生發展的積極行動。教師對學生的熱愛，要面向全體學生，不僅要愛護優秀學生，更要厚愛後進生，一視同仁地對待所有學生。

（2）教師要善於有計劃地、嚴格地向學生提出正確、合理、明確、具體、有序、有恒的要求。正確要求是指教師所提的德育要求應該是科學的，符合教育目標和人民利益。合理要求是指所提的德育要求，要符合學生身心發展特點和品德的實際發展水準，既不過低，也不過高，是學生經過自身努力可以做到的。明確是指所提德育要求的內容和意義要明晰和確定，是學生能夠明確感知和理解的，含糊不清、模棱兩可的要求往往會使學生不知所措。具體是指所提德育要求應該是可操作性的，不能抽象空洞。有序是指所提德育要求應是有計劃、有步驟地提出來的，是先易後難、逐步提高的，從而逐漸把學生的品德引導到新的高度。有恒是指德育要求提出後要堅持到底，堅決貫徹執行，不能朝令夕改，反復無常或虎頭蛇尾，有始無終，這樣的德育要求就會失去必要的嚴肅性、規範性和強制性，難以起到相應的作用，久而久之，教師以及要求就會在學生面前喪失必要的威信。

（3）教師要嚴於律己，以身作則。孔子曾指出，「其身正，不令而從，其身不正，雖令不從」。如果教師對學生提出某些要求，自己都無法身體力行，就會降低教師威信，影響到學生執行德育要求的意願。

（四）依靠積極因素克服消極因素原則

這一原則是指德育工作要調動學生自我教育的積極性，依靠和發揚他們自身的積極因素克服品德中的消極因素，從而實現品德的良好發展。

1. 提出依據

學生既是教師德育工作的對象，同時也是自我品德發展的主體，只有學生自我發揮主觀能動性才能更好地實現道德成長。辯證唯物主義認為，任何矛盾在一定條件下都是可以相互轉化的，如優點和缺點、先進和落後等。學生道德品質的形成和發展正是各種矛盾不斷轉化的結果。

2. 貫徹要求

（1）要一分為二地認識和瞭解學生的優缺點。

學生的優點是其形成新的思想品德的基礎，是克服自我品德中的不良因素和抵制外在不良影響的重要內在、主體力量。學生的缺點是其進步的障礙，缺點的存在極易為不良影響的滲透打開缺口。每個學生都是優點和缺點的合體，只有優點而沒有缺點的人是不存在的，只有缺點而沒有優點的人也是不存在的。因此，無論對於優秀學生還是後進學生，我們都應該一分為二地看到其優點和缺點以及道德發展中的積極因素和消極因素。對於後進生，他們品德中的缺點可能較為明顯，優點和長處較為微弱，也可能其優點暫時被缺點掩蓋，不易被他人發現。教師必須善於發現學生身上的閃光點，並讓學生知道自己的優點，提高他們的自尊心和自信心，激發他們成長的內在動力，使其能夠揚長避短，以將優點發揚光大為契機，克服缺點，從而形成良好品德。對於優秀學生，教師也要一分為二地看待，在看到優秀生諸多優點的同時，也要客觀認識他們的不足之處，採取積極措施幫助其改正，從而不斷完善自己。

（2）引導學生發揚優點，調動積極因素去克服缺點。

教師要引導學生依靠並逐步擴大自身的優點，調動積極因素去克服缺點、錯誤，化消極因素為積極因素，使優點成為思想品德發展中的主導方面。事實表明，這樣比直接通過批評缺點、錯誤去幫助學生矯正缺點的教育效果要好很多。當學生看到自己

的優點，就能夠增強改正缺點的信心和積極情緒，而直接批評容易挫傷學生自尊心，進一步加劇其自卑和消極心理。

(五) 集體教育與個別教育相結合原則

集體教育與個別教育相結合原則是由蘇聯教育家馬卡連柯提出來的，他又將其稱為「平行教育」原則，是指在德育工作中，教師既要注意組織和培養好學生集體，利用、依靠和通過集體活動、輿論、優良風氣及傳統來教育影響集體之中的每一個成員，同時要注意個別教育，通過教育個人來影響和促進集體的形成和發展，把集體教育和個別教育結合起來，提高德育工作的質量和效率。

1. 提出依據

學生在學校開展的各種活動及人際交往，大多數都是在班集體影響下進行的。每個人都有融入與歸屬一定集體、被集體成員接納和認可的內在願望。學生也是如此，學生有參加集體生活、與集體中的他人進行交往的心理需要，因此就會重視集體的活動、輿論和要求。蘇聯教育學家馬卡連柯曾指出，教育了集體，團結了集體，加強了集體以後，集體自身就能成為很大的教育力量了。學生集體不僅是教師的德育工作對象，也是德育的重要主體。把學生群體培育成具有較強凝聚力、優良風氣和文化氛圍的集體之後，集體就會對身處於其中的每一個人產生有形或潛移默化的影響。當然，集體是眾多學生共同構成的組織，集體的建設和發展也需要每一個人的努力，尤其是集體中的核心成員對集體的建設走向發揮著尤為重要的作用，因此，個人的成長進步會影響到集體的培育過程，而集體的培育又會反過來影響其中的每一個人，培育集體和培養個人兩者是辯證統一的。

2. 貫徹要求

(1) 培養優秀的班集體。

集體的力量是巨大的。實踐證明，一個風氣良好的集體可以培養學生的各種優良個性，改變學生的不良行為習慣；一個風氣不佳的集體，可能會使學生沾染各種不良習氣。德育工作者一定要高度重視班集體的培育和建設。教育者要善於調動班級學生的積極性，共同努力做好班級建設工作：要使學生群體形成共同的奮鬥目標，以目標為導向加強學生群體的凝聚力；教師通過主題班會、文藝體育活動、生產勞動等活動來培養學生集體，密切集體成員之間的相互關係，鍛煉和培養學生骨幹，形成堅強的集體領導核心，塑造健康的輿論氛圍和文化風氣。

(2) 充分發揮學生集體的教育作用。

教師要發揮學生集體的教育作用，就要把集體當作教育的主體，先把教師的教育意圖轉化為對於集體的要求，然後指導和支持學生幹部做好工作，發揮他們的積極性和組織才能，把集體要求轉變為成員的成長要求，以此教育和幫助集體成員。同時，教師還要為每個學生提供參與集體管理和服務集體的機會，鍛煉學生才能的同時增強學生對集體的責任感。另外，集體對個人的影響大多數都是潛移默化的，都是通過班級文化風向影響學生的，因此，教師也要通過有計劃的、形式多樣的、生動活潑的集體活動，引導班級輿論方向，促進集體和個人的共同進步。

(3) 注重個別教育，實現集體教育和個別教育的統一。

個人是集體中的個人，集體是個人組成的集體。集體中的各個成員不僅有著某些

共性，同時又是各具特性的。個別教育與集體教育在德育工作中，應該是相輔相成的關係。如果只抓集體教育，忽視對個別學生的培養、教育問題，尤其是具有不良行為習慣的個別學生，就會影響整個集體的發展進步；反之，如果教師只抓個別教育，不抓集體教育，就無法有效發揮學生集體對於每個成員的教育、規範作用，德育工作就會陷入被動局面。因此，教師要把集體教育和個別教育兩者有機結合起來，做好個別學生的教育工作之後，就可以以之為典型帶動全體，從而推動集體成長；抓好集體教育工作之後，就可以對每個人起到一定的約束和引導作用。

（六）因材施教原則

這一原則是指德育工作要充分考慮到學生的年齡特徵、個人特點、思想狀況等，選擇恰當的教育內容和教育方法，有的放矢地進行教育。

1. 提出依據

這一原則是根據學生身心發展的個別差異性規律提出來的。德育工作要促進學生思想品德的發展，就必須以學生的生理、心理發展為基礎。不同年齡階段的學生其生理、心理發展水準各不相同，思維、情感、意志、行為等都具有不同的年齡特徵。只有從不同年齡階段學生的實際情況出發，德育教育才能被學生接受，才能促進學生的品德發展。同一年齡階段的學生，雖然有其生理、心理發展的共性特徵，但是因其成長環境、教育條件和個人主觀能動性發揮程度不同，每個人也都有著不同的個性特徵。德育工作者必須據此因材施教，才能取得較好的德育效果。如果抹殺學生身心發展的年齡特徵和個性特點，脫離學生實際，而採取成人化、統一化的做法，德育工作就不可能取得成功。

2. 貫徹要求

（1）全面深入瞭解學生。

教師只有充分瞭解學生，對學生特點心中有數，才能有針對性地採取德育措施。教師對學生的瞭解要全面、深入且面向全體。全面是指教師要對學生德、智、體特別是品德、個性等要全面瞭解，避免出現只見其一、不見其二，只見樹木不見森林的現象；深入是指教師要深入瞭解學生，研究學生，就要深入學生的內心世界，不能停留於對其表面現象的瞭解上，不能只做表面文章；面向全體是指教師對學生的瞭解，既要瞭解各個不同階段的學生年齡特徵，也要瞭解個別學生的個性特點，對學生身心發展的一般規律和個性特徵都要準確把握。教師瞭解學生必須經常接觸學生，關心和愛護學生，做學生的知心朋友。教師可通過觀察、談話、分析材料、調查研究等方式瞭解學生。

（2）德育工作要有針對性。

各個階段學生的身心發展特點各不相同。教育者要研究掌握這些特點，並在德育要求、內容、形式和方法等方面體現一定的針對性。例如少年時期，學生的抽象思維已得到一定發展，自我意識正迅速發展，獨立性不斷增強，對他們要用說理、解釋的方法，啟發其自覺性，尊重其獨立性和自尊心，使其能夠深刻理解道德規範的社會意義，並據此形成道德信念。在青年初期，學生此時的思維具有更高抽象性和概括性，他們能夠獨立且深刻地思考社會、道德、人生理想等諸多問題，自我意識發展也已經發展到較高水準。此時，教師要多引導他們進行自我教育，並在思考問題的立場、觀

點和方法等方面進行相應的引導，以此加強他們科學世界觀和人生觀的教育。

同一階段學生在遵循這一年齡階段共同的身心發展規律的基礎上也會有不同個性。德育工作者要瞭解學生的生活環境以及思想和品德發展的實際情況，針對每個學生的個性特點，採取不同的德育內容，運用恰當的方法，爭取做到「一把鑰匙開一把鎖」，有針對性地進行教育。

（七）德育影響一致性與連貫性原則

這一原則是指進行德育工作時，教師應有目的、有計劃地把來自學校、家庭、社會各方面對學生的教育影響，按照德育目標和要求，加以組織調解，使其相互配合，步調一致，前後連貫地開展，以保障學生品德按照教育目的的要求發展。

1. 提出依據

德育過程是教師指導下學生能動的道德活動過程，這一過程是在學校、家庭、社會各方面的影響下進行的，是一個長期、反復、逐步提高的過程。學校、家庭、社會德育相互之間存在著一定的矛盾，而且前後連貫性較差，如果不加以組織，必將削弱學校德育對學生的影響，甚至導致三者之間在內容、方向上產生較大偏離，抵消學校德育的正面影響，使學生品德發展處於低效、反復狀態。尤其是當前，社會環境尤為複雜，學生從書刊、影視、網絡等方面接受的信息量較以往大大增加，而青少年學生接受新鮮事物能力比較強，辨別意識和能力較差，更容易受到社會等不良信息源的影響，因此，教師更應加強學校對各方面教育影響的控制和協調，促使三者形成強大的教育合力，確保學生的品德按照教育目標要求健康成長。

2. 貫徹要求

（1）建設教師集體，形成校內教育力量的合力。

思想品德教育工作不是單純的任課教師、班導師或者思想教育部門的任務，而是貫穿學校全部工作的重要內容，是學校全體教職員工以及各級組織、部門需要合力完成的重要任務。學校需在校長的領導下，統一內部的各種教育力量，按照培養目標及德育要求、內容和計劃，關心學生的成長，主動參與學生的思想品德教育，共同對學生進行教育，使之成為一個分工合作的優化群體，以此形成推動學生進步的巨大合力。在同一個班上，班導師、各科教師和團隊組織對學生的影響必須一致，特別是班導師要積極主動聯繫各科教師，爭取他們的配合與支持，各科教師也要自覺地承擔起教書育人的責任，積極配合班導師做好德育工作。

（2）發揮學校的主導作用，協調學校、家庭和社會的各種教育影響，逐步形成以學校為中心的「三位一體」的德育網絡。

當前，青少年學生的社會生活與交往具有廣泛性、多樣性、複雜性，尤其是信息傳播手段日益現代化的今天，學生的道德成長不可能通過學校教育的一己之力就能很好地形成和發展起來。學校教育如果不協調、控制、調節家庭和社會各方面的影響，就會被其散發出來的不一致甚至是消極有害的負面影響所弱化。

學校要主動聯繫家庭，共同分析研究學生的道德表現，協調一致做好學生的德育工作。面對社會影響，學校要把社會中的積極因素組織到德育中來，對消極影響因素採取各種措施予以堅決抵制，並引導學生辯證認識和分析社會中的不良道德因素。同時，學校也要和校外教育機關以及社會各部門、各團體加強相互聯繫，共同研究、協

調對學生的教育，指導學生的校外活動，安排好學生的假期生活，開展學生所喜愛的活動，使學生校內校外都能得到良好環境的影響和熏陶。

(3) 加強德育的計劃性和連貫性。

學校教育具有鮮明的有目的、有計劃、有組織、有系統的特點，以此才能保證學校教育對學生成長的有效性。德育是學校教育工作的重要組成部分，也應在德育目標指導下，體現出明顯的計劃性和系統性等特點，隨意性、不連貫的德育活動無法確保良好的德育效果。德育工作者要根據學生身心發展特點和水準，對學生提出由易到難的德育內容和要求。在學生不同年齡階段和同一年齡階段的不同年級之間，德育要求、內容、方法上都應該有所區別，也要加強相互聯繫和銜接，共同構成德育教育體系。

以上原則之間並非單獨、孤立的，而是相互制約、協調配合的。德育工作者要根據實際情況，綜合利用這些德育原則，使之形成完整的德育原則體系，從而發揮其整體效應。

第四節　德育途徑與方法

一、德育的基本途徑

德育的基本途徑是學校開展各項德育活動和工作過程中，有目的、有計劃地採用的基本德育組織形式。它是學校德育對學生思想品德發展產生影響的基本方式和來源。德育工作不僅要有正確的內容，還要有恰當的途徑和方法，才能提高德育質量，確保德育成效。因此，學校和教師有必要瞭解德育的基本途徑和方法，以便能夠在德育情境中靈活選擇和應用。

德育的基本途徑主要涉及學校、家庭和社會三個德育主體的學校內外、課堂內外的多種實施途徑，如思想政治課、社會實踐等。

(一) 教學

教學是學校有目的、有計劃、有系統地對學生進行德育的最基本、最常用且最有效的途徑。根據教學任務不同，教學又可分為德育課教學和其他各學科教學。

其中，德育課教學是所有德育活動之中最直接、最系統的途徑。按照年級不同，它又可分為小學的品德與生活課、品德與社會課，初中的思想品德課，高中的思想政治課等。這類教學對於幫助學生樹立正確的政治方向，人生觀、世界觀和價值觀以及培養良好的品德等都具有重要作用。

其他各學科教學是指教師向學生傳授學科知識的同時進行德育活動，它是德育活動不可缺少的補充途徑。赫爾巴特曾指出世界上沒有無教育性的教學。教學的教育性規律就意味著各學科教學既承擔著向學生傳授學科知識的重要任務，也擔負著對學生進行思想品德教育的重要職責。教師要結合各學科特點，把德育思想滲透到各科教學內容和教學過程之中。

(二) 班導師工作

班級是學生學習和成長的基層組織，也是學校施加德育影響、學生展開德育自我

教育的組織單位。班導師是班級的領導者和管理者，也是班級德育工作的直接實施者。班導師工作是培養學生良好思想品德、促進學生道德健康發展的重要途徑。班導師應結合本班學生的實際情況，組織、建設好班級組織並做好個別教育工作，在有目的、有計劃、有系統的德育活動中形成班級良好的班風，以此影響班級中每個成員的發展。同時，班導師要注意調動學生的主觀能動性，培養學生的自我教育能力。另外，班主任還要注意協調本班、本年級各個學科教師的相關工作，使其形成德育的巨大合力；聯繫家長、校外教育機構等，形成學校、家庭、社會「三位一體」的德育網絡。

（三）共青團、少先隊、學生會工作

共青團、少先隊、學生會都是在學校的組織和領導下由學生組成的正式組織，是青少年學生自己的集體組織。這些組織所開展的活動中蘊含著豐富的德育因素，是學生自我教育的重要組織，也是協助教師完成德育任務及其他任務的組織形式，是學校德育中最有生氣的力量。學校可以引導團、隊、學生會根據各自任務和工作特點，開展健康有益、生動活潑的活動，以此引導學生樹立遠大理想和良好的風尚道德，提高自我教育和自我管理能力。

（四）勞動與社會實踐

勞動是培養學生道德品質的重要方式。教師指導學生參加自我服務性勞動和必要的家務勞動等，可以培養學生熱愛勞動、尊重勞動人民、珍惜勞動成果的思想感情和艱苦奮鬥的行為作風，培養樂觀向上、克服困難的品性，培養學生的自尊心、自信心和自豪感。

社會實踐是學生獲取直接經驗，提高道德認識的深刻性，培養強烈的道德情感，堅定道德信念的重要手段。組織學生參觀訪問、遠足、進行社會調查以及參加社會服務和軍訓等實踐活動，可使學生開闊眼界、認識國家、瞭解社會、增長才干，這樣可以把理論和實踐結合起來，增強其辨別是非的能力。

（五）活動課程與課外活動

學校和班級組織的各種科技、文娛、體育及班團隊活動是促進學生身心健康發展，培養學生道德情操的重要方式和途徑。學校要有計劃地開設多種活動課程，組織學生開展豐富多彩的科技、文藝、體育等課外活動，包括課外興趣小組和各種社團活動，在發展學生個性特長的同時，教師可通過活動有意識地培養學生的良好道德情操、意志品質和生活情趣，提高他們的審美能力。

（六）校外教育

學校雖然是德育的主陣地，但是校外蘊藏著很多的德育資源，學生道德發展也需要校外多方主體的協作配合。因此，校外教育也是培養學生健康文明生活方式，提升學生思想品德修養的一個重要陣地。學校要充分發掘和利用校外資源條件，主動與少年宮、少年兒童活動中心、圖書館、文化館、博物館、紀念館、科技館等校外的文化教育單位建立聯繫，通過與這些校外機構進行合作，共同組織學生參加各種活動，利用這些專門場所和社會文化教育設施，在活動中施加德育影響。

（七）心理諮詢

學生成長過程中或多或少會出現一些心理困惑，尤其是處於青春期的學生，生理和心理發育的不平衡等會讓學生品德發展遇到諸多問題，心理諮詢是幫助學生解決心

理問題、引導學生品德發展的重要途徑。教師可以通過談心、諮詢、講座、熱線電話等形式，為學生提供幫助，提高他們的心理素質，培養他們面對挫折時的回彈力。

(八) 校園環境建設

校園環境是學校隱性課程的重要組成部分，其氛圍會對學生產生潛移默化的影響。通過校園環境建設和優化，對學生施加德育影響，提升學生品德修養，應成為學校德育工作的重要構成。學校可以充分發揮校歌、校訓和校風對學生的激勵和約束作用，利用黑板報、壁報、櫥窗、廣播、影視、圖書館等多種宣傳資源，為學生創造良好的德育物質環境和文化輿論環境，使學生受到良好的熏陶和影響。

(九) 家庭

家庭是學生成長的第一個重要場所，家庭的養育方式、智力活動氛圍等都會對學生行為習慣的培養、學生品德的形成以及學生個性的健康發展發揮極其重要的作用。這些作用主要通過親子之情的感化、家庭生活的熏陶及家長的言傳身教等方式發揮出來。學校可通過家訪、開家長會、設立家長接待日、開展家庭教育諮詢、建立家長委員會等多種形式，與家長進行聯繫、溝通和交流，切實形成良好的家校合作局面，共同促進學生品德發展，貫徹和落實德育目標。

(十) 社會

根據國家有關法律和中央有關文件的規定，各級政府和社會各部門都有履行關心、促進和保護青少年健康成長的義務。對此，各級教育行政部門以及學校、教師應主動與社會相關機構尤其是有關政府部門取得聯繫，充分發掘和利用社會中的德育資源；加強對於社會文化市場及娛樂場所的管理與規範，為青少年提供豐富多彩、健康有益的精神食糧；充分發揮革命前輩、各行各業先進模範人物等榜樣教育作用；充分依靠關心下一代協會、社區教育委、村民委員會等各種社會團體，發動協調社會力量支持和參與學生的德育工作。

二、德育的方法

德育方法是指在德育過程中，為達到一定的德育目標，教育者、受教育者參與德育活動時所採取的各種方式和手段的組合。它既包括教育者傳道施教的方式，也包括受教育者自我教育、提高自我修養的方式。德育活動是師生的雙邊活動，德育方法是師生共同活動的方法。只不過有些方法偏重於以教師活動為主，如說服、獎懲，有些方法主要是教師引導下以學生的自我教育為主的方法，如鍛煉、修養等。方法總是服務於一定的目標和內容的，因德育目標和內容不同，德育方法也會不同。一般而言，學校德育基本方法主要有以下六種：

(一) 說理教育法

說理教育法是教育者在德育過程中，借助語言形式，通過擺事實、講道理，啓發學生自覺，使學生明辨是非，提高其思想意識，理解並接受某種道德觀念，改變或形成某種道德態度，形成某種道德行為的方法。

說理教育的方式大致有下列幾種：講解和報告、談話法、討論和辯論、指導閱讀。

1. 講解和報告

講解和報告是教育者通過口頭語言系統地闡述思想政治準則和道德規範，提高學

生認識水準和思想覺悟的方法。一般由學校教師和領導擔當講解者和報告人，學校也可以邀請革命英雄、模範人物和科學家等擔任。這一方法較多使用於德育性質的課程、時事政策報告會或有關思想道德問題的專題講座。

這種方法主要通過教師講、學生聽的方式進行，可以充分發揮教師的主導作用，便於教師控制德育過程，對學生進行引導和啓迪；能夠幫助學生在短時間內獲得大量的、系統的思想道德知識，通過教師講解與師生互動等形式可提高學生明辨是非、真假、善惡的能力。但在這種方法中，學生處於相對被動地位，如果方法使用不當，可能不能很好地發揮學生在德育過程中的自覺性、主動性和積極性。

因此，這種方法在使用過程中應該注意：第一，目的明確，有的放矢。第二，觀點鮮明，主題突出。第三，內容系統，具有科學性和思想性。闡述的道理要符合真理，符合客觀實際。講解的內容要在深度和廣度上符合學生的年齡特點、認識水準和接受能力。第四，講解要民主。講解要啓發學生思考，使之心悅誠服地接受所講道理，不能強迫或威脅其接受所講觀點，允許學生保留自己的意見。第五，講解語言要形象生動，通俗易懂，富有幽默感和感染力。

2. 談話法

【資料連結】

一首歪詩的風波

1939年7月，陶行知在重慶附近的臺川縣古聖寺創辦了主要招收難童入學的育才學校。一天，育才學校育樂組的壁報《小喇叭》出刊了。壁報前人頭攢動，越湧越多。同學們邊看報邊議論。外圍的人向裡擠，裡面的人不願讓。有人建議：「讀一下，讀一下吧！」只聽得一個油腔滑調的聲音開始朗誦了：「人生在世有幾何？何必苦苦學幾何。學習幾何苦惱多，不如學習咪嗦哆！」這首詩不脛而走，傳遍了全校，引起了爭論，多種評價，褒貶不一。其實，陶行知早就看了這首小詩。但他沒有馬上找到這位小作者進行簡單粗暴的批評教育，也沒有馬上召集學生進行集體訓話。次日，他邀請小作者到自己的辦公室，進行了促膝談心。他和小作者研究起了人生與數學的密切關係。從吃飯穿衣談到音階頻率的振動；從種田做工講到國家大事，哪一件都少不了數學、離不開數學。因此，人人要學數學，數學對人們就像人們離不開空氣、水分、陽光、營養品一樣重要。小作者聽到陶校長的諄諄誘導，連連點頭說：「校長，我這下真的明白了你為什麼要我們把學好語文、數學、外語、科學方法論這四門功課作為開啓文化寶庫的四把鑰匙的道理。我檢討……」陶行知馬上接過話頭說：「現在我們是民主討論，不是檢會，你能認識問題，提高思想，就是進步。」小作者連連點頭說：「我們音樂組不少同學都有這種思想，讓我去說服他們！」陶校長眯著雙眼放心地說了一句：「好啦！我們今天的民主探討到此結束。」

資料來源：徐吉志. 一首歪詩的風波 [J]. 人民教育，2007（20）：59。

談話法是教師就某一思想道德問題與學生交談、討論，以便使學生明白某一道理的方法。談話法中，學生可以直接參與交流思想感情，因此，這種方法更容易激發學生思考，調動學生解決品德問題的積極性和主動性。而且，這種方式不受時間、地點

和人數的限制，簡便易行，在實踐中適用範圍較廣，使用較多。談話法形式多樣，如講解、討論思想品德問題時的啓發性談話，考查學生品德行為的表揚性或批評性談話，討論品德問題時的指導性和總結性談話，面對學生集體或個人的集體談話或個別談話。

運用談話法，必須做到：第一，談話必須要有針對性，瞭解談話對象的思想狀況、個性特點和其所受的社會影響，在此基礎上，確定談話內容和方式。第二，談話要講求時機。根據實際需要選擇談話時機，充分利用不同時機下的不同談話類型，不要在學生有錯誤時才談話，無錯就不談話，避免學生誤解個別談話的意義，從而對談話產生抗拒情緒。第三，談話過程要民主。談話要尊重事實，態度誠懇，有情感交流，使學生感到親切，創造平等和諧的氛圍。第四，談話要啓發學生思考。談話法要調動學生思考問題的積極性和主動性，使學生通過認真思索明辨是非，得出結論，談話結束時教師要引導學生對談話做出適當總結。

3. 討論和辯論

這是在教師的組織和指導下，學生就某一個或某一些思想問題展開相互討論或辯論，在各抒己見、思想相互碰撞過程中得出結論，從而提高思想認識和能力的方法。這種方法充分調動了學生德育的主體性，是較為典型的學生自我教育的方式。討論法可以活躍學生思想，使學生在民主、平等的相互討論或辯論中，調動自我思考問題的積極性，借助自我思考和探索得出的結論更容易讓學生信服。但是討論法需要學生具備一定的分析和解決問題的思維能力，因此，它常在高年級及以上學生群體中使用，且如果結合講解和報告、閱讀指導、參觀訪問法等方式進行，其效果更好。

討論法的使用也要注意以下問題：第一，問題選擇要恰當，教師要能夠提出學生最關心、最迫切需要解決且能夠引發討論的問題。第二，討論之前要指導學生搜集材料，做好發言準備，啓發和鼓勵學生勇於發表自己的意見。第三，在討論過程中，教師要循循善誘，使討論圍繞主題由淺入深展開，最終得出結論。要防止個別學生在討論中占據討論霸權以及個別學生沉默不語的情況，防止討論過程中冷場、偏離主題等情況。第四，討論結束後，教師要做好總結，並對討論中爭執不下的問題發表自己的意見，同時允許學生保留自己的看法。

4. 指導閱讀

這是教師指導學生閱讀有關書籍、報紙、雜誌和文件，以領會和掌握有關思想道德規範方面的知識，提高學生品德認識水準和能力的方法。這種方法形式多樣，如教師可以結合政治課和品德課的講解，組織學生進行半獨立性閱讀和獨立性閱讀等。這種方法有助於發揮學生德育過程中的主體作用，培養學生在讀書過程中獨立思考問題的良好習慣和進行自我道德教育的能力。學生的閱讀還可以彌補教師口頭講解的不足，擴大學生的知識面，以主體性閱讀提升學生在思想道德方面知識上的興趣和愛好。

教師指導學生的閱讀要注意以下三點：第一，教師要引導學生閱讀德育性質的相關材料，如根據德育計劃，結合講解、談話、討論的重點話題，引導學生閱讀有關書報文章、英雄傳記、革命回憶錄及文學藝術作品等。第二，教師要合理安排閱讀，把課內和課外閱讀充分結合起來。第三，教師要對學生閱讀進行指導，如指導學生制訂閱讀計劃、掌握閱讀方法，使學生學會做摘記、提綱、概要和讀書筆記等。教師還可通過組織讀書座談會、報告會，寫心得體會，開展書評等形式讓學生書寫閱讀總結，交

流閱讀心得，鞏固閱讀收穫和效果，以此提升學生辨別是非的能力和思想評價的意識水準。

【知識考查】
通過談話、討論對學生進行德育的方法，屬於（　　）。
A. 情感陶冶法　　　　　B. 榜樣示範法
C. 實際訓練法　　　　　D. 說服教育法
答案：D

(二) 陶冶法

陶冶法是指教師自覺利用環境和自身的教育因素，對學生進行潛移默化的熏陶和感染，使其在耳濡目染中受到感化的方法。陶冶法直觀具體、生動形象、情景交融，易為學生理解，也容易激起學生情感共鳴，從而產生強烈的感化、熏陶、激勵作用，因此，陶冶法具有較強的非強制性、愉悅性、隱蔽性和無意識性。古代教育家孔子就提倡用詩歌和音樂陶冶學生的性情。

陶冶法主要有以下兩種方式：

1. 教師人格感染

教師的身教重於言教，身教之中最為重要的一點就是教師的人格影響。教師利用自身的人格魅力及其對學生真誠熱愛的情感來對學生進行陶冶。教育者對受教育者真誠的、無微不至的關心愛護及教育者自身具有的高尚人格，可以觸動、感化、熏陶學生，促進其思想轉變。教師的威望越高，對學生的關懷和愛越真摯，對學生人格感化的力量也就越大。

2. 環境陶冶

教育者自覺利用環境中的教育因素對學生的品德情感進行潛移默化的陶冶。健康文明的文化環境可使學生形成良好的道德規範和健康向上的風尚，在優美的自然環境中，學生可以通過美的事物的熏陶，激發強烈的美感體驗，從而對自己保護美、創造美的道德行為產生一定的約束和激勵作用。環境陶冶的主要方式有：

（1）自然環境陶冶法。教師組織學生遊覽祖國各地的名勝古跡、名山大川等，使學生能夠在欣賞祖國美麗河山的過程中增強熱愛祖國、熱愛大自然的美好情感；美好的校園環境的創設，使學生能夠在教室寬敞明亮，環境清淨整潔，四季花繁葉茂，鳥語花香的校園環境中得到輕鬆、愉快的心理情感體驗，而且還能夠激發學生愛校、愛集體的情感。清潔、舒適、雅靜的家庭學習、生活環境，能夠給學生帶來美的享受和良好的學習環境。學校可以組織學生自己動手，淨化、美化、綠化校園和自我的家庭環境。

（2）人文環境熏陶法。優良的校風和班風對於學生而言是重要的人文環境。校風和班風是通過教育、培養等環節逐步形成的集體在情緒、言論和行動上的共同傾向，是全校、全班成員精神面貌的反應，是全校、全班共同價值規範的集中體現。學生長期生活於其中，受其熏陶就會產生與之相對應的良好思想、情操和行為方式。良好的家規家風能夠使家庭成員民主平等、團結互助、友愛和諧、文明向上，對於學生道德

品質提升也是一個不可或缺的重要人文環境因素。

（3）文藝陶冶。文藝陶冶法是指教師借助於音樂、美術、舞蹈、雕塑、詩歌、小說及影視等文藝手段創造的生動形象，感染學生，使其在欣賞、評論、創作及演出過程中受到陶冶。藝術來自生活，又高於生活。文藝作品一般形象概括，寓意深厚，感人至深，不僅給學生以美的感受，而且可以熏陶他們的性情。教師應重視組織學生閱讀文學作品、聆聽音樂、欣賞畫展、觀賞影視或者引導他們自己去創作、表現，從中獲得啟示、受到陶冶。

【知識考查】
「讓學校的每一面牆壁都開口說話」，這屬於（　　）。
A. 陶冶法　　B. 說理教育法　　C. 榜樣示範法　　D. 行為鍛煉法
答案：A

運用陶冶教育法的要求：
第一，創設良好的情境。
學校和教師應認真規劃和設計良好的校園情境，尤其是班主任應通過各種途徑和手段為學生營造一個良好的班級微環境。同時，學校要主動與家庭及社會相關機構溝通合作，盡可能改變和消除對於學生道德成長產生不良影響的外在環境。
第二，陶冶與啟發說理相結合。
教師為有效發揮情境的陶冶作用，應結合啟發說理方式，引導學生積極主動關注與德育目標相關的環境因素，充分利用環境的有益影響培養學生的良好品德和作風。
第三，引導學生參與情境創設。
良好的教育情境需要學校管理者和教師的積極創設，也需要學生的主動參與。學生可以向學校表達自己內在的感受以及對構建有益情境的意見和建議。

（三）榜樣示範法

榜樣示範法是用榜樣人物的高尚思想、模範行為、優異成就來影響學生的思想、情感和行為的方法。向榜樣人物進行學習是人成長過程中重要的間接學習方式之一。榜樣人物能夠把道德觀點和行為規範以具體化、人格化的形式呈現在學生面前，榜樣人物的故事具體、形象、生動，學生更容易接受，對學生具有更強的感染力和吸引力。個人信服的榜樣總能給人帶來巨大的示範、引領和激勵作用。對於青少年學生而言，他們可塑性強，模仿能力也強，喜歡模仿有威望、有名氣的人，尤其崇拜偉人和英雄。「其身正，不令而行，其身不正，雖令不從」「上行下效、耳濡目染」「桃李不言，下自成蹊」等都說明了榜樣示範法的重要作用。但是，青少年學生的辨別意識和能力較差，學校和教師要對青少年的榜樣學習行為進行引導，使其模仿行為朝向積極、良性的方向，這樣才能對他們的成長產生巨大的推動力。

用來示範的榜樣主要有家長和教師、同學、英雄人物、革命領袖、歷史偉人和文藝形象。革命領袖和英雄模範人物這類榜樣也稱典範，他們情操高尚，形象、思想和事跡典型性強，其偉大業績、崇高品德容易引起學生的敬仰之情，也最容易成為學生敬仰、熱愛的榜樣。

優秀同學或同齡人，如「三好」學生、優秀學生幹部、優秀集體等，這些榜樣與學生們生活在一起，年齡相近，經歷相似，環境影響也差不多，所表現出來的好思想、好行為是學生們比較熟悉的，容易為大家所理解和信服，也易於他們效仿和學習。

在學校德育中運用榜樣示範法應注意以下三點：

第一，選擇適合學生學習的榜樣。選好榜樣是榜樣示範法的前提和基礎，學校教師可根據時代要求和中小學生的實際情況，為學生樹立良好的學習榜樣，同時也可以指導他們根據自己的實際情況，為自己的成長選擇合適的榜樣，從而以榜樣之力為學生指明前進的方向，激發學生前進的動力。

第二，激起學生對榜樣的敬慕之情。教師要引導學生瞭解榜樣人物的事跡，分析值得學生學習的重要品質，讓學生在瞭解榜樣人物的基礎上對榜樣產生敬慕之情，從而產生向榜樣學習、不斷前進的巨大力量。

第三，要向學生提出明確的目的和要求，使之根據榜樣行為提高自身修養。只有學習目的確定了，才能明確學生學習方向，才能促使學生用榜樣來引導和調節自身行為、提高修養。教師要引導學生把對榜樣人物的敬慕之情轉化為道德行為和習慣養成的動力上來，使之根據榜樣人物的重要品質調節自身行為。

【知識考查】

「桃李不言，下自成蹊」，這屬於（　　）。
A. 榜樣示範法　　B. 說理教育法　　C. 行為鍛煉法　　D. 學生自我修養法
答案：A

（四）實踐鍛煉法

行為鍛煉法是指教師有目的地組織學生參加一定的實踐活動，在實踐中進行鍛煉，以提高品德認識和實際活動能力，形成良好品德行為習慣的方法。

實踐鍛煉法包括學習活動、委託任務、組織活動、執行制度、行為訓練等。

1. 學習活動

學習是學生的主要活動，這一活動需要付出艱苦、持久的腦力和體力勞動。學生的日常學習生活是學生實踐鍛煉的重要方式之一。教師要引導學生在學習過程中克服困難，培養對於學習的責任心、義務感、意志力，養成刻苦、認真、細緻、不畏艱難等優良性格品質。

2. 委託任務

教師或學生集體可以委託學生個人或群體完成一定的工作任務，如擔任班幹部、辦黑板報、籌辦晚會等。這不僅可以提高學生的工作能力，還可以通過讓其執行任務培養他們的工作責任感、集體責任感和集體榮譽感等品質。

3. 組織活動

學校和班級可以根據教學時間安排和資源條件實際，組織學生參加各種實踐活動，如課外活動、生產勞動和一定的社會實踐活動。課外活動有助於學生培養遵守規則規範、克服困難等良好品質。生產勞動不僅可以使學生形成科學的勞動觀、積極的勞動習慣、較高的勞動技能，還能培養學生的勤勞儉樸、堅忍頑強等勞動品質，提高其道

德素養。社會實踐如社會調查和社會服務等活動可以給學生提供接觸社會、關心民情的機會，有助於他們更加深刻地理解黨的路線、方針、政策，清晰認知自己肩負的使命，並形成正確的世界觀和人生觀。

4. 執行制度

沒有規矩，不成方圓。學校的規章制度和學生日常行為規範是學生健康成長、形成良好道德素養的重要資源。教師可指導學生據此進行經常性訓練，如校園常規、衛生常規、禮貌常規和圖書館、閱覽室規則等的訓練，可使學生形成集體觀念、時間意識，養成自覺的組織性和紀律性。

5. 行為訓練

教師在講明道理的基礎上，指導學生進行反復的練習，以培養青少年的良好道德行為和道德習慣。教育者首先要講明道理，提出要求，具體指導，督促檢查，反復訓練，以指導學生反復練習鞏固，形成道德習慣。

運用實踐鍛煉法也應注意以下要求：

第一，堅持嚴格要求。嚴格的要求和督促才能確保實際鍛煉效果；否則，學生不嚴格遵守規範和要求，就會使實踐鍛煉變成敷衍了事，流於形式。

第二，調動學生自覺鍛煉的主動性。教師提出鍛煉目標，學生是鍛煉活動的主體。如果沒有學生積極參與和配合，鍛煉活動效果很難保證。教師要引導學生認識鍛煉的必要性、價值性和可行性，學生在內心深處才會產生自強不息、努力拼搏的動力，才會自覺以目標嚴格要求自己，獲得最佳的鍛煉效果。

第三，注意檢查和持之以恒。良好品德行為習慣的形成是一個長期而反復的鍛煉過程，虎頭蛇尾、一曝十寒都無益於品德的培養，教師也應適時給予監督、檢查，肯定其鍛煉的成績，指出不足，鼓勵其繼續努力，堅持不懈，持之以恒。

（五）品德修養指導法

它是指教師指導學生自己教育自己（自覺學習、自覺反省、自我行為調節），使自身品德不斷完善的教育方法。中國古代也很重視修養。孔子提倡君子要注意「內自省」「內自訟」，曾子強調「吾日三省吾身」，孟子主張「自反」「自強」，荀子指出「君子博學而日參省乎己，則知明而行無過也」。他們都注重通過自我認識、自我體驗來提高個人的品德。

品德修養指導法包括學習、座右銘、立志、自我認識、自我體驗、自我控制等。

1. 學習

這是指為提高思想道德修養而進行的學習。個人修養的提高有賴於人類累積的科學知識和道德經驗的掌握，教師須注意指導學生善於通過學習吸取高尚的思想營養來提高自己。

2. 座右銘

這是引導學生依據自身品德中的弱點或所確定的奮鬥目標，選出有針對性的名人、名言置於顯眼處，用以自警、自律、自勵的方法。它能夠幫助學生抓住個人的主要問題，有針對性地加以解決。

3. 立志

樹立人生志向、確立遠大理想是個人前進的方向和巨大動力。它既是修養的一種

方法，也是修養的一個重要內容。德育工作者應加強學生的理想教育，引導他們根據社會的需要和自身的條件、特點設計恰當的奮鬥目標，並支持他們為實現自己的志向和目標而堅持不懈地努力。

4. 自我認識

自我認識是指受教育者對自己思想、言行的對與錯、優點與缺點的判斷。這是學生自我教育的前提。學校和教師要幫助學生通過認識別人來認識自己，通過道德評價活動學會自我評價。自我評價是一個人的自我認識結構中的高級成分，它是在自我感覺、自我印象和自我概念基礎上逐漸形成的。自我評價過高對道德發展不利，自我評價過低易導致自卑和抱負水準低。我們要指導學生積極參與班級內部道德問題的討論，開展批評和自我批評，引導學生做出適當、穩定的自我認識（含自我評價），這是道德教育的重要任務之一。只有能夠正確進行自我認識、自我評價的個人，才能發現自己的不足，找出自己與別人、與社會、與教育要求的差距，並產生對自己的不滿情緒、態度，激起改進和提高自己的要求與願望。

5. 自我體驗

伴隨自我道德認識和評價時所產生的情感體驗就是自我體驗。它是對自己思想、言論、行為做價值判斷時產生的道德情感。要引導學生在踐行中體驗自己的情感，要通過道德認識昇華道德情感，要注意通過審美和創設情景使學生獲得情感體驗，要抓住契機引導學生體驗自我放縱的痛苦和戰勝自我的愉悅。

6. 自我控制

學生在道德意志行為中自覺地掌握和支配自己的情感和行為。自我控制是最重要的調節機制，也是心理成熟的標誌。要創設困難情境，磨煉自己的意志，指導學生自我激勵、自我誓約、自我命令、自我禁止、自我監督、自我檢查。

指導學生的自我教育首先要激發學生自我教育的動機，指導學生自我教育的方法，養成自我教育的習慣。教師可向學生介紹自我教育的多種方式，如仿效榜樣、格言激勵、藝術熏陶、語言暗示、自我獎懲、自我檢查等。

這種方法是指在教師引導下，學生自己教育自己，進行自覺的思想轉化和行為控制的方法。學生品德能否提高同學生個人能力能否自覺主動地進行道德修養的培養緊密相關。教育家蘇霍姆林斯基指出，真正的教育是自我教育。指導學生自我修養要注意遵循以下要求：培養學生自我修養的興趣、指導學生掌握修養的標準、指導學生參加社會實踐。

【知識考查】

班主任讓學生寫反思日記，這屬於（　　）德育方法。

A. 學生自我修養法　　　　B. 行為鍛煉法
C. 榜樣示範法　　　　　　D. 陶冶法

答案：A

（六）品德評價法

這是根據一定的要求和標準，對學生的思想言行做出肯定或否定的評價，促進其品德積極發展，幫助他們改正缺點與錯誤的方法。品德評價法的主要方式有：表揚與獎勵、批評和懲罰、操行評定。學生自身的思想品德狀況提高得怎麼樣，一方面靠自我反省與他人的對照來判斷，另一方面，教育者要及時給予反饋，使受教育者瞭解自己的優點，知道自己的缺點，繼而不斷地修正錯誤，發揚成績，以此來提高自己的品德水準。

運用品德評價法要注意以下要求：

第一，公平、正確、合情合理。做到當獎則獎、當罰則罰，獎勵與處罰一定要符合實際、實事求是，不主觀片面，不講情面。

第二，發揚民主，獲得大家支持。獎懲是由少數人決定的，難免主觀武斷、出現差錯，得不到群眾支持。只有發揚民主，聽取群眾意見，才能使獎懲公平合理，富有教育意義。

第三，注重宣傳與教育。獎勵與處罰不僅是為了教育被獎勵者或被處罰者，也是為了教育全體學生，所以要在一定範圍內公布，以便收到更好的效果。

理解與反思

1. 談談你對德育原則的理解。
2. 談談對不同的德育方法的認識，思考下每一種方法的適用情形。

拓展閱讀

[1] 檀傳寶. 學校道德教育原理 [M]. 北京：教育科學出版社，2000.
[2] 魯潔，王逢賢. 德育新論（新世紀版）[M]. 南京：江蘇教育出版社，2000.
[3] 張世欣. 道德教育的四大境界 [M]. 杭州：浙江教育出版社，2003.
[4] 王本陸. 教育崇善論 [M]. 廣州：廣東教育出版社，2001.
[5] 杜時忠. 德育十論 [M]. 哈爾濱：黑龍江教育出版社，2003.

第十一章

班級管理與班主任工作

■ 學習導航

(1) 瞭解班級的概念、班級組織的原則。

(2) 掌握班集體構成要素、發展階段和培養方法。(重點、難點)

(3) 掌握班級管理的作用、原則和模式。(重點)

(4) 理解班主任的角色、職責、工作內容及專業素質。(重點)

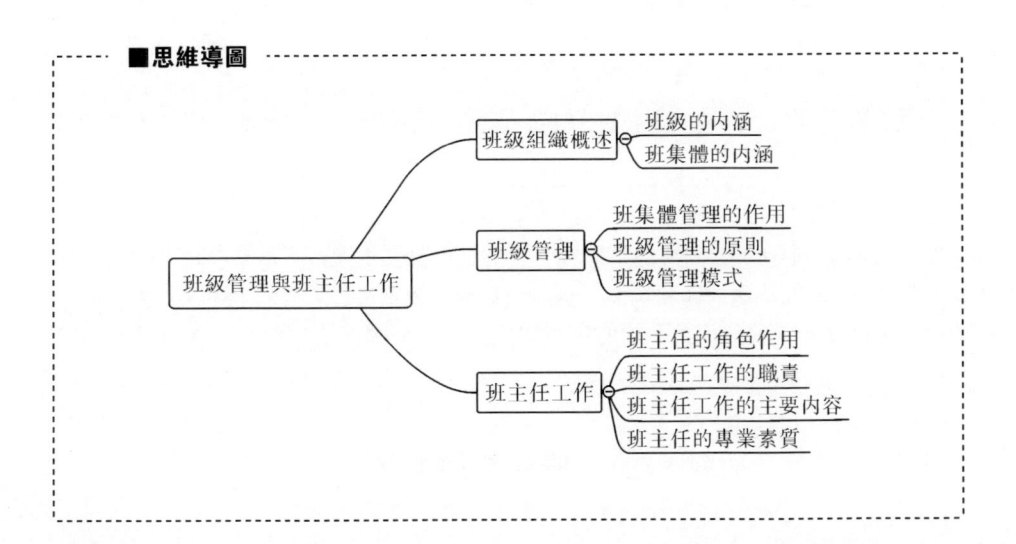

■ 思維導圖

班級管理與班主任工作
- 班級組織概述
  - 班級的內涵
  - 班集體的內涵
- 班級管理
  - 班集體管理的作用
  - 班級管理的原則
  - 班級管理模式
- 班主任工作
  - 班主任的角色作用
  - 班主任工作的職責
  - 班主任工作的主要內容
  - 班主任的專業素質

■ 教育瞭望

插上理想的翅膀

很多學生滿懷信心地邁入高中，可是由於高中課程比初中加大了難度和知識容量，而一時不適應高中階段的學習，成績不理想，思想負擔重，許多學生找我訴苦。有的甚至產生了厭學情緒，心理受到嚴重的挫折。針對這種情況，我想到要用遠大的理想來激勵學生。我在徵求學生意見的基礎上，把班級命名為「遠志班」，並發動學生制定了班風及解說詞。

班風是：志向高遠，素質全面，品格高尚，為形成團結進取的班集體而奮力拼搏。

解說詞是：理想是石，敲出星星之火；理想是火，點燃希望的燈；理想是燈，照亮前行的路；理想是路，引你走向黎明。沒有理想的生命就像沒有風的帆一樣空虛。「不經歷風雨，怎麼見彩虹，沒有人能隨隨便便成功。」汗水是滋潤靈魂的甘露，勤奮是理想飛翔的翅膀。新的世紀，新的曙光，新的挑戰，需要的是素質全面、品格高尚的人才，讓我們用理想的經線，拼搏的緯線，編織未來，編織人生，編織新世紀！

學生很快就能背誦班風及解說詞了，並樹立了自己的遠大理想。我讓學生把自己的理想書寫在卡片上，貼在課桌的右上角，隨時提醒自己。每個學生有了自己的理想以後，我又及時地告誡學生，有了遠大的理想是好事，但理想和現實之間有很遙遠的路途，要付出努力和汗水。在理想實現的過程中會遇到各種各樣的困難，要有勇氣和信心克服。我又讓學生制定班歌──《真心英雄》，用歌詞「不經歷風雨怎麼見彩虹，沒有人能隨隨便便成功」來激勵學生，增強他們的抗挫折能力。經過恰當的教育和激勵，學生的抗挫折能力增強了，克服了學習中的困難，學習積極性上來了，成績大幅度提高，順利完成了從初中到高中的過渡。

資料來源：周達章，方海東，王平杰. 21 世紀班主任工作案例精粹（中學版）[M]. 寧波：寧波出版社，2004：175-176.

作為一種組織形態存在的班級是學校行政管理的最基層單位，也是學校各項活動的基本單位，有其獨特的內涵和功能。班級組織的重要承擔者──班主任在班級管理中的地位和職責有哪些？針對不同的班級組織結構，班主任工作的內容和方法有所差異。

第一節　班級組織概述

班級作為學校開展各項活動的基本單位，不僅是育人的組織，也是學校行政管理的最基層組織，帶有組織的性質。班級在其歷史發展過程中經歷了數次的歷史演變，在運行過程中發揮著相應的作用與意義。班集體不同於班級，有歷史演變和發揮功能的不同，有特定的內涵和構成要素，班集體管理有著特定的原則和班集體管理內容。

一、班級的內涵

（一）班級的發展

「班級」是近代工業化推動學校教育變革的產物，學校教育的最初組織形式是個別教學。

率先使用「班級」一詞的，是文藝復興時期的著名教育家埃拉斯莫。他在 1519 年的一個書簡中描述了倫敦保羅大教堂學校的情形：在一間圓形的教室裡，將學生分成幾個部分，分別安排在階梯式座位上。這是最早的對班級的描述。率先採用班級教學的是歐洲的一些學校，如法國的居也納中學、德國的斯特拉斯堡學校以及一些教會學校。

1632 年，捷克教育家誇美紐斯在他的《大教學論》中第一次從理論上對班級加以了論證。

1806 年，德國教育家赫爾巴特發表了《普通教育學》，提出了教學過程四個階段理論（明了、聯繫、系統、方法），設計和實施了班級教學，使班級教學得以定型。

1939 年，蘇聯教育家凱洛夫科發表了第一本馬克思主義性質的《教育學》，提出了課的類型和課的結構概念，進一步完善了班級教學。

中國最早採用班級授課的是 1862 年的京師同文館。1903 年《癸卯學制》的頒布和實施，標誌著大面積實施班級教學的開始①。

（二）班級的概念

班級是與個別教學的組織形式相對應的形態，從班級的發展歷程來看，班級能夠面向更多的處於同一發展水準的學生，進而更好地實現教育目的。由此可見，班級是指在教育目的的指導下，學校根據學生的發展水準所組成的，進行學校各類活動的學生組織。班級是學校的細胞，是最基層的行政組織，是學校開展教育教學活動的基本單位。

班級作為一種組織形態存在於學校組織之中，其組織性、計劃性、目的性在教育教學活動及各類班級活動中得以體現，可見，班級是一種兼具教育教學和管理職能的正式群體②。

（三）班級組織建立的原則

作為組織形態的班級，其建立需要遵循相應的原則，才能更好地發揮促進個體健康成長、促進班級和諧發展的目的。

1. 教育性原則

教育性原則是班級組織建立的首要原則。建立班級組織的目的是更好地促進學生的健康成長，有利於教育教學活動的順利開展，保障教育成效。影響班級組織教育教學活動開展及培養目標實現的做法與舉措，均不能視為建立班級組織原則的基礎，因為這有違教育性原則。

2. 一致性原則

一致性原則主要指目標一致，即在同一班級組織的個體有著一致的發展目標，這

---

① 張東良，周彥良. 教育學原理 [M]. 北京：北京理工大學出版社，2017：301-302.
② 王守恒，查嘯虎，周興國. 教育學新論 [M]. 合肥：中國科學技術大學出版社，2004：277.

是指引班級組織發展的內在動力。眾所周知，班級組織內的學生會在教師特別是班主任的帶領下，進行有針對性的學習，參加各類活動，致力於促進個體健康全面發展。這便是一致性原則的體現。

3. 遵循教育規律的原則

班級組織開展的各類活動需要考慮社會發展需要，活動的內容、形式均應符合所處社會發展的要求，體現時代特性，與國家保持一致；同時，也需要考慮兒童身心發展特點，從兒童發展實際出發選擇合適的活動內容，開展的各類活動應有利於促進兒童身心健康發展。

二、班集體的內涵

班集體是班級組織的主要表現形態，與班級根據學生發展水準進行聚類集結的方式相比，班集體在概念、特徵、構成要素、歷經的階段、培養方法等方面均有所不同。

（一）班集體的概念

「班集體」這個概念的產生晚於「班級」的概念，最初產生於蘇聯。十月革命勝利以後，學校集體教育一直是蘇聯教育科學領域中重要的課題之一。著名教育家克魯普斯卡婭、馬卡連柯、蘇霍姆林斯基等對集體教育進行過廣泛的研究和實踐。「集體教育」「學校集體」「班集體」是蘇聯教育界普遍關注、使用頻率相當高的教育學概念[1]。

目前，對「班集體」這一概念的論述，主要代表性的觀點有：

班集體是由整個班級所組成，以完成學校教育任務為共同目標，有一定組織機構、規章制度的學生共同體[2]。

班集體是按照班級授課制的培養目標和規範組織起來的，以共同學習活動和直接性人際交往為特徵的社會心理共同體[3]。

以上關於「班集體」的概念界定，雖然在表述上不盡相同，但可在理論與實踐的結合中找出其共通的方面，如以共同的目標為指引、以共同活動為主要的人際聯結形式、以規章制度為約束、以組織機構為存在的物質形態、屬於一種共同體。由此，「班集體」的概念可界定為：班集體是按照班級授課制的培養目標為價值引領，以共同活動和直接性人際交往為主要的人際聯結形式，以班級組織機構為存在的物質形態，借助規章制度對個體進行規範和約束的社會共同體。

（二）班集體的特徵

班集體因與班級從內涵上有較大差異，也表現出自身的獨有特徵。

1. 班集體是由學生非正式群體組成的正式群體

毫無疑問，班集體是學校的基層組織機構，有明確的目標、規章制度、組織機構等，具有正式群體的性質，形成了班集體的主流文化，形塑著班級的社會文化基因。但是，身處班集體這一正式群體的學生卻因興趣愛好、性格特徵、發展水準等組成了類型多樣的非正式群體，這些非正式群體組成了不同的亞文化，有些亞文化是合乎主

---

[1] 趙海霞. 班集體建設智慧與策略［M］. 長春：東北師範大學出版社，2010：2.
[2] 顧明遠. 教育大辭典（第一卷）［M］. 上海：上海教育出版社，1990：139.
[3] 王寶祥，牛志強，陳燕慈. 班主任辭典［M］. 北京：中國工人出版社，1992：112.

流文化規範的，而有些則不合乎主流文化規範。對不合乎主流文化規範的亞文化就需要進行相應的干預與引導，使其成為促進學生非正式群體的積極力量，進而促進正式群體的健康發展。

2. 班集體以促進全體學生的全面健康發展為目標

班集體開展的活動內容多樣、廣泛，以課堂教學活動為仲介，整合學校、社會、家庭的教育影響，開展形式多樣的輔各類班團活動。不管是教學活動還是班團活動，其主要目標均是促進全體學生的全面健康發展，這是由班集體的共同願景決定的，也是教育性的直觀體現。

3. 班集體是有直接的人際互動構成的社會共同體

班集體成員間在各類活動中通過集體與個體、集體與環境、個體與個體的相互作用，構成了富有情感和心理效應的直接人際互動，這一互動中不僅有知識的習得，更有價值觀的引領、能力的訓練、情感的豐富、集體歸屬感的培養等。這是班集體從形成到發展成熟完善在主體性發展水準上的重要體現。

（三）班集體的構成要素

自德國哲學家與社會學家斐迪南·滕尼斯將人類生活類型劃分為共同體（community）與社會[①]後，共同體被用於管理學、教育學、心理學等各領域。

班集體作為一種共同體，在構成要素上也具備一般共同體的要素。

1. 共同的目標

班集體會在班主任引導下，確立近期、中期、遠期目標，這些目標是班集體每一位成員的共同目標。因此，每位成員都積極努力構建班級文化，組織各類活動確保目標的實現。

2. 共同遵守的規則

班集體建設之初的重要任務之一便是確立班級管理規章制度及班級守則，這是班集體每位成員行為的準則與依據，也是班集體各類活動順利開展的保障和前提。

3. 班級組織機構

班集體的組織機構主要有班委會、小組等，其成員各司其職、明確分工，確保班集體各類活動的有序開展，班級組織機構是班集體賴以有序運轉的物質保障。

4. 人際聯結

班集體成員間通過各類活動進行面對面的、直接的人際互動，這一過程，增進了成員間的情感，營造了良好的心理氛圍，使班集體成員形成熱愛集體、關愛班集體成員的積極情感，使其從內心深處形成班集體歸屬感，維護班集體的榮譽，共同形成一種集體合力。

（四）班集體歷經的階段

班集體從組建到成熟大致要歷經四個階段。

1. 組建階段

這一階段班集體處於雛形階段，班集體屬於鬆散群體。班集體成員雖同屬於一個班級，但實際上還沒有形成凝聚力，是一個個獨立的個體。班集體主要依賴班主任，

---

① 趙健. 學習共同體：關於學習的社會文化分析 [D]. 上海：華東師範大學，2005：13.

班主任對學生提出集體目標和班級規章制度，並通過引導學生積極開展各類活動將班級規章落到實處，促進班集體的發展。這一階段是班集體的形成時期，如果班主任對學生不嚴格要求，對班級規章執行或監督不力，勢必影響班級的後續發展，使班集體逐漸變得鬆散、缺乏凝聚力。

  2. 形成階段

  經歷第一階段後，在班級組織機制在這一階段基本穩定時，師生之間、學生之間有了一定的瞭解，產生了情誼和信賴，一批團結在班主任周圍的積極分子在班主任的引導與培養下開展各項活動，成為實現集體發展目標的核心，凝聚力在這一階段有所顯現。但此階段，班集體還離不開班主任的組織與指揮，班主任一方面要善於發現積極分子，從中選拔出具有一定管理能力、熱心為班集體服務、關心團結集體的班幹部，另一方面要善於培養積極分子，指導與幫助其提高班級管理能力，在維護其威信的同時對其嚴格要求。

  3. 發展階段

  這一階段，班集體已成為教育主體，多數學生能夠互相嚴格要求，教育要求已轉化為集體成員的自覺需要，也無須外在監督，學生已能管理和教育自己。同學之間團結友愛，形成強有力的輿論與良好的班風。

  4. 成熟階段

  成熟階段是班集體發展趨向成熟的時期，集體的特徵得到充分而完全的體現，並為集體成員所內化，全班已成為一個組織制度健全的有機整體，整個班級洋溢著一種平等、和諧、上進、合作的心理氣氛。學生具備了自主管理、自我教育、自己解決集體問題的意識與能力，在必要的時候，他們會對班級管理方式進行靈活變革，以更好地適應班集體與成員發展需求。

【案例分析】

見面

  開學了。

  看著四十個坐得東倒西歪的孩子，我說：「以後我們就要常常在一起了。從現在開始，你們心裡和我的心裡，會漸漸地長出一根線，這根線會越長越長，最後連在一起結成一個結。」

  「今天開始，我要為你們每個小朋友都寫上一篇小文章，等你們再長大一點，就讀給你們聽，給你們看。好嗎？」

  「好的，好的。」一陣三三兩兩的回答。

  這是在……應付我嗎？好奇怪。

  哦，可能是這樣的。

  我不是他們「親生」的語文老師。他們的班主任兼語文老師病休，後來去他校任教，然後由我接班。我是這個班的第幾個……我掰著手指頭數，第幾個班主任了呢？第三個？如果包括其間五六個臨時的代理班主任，這麼算起來，我應該是他們的第九個班主任了。對他們來說，只不過是又來一個班主任，有什麼可奇怪的呢？

「那麼，我們開始上課吧。」我剛說完，左邊一陣稀裡嘩啦的響聲。不知是誰的凳子翻倒並把後桌的桌子一起帶倒了。

我扶起倒在地上，又差不多在同一時間站起來的孩子，問他疼不疼，傷到哪裡沒有。他拍拍雙手，說：「沒事兒，那個老師，不疼，真不疼。」

他叫我「那個老師」，這真是個特別的稱呼。

這怎麼會不疼呢？

後面的女生說：「這個老師，他差不多每天都會這樣摔倒的。」

哦，又變成「這個老師」了。

是嗎？他是變形金剛嗎？每天都會摔一次？而且，每次都不疼？

帶他到醫務室。醫務室的老師果然對他很熟悉，看了看，說：「沒事的。」

我們回到教室，我發現教室有點像座猴山。

我站在他們面前，伸著手指頭數，一個，兩個，三個……

一個坐在前排的女生問我：「老師啊，你在數什麼呢？」

我啊，數猴子呢！

資料來源：高華芳. 第九個班主任［M］. 寧波：寧波出版社，2017：3-4.

思考：這位新來的班主任該如何組建這個班級？

(五) 班集體的培養方法

班集體的形成基本上都會經歷組建、形核、發展與成熟四個階段，班集體形成的四個階段有不同的目標與任務，培養班集體的方法也需依此進行。

1. 確定班集體的發展目標

發展目標是能為集體發展提供的明晰的方向和動力，班集體也需要在明確發展目標的支持下發展。明確的發展目標能使班級成員在班主任的帶領下統一認識與行動，促進班集體的發展成熟。班主任在班集體的組建階段就應精心制定班集體發展目標，將目標分為近期目標、中期目標和長期目標，並且讓每一位班集體成員均知曉班集體發展目標，使班集體目標成為班級成員為之努力奮鬥的共同目標，班集體由易到難、由近到遠地通力合作逐步實現發展目標。

2. 建立班集體的核心隊伍

班集體組建之初，就會出現團結在教師特別是班主任周圍的積極分子，他們能輔助班主任進行班級事務管理，以實現班級的發展目標。當班集體形成後，班主任會在這些積極分子中發現和在全體學生中培養班集體的核心隊伍，班集體的核心隊伍是由班長、副班長、團支書（初中及以上）、學習委員、體育委員、勞動委員、文藝委員、科代表、小組長等人員組成的班委成員，核心隊伍在班主任的帶領下對班級進行組織與管理。一方面，班主任要善於發現和培養積極分子，鼓勵積極分子帶動班級全體同學開展活動，在活動中發現學生特別是積極分子的管理長處，並有目的地對其長處進行培養。另一方面，班主任應合理培養積極分子。在班集體發展趨於成熟後，班主任應學會放手，將班級事務交由班級核心隊伍管理負責，鍛煉學生能力的同時，增強學生的集體榮譽感與使命感。

3. 建立班集體的正常秩序

正常秩序是維持班集體正常運轉的前提，是學生在學校開展學習、活動的條件保障。班集體的正常秩序包括必要的規章制度、共同的生活準則及一定的活動節律。在班集體組建之初，班主任就應制定班級規章制度、共同的生活準則及一定的活動節律，並要求每個人嚴格遵守，對不遵守的學生和教師需給予相應的懲罰，以彰顯班級規則的嚴肅性，顯示班主任的人格魅力。班主任需使學生對規章制度、共同的生活準則及一定的活動節律的遵守從班集體建立之初的外在規約逐漸內化為習慣式的自覺執行。

4. 組織形式多樣的教育活動

各類教育活動為學生健康成長、施展才能提供了寬廣的平臺，是班集體各項規章落實的載體之一，可在一定程度上凸顯班主任和班集體核心隊伍的組織管理能力，也能看出班集體全體成員的集體凝聚力和向心力。班級教育活動由日常性教育活動和階段性教育活動兩大部分組成，在兩大部分的教育活動中均會涉及的內容主要有：主題教育活動、文藝體育活動、社會實踐活動等。針對不同的活動內容，活動的形式就會有所不同，所要實現的教育目的也有所差異。

5. 培養正確的輿論和良好的班風

正確的輿論和良好的班風具有巨大的教育力量，以顯性和隱性的方式激勵、熏陶、感染和約束學生，有利於養成學生健康心理、規範學生行為。正確的輿論和良好的班風是形成、鞏固班集體和教育集體成員的重要手段，是衡量集體覺悟水準的重要標準。正確的輿論有助於形成良好的班風、學風，良好的班風是班集體成員總體的精神狀態的共同傾向性，具有潛移默化的教育力量，無形中支配著班集體成員的行為。班主任在培養正確輿論和良好班風方面：一是需要通過言傳身教、榜樣示範的方式加強引導；二是以形式多樣的活動將班級規章制度、準則等融入活動中，嚴格要求，反復實踐。

6. 引導非正式群體成為班集體的積極力量

班集體屬於正式群體，但在班集體內部還有集體成員自發形成的非正式群體。非正式群體是人們基於社會交往需要的原則，依據興趣愛好、心理相容度等自發形成的、未經任何權力機構批准或承認而形成的群體。當非正式群體與正式群體目標一致時，對班集體的發展是有利的，反之亦然。因此，班主任不能對班集體的非正式群體放任自流，也不能採取高壓措施加以壓制，而應正確地加以引導，以發揮其積極作用。一方面，班主任應善於發現非正式群體成員的優勢，並鼓勵成員利用其優勢為班級建設服務；另一方面，在班集體活動開展中，引導非正式群體積極參與活動，讓其感受到來自班集體的鼓勵與關愛。總之，班主任應採取多種途徑引導並鼓勵非正式群體成為班集體的積極力量，充分發揮其積極作用，增強班級凝聚力，形成團結向上的班集體氛圍。

第二節　班級管理

班集體在班級組織運行過程中發揮著重要的作用，形成了不同的結構。因發揮的作用與結構的不同，班集體管理內容呈現多元特性。

一、班集體管理的作用

班集體管理對全體成員、每一個體均發揮著作用，促進班集體全體成員的健康全面發展，促進每一個體的社會性發揮和個性的張揚。

(一) 保障全體學生的全面發展

班集體在共同目標的指引下，在健全的規則制度約束下開展各類教育教學活動，構建和諧的人際關係，營造良好的班級氛圍，這些努力而為之的一系列舉動其出發點都是為了全體學生的全面發展。班集體管理是面向全體學生的，體現人人享有平等的教育權的法理原則；同時，班集體管理面向每一個學生的全面發展。全面發展包括身心全面的、健康的、和諧的發展。班集體各類活動均為全體學生的全面發展提供有力保障，作為班集體的主要管理者——班主任應引導班集體建設朝著好的方向發展，在班級管理中班主任也應具備預測、處理、干預危害學生全面發展的不良因素的能力，為全體學生的全面發展提供有利的、健康的成長環境與條件，促進其健康、全面、和諧發展。

(二) 促進學生社會性的發展

站在教育社會學的視角看班集體，班集體是一個社會組織系統，班集體有共同目標、組織結構、角色分配、人際互動，履行學校相應的社會職能。因此，從這一視角出發，班集體管理對於發展學生的社會性，培養其對社會生活的適應能力有積極的促進作用。

首先，班集體管理有利於發展學生的人際交往能力。班集體是學生最主要的學習、交往和其他各種活動的環境，班集體中的每一個體在各種活動中構成了教師—學生、學生—學生、學生—教師、學生群體—學生群體等人際互動形態，構成了多種人際關係。班集體的人際關係是社會組織及社會關係的反應，作為班集體的一員，學生如何在人際互動中處理與不同個體或群體的人際關係，是對學生人際互動能力的鍛煉。班集體為學生參與社會性的實踐活動創造條件和機會，需要學生根據互動主體的不同，表現出不同的行為模式。這一系列的模式互動有助於學生人際交往能力的發展。人際交往能力是現代社會非常重要的社會性能力，是學生適應社會必備的基礎性能力。

其次，班集體管理有利於學生養成初步的政治民主意識與能力。班集體中一個非常重要的組織機構是班委會，班委會由哪些人擔任，不是班主任一個人決定的，而是由民主選舉決定的。從這一層面來看，班集體管理有利於學生養成初步的政治民主意識，就選舉人而言，從最開始就需要學會合理使用自己手裡的權利與義務，公平、公正地進行班委會人員推選；就被選舉人而言，從最開始也應遵循選舉原則，不違反規定，正視選舉結果。政治民主意識是國家公民合理參與社會政治生活的基礎與前提，是公民政治民主能力發展的意識保障。

最後，班集體管理能促進學生形成角色意識與相應的能力。學生總是在班集體中扮演著一定的角色，並按照這一角色進行行為。在靜態的班集體組織中，每一個成員都有不同的角色；在動態的班集體活動中，學生扮演不同的角色，承擔不同的任務，受到不同的期待，收穫不同的體驗。角色意識對學生而言具有心理暗示作用，使其在實踐活動中積極參與、主動進取，學生在角色意識的形成中發展其相應的能力。角色意識與相應的能力為學生今後參與社會生活實踐奠定了一定的基礎。

> 【名人名言】
> 　　班集體不僅是教育對象，而且是巨大的教育力量。班集體為學生提供了個性社會化的機會，使每個學生有可能獲得社會生活必要的經驗和發展自己最好的個性品質。班集體的科學管理亦成為「未成年人社會」與「成年人社會」「未來社會」之間的橋樑。
>
> 　　　　　　　　　　　　　　　　　　　　　　　　　　——魏書生

（三）促進學生個性的發展

由於個體的差異性，學生在班集體活動中發展社會性的同時，也彰顯個性化的特徵。促進學生個性發展也是班集體管理中不應忽視的重要方面。

一方面，班集體為學生個性發展提供有利條件。班集體在關注全體學生的同時，也面向每一位學生個體，促進學生個體的全面發展。班集體開展的各種活動正是發揮學生個性的良好時機，一項班集體活動的順利開展也需要不同學生在不同方面給予支持，學生根據自己的個性特點與興趣喜好，在活動中承擔不同的角色與任務，保障班集體活動的順利開展，同時，班集體活動為學生個性發展提供了有利機會和條件。

另一方面，班集體促進學生特殊才能的施展與發揮。教師對班集體中有特殊才能的學生應予以鼓勵與重視，使其產生積極的情感體驗，形成積極進取的個性；反之，則可能形成消極的個性。教師應秉持關注班集體每一位學生發展的理念與原則，為學生提供施展其特殊才能的機會和條件，讓每一位學生都體會到自己在班集體發展中的價值。對學生個性的鼓勵與肯定反過來又會使班集體形成更強勁的凝聚力，促進班集體的和諧發展，形成班集體發展的良性循環。

二、班級管理的原則

（一）方向性原則

方向性原則是指在班級管理中必須堅持正確的政治方向，用正確的思想引導學生的發展。班級管理中堅持方向性原則是由中國社會主義教育的方針、目的、任務、特點及內容決定的①。堅持方向性原則有利於班級管理目標的有效實現，從而形成更加有向心力、凝聚力的班集體。

一方面，堅持方向性原則，要求班主任班級管理堅持政治方向的正確性。用馬克思主義教育理論、中國特色社會主義理論體系為思想綱領指導班級管理工作，工作中做到有理有據，章法得當。另一方面，堅持方向性原則，要求班主任在管理中體現時代性。班主任在班級管理工作中堅持政治方向的基礎上，還需隨時代發展變化而進行，在時代變化中把握時代脈搏，與時俱進地進行管理，不斷提升自我的教育管理理念、瞭解學生動態，做到班級管理的胸有成竹。

（二）全面管理原則

班級管理的內容主要包括班級組織建設、班級日常管理、班級活動管理及班級教

---

① 賴怡. 學校發展與班級管理 [M]. 昆明：雲南大學出版社，2017：191.

育力量管理等方面，可見，班級管理是一項全方位的工作，班主任及班委需要對各項事務進行全面管理，而不是顧此失彼。堅持全面管理原則有利於班級各項活動的積極開展，確保班級各種管理要素得到充分的利用。

貫徹全面管理原則，班主任需要做到：首先，班主任特別是新手班主任需要明晰班級管理的具體內容，班級組織建設、班級日常管理、班級活動管理及班級教育力量管理等方面的內容在班級管理中並不是孤立的，而是有所交叉重疊的。其次，班主任需要對班級管理事務進行合理規劃，不同內容的班級管理所要實現的目標、活動形式、人員配備都是不同的，班主任需要與班委成員提前做好規劃，以便更好地進行人員分工。

（三）自主參與原則

班級管理不是班主任的單打獨鬥，班主任是班級管理的引導者與參與者，班集體的建設與發展需要每一位成員的自主參與和積極努力。自主參與原則有利於激發班級成員的主人翁意識，發展學生的團隊協作能力，有助於班級管理制度的優化與完善。

堅持自主參與原則，班主任需要做到：第一，班主任需要增強民主意識。樹立每位學生都是班級一分子的理念，每位學生均有權利參與到班級管理事務中來，使學生深切體會到自己是班集體不可或缺的一員，保障學生的主人翁地位與權利。第二，班級管理應強化學生的合理監督。每位學生都有權利和義務為班集體建設出謀劃策，提出自己的意見，班主任應及時採納學生的合理化意見和建議，形成良性的班級監督管理機制。第三，班主任應學會向班委會等組織賦權。在班集體組建之初，班主任對班級管理更多的是親力親為，隨著班集體的發展成熟，班主任應學會賦權，逐步擴大班委會等組織的權限，鼓勵學生參與班級管理，體現民主化管理，培養學生的參與意識與集體意識。

（四）教管結合原則

在班級管理工作中，管理是手段與途徑，育人是目的，這與班級組織建立的第一原則——教育性原則是一致的。因此，班級管理不能純粹地將組織管理的原理運用到班級管理中，而應結合兒童身心發展特點與規律有目的地開展，將班級的教育工作與班級的管理工作辯證地統一起來。教管結合原則有利於班級規章制度的完善，促進學生的全面健康發展。

堅持教管結合原則，班主任需要做到：一是，與學生共同制定並完善班級的規章制度。班級管理的相關規章制度是進行科學管理的依據和準繩，在班集體發展成熟後，隨著學生參與班級管理的深度與頻度加強，班主任引導學生根據實際情況制定新的班級規章制度，並對原來認為不合時宜的規章制度提出合理化改進意見與舉措，進行必要的修訂。二是，班主任針對學生存在的問題，應以科學引導為主，動之以情、曉之以理，通過啟發誘導，鼓勵學生從中發現錯誤並改正。

（五）全員激勵原則

全員激勵原則是班級管理育人目標的直觀體現，是學生為本理念的彰顯，與班級管理的自主參與原則有密切的關聯。全員激勵原則有助於學生的積極性的激發與集體榮譽感的培養，有利於良好的班級氛圍的形成。

堅持全員激勵原則，班主任需要做到：一方面，班主任應平等地對待每一位學生。在班級管理中，做到公正無私，一視同仁，用同樣的標準、尺度和情感對待每一個學生。另一方面，對不同學生應運用不同的教育方法。善於發現學生身上的閃光點，對不同學生運用不同的教育方法，做到因材施教，和學生一起確立發展目標，並將目標轉化為切實的行動。

（六）平行管理原則

平行管理原則是蘇聯教育家馬卡連柯的教育主張，指班主任既通過對學生個體的直接管理影響班集體，又通過對班集體的管理間接地影響學生個體，從而把對集體和個體的管理結合起來，以收到更好的管理效果。

堅持平行管理原則，班主任需要做到：第一，班主任應建立良好的班集體。良好的班集體所形成的正確輿論和良好班風將對班集體中的個體產生積極影響。從班集體組建開始，班主任就應明確班集體發展目標、任務，確立明確的規章制度，以促進良好班集體的形成。第二，班主任在班級管理中應善於發揮班集體的教育作用。班集體組織的各類活動對每一位學生均具有教育價值，在每次活動開展之前，班主任就應明確活動的目標（遠景目標、中景目標與近景目標）與任務，最大限度地發揮班集體活動的教育作用。第三，班主任應加強班集體學生的個別教育。針對班集體中的部分學生，班主任應加強個別教育與引導，將集體教育與個體教育緊密結合。

【知識考查】
下列論述不正確的是（　　）。
A. 平行管理主要強調班主任的集體管理
B. 平行管理是要通過個人管理影響班集體，通過班集體管理影響個人
C. 班主任運用平行管理原則應加強班集體學生的個別教育
D. 平行管理的理論源於馬卡連柯
答案：A

三、班級管理模式

（一）常規管理

常規管理是通過制定和執行規章制度進行班級管理的一種模式。規章制度是班級成員學習、工作和生活必須遵守的行為準則，具有管理、約束和教育作用。規章制度的遵守有利於學生養成良好的行為習慣，有助於形成優良班風。

班級常規管理以班級規章制度為核心開展工作。一般來說，班級規章制度主要由三部分組成：第一是教育行政部門統一規定的有關班集體與學生管理的制度，如學生守則、日常行為規範等；第二是學校根據教育目標、上級有關指示制定的學校常規制度，如考勤制度、獎懲制度、課堂常規等；第三是班集體根據學校要求和班級實際情況討論制定的班級規範，如班規、值日生制度、考勤制度、作業要求等。

首先，需要制定合理的班級規章制度，並嚴格執行。班主任不應將學生區別對待，讓每一位學生都嚴格遵守班級規章制度，體現班級規章制定的權威性與班級的紀律性。其次，班主任要引導班集體成員對班級規章制度做適當的修訂。隨著班集體發展成熟，最初建立的班級規章制度可能就不適宜了，就需要進行必要的修訂，班主任應引導班集體成員共同商議進行修訂，體現學生的自主參與性，發揮學生的主體性與積極性。

(二) 平行管理

平行管理是班主任通過對班集體的管理影響個體，又通過對個體的管理影響集體，是將對集體與個體的管理結合起來的一種管理模式。

班級平行管理理論源於著名教育家馬卡連柯的「平行影響」的教育思想。馬卡連柯認為，教師要影響個別學生，首先要去影響這個學生所在的班級，其次要通過班集體與教師一起去影響這個學生，這樣就會產生巨大的教育力量。

首先，要充分發揮班集體的教育功能，使班集體真正發揮教育的正向力量；其次，要通過轉化個別學生，促進班集體的管理與發展。總之，要實施對班集體與個別學生雙管齊下、互相滲透的管理，促進個體與集體的共同進步與發展。

(三) 民主管理

民主管理是班級成員在服從班集體的正確決定和承擔責任的前提下，參與班級管理的一種管理模式。民主管理旨在發揮每一位學生的主人翁精神，讓每一位學生都成為班級的主人。

實施班級民主管理需要做好兩大方面的工作：第一，組織全體學生參加班級全程管理，即在班級管理的計劃、實行、檢查、總結的各個階段讓學生參與進來，班主任與學生共同實施管理活動；第二，建立班級民主管理制度，如幹部輪換制度、定期評議制度、值日生制度、值周生制度、民主教育活動制度等。班主任要通過這兩大舉措，將民主落到班級管理的實處。

(四) 目標管理

目標管理是班主任與學生共同確定班級總體目標，然後轉化為小組目標和個人目標，使其與班級總體目標融為一體，形成目標體系，以此推進班級管理活動的一種管理模式。

目標管理是由美國管理學家彼得・德魯克（Peter F. Drucker）提出的，其理論核心是將傳統的他控式的管理方式轉變為自我控制的管理方式。該理論認為自我控制意味著更多的激勵，意味著更高的目標和眼界，因此，自我管理的目的在於通過一位合適的管理者更好地調動被管理者的積極性以實現目標。

在班級中實施目標管理，班主任需要圍繞班集體全體成員共同確立班集體的奮鬥目標，將學生個體進步與集體發展緊密地聯繫在一起，並在共同目標的指導下，實施學生的自我管理，以此培養學生的自律意識和責任意識。

第三節　班主任工作

一、班主任的角色作用

（一）班主任是班級的領導者

班集體在從組建到成熟的發展階段中，離不開班主任對班級的組織與領導，班級作為學校最基層行政管理單位，學校委任班主任擔任班級的組織者和管理者，對班級工作進行組織與領導。但是班主任作為領導者，不能單純以行政命令的方式對學生進行領導，而應是班級活動的參與者、指導者與顧問。班主任應與學生一起積極參與各項活動，並對班委會的各項活動進行指導及提出建設性的合理建議。

班主任要想成為班級成員認可的好的領導者，一方面，班主任要樹立自己不是單純的管理者的意識。班主任在擔任班級管理的同時，也是班級的任課教師，是多種角色的統一，在教育活動中同時行使管理和育人職責。因此，班主任要用自己的學識、人品、工作態度、教學方法等因素去熏陶和感染學生，樹立自己的威信，充分發揮班主任在班級中的影響力。這是班主任取得成功的前提條件[1]。另一方面，班主任應在日常班級管理中，與學生加強溝通與交流，通過組織各種班級活動，信任、尊重每一位學生，增進友誼，形成良好的集體氛圍，培養積極向上的班級文化。

（二）班主任是學生發展的引導者

學生發展是學校教育工作的出發點與落腳點，也是班主任工作的重要方面。班主任在工作中著眼於學生發展，關照與引導學生走向全面發展。

首先，班主任應引導學生學會做人、學會做事。班主任不僅僅是單純地向學生傳授知識，亦不是簡單地對學生說教，而應在教育實踐中以自身力量為感召，教會學生做人、做事。班主任的自身力量包括：班主任的言談舉止、穿衣打扮、人格魅力、工作態度、價值信念、教育情懷等，這些大多以潛移默化的形式對學生產生深遠影響，教會學生為人處事的道理。

其次，班主任應幫助學生充分發展其潛力。班主任在教學活動及各項班級活動中，通過參與學生活動，與學生溝通交流，發現學生的個性特點、興趣愛好、特殊才能等，並對學生的個性差異性給予更大程度的包容與支持，提供各種條件鼓勵學生的興趣愛好、特殊才能與個性特點，充分挖掘其潛力，使學生的潛力得到最大程度的開發與發展。

再次，班主任應引導學生形成自我教育的意識與能力。班主任應通過顯性教育與隱性影響使學生養成積極的生活態度和進取心、堅持的品性、堅韌不拔的意志，在活動中使每位學生都有成功的積極情感體驗，幫助學生疏解心理問題，並引導學生學會自我教育的意識與能力，增強學生的心理抗壓能力。

最後，班主任應為學生健康全面發展創造條件。班主任應借助可利用的一切教育

---

[1] 全國十二所重點師範大學聯合編寫. 教育學基礎 [M]. 3 版. 北京：教育科學出版社，2014：306.

資源為學生的全面發展創造條件，促進學生整體素質的提高，使其在德、智、體、美、勞五個方面健康、全面、和諧地發展，增強學生發展的範疇與持續力。

（三）班主任是聯繫與溝通教育相關主體的紐帶與橋樑

首先，班主任是聯繫任課教師的紐帶。為了更好地實現培養目標，班主任不可能一個人完成所有的教育目標與任務，因此，班主任需要與任課教師一道構成教育力量，共同承擔起教育學生的責任。一是班主任應及時與任課教師溝通，瞭解學生在每門科目的學習情況，獲得精確信息。這有利於班主任開展班級管理工作，做到有的放矢、因材施教。二是班主任應與任課教師就班級管理、學生發展、教學管理等相關問題一起探討，達成統一且有針對性的教育策略與共識。這樣做的目的在於形成統一共識，便於班主任對學生進行引導，同時使學生瞭解各科教師的要求與班主任的期待，以提升教學效果。三是班主任應信任與支持任課教師。班主任對任課教師的信任與支持能促使教學團隊形成正向的教育合力，以取得更好的教學成效。

其次，班主任是溝通學校與家長、社區的橋樑。班主任所需要處理的關係是多元的、全方位的，不僅需要處理好與學生及任課教師的關係，還需要代表學校處理好與家長及社區的關係。一方面，班主任應與家長保持持續聯繫，溝通交流，瞭解學生的家庭狀況、學生在家庭中的行為表現及學習狀況，並將學生在學校的發現反饋給家長，做到對學生信息的全面瞭解與整體把握。另一方面，班主任作為一種「動態教師」，應積極與社區進行溝通與聯繫，為學生發展營造良好的社會生態環境。班主任與家庭及社區的緊密聯繫，是為了通過積極溝通，形成學校教育、家庭教育與社會教育的教育合力，實現教育效果的最優化。

二、班主任工作的職責

2006年，教育部發布的《關於進一步加強中小學班主任工作的意見》[①] 指出「中小學班主任與學生接觸較多，溝通便利，影響深刻，肩負著育人的重要職責」；2009年教育部發布的《中小學班主任工作規定》[②] 提出「班主任是中小學日常思想道德教育和學生管理工作的主要實施者，是中小學生健康成長的引領者，班主任要努力成為中小學生的人生導師。班主任是中小學的重要崗位，從事班主任工作是中小學教師的重要職責」。由這兩個文件可以看出，國家層面很重視班主任對中小學全面發展的引導，在此過程中，班主任承擔如下職責：

（一）做好中小學生的教育引導工作

對學生進行教育引導是班主任的重要職責與任務，班主任要做到全面瞭解班級內每一位學生，深入分析學生的思想、心理、學習、生活狀況。班主任應和任課教師及家長等教育主體一道，採取多種方式與學生溝通，有針對性地進行思想道德教育，引導學生明辨是非、善惡、美醜，增強愛國情感，弘揚社會主義核心價值觀，確立遠大志向，養成積極向上的生活態度與行為習慣，促進學生德、智、體、美、勞全面發展。

（二）做好班級管理工作

班主任通過班級的日常管理，致力於創設良好的班風和強烈的班級凝聚力，從而

---

① 中華人民共和國教育部. 教育部關於進一步加強中小學班主任工作的意見［R］. 2006-06-04.
② 中華人民共和國教育部. 教育部關於印發《中小學班主任工作規定》的通知［R］. 2009-08-12.

維護班級良好的教學和生活秩序。堅持正面教育為主，對學生的點滴進步及時給予表揚鼓勵，對有缺點錯誤的學生要曉之以理、動之以情，進行耐心誠懇的批評教育。在班集體建立之初就著力培養學生的規則意識、責任意識和集體榮譽感，營造民主和諧、團結互助、健康向上的集體氛圍，形成有特色的充滿活力的班級和團（隊）文化。做好學生的綜合素質評價工作，科學、公平、公正地評價學生的品行，並針對學校的獎懲制度提出有建設性的意見與建議。加強安全教育，增強學生的自護意識和能力。

（三）組織好班集體活動

班主任作為班級的領導者，有職責指導班委會、少先隊中隊、團支部開展工作，擔任好少先隊中隊輔導員，組織並指導開展豐富多彩的班級活動；以參與者、指導者的身分積極組織開展班集體的社會實踐活動、課外興趣小組、社團活動和各種文體活動，充分發揮學生的積極性和主動性，注重培養學生的組織紀律觀念和集體榮譽感，並在各項活動中做好安全防護工作。

（四）關注每一位學生的全面發展

班主任要從宏觀層面教育學生明確學習目的，端正學習態度，掌握正確學習方法，養成良好學習習慣，增強創新意識和學習能力；瞭解和熟悉每一位學生的個性特點和潛能，科學、綜合地看待學生的全面發展，及時發現並妥善處理可能出現不良後果的問題；注意傾聽學生的聲音，滿足其合理需求，關注其成長過程中的心理問題，有針對性地學生進行教育和引導，為每一位學生的全面發展創造公平的機會。

【知識考查】

保證班主任工作科學性、針對性與實效性的前提是（　　）。
A. 管理與輔導學生　　　　B. 瞭解與研究學生
C. 指導與關心學生　　　　D. 評價與發展學生
答案：B

（五）綜合利用各類教育資源

班主任是學校教育第一線的骨幹力量，是學校教育工作最基層的組織者和協調者。履行好班主任的職責，必須樹立正確的教育理念，遵循中小學生身心發展的規律，運用科學的教育方法，善於利用各種教育資源。班主任不僅要努力協調好各任課教師，做好班級的管理和建設工作以及學生的教育和引導工作，積極支持少先隊、共青團、班委會開展班級活動，還要成為溝通學校、家庭、社會的紐帶，及時瞭解學生在家庭和社區的表現，引導家長和社區配合學校共同做好學生的教育工作，努力形成教育合力。

三、班主任工作的主要內容

班主任工作包括日常工作和常規工作，日常工作與常規工作有交叉與重疊，具體而言，班主任工作的主要內容包括：

（一）做好班主任工作計劃與總結，做好班級管理

班主任工作計劃分為學期計劃、周或月計劃以及具體的活動計劃。學期計劃比較

完整，一般包括三大部分：班級基本情況；班級工作內容、要求與措施；本學期主要的班級活動與安排。

班主任工作總結是對整個班主任工作過程、狀況和結局做出全面的、恰如其分的評估，進行質的評議和量的評估。

班主任工作總結一般在學期末或學年末進行，可分為全面總結和專題總結。全面總結是班主任對某一時段內的工作進行的綜合性的、全方位的總結。這一類總結在內容上面面俱到，便於全面瞭解班主任工作情況。專題總結則是班主任側重對某一時間段內的就特定主題（如班團建設、學生發展、家校溝通等）進行的總結，這類總結針對性強，深入具體。

班主任總結應注意兩點：一是班主任平時就應注重對班主任工作資料的收集與累積；二是班主任應善於做階段小結。當這兩方面工作做好後，班主任在進行學期末或學年末的工作總結時便會得心應手、從容應對。

（二）對學生進行思想品德教育

思想品德教育是班主任工作的重要內容，班主任應全面瞭解班級內每一位學生，深入分析學生的思想品質、心理狀況、學習狀況、性格特徵、成長經歷、家庭狀況及社會生活環境等，並與任課教師及家長溝通交流，依此對學生的言行進行客觀、科學的剖析，從而有針對性地進行思想道德教育，幫助學生增強熱愛祖國的情感、樹立遠大志向，形成正確的價值觀，在生活中形成真善美的價值判斷體系，養成積極向上的生活態度與良好的生活習慣，促進學生的全面健康發展。

（三）引導學生熱愛學習

學習是學生的首要任務，幫助與引導學生熱愛學習是班主任工作的重要方面。班主任應從整體上把握學生的學情，對學習成績好的學生採取鼓勵措施，使其保持強勁的學習動力；對學習成績不理想的學生，班主任應從學生的問題是學習方法運用不當、是知識基礎不牢實，還是人際關係不和諧等方面著手分析，以鼓勵、引導的方式，幫助學生解決學習上的困惑，使其熱愛學習。

（四）指導學生課外、校外生活與活動

指導學生的課外活動與校外活動是課堂教學的必要補充，是促進學生綜合素質提升的重要途徑。課外活動與校外活動屬於包含與被包含的關係，課外活動可分為校內活動和校外活動，兩者的區別不在於地域上的界限劃定，而在於組織指導的不同，課外的校內活動是由學校宏觀領導、班主任負責組織指導的活動；課外的校外活動通常是由校外教育機構或部門組織指導的活動，班主任會全程參與。

班主任指導學生開展類型多樣的課外校外活動，在活動中獲得知識的同時，發揮學生特長，鍛鍊學生能力，豐富學生的課餘生活，促進學生的身心健康發展。

（五）協調各任課教師的工作

班主任是聯繫任課教師的紐帶，僅靠班主任一己之力不可能完成教育任務與培養目標，班主任協調與各任課教師之間的關係，是創建優秀班集體的基礎與前提。首先，班主任與任課教師溝通協商，確立統一的目標與一致的步調，在促進學生發展上達成共識。其次，與任課教師建立信任，互通有無，共同處理教育教學中的問題。班主任及時與任課教師溝通，從任課教師那裡獲知學生的狀況，並把自己掌握的信息反饋給

任課教師。最後，與任課教師攜手並進，形成教育合力。班主任應主動協助任課教師開展教育教學工作，使任課教師工作得以順利開展，班主任與任課教師以誠相待，在班集體中建立教師威信，形成教育合力。

【名人名言】
　　如果五個能力較弱的教師團結在一個集體裡，受一種思想、一種原則、一種作風的鼓舞，能齊心一致地工作的話，那就比十個各隨己願地單獨行動的優良教師要好得多。

—— [蘇聯] 馬卡連柯

四、班主任的專業素質

班主任在學校教育管理工作中具有舉足輕重的地位，其專業素質的高低在很大程度上影響著班級發展的走向，決定著班級管理工作的整體成效。勝任本職工作，班主任需具備思想品德素質、知識素質、能力素質、身心素質四大方面的素質。

（一）思想品德素質

具備良好的思想品德素質是作為班主任也是作為教師必備的專業素養，主要包括堅持正確的政治方向、秉持堅定的教育信念、發揮為人師表的榜樣示範作用。

1. 堅持正確的政治方向

班主任是學生全面健康發展的引路人，堅持正確的政治方向對於培養下一代至關重要。在正確的政治方向的引領下，培養學生的愛國情懷，樹立民族自信與文化自信，大力弘揚傳統優秀文化，引導學生樹立正確的政治觀點和辨別是非的能力，培育與踐行社會主義核心價值觀，培養學生的社會正義感、集體歸屬感，創建團結、奮進、和諧的班集體。

2. 秉持堅定的教育信念

信念是心理學名詞，主要是指主體對自然和社會的某種理論、思想堅信無疑的看法。它是人們賴以從事實踐活動的精神支柱，是人們自覺行動的激勵力量。信念一旦確定之後，就會給主體心理活動以深遠影響，決定一個人行為的原則性和堅韌性[1]。堅定的教育信念為班主任開展工作做好了心理準備，並成為指導班主任行為的心理動力機制。堅定的教育信念能讓班主任從全體學生的全面發展出發，瞭解學生、尊重學生、關愛學生，並嚴格要求學生，在班主任工作中克服困難，耐心工作。

3. 發揮為人師表的榜樣示範作用

班主任與學生的接觸相對更多，影響更大，班主任的言談舉止、思想品德、價值觀念等均會對學生潛移默化地產生影響。班主任應為人師表，一言一行對學生起到表率，發揮班主任的榜樣示範作用。同時，班主任工作是個體性與集體性的統一，班主任需要處理好與學生、任課教師、學校各部門、家長及社會相關人員的關係，使學生感受到班主任對各方主體的尊重、支持與團結協作，讓學生感受榜樣的力量。

---

[1] 林傳鼎，陳錦永，張厚粲. 心理學大辭典 [M]. 南昌：江西科學出版社，1986：307-308.

> 【名人名言】
> 　　要學生做的事，教職員躬親共做；要學生學的知識，教職員躬親共學；要學生守的規則，教職員躬親共守。
>
> 　　　　　　　　　　　　　　　　　　　　——陶行知

（二）知識素質

班主任一般情況下都承擔教學任務，教學是班主任的主要職責和任務，因此，班主任的知識素養就包括廣博的通識性知識、精深的專業知識、靈活的教師教育知識和班主任工作相關的知識。前三類知識是作為教師和班主任均需具備的知識，最後一類知識可以說是班主任所特有的知識。

1. 廣博的通識性知識

通識性知識是指班主任所擁有的有利於開展教育教學工作的廣博的文化知識，在於培養學生多方面的探究興趣，培養學生的核心素養，包括自然科技、人文社科、藝術欣賞等領域的知識。擁有這類知識並非一日之功，班主任要廣泛閱讀，提高文學、美學、科技等領域的綜合素養，實現文理滲透、中外滲透；同時具備相應的生活知識，喚起學生熱愛生活、創造未來的熱情。

2. 精深的學科專業知識

學科專業知識是班主任所具有的自己任教學科的專業知識，如，語文、數學、英語、物理等學科專業知識，解決的是「教什麼」的問題，強調知識的系統性與專業性。學科專業知識是班主任專業知識體系的核心部分，是班主任順利開展教學工作、保證教學質量的前提和基礎。班主任需融會貫通本學科的內容知識、章法知識和學科的歷史發展及趨勢，系統掌握學科知識的邏輯架構，瞭解認識世界的獨特視角方法。

3. 靈活的教師教育知識

教育知識是幫助班主任從事教育活動的專門性知識，是班主任順利開展教學的重要保障，包括教育學、心理學、學科課程與教學論等方面的知識。教育知識解決的是教師「如何教」的問題，是班主任從事教育教學工作的理論依據，有利於班主任樹立正確的教育理念，熟悉教育的基本規律與方法，更好地指導教學實踐，有效地向學生傳授知識，促進學生的人格完善與全面發展。

4. 班主任工作相關的知識

班主任工作相關的知識是班主任在實際的班主任管理工作中需要熟悉和掌握的相關知識，這類知識為班主任開展班級管理工作提供理論依據與參考，包括班級管理、組織建設、心理團隊輔導知識、生涯規劃指導知識、課外活動方面的知識等。當然，這類知識中也應包括教育學、教育心理學等知識，便於班主任根據學生的身心發展特點與個性差異，因材施教，提出有針對性的教育策略。這類知識有利於班主任組建具有凝聚力的班集體，靈活地開展班團活動，並使班主任樹立在活動中促進學生發展的教育意識與理念。

（三）能力素質

能力是個體在完成活動任務時所表現出的個性心理特徵。不同的工作與活動對能

力的要求有所不同。班主任工作除教師所應具備的能力素質外，還需具備其特有的能力素質，主要包括教育教學能力、組織管理能力與人際溝通能力等能力。

1. 教育教學能力

教育教學能力是班主任從事班主任工作和教學工作的綜合能力體現，但不能將班主任的教育教學能力僅局限於課堂教學中，班主任對全體學生進行的思想教育、針對學生個體進行的有針對性的教育引導，均屬於班主任的教育教學能力的範疇。一方面，班主任需要明確學生發展的目標，根據目標確定教育教學的內容、方法、手段等。從這一層面來看，教育教學能力又是班主任教育引導力的一種體現。另一方面，班主任的教育教學是全體與個體的有機整合。針對全體學生提出整體要求，針對學生個體提出有適切性的要求，做到共同性與差異性的結合。

2. 組織管理能力

班主任作為班級管理的主要負責人，需要具備一定的組織管理能力。班主任的組織管理能力表現為合理計劃、組織、協調各項活動，在活動中表現出較強的決斷能力，並能創新性地完成相關工作。首先，班主任應該善於合理規劃、組織與協調各項活動，對活動的目標、活動的形式、活動的注意事項、活動預期達成的效果等在活動前做好預估，並組織相關人員對活動負責，並協調好各個環節、各個人員間的通力合作，便於活動有序、順利開展。其次，班主任在活動中應具有決斷能力。活動方案的設計、活動目標的確定、活動場地的選擇等均需要班主任的參與，在這一過程中涉及選擇與決策，因此，班主任需要對各種情況特別是突發情況果斷地做出決斷。最後，班主任應具備創新能力，保證一次次活動的推陳出新，使學生在每次活動中都有不同的體驗與感受。

3. 人際溝通能力

班主任的工作從另一個層面看是一個人際溝通工作，班主任需要和學生、教師、學校管理者、家長、社會人員等不同主體構建和諧的社會關係，營造良性的人際互動，以促進學生的全面健康發展。良好的語言表達能力和善於溝通的能力是人際溝通所必需的，一方面，班主任需要具有較好的語言表達能力，在與不同主體交流溝通時，能將心中所要傳達的意願準確地用語言表達出來。另一方面，班主任需具備善於溝通的能力，語言表達能力是基礎，能準確表達但不代表能溝通得當，因此，班主任需要對所掌握的相關知識進行融會貫通，實現能力的轉化與提升，掌握溝通的技巧與方法，提升溝通的成效。

（四）身心素質

班主任工作內容多樣、責任重大，班主任在完成班主任工作時需要持續性的體力消耗，也承受著較大的心理負擔，因此，具備良好的身心素養是班主任不可或缺的基本素質。

1. 強健的身體素質

身體素質是個體身體機能在活動中的展現，外在表現為個體體質的強弱。身體素質的強弱、好壞受遺傳影響，但後天的營養與鍛煉對身體素質的影響更大。班主任需堅持鍛煉，加強營養，保持健康的體魄、充沛的精力，並通過各類活動帶動學生積極參與身體鍛煉，增強體質，同時也提高班級活動的成效。

2. 健康的心理素質

健康的心理素質是班主任從事工作所必需的素質，總體上，班主任工作要求班主任具備穩定的情緒、良好的性格、堅強的意志，能與外部世界保持良好的人際互動。班主任的優良心理品質將會對學生產生積極影響，有助於培養學生廣泛的興趣、堅定的信念、和諧的人際關係、合理的情緒表達、頑強的意志等優秀品質。因此，健康的心理素質將能成為推動師生共進的強大動力，促進每一位個體身心健康、平衡、和諧的發展。

總之，班主任應具備的專業素質是全面的、立體的、綜合的。班主任應熱愛教育事業，進一步增強責任感和使命感；努力學習業務知識，不斷提高自身素養；自覺反思總結，強化教育的針對性；研究借鑑成功案例，不斷增強實踐操作能力。以此為提升路徑，促使班主任走向專業化，著力建設班集體的凝聚力與向心力，促進學生綜合素質的發展與提升。

理解與反思

1. 請分析班級與班集體的關係。
2. 假如你是在新學期接手了一個班的班主任，你應如何將這個班級培養成優秀的班集體？
3. 一名專業的班主任，應該具備哪些素質？

拓展閱讀

［1］周達章，方海東，王平杰. 21世紀班主任工作案例精粹（中學版）［M］. 寧波：寧波出版社，2004.

［2］馬卡連柯. 馬卡連柯教育文集（上卷）［M］. 吳式穎，等編. 北京：人民教育出版社，2005.

［3］魏書生. 魏書生班主任工作藝術［M］. 南京：河海大學出版社，2005：81.

［4］賴怡. 學校發展與班級管理［M］. 昆明：雲南大學出版社，2017.

第十二章

教育評價

■ **學習導航**

(1) 理解教育評價的內涵、類型與功能。
(2) 掌握教育評價的原則和常用方法。(重點)
(3) 通曉教育評價的主要內容。(難點)

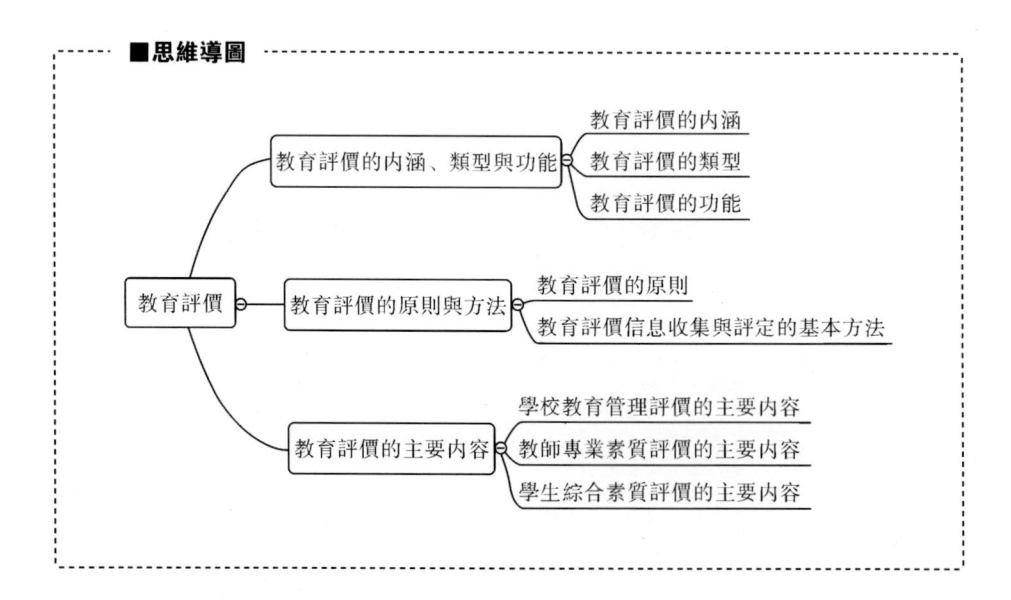

■ **思維導圖**

教育評價
- 教育評價的內涵、類型與功能
  - 教育評價的內涵
  - 教育評價的類型
  - 教育評價的功能
- 教育評價的原則與方法
  - 教育評價的原則
  - 教育評價信息收集與評定的基本方法
- 教育評價的主要內容
  - 學校教育管理評價的主要內容
  - 教師專業素質評價的主要內容
  - 學生綜合素質評價的主要內容

■教育瞭望

評價引領變革　教育創造未來
——第二屆長三角基於大數據的區域教育評價變革論壇在安徽安慶成功舉行

2019年12月4日至5日，由上海市教委、安徽省教育廳指導，上海市閔行區教育局和安徽省安慶市教育體育局共同主辦的第二屆「長三角基於大數據的區域教育評價變革論壇」順利舉行。來自上海、南京、蘇州、杭州、寧波、溫州、臺州、合肥、安慶等長三角三省一市9個地區，以及部分其他省市的教育行政領導、專家學者、校長教師等400多名代表齊聚安慶，共同探討新時代基礎教育評價變革的走向，探索長三角教育一體化發展的新機制。

評價引領變革，教育創造未來。在各級各方的共同推動下，基於大數據的區域教育評價變革論壇已成為展現長三角教育發展水準的區域性盛會，成為共商發展大計、共用最新教育成果的平臺。

資料來源：安慶市教育體育局.評價引領變革　教育創造未來 [EB/OL].（2019-12-05）[2019-12-30]. http://jtj.anqing.gov.cn.

　　泰勒的「八年研究」使得教育評價開始以嚴肅的姿態進入教育理論研究者與實踐研究者的視野。隨著世界教育改革的不斷推進，教育評價愈來愈受到高度重視。從宏觀層面到中觀層面再到微觀層面，教育的理論研究或實踐探索所產生的成效如何，均需要對教育活動過程與結果進行判斷與評估。可見，教育評價是教育活動必不可少的組成部分，科學、合理、客觀的評價能為教育實踐活動與理論研究提供全面、可靠與科學的信息，並為教育可持續健康發展提供有益決策，促進學生的全面健康發展，推動教師專業大力提升，保障教育質量全面提升。

第一節　教育評價的內涵、類型與功能

　　評價伴隨於一項活動之中，可以說教育評價與教育活動相伴而生。但將教育評價與理論研究相結合開展實證研究卻是20世紀三四十年代才開始的。教育評價作為教育評價的重要組成，有著獨特的內涵，在不同的分類依據下有著不同的類型，並發揮著自身應有的功能。

一、教育評價的內涵

　　一直以來，人們對教育評價的概念理解不一，表述更是種類繁多。較有影響的有以下幾種觀點[①]：
　　1. 著眼於效果，強調通過評價判斷教育目標或教育計劃實現的程度
　　泰勒（R. W. Tyler）在「八年研究」《史密斯—泰勒報告》中指出「評價過程在

---

① 馬永霞. 教育評價 [M]. 北京：當代世界出版社，2001：19-20.

本質上是確定課程和教學大綱在實際上實現教育目標的程度的過程」。

2. 著眼於信息，強調通過評價搜集資料，為教育決策服務

克龍巴赫（L. J. Cronbach）在《通過評價改進課程》一文中指出：「所謂教育評價，是為獲取教育活動的決策資料，對參與教育活動的各個部分的狀態、機能、成果等情報進行收集、整理和提供的過程。」「一個搜集和報告對課程研製有指導意義的信息的過程。」

3. 著眼於方法，強調評價是成績考查的方法或調查的方法

斯塔弗爾比姆（D. L. Stufflebeam）認為：「評價不應局限於評判決策者所確定的教育目標所達到預期效果的程度，而應該是收集有關教育方案實施全過程及其成果的資料，為決策提供信息的過程。」

4. 著眼於過程，強調評價信息收集信息的過程、提供決策依據的過程、判斷效果的過程、教育優化的過程以及價值判斷的過程等

比貝（C. E. Beeby）把評價定義為：「系統地收集信息和解釋證據的過程，在此基礎上做出價值判斷，目的在於行動。」

5. 著眼於價值，強調教育評價的關鍵在於價值判斷

日本學者橋本重治認為：「評價是與教育的目標和價值有明確關係的概念，是按照教育目標和價值觀對學生的學習成果及教育計劃的效果等進行測量的過程，因此，教育評價概念的重點在於以教育目標為標準的價值判斷。」

本書通過對教育評價內涵的梳理，結合教育工作的特點與實際，總結出教育評價的內涵：教育評價是指在正確的教育價值觀引領下，依據教育評價工作的目標，結合教育工作的內容與環節，確定相應的評價標準與指標體系，採取科學的方法，運用公正、公開、合理的程序對參與教育中的主體（學生、教師、管理者、學校等）進行多主體、全方位的評價，以獲得科學、全面的評價信息與數據，評定教育工作各環節與各領域的得與失，分析問題，尋找原因，解決問題，達到改進與提高的目的，促進學校教育教學各項工作的改進與完善，為相關教育職能部門提供教育決策依據與參考的一種活動過程。

【名人名言】

評價最重要的意圖不是為了證明，而是為了改進。

——［美］斯塔弗爾比姆

二、教育評價的類型

教育評價範圍廣，內容多，依據不同的標準可分為不同的類型，現主要介紹以下幾種常用的分類：

（一）根據教育工作的內容範疇，將其分為單項評價和綜合評價

單項評價指對教育在某一工作方面的評價，如教學評價、管理評價、學校辦學評價、學生評價、教師評價等均屬於單項評價。單項評價因將精力聚焦於某一項具體的工作或事務上，能使評價對象集中精力做好該方面的工作；但又因其僅關注某一具體

事務，若在實踐中過度強調，可能會使作為整體性的教育工作出現顧此失彼的狀態，進而影響教育工作的全局成效。

綜合評價指對教育工作的各個環節進行系統的、全程的、較長時期的、循環反復的評價，如期中總結、年度考評等。綜合評價著眼於教育工作的全局性、系統性工作或事務，能達到通觀全局的效果；但教育工作包括諸多方面，當每一方面同時評價時，可能需要投入更多的人力、物力。

(二) 依據評價主體，將其分為自我評價與他人評價

自我評價，又稱內部評價（internal evaluation），指評價客體根據一定的標準，遵循一定的評價原則、方法對自己所進行的評價。這裡的評價客體可以是集體，也可以是個人。集體自評是在本集體內部依照相應的標準、原則和方法對集體自身進行某一領域的單項評價，也可進行綜合性評價。評價所獲得的數據信息可用於集體內部進行系統的縱向比較，也可進行集體內部各單位間的橫向比較。個人自評主要涉及學生、教師、行政人員等對自己的學習、教學及行政工作進行相對客觀的評價，以自省的形式發現問題。自我評價易於操作，簡便易行，有利於激發被評價者的積極性，實現自我行為控制。但由於自我評價不能保證信息獲得的全面性與客觀性，容易發生偏差，因而極少單獨使用。

他人評價，也叫外部評價（external evaluation），指評價客體以外的組織或個人依據一定的評價標準，遵循相應的評價原則、方法對評價客體進行評價。它包括領導評價、專家評價、同行評價、社會評價等。領導評價是上級對下級的評價，具有一定的行政性質，權威性高，如何確保評價的公正、科學及不流於形式是在評價開始前需要周全考慮的。專家評價是由相關主管部門委派某一領域的專家對教育的某一領域或綜合領域進行評價，具有很強的專業性與權威性。同行評價是同行、同事之間進行的評價，同行或同事之間相互評議是相互學習、相互借鑑的重要方式，有利於通過借鑑他人經驗，改進自我不足。社會評價是社會組織或個人對教育工作或人員的評價。社會評價不具有行政意義上的強制性與約束力，但其所搜集的資料能在一定程度上為政府的教育決策提供信息。他人評價以較強的客觀性與真實性、要求嚴格等特點而受到歡迎，但由於在組織實施的過程中耗費的人力與財力都比較多，因而不宜頻繁進行。

【知識考查】
　　對教師的期末考評中，某中學校領導要求教師與學生集體共同對教師進行評價，在進行評價時主要涉及哪幾類主體？（　　）
　　A. 領導評價、學生評價、教師互評、自我評價
　　B. 領導監督、學生評價、教師評價、同行互評
　　C. 領導評價、學生評價、同行評價、自我評價
　　D. 領導監督、學生評價、同行比較、教師互評
　　答案：C

(三) 依據教育評價功能，將其分為診斷性評價、形成性評價和總結性評價

診斷性評價是在某項教育活動開始之前進行的評價，其目的是瞭解評價對象的概

況與基礎,發現存在的不足與問題,以便及時採取適當措施,在後續的教育活動中做到有的放矢,有針對性地解決問題,彌補不足。如對小學辦學條件的診斷性評價就應放在教育質量評價之前進行,從硬件、軟件等方面獲得小學辦學條件是否達到要求等有用信息與線索,為順利開展下一步工作提供指導。對學生的學業診斷性評價一般在學年初或學期初進行,獲得學生在知識與技能、過程與方法及情感態度與價值觀方面的大致情況,以便學校或教師能對學生的學力有明晰的把握,更好地做到因材施教。診斷性評價所獲得的信息數據為教育工作的進一步開展提供指導與依據,如果搜集到的診斷性信息數據被擱置,那麼診斷就失去了本來的意義與價值。

形成性評價,又稱「即時評價」,是在教育活動進行中進行的評價,評價活動本身的效果,用以調節活動過程,保證活動目標的實現。形成性評價的目的有:一方面在活動中進行評價,能使評價主體根據客體的反饋調節自己的行為,使評價客體及時獲取反饋信息,瞭解自己的優勢與不足,適時調節控制,以縮小與目標偏離的差距,實現目標的有效達成。另一方面,形成性評價能使主體能清楚地認識到自己工作進程中的問題與不足,總結經驗教訓,達到及時改進的目的。如針對教師在教育活動中的問題,相關評價主體及時提供教師優缺點、長短處的反饋信息,使學校能採取適當的措施幫助其更好地獲得專業上的成長。形成性評價可以及時探尋影響教育工作質量和目標實現的原因與影響因素,以便及時採取行動措施進行修正、完善與提升。

總結性評價是在教育活動(一單元教學、一門學科教學、一個學期或學年等)結束後對該項工作的最終成效所進行的評價。其目的是評價某一活動達到預期目的的程度或總體效益。如學生對期末考試用於測驗學生的知識基礎掌握情況是否達到了教學目標的要求,以便教師在下一學期的教學中進行改進與完善。總結性評價還可用於教師教學效能的核定,為有關教師聘任、提升及增薪等人事決策提供信息。總結性評價以預先設定的目標為評價標準,如果目標不具體、不明確、不客觀,那麼總結性評價的最終結果將會受到影響;總結性評價具有「事後檢驗」的性質,雖對評價客體當時的改進與完善作用不大,但能促進其在下一輪的活動中有意識地進行改進。

(四) 根據教育評價資料搜集的處理方式,將其分為常模參照評價、標準參照評價及個體內差異評價

常模參照評價(norm-referenced assessment),又稱相對評價,指在一個團體內,以自己所處的地位與他人所處的地位相比較的評價,其評價參照系設在所屬團體之中,其目的在於明確個體在團體中的地位。如,根據學生的考試成績高低排名次,劃分優、中、差等級;根據教師教學狀況給予分數,並在全體參評教師中進行評比,得出名次。常模參照評價結果多以分數、名次等形式出現,這樣一方面有利於教育管理活動中的甄別與選拔,另一方面有利於進行量化統計。同時,排名次、分等級在一定程度上有利於主體競爭意識的培養。但是,這一評價也有不可避免的不足:以甄選為主要目的的評價並不能很好地調動主體的積極性,可能會給主體帶來一定的心理負擔,也不能很好地起到改進教育教學工作的作用。

標準參照評價(criterion-referenced assessment),又稱絕對評價,指以評價對象實際達到的目標與既定標準比較而得出評價結論的評價。評價標準與評價對象所處的團體無直接關係,主要關注的是評價對象是否達到了既定的教育目標及其達成程度如何。

一般而言，期末考試屬於這類評價。標準參照評價是以預先確定的目標為基礎的，一方面增強了行動的目的性與方向性，另一方面，目標越具體、越明確，操作性越強，越有利於評價的落實。同時，標準參照評價是一個單向封閉系統，對評價工作的各項要求與限制較少，易於被大多數人掌握與運用。但標準參照評價也有其自身難以克服的弊端：過於強調結果評價，而忽視動態的過程性評價，不利於改進教育教學工作；所預先設定的目標並不能預設到可能出現的所有情況，對出現的非預期目標行為該如何評價，這是標準參照評價難以解答的；個體發展是全面綜合的發展，不能用某單一的標準來判定教育效果，這不符合現代教育的指導思想。

個體內差異評價，指把評價對象的各個元素的過去和現在相比較，或者把一個元素的若干側面相互比較。根據這一概念界定，就有兩種情況：比如，小學二年級第二學期，某學生數學第一學期期末考試成績88分，第二學期期末96分，說明該生數學學習成績提高了；評價小學語文教師的教學情況，可以從知識、方法、情感價值觀等多個方面考察，進而發現該教師在教學中的優勢區域與弱勢區域。個體內差異評價強調對個體或個體某些方面進行比較評價，不會對個體產生較大心理壓力。但其也有不可迴避的不足之處：個體內差異評價沒有確立參照標準，也不與他人比較，所得評價結果較難令人信服，也易使評價對象不能客觀認識自己。因此，個體內差異評價常與常模參照評價結合起來使用①。

(五) 依據評價的分析方法，將其分為量化評價與質性評價

量化評價（quantitative evaluation），是採用數學量化統計的方法，搜集和處理數據資料，對評價對象做出定量結果的價值判斷。其以教育測量為基礎，為教育工作中招生選拔、優劣甄別、教學評比等提供最終的數量依據。

質性評價（qualitative evaluation），不採用數學量化統計的方法，而是根據對評價客體平時行為表現的觀察，並對其進行分析與歸納，然後進行定性結論的價值判斷。由於質性評價需要評價主體的深度參與，並站在客體的角度理解問題的來龍去脈，從而找尋解決問題的線索，因此評價主體的主觀情感對評價事件本身的影響大小便成為很重要的因素。

在教育實際工作中，有些指標可以進行量化測量，有些則不能或不易進行量化測量，應將量化評價與質性評價結合起來使用。

三、教育評價的功能

(一) 鑒定功能

教育評價的鑒定功能是指通過評價活動依據一定的評價標準判斷與認定評價對象是否合格、優劣程度、水準高低等。鑒定功能是教育評價的基本功能，其他功能是在科學鑒定的基礎上實現的。通過鑒定，評價主體能確切瞭解與知曉評價客體的水準與概況，以便於確定、篩選與選拔；同時，評價客體也可以從評價結果中找到自身存在的問題，為未來努力提供方向。可見，教育評價結果鑒定為教育決策提供參考依據，在教育發展中發揮積極的促進作用；但因其過於看重篩選與優劣排序，在教育實踐中

---

① 肖遠軍. 教育評價原理及應用 [M]. 杭州：浙江大學出版社，2004：14.

對評價客體也帶來一定的消極影響。教育評價在早期發展中相對比較偏重評價的鑒定功能，選拔出適合教育的學生成為教育評價的重要功能，劃分等級、名次以進行篩選便是鑒定功能的現實體現。隨著中國基礎教育改革與發展的不斷推進，教育評價制度進行了改革，不進行名次排序，以降低或消除教育評價鑒定功能的消極影響。

【案例分析】

為小學考試成績取消「百分制」叫好

《江西省教育事業發展「十三五」規劃》提出，要完善小學生考試成績呈現方式，取消「百分制」，實行「等級加評語」的評價方式，在有條件的地方推行小班教學，全面提升學校辦學品質。筆者以為，在小學階段取消「百分制」的做法，不僅兼具人性化與科學化，更有利於學生綜合能力的養成，值得為之叫好。

客觀來講，「百分制」在激勵學生比學趕超方面確實發揮了重要作用，不少家長和教師也將分數的高低作為衡量學業是否成功的主要標準。但隨著社會對素質教育的呼聲越來越強烈，「百分制」也日益表現出它的局限性，其負面影響也逐漸受到社會各界的詬病。比如「高分低能」「唯成績論」等，可見，這種單一的教育評價體系，既不客觀，也不科學，而且還阻礙了學生綜合素質的提高。

江西省逐漸取消「百分制」，改用多元化的評價方式，是在素質教育道路上值得稱道的一大進展，其價值和意義不容小覷。多元化評價方式的優勢在於，一方面它把學習的目的從單純地關注分數轉移到綜合能力上來，對「重分數輕能力」的現象起到了一定的扭轉作用；另一方面，它刻意淡化、模糊了考試分數在教育評價體系中的決定性地位，真正變「以分為主」為「以學為主」，從根本上改變了以往「唯分數是瞻」、以偏概全的教育模式。取消「百分制」，是對學生除考試分數之外的其他才能加以肯定和鼓勵，既兼顧特長又呵護創新能力，引導他們全面發展，這其實正是素質教育的精髓所在。

總之，取消「百分制」，它降低了老師和學生對分數的關注，避免陷入「分分計較」的怪圈，將著眼點重新迴歸對學生自身發展真正有益的能力、素質和知識上來。對於這一做法，我們應給予掌聲和鼓勵，畢竟勇於改革，比不做探索強。但社會尤其是家長長期習慣了學生成績以「百分制」呈現，取消「百分制」肯定會面臨一定壓力。因此，在這一教育新風被社會普遍期待進而被認識、接受和推廣的同時，我們也應給予其合理化的意見建議，幫助其盡快地成熟科學起來，讓素質教育邁出更具實質性的步伐。

資料來源：陳小兵. 為小學考試成績取消「百分制」叫好［EB/OL］.（2016-11-15）[2019-09-30］. www.jxedu.gov.cn/info/11901/1068.htm.

思考：人們為什麼為小學考試成績取消「百分制」叫好？

（二）導向功能

教育評價的導向功能是指教育評價可以引導評價對象趨向理想的目標。教育評價活動具有很強的目的性，具有明確評價目標、科學的評價標準、規範的指標體系及嚴格的評價程序，猶如一根無形的「指揮棒」，為評價活動指引努力的方向。評價對象為

了獲得理想、滿意的評價結果，就需要按照目標要求達成評價標準，否則就得不到好的評價。當教育活動與目標相一致的時候，教育評價的導向功能可以引導某項教育活動朝正確方向發展。當活動與目標偏離的時候，便會通過一系列的轉向活動使其逐漸趨於或接近目標。如，在提倡發展學生核心素養的教育新時代，傳統的「知識、考分、升學」的評價標準轉向以「核心素養」為核心的「知識、能力、全面發展、個性完善」的評價標準，是教育評價導向功能發揮其積極作用的體現。

（三）診斷功能

教育評價的診斷功能是指通過評價發現教育工作中的成效、問題及困境，並對其做出判斷。教育評價需要遵循科學性、客觀性、可行性等原則，保證評價過程的科學性。科學的教育評價過程需要經歷收集評價信息、整理與分析評價信息、評定評價信息等環節，每一環節都嚴格運用科學的評價方法，最後根據評價標準進行評價，做出價值判斷，分析與診斷出教育工作中的成效與問題，找出原因，並提出改進的途徑與措施。教育的診斷功能具有肯定成績、改進問題的功效，在改進問題方面強調針對存在的問題找出原因所在，「對症下藥」，精準地提出改進措施與解決問題的方案。學校通過診斷，能有力、精準地提升教育工作的質量與成效。

（四）反饋調節功能

教育評價的反饋調節功能是指在教育評價活動中，評價主體與評價客體根據對方表現所得到的反饋信息，自主調節自身的教育教學工作或學習行為。一方面，評價主體根據評價客體的行為表現調節自己的目標及進度。教師在課堂教學活動中會根據學生接受知識的快慢情況，自主地調節教學目標與進度。當發現學生接受知識較快時，教師就會將教學目標提高，加快教學進度，反之，則降低教學目標，放慢教學進度。另一方面，評價對象根據評價主體的反饋信息，及時地獲知自己的優勢與不足，主動調節自己的工作步調，在後續的工作中做到有的放矢。借助教育評價的反饋調節功能，對教育活動目標進行合理的調整；同時，教育評價反饋調節的結果又將影響下一輪的評價活動。教育評價的反饋調節功能使教育評價活動形成不斷調整的、周而復始的循環鏈。

【名人名言】

　　評價是一個確定實際發生的行為變化的程度的過程。評價過程實質上是一個確定課程與教學計劃實際達到教育目標的程度的過程。

　　　　　　　　　　　　　　　　　　　　　　　——［美］拉爾夫·泰勒

（五）激勵教育功能

教育評價的激勵功能是指有效、合理運用教育評價，以激發評價客體的內在動力，提高其工作的主動性、積極性和創造性，從而達到提升教育管理成效的目的。教育評價的激勵功能是鑒定功能的延伸，借助鑒定結果的優劣程度對評價客體採取有差異化的激勵措施，是差異化管理的集中體現。要有效發揮教育的激勵功能，就應充分保證評價標準不宜過高，也不宜過低。過高的評價標準會讓評價客體有畏難情緒，不易調動工作的積極性與主動性，不利於下一步工作的改進與完善；過低的評價標準會讓評

價客體產生工作不重要的不合理認識，進而敷衍了事，較難提升工作成效。較為適宜的評價標準是評價客體在經過一定的努力後能達到的，這樣才能起到激發內在動力的顯著效果。在評價中，對進步較大的組織或個體應結合其原有水準、努力程度等方面的狀況加大激勵力度，強調過程性評價與結果性評價相結合，公平、客觀、科學地發揮評價的激勵功能。

第二節　教育評價的原則與方法

一、教育評價的原則

教育評價原則是開展教育評價活動應遵循的基本要求和準則，是教育評價規律的內在反應和表現。教育評價除了應遵循教育評價的方向性、客觀性、科學性、可行性、公平性、效用性等原則之外，因其自身特有的工作內容還應遵循一些特殊原則。根據教育評價的實際與評價工作範疇，這裡主要論述發展性原則、激勵性原則、多元性原則及系統性原則四種教育評價原則。

（一）發展性原則

發展性原則是指對教育活動進行評價時，不應僅以結果作為評價結果的依據，而更應關注評價客體在教育活動過程中的一系列行為表現、情感態度價值觀發展等方面的內容，發展性原則是實施教育評價最基本的原則。運用發展性原則需要注意：

首先，以發展、動態的眼光看待教育活動。發展性原則要求在評價過程中不能以一成不變的眼光看待人和事，而應運用發展、動態的眼光看待教育活動的方方面面。就教師工作而言，在關注教師原有知識基礎和能力水準的基礎上，以發展、動態的眼光關注教師日常教學工作所表現出的思想素質、專業知識、教學技能等專業內容，通過溝通與交流瞭解教師專業發展的內在需求，在期末鑒定的時候對教師做出科學、客觀、公正、合理的評價。就學生學習而言，不能以某一次的表現或成績作為評價該生優異與否的標準，給予學生足夠的信任與尊重，以發展的眼光充分肯定學生的優點和進步，理性對待學生的不足和錯誤，鼓勵學生努力進步，超越自己。

其次，評價主要在於改進工作，獎懲不是主要目的。發展性原則要求在評價過程中以提高和改進評價客體為主，而不以評價結果作為獎懲的依據。對學生的學習評價而言，運用發展性原則主要目的在於看到學生在學習過程中的優勢領域與不足之處，找出解決問題的辦法，幫助學生改進不足與解決問題，促進學生學業的提高。在這一過程中，學生感受到的是來自外界的理解與尊重，並能從評價結果中獲得方向與動力。若將獎懲作為評價的主要目的，則會使評價的效果受到影響。

（二）激勵性原則

激勵性原則是指通過一定的手段和方式使評價客體的需要和願望得到滿足，以充分激發其工作的積極性和創造性，使其潛能得到最大限度的發揮，增強自信心，從而獲得向更高目標前進的動力。激勵性原則根據激勵物的不同，有不同的激勵方式，有物質激勵、精神激勵、目標激勵和榜樣激勵等方式。運用激勵性原則需要注意：

第一，將多種激勵方式相結合，提倡激勵的多樣性。運用激勵性原則對學生進行評價時，既可給予物質獎勵，也可給予精神獎勵；既可以根據目標的達成程度給予獎勵，也可依據向榜樣學習的情況進行獎勵；既可以是非正式的口頭表揚，也可以是正式的有證書的表揚。總之，對評價客體進行評價時採取多樣化的激勵方式，可以避免因激勵的單一性而導致評價客體產生厭倦心理。

第二，激勵不宜過度，需注意激勵的適時性與適度性。在進行他人評價時，特別需要注意激勵原則的適時性與適度性。他人評價特別是領導、專家、同行等對教師進行評價時，針對該教師的某一次課堂教學的進步與成長，要及時給予肯定與鼓勵；對教師的進步進行評價時要適度，過度的激勵會帶來負面效應，如教師容易產生自滿情緒，而減少了自我成長的動力[1]。

第三，激勵是針對某一表現而給出的，需體現一定的針對性。在運用評價的激勵性原則時，針對評價客體的不同表現採取恰當的激勵方式。針對某一小學生在課上認真思考，回答問題的情況，教師可採取口頭表揚的方式；期末綜合考評後，針對學生原有的基礎與水準，結合該生的發展狀況與平時表現，可採用物質獎勵與精神獎勵相結合的方式進行。有針對性的激勵方式能在很大程度上提高評價客體對評價工作的認可度與接受度，提高其對工作的熱情，增強工作的實效。

（三）多元性原則

多元性原則是指在進行教育評價工作中，評價的視角、方法、參與主體等方面均應採取多元化的方式，以保證評價數據的全面性、系統性，評價方法的科學性、客觀性，評價主體的全員性、主體性。在評價視角上，在進行評價時，不僅需要對涉及教育評價工作的基本流程、環節及過程進行評價，也需要對其中的主體所體現出的理念、能力、效果等進行評價。如，在對小學教師課堂教學進行評價時，不僅需要對教師的教學環節、教學過程進行評價，還需要對教師在此過程中的教學理念、教學能力、課堂管理能力及師生互動等進行評價。在評價方法上，在評價時不僅涉及量化評價的方法，也會運用質性評價的相關方法，同時，還需要將過程性評價與結果性評價相結合，以獲得相對系統、全面的評價數據，保證評價的科學性與客觀性，將誤差降到最低。在評價的參與主體上，評價應以他人評價與自我評價相結合，他人評價也應鼓勵多主體參與。如，對學生進行評價時，需堅持他人評價與自我評價相結合，其中，他人評價應包括教師、同學、相關管理者及家長，一方面可以獲得相對全面、客觀的信息，另一面能有效調動主體的積極性，達到促進學生健康發展與學校教育質量提升的目的。

【知識考查】

「多一把衡量的尺子，就會多出一批好學生」，這句話說明對學生發展評價時應堅持的原則是（　　）。

A. 科學性原則　B. 激勵性原則　C. 方向性原則　D. 多元性原則

答案：D

---

[1] 劉義兵. 教師專業發展［M］. 北京：高等教育出版社，2017：257.

(四) 系統性原則

系統性原則又稱為整體性原則，系統性原則是學校管理的原則之一，也是教育評價應該遵循的重要原則。整體性原則應堅持整體大於部分之和的理念，以系統整體目標的優化為準繩，協調教育活動各個領域的相互關係，使其臻於平衡。運用系統性原則需要注意：

首先，系統性原則應堅持用動態的、發展的眼光，對教育工作的各個環節進行綜合評價。如，在教育評價工作中，評價小學生發展狀況時，應從學生的知識基礎、技能表現、情感態度價值觀等方面著手進行，不是某一方面的內容或某個時間內的行為表現，更不能用靜態的、不變的眼光評價該學生。在評價中，評價者既要注重評價結果，更要看重學生在發展過程中所帶來的身心全方位變化；既要考慮評價的外部因素，更要注意評價的內部影響；既要進行定量評價又要進行定性評價。評價者全面系統地收集評價信息，以保證評價的科學性、客觀性與準確性。

其次，注意評價過程中的個體差異性。在學校教育中，由於每個參與評價的個體均來自不同的家庭文化，有著不同的生活背景、個性心理、行為方式等方面的差異性，因此從整體上出發制定評價目標和確定評價標準及指標時，還應確立個性化的評價內容，選擇相應的評價方法，對參與評價的個體提出針對性的改進建議、目標要求和發展計劃等，以充分挖掘其發展潛能。這樣一來，系統性原則在顧及整體、全面的同時，考慮到個體的發展與需求，體現出教育評價的人文關懷。

二、教育評價信息收集與評定的基本方法

教育評價從流程上需要經歷評價信息收集、整理與分析、評定等環節。不同評價環節有著不同的任務與要求，針對不同評價環節選擇和確定合適的評價方法尤為必要。為了便於理解與操作，特將教育評價信息的整理與分析和教育評價信息評定放在一起進行論述。

(一) 評價信息收集的方法

教育評價信息收集是科學、客觀地開展評價工作的基礎和前提，全面、可靠、客觀的信息收集，是評價結果可靠性的重要保障。在教育評價信息收集環節，涉及的方法主要有以下四種：

1. 問卷法

問卷法是依據評價目的和評價內容，確定合適的調查維度與指標體系，制定科學的問卷，由評價對象根據一定的要求進行作答，並以此獲取信息的方法。如對某小學教師專業素養進行評價，採取問卷法獲取信息，首先在制定問卷時應該對教師專業素養進行維度劃分，確定問題與指標體系。問卷由該校全體教師作答。評價者將收回的問卷進行整理、分析和統計，從而獲得翔實的評價信息。問卷法是獲取信息相對經濟、快捷的途徑，能在較短時間內調查足夠多的個體，但由於其更多關注可量化的指標與內容，較難獲得涉及個人情感等更深層次的信息。且限於文字的要求，對小學生特別是小學低年齡段的學生運用問卷法進行評價信息收集時，需要在成人（教師或家長等監護人）指導下進行。

2. 訪談法

訪談法是以面對面的交流、適用性強為主要特點直接收集信息的一種方法。訪談法並不是漫無目的的面對面交流，和問卷法一樣，也需要根據評價目的和內容制定訪

談提綱。與問卷法相比，訪談法可以對任何文化程度的人進行訪談，設計合理的訪談可以獲得更深層次的信息，但訪談法對評價者的素質提出了更高的要求，這種方法不僅要求評價者熟悉訪談法的技術，同時由於訪談法收集到的信息以質性數據為主，如何對這些質性數據進行整理分析，也是評價者需要考慮的。

3. 觀察法

這種方法是教育評價中使用頻率最高的方法，評價者一旦進入評價場域，就觀察著周遭的人和事。觀察法根據不同的分類可分為不同的類型：以評價者是否捲入其中，分為參與式觀察與非參與式觀察；根據所處的場景，分為自然觀察和實驗室觀察；根據正式程度，分為日常觀察與正式觀察。以日常觀察和正式觀察為例對教育評價中學生發展評價進行說明：在日常觀察中，教師、學生及家長在日常的教育教學活動與人際交往中，對學生的思想道德、行為習慣、情感態度價值觀、學習狀況等方面的內容進行觀察，不同的評價主體將觀察獲得的信息進行交流，以獲得更加全面系統的信息。在特定或正式觀察中，如針對學生課堂表現，教師在上課的過程中觀察學生的學習注意力集中程度、回答問題積極狀況、對老師講授的理解程度等，以此可以做出即時性評價——這個學生在這節課的狀態如何。即時性評價的結果不是終結，而是發展性評價的過程性資料，也是結果性評價的參考依據。

4. 文本分析法

文本分析法是通過查閱有關評價對象的文本，以獲取評價資料的方法。與教育工作相關的檔案、教師的教學日誌、學生的操行評語、學生成長檔案袋、學生的作業及試卷等各種記錄、學校工作年鑒等都屬於文本的範疇，評價者對這些文本進行閱讀、整理、比較、分析，獲取有關的評價信息。文本分析法是教育評價獲得資料信息的重要補充，通過對這些文本的閱讀與整理，能夠獲得更加鮮活的過程性資料。「在工作中留痕跡」便是以文本的形式留下的痕跡，這有利於工作的回顧與總結。由於文本內容較多，且多為質性數據，這就要求評價者全面、綜合、多元地閱讀與整理文本，最大限度地保證評價的科學性與客觀性。

【知識考查】

借助學生成長檔案袋對學生進行評價，這類評價屬於（　　）。
A. 形成性評價　　B. 配置性評價　　C. 總結性評價　　D. 準備性評價
答案：A

當然，收集評價信息的方法還有很多種，以上主要介紹了四種常用的收集教育評價信息的方法。在收集信息的過程中，不是某一種方法的簡單運用，而是多種方法的綜合使用，評價者應將量化評價與質性評價、發展性評價與終結性評價相結合，以確保收集到全面、系統、翔實的評價信息。

(二) 教育評價信息評定的方法

從教育評價信息的分析方法和結果的呈現方式上看，主要涉及量化與質性兩種方法。在評價信息評定的方法選擇上，也以量化評定法與質性評定法的分類展開論述。

1. 量化評定法

量化評定法一般包括：記分評定法、名次排序法和等級評定法。

（1）記分評定法。記分評定法是一種教育評價常用的評定方法，確定每項評價指標的滿分和權數，根據收集來的評價信息評定出每項評價指標的分值和權重，並將其直接填寫在評價表中，不做任何語言描述，用評價結果所得分數與權重分比較後得出評價結論。如對教師教學評定時，分別從幾個維度對教師教學進行評定，每一維度下再細化為若干指標，每一指標對應不同的權重分數，專家評委結合教學指標對該教師的教學給出分數。記分評定法因其簡便、易操作而受歡迎，但當過分強調分數時，很容易造成不合理的競爭氛圍，特別是在不公正評定的情況下，很容易使人產生「分數不等於能力」的觀念，這將不利於良好文化氛圍的形成，不利於學校整體工作的推進。

（2）名次排序法。名次排序法是依照一定的評價標準，根據評價對象的表現或成績評定其達到評價標準的程度，並依此對其用自然數呈現優劣好壞的先後次序[1]。一般在各類考試或競賽活動中可用這種方法來表示，排列出名次順序。如教師教學技能評比，首先確定教師教學技能的評價標準（即參賽規則），根據每位教師的具體表現進行評分，可以根據得分的高低，排出名次順序，從中區分優劣。名次排序法能一目了然地使人們瞭解評價對象的優劣狀況，在一定程度上能激發評價對象的積極性與主動性，促進其進步；但名次排序法實際上和記分評定沒有本質上的差異，其背後也是對分數的強調，將對名次靠後的評價對象產生消極影響。同時，也不是所有的教育活動都適合名次排序。

【案例分析】

末位淘汰制

劉校長是蘇南某中學的校長，前任因政績不好被市教育局調離，所以劉校長接任後便苦思提高教學質量的良策。「全國高考看江蘇，江蘇高考看南通。」劉校長帶領全體高三教師去江蘇南通名校A校取經。A校確實有不少值得學習的經驗，如實行集體備課制、首席教師制、功勳教師制等，但是最吸引劉校長的是末位淘汰制，A校每學年評定教師的考核等級，連續兩次考核結果最差的兩名教師，學校將中止對其的聘用。

劉校長回來後，很想引入這項制度，於是，在行政會議上提出了這個問題。班子內部意見不一。李副校長說：「人家的末位淘汰制是厲害，你看看我們學校裡的有些教師，工作不認真，卻熱衷於打麻將、玩游戲，確實需要一種剛性的制度來個殺雞給猴看。」張副校長說：「這恐怕不好辦吧，萬一真的末位淘汰出局，讓他到哪兒去呢？人家是名校，下面還有二三流的學校，而我們屬於農村中學，再退讓總不能讓他退到小學或者家裡去吧？」教務處李主任說：「從今年排課的情況來看，不少主課還缺教師，語文組的老趙年過五十五，身體又不太好，仍然擔任高三兩個畢業班的教學工作，真的來了末位淘汰制，缺了那麼多的教師誰來上課？」劉校長聽著下屬的話陷入了沉思：「怎麼在人家那裡搞得很好的制度，輪到我們偏偏就不行了？」

資料來源：王延東. 如何看待末位淘汰制［N］. 中國教育報，2005-02-08（6）.

思考：從該案例能得出什麼啟示？末位淘汰制有何利弊？

---

[1] 劉義兵. 教師專業發展［M］. 北京：高等教育出版社，2017：286.

（3）等級評定法。等級評定法是事先確定每項評價指標的等級數，同時每一等級都提出相應的客觀標準，再以客觀標準為依據，根據掌握的評價信息，對評價對象評定等級[①]。客觀標準的表述有兩種：第一種是以合乎程度來表述，優、良、中、差或A、B、C、D的四個等級。「優」表示完全符合；「良」表示大部分符合；「中」表示部分符合；「差」表示完全不符合；85~100為A，84~70為B，69~60為C，60以下為D。第二種是以每項評價指標裡含有的不同等級程度的詞為標準來劃分等級。比如，依據第一種標準評定小學辦學水準的領導工作計劃維度下「體現正確的辦學方向和本校辦學特色的長、中、近期發展規劃」這一指標時，可以確定四個等級（優、良、中、差或A、B、C、D），同時提出每一個等級對應的客觀標準，「優」表示完全符合；「良」表示大部分符合；「中」表示部分符合；「差」表示完全不符合。也可將根據每項評價指標的分值範圍確定等級，如，85~100為A，84~70為B，69~60為C，60以下為D。依據第二種標準，將「能體現正確的辦學方向和本校辦學特色的長、中、近期發展規劃」這一標準表述劃定為優秀，將「能體現學校辦學方向，切合本校實際的發展規劃」這一標準表述劃定為良好，將「顧及學校辦法方向，有發展規劃」這一標準表述劃定為中等，將「無發展規劃」這一標準表述劃定為差等。四個等級體現出不同標準在語言表述上的差異。將評價信息與等級標準進行對照，判定該項指標體系屬於哪一等級，並將確定的評價結果填入表格中。等級評定法以等級的形式呈現評價結果，很大程度上淡化了「分數」意識，有利於形成合作共贏的學校文化氛圍。

2. 質性評定法

質性評定法與量化評定法不同的是不採用數理統計的量化方法，而是通過觀察、訪談、文本分析等方法全方位地收集評價信息，並對教育工作進行解釋式評價的一種評定方法。這裡主要針對質性評價法的分析評價法進行論述。

分析評價法是將分析與評價密切結合的一種方法。評價者不僅需要根據評價數據信息描述出評價對象的現狀，而且要進行深層次的分析，通過對質性數據的分類與編碼，對數據進行解釋性分析，在肯定成績的同時，指出其存在的問題，並在此基礎上提出改進的意見與措施。分析評價法是在信息整理的過程中進行分析與評價，因此，評價信息整理分析方法中的質性分析法在這裡依然適用。

需要指出的是，在評價的不同階段運用相應的方法開展評價工作時，應以動態、發展的眼光看待評價結果，結合校本實際，以激勵為主，堅持量化分析與質性分析、過程性評價與結果性評價相結合的方式系統、多元地考量與評價教育工作。因此，從評價信息的收集、整理、分析與評定的各個環節均應注重評價的系統性、全員性與全面性。

---

① 王漢瀾. 教育評價學 [M]. 開封：河南大學出版社，1995：350.

第三節　教育評價的主要內容

教育評價涉及教育工作的方方面面，不僅包括微觀層面的學校工作評價、教師發展評價及學生成長評價，還包括宏觀的教育政策評價、教育運行評價等。從微觀層面的學校工作評價、教師發展評價及學生成長評價三大領域中尋找共同的評價內容——課堂教學評價，以更加精準地聚焦教育評價工作。課堂教學評價是與學校、教師、學生密切相關的內容與領域，於學校而言，是學校實施教學管理評價的重要內容；於教師而言，是教師開展教育教學活動的「主戰場」；於學生而言，是學生獲得成長，發展核心素養的重要場所。

通常情況下，當論及「課堂教學」時，人們會慣常地認為課堂教學的主體是教師，由於課堂教學是學校工作的中心，是學生成長成才的重要場所之一，基於此，人們對課堂教學評價的內容進行設定的時候，試圖採取學校—教師—學生三主體統合的視角全方位設定課堂教學評價內容及指標體系。當從不同主體出發論述課堂教學評價工作時，實際上是從不同的視角出發的，因此針對不同主體在評價工作中的側重點是有所差異的。

一、學校教學管理評價的主要內容

教學管理分為教學前的目標計劃與組織管理、教學中的教學督導及教學後的考核與評價等內容。

（一）教學前的目標計劃與組織管理評價

一方面，目標是開展教學活動的指引。學校在開展教學前應確定明確的目標，包括長遠目標和近期目標，每一位教師結合任教班級的具體情況與自身專業狀況，將學校確定的目標進一步細化到每一學期、每一週、每一節課。這裡，需要確立目標計劃的具體標準，以此作為評價的依據與參考，以便管理者調控教學過程，一旦出現突發情況，便於靈活採取補救措施。另一方面，組織管理是學校順利開展教學工作的組織保障。具體包括以下內容：①建立有效的教學指揮系統，形成在校長領導下，包括教導主任、教研組長、備課組織等在內的指揮網絡。②根據教學需要和教師特點與專長，合理安排教師的教學工作，調動每位教師的積極性，充分發揮每一位教師的作用。③合理安排教學活動時間，包括學年總學時、學期總學時、學周總學時、各學科總學時和每個單元學時的安排。④建立適合教師工作特點的切實核心的管理制度[①]。

（二）教學活動中的教學督導

教學活動是學校工作的重中之重，課堂教學在整個教學活動中居於中心環節。從學校管理的視角出發，教學督導的具體內容包括：①教學目標明確。教學目標是開展教學的出發點與歸宿，對教學活動具有指導作用。將學生發展的三維目標及核心素養貫穿於教學過程中，將全面發展的目標融入教學目標中。科學可行的教學目標的確立

[①] 侯光文. 教育評價概論［M］. 石家莊：河北教育出版社，1996：435.

有利於教學活動朝著預設的理想方向邁進。②教學設計合理，方法得當。如果說目標是教學活動的指引，那麼教學設計就為教學活動框定了活動的界限，合理的教學設計使教師能運用得當的教學方法，重點突出，難點突破，能很好地處理教師是教學的主導與學生是學習的主體性的關係，注重師生互動，根據學生反饋及時調整教學進度；教學工具使用合理，能有效運用口頭語言與肢體語言，調動教學氛圍，板書設計合理。③教學內容科學合理。教學內容體現科學性與思想性的高度統一，在幫助學生獲得知識的同時，注重學生精神的陶冶。在對教師的課堂教學開展教學督導時，可從以上三大方面的內容著手進行，參考確定的評價指標與標準，開展科學、合理的課堂教學評價工作。

(三) 教學後的考核與評價

課堂教學活動不是單純的課前備課與課中的課堂教學活動，還包括課後的教學考核與評價。教學考核與評價是學校教學工作的重要內容，因為考核與評價直接對評價對象產生積極或消極的影響，因此，科學、客觀、公正的考核與評價在學校教學工作中顯得尤為重要。具體內容包括：①一定時間後對學校工作的考評。一般以學期或學年為一個考評週期對教學工作展開考評，具體考評一段時間內學校在教學、學生發展、教師隊伍建設等方面所取得的成績及存在的問題。學校教學工作的考評多以綜合評價為主，輔之以單項評價。②一定時間後對教師課堂教學的考評。重點從理念與師德、專業知識及專業能力三方面對教師開展評價，師德「一票否決」是從師德方面對教師進行評價，聽公開課主要是對教師在專業知識與專業能力方面的評價。③一定時間後對學生學習狀況的考評。從培養學生核心素養的目標出發，對學生從知識與能力、過程與方法、情感態度價值觀三個方面進行全方位的評價，而不應只關注學生的知識獲得。

二、教師專業素質評價的主要內容

依照《教師專業標準》對幼兒園、小學教師、初中教師專業素質的要求，我們將教師專業素養從教師專業理念與師德、教師專業知識與教師專業能力三大維度進行劃分。在對教師專業素養進行評價時，也遵照《教師專業標準》關於教師專業素養的劃分維度進行。

(一) 教師專業理念與師德

教師專業理念是教師專業素養的組成部分，是教師對教育本質理解的基礎上形成的理性觀念與認知[①]，專業理念是教師的教育實踐行為的理論先導，換言之，教師的教育實踐行為總是反應著某種專業理念。結合《教師專業標準》對教師專業理念的要求，對教師專業理念的評價，主要包含以下內容[②]：①教師職業的理解與認知。教師應貫徹黨和國家教育方針政策，遵守教育法律法規；理解教育工作的意義，熱愛教育事業，具有職業理想和敬業精神；認同教師的專業性和獨特性，注重自身專業發展；具有良好的職業道德修養，為人師表；具有團隊合作精神，積極開展協作與交流。②教師對學生的態度與行為。關愛學生，重視學生身心健康，將保護學生生命安全放在首位；

---

① 周紅. 淺談教師專業理念素養的生成途徑 [J]. 中國成人教育, 2009 (14): 70.
② 教育部. 小學教師專業標準 (教師 [2012] 1 號) [R]. 2012.

尊重學生獨立人格，維護學生合法權益，平等對待每一位學生；信任學生，尊重個體差異，主動瞭解和滿足有益於學生身心發展的不同需求；積極創造條件，讓學生擁有快樂的學校生活。③教師教育教學的態度與行為。樹立育人為本、德育為先的理念，將學生的知識學習、能力發展與品德養成相結合，重視學生的全面發展；尊重教育規律和學生身心發展規律，為每一個學生提供適合的教育；引導學生體驗學習樂趣，保護學生的求知欲和好奇心，培養學生的廣泛興趣、動手能力和探究精神；引導學生學會學習，養成良好的學習習慣。④教師的個人修養。教師應富有愛心、責任心、耐心和細心；樂觀向上、熱情開朗、有親和力。

師德即教師職業道德，是教師在從事教育勞動中所遵循的行為準則和必備的道德品質。師德是社會職業道德的有機組成部分，是教師在教育教學中遵守的行為準則，是教師從事教育活動的必備素質。根據《中小學教師職業道德規範》與《小學教師專業標準》對教師職業道德的要求，對教師師德的評價應包括以下方面的內容：①堅持社會主義方向。教師須擁護中國共產黨的領導，擁護社會主義，具有一定的馬克思主義理論素養，並將此貫穿於教育教學中，對學生起到積極的正向引導；依法治教，全面貫徹國家教育方針，自覺遵守教育法律法規，遵守學校的各項規章制度，依法履行教師的職責與義務，尊重學生的各項權利。②熱愛教育事業。教師應愛崗敬業，志存高遠；熱愛學校，團結同事，關愛學生，尊重家長；善於自我調節情緒，保持平和心態；衣著整潔得體，語言規範健康，舉止文明禮貌。③教育育人，終身學習。遵循教育規律，實施素質教育，不以分數作為評價學生的唯一標準；潛心鑽研業務，勇於探索創新，不斷提高專業素養和教育教學水準；勤於學習，自覺拓寬知識視野，更新知識結構。

（二）教師專業知識

教師專業知識是教師從事教育教學的基礎，具體包括：①教師教育類知識。這部分知識是教師從事教育教學活動的專門性知識，是教師順利開展教育教學的重要保障，主要包括教育學、心理學、教育心理學、教育測量、課程論、教育史等知識。教師教育知識解決的是教師「如何教」的問題，是教師從事教育教學工作的理論依據，有利於教師樹立正確的教育理念，熟悉教育的基本規律與方法，更好地指導教學實踐，有效地向學生傳授知識，促進學生的人格完善與全面發展。對教師教育類知識評價時應重點關注：教師的教育觀是否正確，在教育教學中是否尊重教育規律和學生身心發展特點；能否自覺地利用教育心理理論指導教育實踐；能否對教學實踐進行理論思考與研究。②學科專業知識。學科專業知識指教師所具有的自己任教學科的專業知識，如，語文、數學、英語、物理等學科專業知識。學科專業知識解決的是「教什麼」的問題，強調知識的系統性與專業性。學科專業知識是教師專業知識的核心部分，是教師順利開展教學工作、保證教學質量的前提和基礎。評價教師的學科專業知識需要注意：教師對學科專業知識的掌握有一定的深度和廣度；既懂得本學科的歷史，又掌握該學科的新進展；對本學科知識形成了系統的、體系化的認知結構，能從整體上把握學科專業知識；通曉與學科相關的知識，在教學中能幫助學生進行學科間知識的融合與遷移。③通識性知識。通識性知識是教師所擁有的有利於開展教育教學工作的廣博的文化知識，在於培養學生多方面的探究興趣，培養學生的核心素養。包括自然科技、人文社科、藝術欣賞等領域的知識。④實踐性知識。實踐性知識是一種經驗性的隱性知識，是教師關於教育情境和處理教育中遇到的困惑與問題的知識。對教師實踐性知識的評

價要求教師擁有堅定的教育信念、積極的情感態度、強烈的批判反思及嫻熟的操作策略等方面的知識。

(三) 教師專業能力

教師專業能力是指教師在從事教育教學活動時所具有的本領。教師專業能力有多方面的能力要求，這裡主要選擇與教師教育教學密切相關的關鍵能力進行評價內容的設定，主要包括：①教育教學能力。教師在教育教學中應具有向學生傳授知識、鍛鍊學生能力、錘煉學生品格等方面的能力。這就要求教師一方面在教學目標指導下，具備對教學目標、教學任務、受教育者特點、教學方法與策略以及教學情境的分析判斷能力，主要表現為：能理解教學目標與分析掌握課程標準；具備課程開發與分析處理教材的能力；能夠根據教學目標，創設學習情境；全面瞭解學生；選擇和運用 ICT 等教學媒體的能力。另一方面，教師應具有在實現教學目標過程中的語言溝通與表達能力。主要表現為：教師的言語表達能力，如語言表達的準確性、條理性、連貫性等；非言語表達能力，如言語的感染力、表情、手勢等；能與學生進行有效的言語與非言語的互動交流。②教學反思能力。教學反思是教師在教育教學活動中的邊實踐、邊思考、邊體悟，以此發現問題，總結經驗，促進教師專業化。教學反思不是一項獨立的實踐活動，是教師個體或群體在實踐中反思、在反思中實踐的一種活動。對教學反思能力的評價，可以通過課堂觀摩、行動研究、專家會診發現教師在教學過程中的優勢與不足，為其發展指明方向，達到改進教學、促進教師發展的目的。但由於反思活動具有內隱性的特徵，因此，對教師的教學反思能力的評價也需要參考教師在日常教學中所寫的教學案例、教學日誌等文本資料。③教育科研能力。在「教師即研究者」的國際教師教育改革的號召下，教師的教育科研能力日益受到重視。教師教育科研能力的評價依據主要有：能夠正確選擇研究課題，科學設計研究方案；掌握科學研究的流程與研究方法；全方面搜集資料，並開展深入分析；能將教育科研與教學密切關聯；形成一系列研究成果的能力。

【資料連結】

庫珀和麥金太爾（1994）想要知道在教師和學生心目中什麼樣的課可稱得上是成功的。因此，他們採訪了 13 位教師和 325 名 11 歲或 12 歲的學生，大家一致認為，一堂成功的課要包括以下這些方面：

學生掌握了具體的知識或技能。

學生執行並完成了任務。

學生進行深入思考並得出新的見解。

學生在課堂上很投入並喜歡參與學習活動。

干擾課堂的行為出現得很少。

師生之間和學生之間相互合作，氛圍融洽。

教學方法行之有效。

資料來源：克里克山克，詹金斯，梅特卡夫. 教師指南［M］. 4 版. 祝平，譯. 南京：江蘇教育出版社，2007：177。

三、學生綜合素質評價的主要內容

學生發展是教育教學活動的出發點和落腳點,因此,學生評價在教育評價工作中佔據的重要地位就不言而喻了。學生發展是各方面素質都得到全面發展,而不是僅關注學生的學業成績,我們還應關注學生作為一個整體性的人的其他方面。因此,學生發展應是知識與能力、過程與方法、情感態度與價值觀等方面的協調發展,這是與布魯姆關於教育評價目標分類的劃分相契合、與學生核心素養培養的要求相一致的,也是中國培養德智體美勞全面發展的社會主義建設者和接班人的教育目的的直觀體現。在進行教育評價體制改革的今天,強調以全面的立體的內容關注學生發展,有利於學生身心健康發展、創新精神的養成、良好品格的培養,有利於培養學生的核心素養,促進學生終身學習。教育部《關於積極推進中小學評價與考試制度改革的通知》① 將中小學生發展目標分為基礎性發展目標和學科學習發展目標,學生發展評價內容是通過評價目標體現的。因此,本節內容綜合參照《關於積極推進中小學評價與考試制度改革的通知》與中國核心素養對中小學生的培養要求,主要從基礎性發展領域與學科學習發展領域兩大部分論述學生發展評價的主要內容。

> 【名人名言】
> 　　學習中經常取得成功可能會導致更大的學習興趣,並改善學生作為學習的自我概念。
> ——[美]本杰明·布魯姆

(一) 學生基礎性發展領域的主要內容

學生基礎性發展領域涉及學生發展的總體方面,對其全面健康發展具有指導性的引領意義。其主要內容包括:①道德品質。熱愛祖國、熱愛人民、熱愛社會主義,具有國家意識,瞭解國情歷史,認同國民身分,能自覺捍衛國家主權、尊嚴和利益;具有文化自信,尊重中華民族的優秀文明成果,能傳播弘揚中華優秀傳統文化和社會主義先進文化;瞭解中國共產黨的歷史和光榮傳統,具有熱愛黨、擁護黨的意識和行動;理解、接受並自覺踐行社會主義核心價值觀,具有中國特色社會主義共同理想,有為實現中華民族偉大復興中國夢而不懈奮鬥的信念和行動。具有全球意識和開放的心態,瞭解人類文明進程和世界發展動態;能尊重世界多元文化的多樣性和差異性,積極參與跨文化交流;關注人類面臨的全球性挑戰,理解人類命運共同體的內涵與價值等。②學會學習的能力。樂學善學,能正確認識和理解學習的價值,具有積極的學習態度和濃厚的學習興趣;能養成良好的學習習慣,掌握適合自身的學習方法;能自主學習,具有終身學習的意識和能力等。勤於反思,具有對自己的學習狀態進行審視的意識和習慣,善於總結經驗;能夠根據不同情境和自身實際,選擇或調整學習策略和方法等。具有信息意識,能自覺、有效地獲取、評估、鑑別、使用信息;具有數字化生存能力,主動適應「互聯網+」等社會信息化發展趨勢;具有網絡倫理道德與信息安全意識等。

---

① 教育部. 關於積極推進中小學評價與考試制度改革的通知(教基[2002]26號)[R]. 2002.

③運動與健康。熱愛體育運動，養成體育鍛煉的習慣，掌握適合自身的運動方法和技能，具備鍛煉健身的能力、一定的運動機能和強健的體魄，養成健康文明的行為習慣和生活方式。珍愛生命，理解生命意義和人生價值；具有安全意識與自我保護能力。健全人格，具有積極的心理品質，自信自愛，堅韌樂觀；有自制力，能調節和管理自己的情緒，具有抗挫折能力等。能正確認識與評估自我；依據自身個性和潛質選擇適合的發展方向；合理分配和使用時間與精力；具有達成目標的持續行動力等。④人文與審美。養成閱讀的習慣，注重人文領域知識的累積；尊老愛幼，關切人的生存、發展和幸福；關愛大自然，協調處理人與自然的關係。注重藝術知識、技能與方法的累積；能理解和尊重文化藝術的多樣性，具有發現、感知、欣賞、評價美的意識和基本能力；具有健康的審美價值取向；具有藝術表達和創意表現的興趣和意識，能在生活中拓展和昇華美等。⑤科學精神。具有理性思維，崇尚真知，能理解和掌握基本的科學原理和方法；尊重事實和證據，有實證意識和嚴謹的求知態度；邏輯清晰，能運用科學的思維方式認識事物、解決問題、指導行為等。勇於探究，具有好奇心和想像力；能不畏困難，有堅持不懈的探索精神；能大膽嘗試，積極尋求有效的問題解決方法等。敢於批判質疑，具有問題意識；能獨立思考、獨立判斷；思維縝密，能多角度、辯證地分析問題，做出選擇和決定等。⑥公民素養。具有勞動意識，尊重勞動，具有積極的勞動態度和良好的勞動習慣；具有動手操作能力，掌握一定的勞動技能；在主動參加的家務勞動、生產勞動、公益活動和社會實踐中，具有改進和創新勞動方式、提高勞動效率的意識；具有通過誠實合法勞動創造成功生活的意識和行動等。具有一定的社會責任，自尊自律，文明禮貌，誠信友善，寬和待人；孝親敬長，有感恩之心；熱心公益和志願服務，敬業奉獻，具有團隊意識和互助精神；能主動作為，履職盡責，對自我和他人負責；能明辨是非，具有規則與法治意識，積極履行公民義務，理性行使公民權利；崇尚自由平等，能維護社會公平正義；熱愛並尊重自然，具有綠色生活方式和可持續發展理念及行動等。

(二) 學生學科學習發展領域的主要內容

學生學科學習發展領域是基礎性發展領域的具體化，學生學科學習領域中的部分已在基礎性發展領域不同程度地有所體現，由於不同學科對學生的發展要求上有所不同，因此，學生基礎性發展領域以不同的形式有所側重地體現在不同學科中。美國教育心理學家布魯姆從認知、情感和動作技能三大領域來確立教育目標分類系統，這一目標分類對中國教育理論研究與實踐探索產生了重大影響，中國在布魯姆目標分類的基礎上，結合自身教育教學實際，提出了知識與技能、過程與方法、情感態度價值觀三大維度。就如何實現學生學科學習發展領域的內容，也主要從知識與技能、過程與方法、情感態度價值觀這三大維度來考量。①知識與技能。知識包括基礎性的通識性知識和學科基本知識。通識性知識是基礎性發展領域關注的內容，學科基本知識則落腳於不同的學科。與學科基本知識相對應的是基本能力，包括獲取、處理和使用信息的能力、創新和實踐能力及終身學習的能力。這些基本能力作為基礎性發展領域的內容需要通過具體學科知識的學習得以真切落實。②過程與方法。過程是師生在教育教學過程中的交往互動、情感體驗和主體對環境的感知等。方法涉及主要的學習方法，包括自主學習、合作學習和探究學習等。過程與方法體現為動態地運用某種方法獲得

某方面的發展內容,是一種帶有途徑性質的領域。這一領域的內容具有較為普遍的通約性,可以較為廣泛地運用於不同學科。③情感態度價值觀。這一領域的內容,在不同學科上的側重點有所不同,需要針對不同學科特點有所側重地加以關注。

需要指出的是,基礎性發展領域與學科學習發展領域並不是相互割裂的,基礎性發展領域是學生發展中的普遍性內容,需要通過學科學習發展領域的落實得以實現;學科學習發展領域的內容與基礎性發展領域的內容看似重複,實則是基礎性發展領域內容的學科具體化,借助於具體學科內容,促進學生全面健康發展。因此,在對學生進行發展評價的時候,不能簡單地從某一領域入手,而應將兩者緊密結合起來,全面綜合地加以分析。

最後,對學校、教師和學生進行評價時,應堅持發展性評價與總結性評價、量化評價與質性評價、單項評價與綜合評價相結合的原則,立足本校實際,全面、系統、多元地對三大主體進行評價,評價應堅持以激勵為主,其目的在於促進主體工作的進一步改進和完善。

理解與反思

1. 試論述教育評價的功能。
2. 教師進行教育評價時應堅持的原則是什麼?
3. 學生的綜合素質評價包含哪些內容?

拓展閱讀

[1] 布魯姆BS,等. 教育評價 [M]. 邱淵,王鋼,夏孝川,等譯. 上海:華東師範大學出版社,1987.

[2] 王漢瀾. 教育評價學 [M]. 開封:河南大學出版社,1995.

國家圖書館出版品預行編目（CIP）資料

教育學：以中國為例 / 趙鵬程 著. -- 第一版.
-- 臺北市：財經錢線文化，2020.07
面；　公分
POD版

ISBN 978-957-680-459-5(平裝)

1.教育 2.文集 3.中國

520.7　　　　　　109010162

書　　名：教育學：以中國為例

作　　者：趙鵬程 著

發 行 人：黃振庭

出 版 者：財經錢線文化事業有限公司

發 行 者：財經錢線文化事業有限公司

E-mail：sonbookservice@gmail.com

粉絲頁：　　　　網址：

地　　址：台北市中正區重慶南路一段六十一號八樓815室
8F.-815, No.61, Sec. 1, Chongqing S. Rd., Zhongzheng Dist., Taipei City 100, Taiwan (R.O.C.)

電　　話：(02)2370-3310　傳　真：(02) 2388-1990

總 經 銷：紅螞蟻圖書有限公司

地　　址：台北市內湖區舊宗路二段121巷19號

電　　話:02-2795-3656　傳真:02-2795-4100　網址：

印　　刷：京峯彩色印刷有限公司（京峰數位）

本書版權為西南財經大學出版社所有授權崧博出版事業股份有限公司獨家發行電子書及繁體書繁體字版。若有其他相關權利及授權需求請與本公司聯繫。

定　　價：580元

發行日期：2020年07月第一版

◎ 本書以POD印製發行